U0543542

民法讲义

III

担保物权

（第3版）

[日] 近江幸治 / 著　徐肖天 / 译

上海社会科学院出版社

序　言

本书作为"民法讲义"系列丛书第3卷《担保物权》，最初于2004年（平成16年）出版。在此之前，于1988年（昭和63年），作为本人最初的作品，也是本书前身的《担保物权法》通过弘文堂出版发行。在那个没有文字处理机的年代，写作是通过用钢笔一字一句填入每页200字稿纸这种在今天看来非常遥远的方式撰写完成的。正因为此，在完成写作的瞬间，一方面因尘埃落定而感到愉悦，另一方面也是万分感慨（完成写作数月后，就赶着潮流买下了当时才上市不久的打字机）。在那之后又经过了16年，在将《担保物权法》绝版后，以全新的视点完成了作为《民法讲义》一部分的本书。

担保法是容易受到金融、经济状况影响的领域。为对应担保特别立法以及判例的变化等重要发展，本书曾进行过数次修订。本次，则是以2017年债权法修订作为契机，完成了全面改版。

* * *

担保制度的背景，是金融经济。因此，金融经济的变化会对担保法的存在形态（作为规范的样态）产生巨大影响。《民法典》颁布以来，日本经济经历了数个重大事件。大致而言可分为：①日清、日俄战争的胜利带来的【产业资本的确立】（1895～1905），②伴随金融恐慌、农业恐慌的【昭和不景气】（1927～1930），③战后处理与朝鲜战争重叠下的【高度经济成长期】（1950～1954），④因两次石油危机而引发的【低成长经济突入】（1973、1979），⑤因泡沫经济崩盘导致的长期的【螺旋式通缩】（1990～2000），⑥雷曼危机导致的【执行制度的崩盘】（2008～），⑦COVID-19引发的世界性的【生产、消费过程的停滞及滞涨

（2020～），等。

这些阶段性发生的事件触发了包括执行法在内的诸多担保相关法律的立法活动，也使得担保物权相关规定的解释发生了变化。在某种意义上，【担保物权】构成了【金融担保】制度的核心，因此对于其解释学，也有必要从这一视点出发进行观察。为此，本书特意在第2编第1章《约定担保论——金融担保法序说》中，试图通过对此类历史性、经济性问题的探讨，展现这一角度下对【担保制度】的理解。

* * *

在本书出版发行的过程中，得到了来自成文堂社长阿部成一的诸多鼓励，也得到了为本书的编辑付出辛劳的该出版社编辑部小林等的全力协助，在此深表感谢。

2020年3月30日
近江幸治

中文版序言

本书为"民法讲义"系列丛书第3卷《担保物权》(第3版)(2020年出版)的中文版。

【担保物权】,是保障市场经济中的【金融】(=金钱的融通)可以顺利、安全进行的法律工具。市场交易虽以现实性交易(同时性交换)作为基本原理,但在许多场景下,信用交易(异时性交换)也以多种形态得到运用。异时性交换关系,在法律上引发了【债权、债务】的发生,而将这一异时性交换(债权、债务的发生)变为可能的,就是【信用】(credit)制度,其核心便是作为物的信用制度的【担保物权】。因此,担保物权具有使【债权的发生、债务的履行】顺利、安全地发挥作用的功能。

另一方面,【担保物权】作为金融制度的重要组成部分,容易受到经济性变化的影响。近代民法确立以来,金融担保法历经多次经济活动的巨变,每一次巨变都会引发金融担保法的修改,其中也包括特别法的制定。本书通过直视这样的历史性变迁,将"担保法理论应当如何存在"这一课题也纳入了视野之中。

在中文版出版之际,想象着本书能有机会成为广大充满求知欲的中国学生的读物,于笔者而言,甚感欣喜。

* * *

本书的翻译者为徐肖天律师。徐君于早稻田大学大学院修完硕士、博士课程,并通过难关考核被录用为早稻田大学法学部助手。其以《中国における消費者撤回制度の理論的基礎——日本法との比較的研究を通じて——》一文,取得博士学位。其在回到中国后,在以新进律师身份活跃在工作舞台上的同时,也在继续专业论文的写作。在此,对徐君付出的辛劳表示感谢。

  此外,还要对促成本书出版的上海社会科学院出版社,以及对本书的翻译予以支持的日本株式会社成文堂的阿部成一社长,表达由衷的谢意。

2022 年 8 月吉日

早稻田大学名誉教授、法学博士　近江幸治

文献略称表

【参考文献】[①]

生熊	生熊长幸:《担保物権法(第2版)》(2018,三省堂)
石口	石口修:《民法要論Ⅲ担保物権法》(2016,成文堂)
石田	石田穰:《民法大系3担保物権法》(2010,信山社)
内田	内田貴:《民法Ⅲ債権総論・担保物権(第3版)》(2005,東大出版会)
大村	大村敦志:《新基本民法3担保編》(2016,有斐閣)
川井	川井健:《担保物権法》(1975,青林書院新社)
川井《概论》	川井健:《民法概論2物権(第2版)》(2005,有斐閣)
河上	河上正二:《担保物権法講義》(2015,日本評論社)
北川	北川善太郎:《物権(民法講要Ⅱ)(第3版)》(2004,有斐閣)
佐久间	佐久间弘道:《共同抵当の理論と実務》(1995,金融財政事情研究会)
铃木	铃木禄弥:《物権法講義・五訂版》(2007,創文社)
铃木《抵押制度》	铃木禄弥:《抵当制度の研究》(1968,一粒社)
铃木《最高額抵押》	铃木禄弥:《根抵当法概説(第三版)》(1998,新日本法規出版)
田井等	田井义信、冈本诏治、松冈久和、矶野英徳:《新物権・担保物権法(第2版)》(2005,法律文化社)
高木	高木多喜男:《担保物権法(第4版)》(2005,有斐閣)
高木等	高木多喜男、曾田厚、伊藤真、生熊长幸、吉田真澄、半田正夫:《民法講義3担保物権》(1978,有斐閣)
高岛	高岛平藏:《物的担保法論Ⅰ》(1977,成文堂)

[①] 译者注:在原版书中,作者提示,【参考文献】之外其他参考资料的引用表示方式,参照《法律文献等の出典の表示方式》(中文名:《法律文献等的出处的表示方式》),所以原版书中并无【判例文献略称】及【期刊略称】。在本书中,为方便读者阅读,将部分判例文献及期刊的略称进行了补充,特此说明。

高桥	高桥真:《担保物権法(第2版)》(2010,成文堂)
谷口、筒井编	谷口园惠、筒井健夫编:《改正担保・執行法の解説》(2004,商事法務)
椿编	椿寿夫编:《担保物権法》(1991,法律文化社)
贞家、清水	贞家克己、清水湛:《新根抵当法》(1973,金融財政事情研究会)
道垣内	道垣内弘人:《担保物権法(第4版)》(2017,有斐閣)
中井	中井美雄:《担保物権法》(2000,青林書院)
半田	半田正夫:《やさしい担保物權法》(1989,法学書院)
星野	星野英一:《民法概論Ⅱ物権》(1976,良書普及会)
槙	槙悌次:《担保物権法》(1981,有斐閣)
松井	松井宏兴:《担保物権法(第2版)》(2019,成文堂)
松冈	松冈久和:《担保物権法》(2017,日本評論社)
松坂	松坂佐一:《民法提要(物権法)》(1980,有斐閣)
柚木、高木	柚木馨著、高木多喜男补订:《担保物権法(第三版)》(1982,有斐閣)
米仓《所有权保留》	米仓明:《所有権保留の研究》(1997,新青出版)
米仓《让与担保》	米仓明:《譲渡担保の研究》(1976,有斐閣)
我妻	我妻荣:《新訂担保物権法》(1971,岩波書店)
【Ⅰ】	近江幸治:《民法講義Ⅰ民法総則(第7版)》(2018,成文堂)
【Ⅱ】	近江幸治:《民法講義Ⅱ物権法(第4版)》(2020,成文堂)
【Ⅳ】	近江幸治:《民法講義Ⅳ債権総論(第3版補訂)》(2009,成文堂)
【Ⅴ】	近江幸治:《民法講義Ⅴ契約法(第3版)》(2006,成文堂)
【Ⅵ】	近江幸治:《民法講義Ⅵ事務管理・不当利得・不法行為(第3版)》(2018,成文堂)
【Ⅶ】	近江幸治:《民法講義Ⅶ親族法・相続法(第2版)》(2015,成文堂)
近江旧版	近江幸治:《担保物権法(新版補正版)》(1998【初版1988年】,弘文堂)
近江《研究》	近江幸治:《担保制度の研究》(1989,成文堂)

【判例文献略称】

《民録》	《大審院民事判決録》(司法省)
《民集》	《最高裁判所民事判例集》(判例調査会)
《刑集》	《最高裁判所刑事判例集》(判例調査会)

《高民集》	《高等裁判所民事判例集》(判例調査会)
《下民集》	《下級裁判所民事裁判例集》(法曹会)
《金商》	《金融・商事判例》(経済法令研究会)
《金法》	《金融法務事情》(金融財政事情研究会)
《判時》	《判例時報》(判例時報社)
《判タ》	《判例タイムズ》(判例タイムズ社)
《新聞》	《法律新聞》(新法律新聞社)

【期刊略称】

《NBL》	《NBL》(商事法務)
《銀法21》	《銀行法務21》(経済法令研究会)
《ジュリ》	《ジュリスト》(有斐閣)
《商事》	《旬刊商事法務》(商事法務研究会)
《法教》	《法学教室》(有斐閣)
《法時》	《法律時報》(日本評論社)
《ひろば》	《法律のひろば》(ぎょうせい)
《民研》	《みんけん》(民事研修、誌友会)
《法協》	《法学協会雑誌》(法学協会事務所)
《法学》	《法学》(東北大学法学会)
《新報》	《法学新報》(中央大学法学会)
《民商》	《民商法雑誌》(有斐閣)

目 录

序论：担保物权法的基础理论 ································· 1
  (1) 所谓【担保】为何物——债权保全制度 ····················· 1
    (a) 债权的【保全】 1　(b) 两种保全债权的制度 1
  (2) 优先受偿权 ·· 3
    (a) 基于【物权】制度的【优先受偿权】 3
    (b) 债权的效力界限与【物权】的优先性 4
    (c) 优先受偿的方式——【处分】权能的实现形态 6
  (3) 担保物权的构成 ··· 7
    (a) 【担保关系】的成立——担保权人与担保设立人之间的纽带 7
    (b) 约定担保物权与法定担保物权 8
    (c) 限制物权性构成与权利移转性构成 9
  (4) 物的担保的种类 ·· 10
    (a) 典型担保 10　(b) 特别法上的担保 12
    (c) 变则担保(非典型担保) 13
  (5) 担保物权的共通性 ······································ 13
    (a) 从属性 14　(b) 不可分性 14　(c) 物上代位性 14

第 1 编　法定担保物权

第 1 章　留置权 ·· 17
  第 1 节　序说 ·· 17
    (1) 留置权制度的意义 17　(2) 留置权的法律性质 18

(3) 与同时履行抗辩权的关系 19 (4) 商事留置权 22
第 2 节　留置权的成立要件 ･････････････････････････････････ 24
1　基于与物的关联而发生的债权 ･･･････････････････････････ 24
(1)【基于与物的关联而发生的债权】概念的问题性 24
(2) 两个解释标准的设定 25 (3)【第三人】与留置权的成立与否 27
(4) 牵连性与留置权成立的范围 30
2　【他人之物】的【占有】 ･･･････････････････････････････････ 33
(1) 他人之物 33 (2) 占有 34
3　债权已届清偿期 ･･･････････････････････････････････････ 34
4　非以【侵权行为】取得占有 ･･･････････････････････････････ 34
(1)【占有开始时】的权利侵害 34 (2)【事后的】权利侵害 34
第 3 节　留置权的效力 ･･･････････････････････････････････････ 36
(1) 留置性效力 36 (2) 孳息收取权 39
(3) 费用偿还请求权 39 (4) 拍卖权 39
(5) 留置权人的义务 41
第 4 节　留置权的消灭 ･･･････････････････････････････････････ 42
(1) 债权的消灭时效 42 (2) 留置权人的消灭请求 43
(3) 提供替代担保使留置权消灭 43 (4) 占有的丧失 43
(5) 债务人进入破产程序 44

第 2 章　先取特权 ･･ 45
第 1 节　序说 ･･･ 45
(1) 先取特权制度的意义 45 (2) 先取特权的法律性质 47
第 2 节　先取特权的种类 ･････････････････････････････････････ 48
1　一般先取特权(4 类) ･････････････････････････････････ 48
(1) 共益费用 48 (2) 雇佣关系 49 (3) 丧葬费用 49
(4) 日用品供应 49
2　动产先取特权(8 类) ･････････････････････････････････ 49
(1) 不动产租赁 49 (2) 旅馆住宿 52 (3) 客运或货运 52

(4)动产保存　52　(5)动产买卖　52　(6)种苗、肥料的供应　53

　　(7)农业劳务　53　(8)工业劳务　53

　③　**不动产先取特权(3类)**　……………………………………………　53

　　(1)不动产的保存　53　(2)不动产建筑工程　54

　　(3)不动产的买卖　54

第3节　**先取特权的效力**　………………………………………………　55

　①　**优先受偿性效力**　…………………………………………………　55

　　(1)优先受偿的方式　55　(2)优先受偿的顺位原则　57

　　(3)一般先取特权的特别规则　61　(4)抵押权规定的准用　62

　②　**物上代位**　……………………………………………………………　62

　　(1)物上代位制度的意义　62　(2)物上代位的标的物(先取特权)　65

　　(3)【支付(交付)】与【冻结】　68　(4)物上代位权的行使方式　74

　　(5)物上代位权的效果　75

　③　**对动产的追及力的限制**　……………………………………………　76

　　(1)追及效果的切断　76　(2)向第三取得人的交付　76

第2编　约定担保物权

第1章　约定担保论——金融担保法序说 …………………………… 81

　①　**金融交易的基础**　……………………………………………………　81

　　(1)作为【金融】手段的约定担保　81

　　(2)关于【金钱的融通】的3个原理　81

　②　**【信用】与【担保】**　………………………………………………　82

　　(1)何谓【信用】(Kredit)　82　(2)作为【信用】手段的【担保】　82

　③　**约定担保物权的构成——质权与抵押权**　………………………　83

　　(1)德国法中的担保构成　83　(2)日本法中的担保构成　85

4　民法讲义Ⅲ　担保物权

　　④　从物的责任（代当责任）到人的责任——优先受偿的
　　　　方式 ·· 86
　　　　（1）物的责任（代当责任）——初始性形态　86
　　　　（2）向人的责任的发展　86　（3）变则担保的定位　87
　　⑤　金融构造的转换——【从间接金融到直接金融】············· 87
　　　　（1）第二次世界大战后间接金融的形成　87
　　　　（2）日本经济的腾飞与【海外债券发行风潮】　88
　　　　（3）银行资本的质变与闲置资本的走向　89　（4）直接金融的展开　90
　　　　（5）间接金融与直接金融在功能上的对比　91
　　⑥　担保理念的变迁 ·· 92
　　　　（1）序说　92　（2）从用益价值担保到交换价值担保　93
　　　　（3）从交换价值担保到收益价值担保　95

第2章　质权 ·· 98
　第1节　质权法总则 ·· 98
　　①　质权制度的意义 ·· 98
　　　　（1）质权的社会性作用　98　（2）质权的法律性质　99
　　②　质权的设立 ·· 99
　　　　（1）质权设立合同　99　（2）要物合同性——生效要件　100
　　③　质权的效力 ··· 102
　　　　（1）被担保债权的范围　102　（2）物上代位　102
　　　　（3）留置性效力　103
　　　　（4）流质合同的禁止——优先受偿性效力的特别规定　104
　　④　转质 ·· 107
　　　　（1）转质制度的意义　107　（2）转质的要件　109
　　　　（3）转质的法律构成　109　（4）转质的效果　111
　　　　（5）转质权的消灭　112　（6）承诺转质　112
　第2节　动产质权 ·· 113
　　　　（1）动产质权的设立　113

(2) 动产质权的对抗要件——【占有】 114
　　(3) 动产质权的效力 115　(4) 动产质权人的义务 117
　　(5) 动产质权的消灭 117

　第3节　不动产质权 ·· 118
　　(1) 不动产质权的意义 118　(2) 不动产质权的设立 119
　　(3) 不动产质权的效力 121　(4) 转质 124
　　(5) 不动产质权人的义务 124　(6) 不动产质权的消灭 125

第3章　抵押权 ··· 126
　第1节　序说 ··· 126
　　(1) 抵押权制度的意义 126　(2) 抵押权的法律性质 128
　　(3) 关于抵押权的诸项原则 129　(4) 抵押权的流通性 133
　第2节　抵押权的设立 ··· 135
　　1　抵押权设立合同 ··· 135
　　(1) 方式 135　(2) 当事人 135　(3) 处分权限 136
　　2　抵押权的标的物 ··· 137
　　(1) 可成为抵押权标的物之物(公示制度上的需要) 137
　　(2) 与特定性、独立性的关系 137
　　3　被担保债权 ·· 139
　　(1) 被担保债权与抵押权设立方式 139　(2) 与从属性的关系 140
　　4　公示方式 ·· 143
　　(1) 登记 143　(2) 登记的内容 143　(3) 无效登记的沿用 144
　　(4) 债权、抵押权的消灭与登记 146
　第3节　抵押权的效力(1)——效力所及之范围 ······························ 146
　　1　效力所及之标的物的范围 ··· 146
　　(1)【民法】第370条】的问题性 146　(2) 附合物 147
　　(3) 从物 149　(4) 从权利 154　(5) 附加物被分离的情形 155
　　(6) 孳息 159

② 物上代位 …………………………………………………… 160
  (1) 抵押权的物上代位 160
  (2)【出卖】所得价款债权——物上代位的标的物(1) 160
  (3) 因【灭失或毁损】而发生的债权——物上代位的标的物(2) 163
  (4)【租赁】产生的租金债权——物上代位的标的物(3) 165
  (5) 行使物上代位权的方式 173
③ 被担保债权的范围 ………………………………………… 174
  (1) 序说 174 (2) 本金 175 (3) 利息 175 (4) 定期金 177
  (5) 迟延损害金、违约金 177 (6) 实现抵押权的费用 178

第4节 抵押权的效力(2)——优先受偿性效力 ………… 179
① 序说 ……………………………………………………… 179
  (1) 优先受偿的方式——抵押权的实现 179
  (2) 作为一般债权人的强制执行 179 (3) 优先受偿的顺位 180
  (4) 第三人实施拍卖 181 (5) 破产程序中抵押权的地位 181
② 担保不动产的拍卖 ……………………………………… 182
  (1) 拍卖开始程序 182 (2) 拍卖(变价)程序 184
  (3) 分配程序 189
③ 担保不动产收益执行 …………………………………… 189
  (1) 收益执行开始程序 189 (2) 管理(收益执行)程序 192
  (3) 分配程序 195
④ 私力实现 ………………………………………………… 196
  (1) 抵押直流 196 (2) 任意出卖 196

第5节 抵押权的效力(3)——义务违反、抵押权侵害 …… 199
① 序说 ……………………………………………………… 199
  价值减少行为——基本概念 199
② 担保关系上的义务违反 ………………………………… 200
  (1)【担保价值维持】义务违反 200 (2) 义务违反的效果 201
③ 第三人实施的抵押权侵害行为 ………………………… 202
  (1) 不法占有人的排除请求 202 (2) 附加物的返还请求 205

4 损害赔偿的问题 ·· 205
　　(1) 设立人违反义务　206　(2) 第三人实施侵害行为　206
　　(3) 抵押权实现前的赔偿请求　207

第6节　法定地上权 ·· 208
1 法定地上权制度的意义 ·· 208
　　土地与建筑物的强制性分离　208
2 法定地上权的成立要件 ·· 210
　　(1) 抵押权设立之时,土地上已经存在建筑物【要件Ⅰ】　210
　　(2) 抵押权设立之时,土地与建筑物归属于同一所有人【要件Ⅱ】　218
　　(3) 土地或建筑物上【存在抵押权】【要件Ⅲ】　225
　　(4) 因实现抵押权导致土地与建筑物分属不同所有人【要件Ⅳ】　226
3 法定地上权的内容 ··· 226

第7节　抵押权与租赁 ··· 227
1 短期租赁的废止与新租赁保护制度 ······································ 227
　　用益权保护思想及其界限　227
2 建筑物返还犹豫制度 ··· 230
　　(1) 建筑物返还犹豫的意义　230　(2) 犹豫期间中的法律关系　231
3 抵押权人的同意赋予租赁对抗力 ··· 232
　　(1) 对抗力赋予制度的意义　232　(2) 对抗力赋予的要件　232
　　(3) 对抗力赋予的效果　233

第8节　第三取得人 ·· 234
1 第三取得人的地位 ··· 234
　　(1) 从抵押权的负担中获得解放　234
　　(2) 抵押权实现程序上的地位　235
2 代价清偿 ··· 236
　　(1) 代价清偿的意义　236　(2) 代价清偿的要件　237
　　(3) 代价清偿的效果　237
3 抵押权消灭请求 ·· 238
　　(1) 抵押权消灭请求的意义　238　(2) 消灭请求权人　239

(3) 消灭请求的请求时期　239
　　(4) 消灭请求的程序——向债权人送达书面文件　239
　　(5) 消灭请求的效果　240　(6) 债权人的拍卖申请(对抗手段)　241

第9节　抵押权的处分 ········· 241
1　转抵押 ········· 241
　　(1) 转抵押制度的意义　241　(2) 转抵押的设立　243
　　(3) 转抵押的对抗要件　243　(4) 转抵押设立的效果——拘束力　244
　　(5) 转抵押权的实现　244
2　抵押权的让与、放弃 ········· 246
　　(1) 抵押权的让与　246　(2) 抵押权的放弃　247
3　顺位的让与、放弃 ········· 248
　　(1) 顺位的让与　248　(2) 顺位的放弃　250
4　顺位的变更 ········· 251
　　(1)【顺位的变更】制度的含义　251　(2)【顺位的变更】的效果　251

第10节　共同抵押 ········· 252
1　序说 ········· 252
　　(1) 共同抵押制度的意义　252　(2) 共同抵押权的设立与公示　253
2　分配原则 ········· 254
　　(1) 同时分配＝分割主义　254
　　(2) 异时分配＝全部分配主义与代位权　255
3　关于分配的问题——与物上保证人、第三取得人之间的关系 ········· 262
　　(1) 序说——与法定代位权的关系　262
　　(2) 物上保证人与后顺位抵押权人　262
　　(3) 第三取得人与后顺位抵押权人　264
　　(4) 分配金额的计算方法　265

第11节　最高额抵押 ········· 266
1　序说 ········· 266
　　(1) 最高额抵押制度的意义　266　(2) 最高额抵押权的特性　268

② 最高额抵押权的设立 ·· 268
　　(1) 最高额抵押权设立合同　268　(2) 优先受偿的范围的合意　269
　　(3) 设立登记(公示)　271

③ 变更——【确定】前最高额抵押关系的变动 ························ 272
　　(1) 被担保债权的范围变更　272　(2) 债务人的变更　272
　　(3) 最高限额的变更　272　(4) 确定日期的变更　273
　　(5) 债权让与、债务承继　273　(6) 代位清偿、变更　275
　　(7) 继承　276　(8) 公司合并、公司分立　276

④ 最高额抵押权的处分 ·· 278
　　(1) 转抵押　278　(2) 最高额抵押权的让与　279
　　(3) 接受顺位的让与、处分的最高额抵押权人的让与　280

⑤ 共同最高额抵押、共用最高额抵押、最高额抵押权的
　　共有 ··· 281
　　(1) 共同最高额抵押　281　(2) 累积最高额抵押　282
　　(3) 共用最高额抵押　282　(4) 最高额抵押权的共有　283

⑥ 确定——最高额抵押关系的终止 ·································· 284
　　(1)【确定】的意义　284　(2) 确定日期　285　(3) 确定请求　286
　　(4) 确定事由　286

⑦ 确定后的最高限额减额请求与最高额抵押权消灭
　　请求 ··· 287
　　(1) 确定后的最高限额减额请求　287
　　(2) 确定后的最高额抵押权消灭请求　288

第 12 节　抵押权的消灭 ·· 289
　　(1) 抵押权因时效而消灭　289
　　(2) 标的物的时效取得的限制与【对抗】　292
　　(3) 作为抵押权标的物的用益物权的放弃　295

第 13 节　特别法中的抵押制度 ··· 295
① 工厂抵押权(狭义的工厂抵押) ···································· 296
　　(1) 工厂抵押制度的意义　296　(2) 工厂抵押权的设立　296

(3) 工厂抵押权的效力　297

　2　财团抵押制度……………………………………………298
　　　(1)【财团抵押】制度的意义　298　(2) 工厂财团抵押　299

　3　《企业担保法》…………………………………………301
　　　(1)《企业担保法》的意义　301　(2)《企业担保法》的内容　302

　4　动产抵押制度……………………………………………302
　　　(1)《农业动产信用法》　302
　　　(2) 汽车抵押、航空器抵押、建设机械抵押　303

　5　抵押证券…………………………………………………305
　　　(1)《抵押证券法》的意义　305　(2) 抵押证券的发行　306
　　　(3) 抵押证券的效果　306

　6　立木抵押…………………………………………………307
　　　(1) 立木抵押的意义　307　(2) 立木抵押权的内容　308

第3编　变则担保

第1章　变则担保论…………………………………………311
　　　(1) 变则担保(非典型担保)的意义　311　(2) 回赎、再买卖预约　312
　　　(3) 不动产的让与担保　314　(4) 预约登记担保　316

第2章　预约登记担保………………………………………318
　1　预约登记担保制度的意义………………………………318
　2　预约登记担保权的设立…………………………………320
　　　(1) 预约登记担保合同　320
　　　(2) 公示——预约登记(【对抗力】的赋予)　321
　　　(3) 抵押权设立的拟制　321
　3　预约登记担保权的实现…………………………………321
　　　(1) 所有权的取得　321　(2) 清算　323

4　与后顺位担保权人等的利益调整·················325
　　　　(1) 后顺位担保权人的安排　325
　　　　(2) 后顺位担保权人满足于预估额→【物上代位】　326
　　　　(3) 后顺位担保权人不满足于预估额→【拍卖请求】　328
　　5　取回权···329
　　　　(1) 取回权的意义　329　(2) 取回权的消灭　330
　　6　法定借地权···330
　　　　(1) 法定借地权制度的意义　330
　　　　(2) 法定借地权的成立要件、效果　331
　　7　各类程序中对担保预约登记的处理············331
　　　　(1) 强制拍卖等中的担保预约登记　331
　　　　(2) 破产程序中的担保预约登记　333

第3章　让与担保···334
　第1节　不动产的让与担保·································334
　　1　序说···334
　　　　(1) 让与担保的法律构成　334　(2)【虚伪表示】疑惑的克服　336
　　2　不动产让与担保的设立·····························337
　　　　(1) 所有权的转移　337　(2) 被担保债权　338
　　　　(3) 标的物的范围　339
　　3　对内效力···340
　　　　(1) 让与担保权的实现——所有权的取得　340　(2) 清算　341
　　　　(3) 取回权　345　(4) 物上代位　346
　　　　(5) 标的物的处分、担保价值减少行为的责任　346
　　4　对外效力···347
　　　　(1) 让与担保权人一方的第三人与设立人　347
　　　　(2) 设立人一方的第三人与让与担保权人　350
　　5　【法定借地权】的问题································351

第 2 节　动产的让与担保 ………………………………… 351

① 动产让与担保的意义 ……………………………… 351
作为【动产抵押】的功能　351

② 动产让与担保的设立 ……………………………… 352
(1) 让与担保权的设立　352　(2) 对抗要件　353
(3) 标的物的善意取得　356

③ 对内效力 …………………………………………… 356
(1) 动产让与担保权的实现　356　(2) 取回权　357
(3) 物上代位权　357　(4) 让与担保权人的标的物移出行为　358

④ 对外效力 …………………………………………… 359
(1) 让与担保权人一方的第三人与设立人　359
(2) 设立人一方的第三人与让与担保权人　359

第 3 节　集合动产的让与担保 …………………………… 361
(1) 集合动产的让与担保的意义　361
(2) 集合动产让与担保的设立　362　(3) 对抗要件　363
(4) 集合动产让与担保的效力　364

第 4 章　所有权保留 ………………………………………… 369
(1) 所有权保留的意义　369　(2) 所有权保留的设立　372
(3) 对内效力　373　(4) 对外效力　374　(5) 延长的所有权保留　377

第 4 编　债权担保

序　说 ………………………………………………………… 381

第 1 章　债权质权(一般权利质权) ………………………… 382
第 1 节　债权质权的设立 ………………………………… 382
(1) 债权质权的意义　382　(2) 债权质权的对抗要件　383

第2节　债权质权的效力 ·············· 384

(1) 债权质权的效力所及之标的物(指名债权)的范围　384

(2) 优先受偿性效力　385　(3) 设立债权质权所产生的拘束关系　386

(4) 设立人的担保价值维持义务——与破产程序的关系　386

(5) 债权质权的转质　389　(6) 债权质权的消灭　389

第3节　债权质权之外的权利质权 ·············· 389

(1) 证券性债权的质权　389　(2) 股上的质权　391

(3) 无形财产上的质权　391　(4) 不动产物权上的质权　391

第2章　债权的让与担保 ·············· 392

第1节　债权让与担保的一般理论 ·············· 392

(1) 债权的让与担保的意义　392

(2) 与其他的债权担保制度的区别　393　(3) 债权让与担保的效力　394

第2节　集合债权的让与担保 ·············· 396

1　集合债权让与担保的意义 ·············· 396

(1) 【集合债权】的担保　396　(2) 集合债权让与担保的问题点　397

2　集合债权让与担保的设立及对抗要件 ·············· 397

(1) 集合债权的范围的限定(债权的特定)　397　(2) 对抗要件　399

第3章　代理受领、指定汇款 ·············· 405

第1节　代理受领 ·············· 405

(1) 代理受领的意义　405　(2) 法律效力　406

第2节　指定汇款 ·············· 407

(1) 指定汇款的意义　407　(2) 指定汇款的方式与效力　408

# 序论：担保物权法的基础理论

(1) 所谓【担保】为何物——债权保全制度

(a) 债权的【保全】

所谓【担保】，就是保全【债权】的制度。在近代社会，【债权】*与金钱一样具有作为价值基准的功能，在法律上，债权属于【能够请求】债务人为一定给付(债务人必须履行债务)的当为(Sollen)规范，是就债务人的一般财产为债权人提供包括性保护的制度(序论(2))。但是，债务人是否履行债务，既要视其清偿的能力，也要视其清偿的意思。所以，【债权】本身虽有上述法律构造，但依然是极为不安定、不确定的。

于是，使【债权】能够得到确实保障(受偿)的制度应运而生，这就是【担保】制度。

　　* 【债权】(债务)的发生形态
　　债权、债务以多种形态发生，在私法上可以将其发生形态分为4类，即，①基于当事人的合意而发生(＝合同)，②代为他人之要务(＝无因管理)，③自他人处获得利益却欠缺法律上的原因(＝不当得利)，④因不法之行为导致损害发生(＝侵权行为)。上述债权发生的原因在《债权各论》中有详细说明(参见【Ⅵ】第1页)。

(b) 两种保全债权的制度

在担保制度上，债权保全的方式可分为两种。

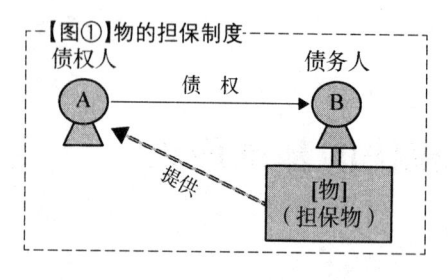

【图①】物的担保制度
债权人 A —债权→ 债务人 B
提供 ← [物]（担保物）

i 物的担保

第一种,是以【物】为特定债权提供担保的方式。这里的【物】被称为【担保物】(担保标的物),这种担保方式也就被称作为【物的担保】制度。在民法上,【物的担保】有两种类型。具体而言就是:

① 约定担保物权。约定担保物权是指基于当事人的约定(合意)而设立的物的担保。例如,借款之时通常会提供【担保物】(不动产或动产等),若借款人无力偿还,将以【担保物】偿还借款(债务)。

② 法定担保物权。法定担保物权是指无关当事人的意思,而由法律直接规定的担保物权。例如,企业破产之时仍然拖欠员工数月工资的,应当以破产企业的财产优先支付员工的工资(＝员工的债权)(《民法》第306条第2款)。又例如,汽车冲入家中破坏了玄关,在肇事者支付损害赔偿款之前,受害人有权留置(＝不返还)汽车(＝担保物)(《民法》第295条)。前文中提到的企业财产以及汽车便是各债权的【担保物】。

虽然【约定】与【法定】存在差异,但是当事人之间发生的【债权】皆可通过【物】(担保物)得到确实保全＊。这便是担保物权的制度目的。

＊ 无被担保债权的担保

关于无被担保债权的担保的形态,存在以下问题点:

第一,是德国《民法》中规定的,与债权不存在关联的基于土地而支付一定金额的土地债务(Grundschuld)与定期土地债务(Rentenschuld)是否具有债权保全功能。这些制度受到与抵押权发展方向不同的 Rentenkauf 的影响,虽然在法律形式上与债权是切断的,但是其债权保全功能尚未完全丧失(参见铃木《抵押制度》第9页;近江《研究》第151页以下。此外,参见中山知:《ドイツ土地债务の担保の機能》,载《立命馆法学》第185、186、187号)。

第二,在权利移转型担保中,被担保债权是如何存在的。权利移转型担保其实是限制物权型担保的脱法性变则行为,因此,其不得不借用权利移转的名义,但是债权是实质存在的(第3编 第1章)。

ii 人的担保

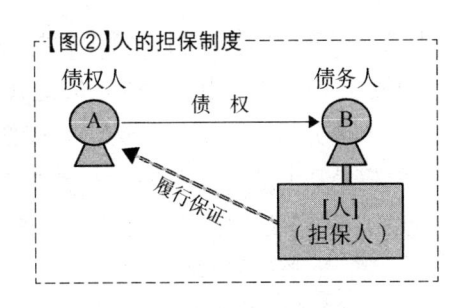

第二种担保方式,其他的【人】可为债务人的【债务】履行提供保证,如果债务人未履行债务,则该人以自己的一般财产承担【责任】(责任的含义详见后文【债务与责任】)。此处的【人】被称为【保证人】,该担保方式也就被称为【人的担保】。保证与连带债务等皆属此类,在日本《民法》中,人的担保没有像【担保物权】那样形成统一的制度(相关内容,规定在《民法》的【债权编】中)。

【图②】人的担保制度

(2) 优先受偿权

(a) 基于【物权】制度的【优先受偿权】

债务人不愿意主动清偿债务时,债权人可以对担保物进行拍卖,以拍卖所得价款,就其债权部分优先受偿(优先受偿权)。【优先受偿权】是担保物权的本质性功能,那支撑它的是怎么样的法律构造?

【物权】是具有排他性的对物进行【支配】的权利。具体而言,①【支配】权能可分为【使用】权能、【收益】权能和【处分】权能(见《民法》第206条。参见下第3页以下)。担保物权的设立,是将其中的【处分】权能移转给债权人(担保物权设立人对担保标的物仅享有【使用】权能和【收益】权能),而获得【处分】权能的担保权人则可自由处分担保标的物。【处分】权能的具体表现形式就是

【图③】

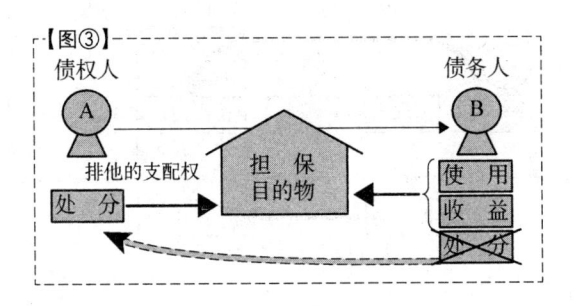

担保权实现时的【变价】,也即【拍卖权】(任意拍卖)。并且,②由于【处分】权能是【排他性】的支配权,因此其本质为【优先性效力】。

上述分析阐明了担保权【优先受偿权】的理论架构*。简而言之,担保物权是基于【物权】制度(=排他性支配性)而享有优先性的债权保全制度。也因上述理论架构,担保制度被作为【物权】,置于【物权编】中。

> * 留置权的例外
> 留置权是不适用拍卖权的,这是例外情况。但是,《民事执行法》中规定了基于留置权的拍卖权(《民事执行法》第 195 条。其被称为形式性拍卖权),另一方面,其他债权人执行债权时,留置权人得以优先受偿(《民事执行法》第 59 条第 4 款、第 124 条、第 190 条),因此在事实上,留置权人享有优先受偿权(第 1 编第 1 章第 3 节(4))。

(b) 债权的效力界限与【物权】的优先性

在近代法中,当债务人不清偿其债务时,最终可通过对债务人的一般财产进行强制执行的方式,保障债权受偿(这被称为债权的【掴取力】(Zugriffsmacht),是从其本体性效力【请求力】中派生而来的债权效力)(参见【Ⅳ】第 12 页)。

但是,掴取力有两处极限。<u>一是因债权人平等原则而产生的极限</u>。当存在数个债权人时,无论其债权成立的先后顺序如何,各债权人可依其享有的债权,平等地获取分配。因此,在债务人破产的情形下,如债务人的一般财产的总额少于债权总额,则债权人可能无法充分受偿。

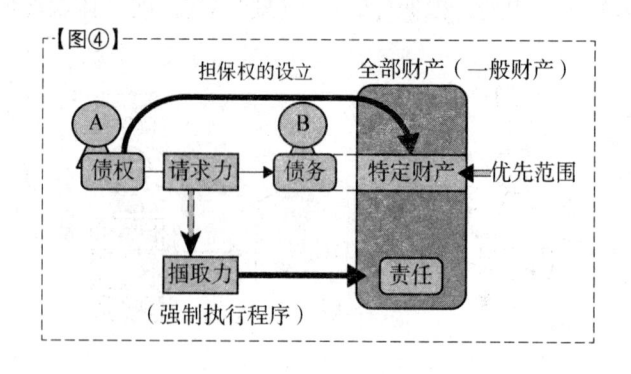

【图④】

二是因债务人财产处理的自由性而产生的界限。在掴取力发生具体效力(强制执行)之前,财产由债务人自由支配。因此,在破产前夕财产可能处于被自由处分的危险境地。

正因为此,在任何情况下均可切实保全债权、保障债权人优先受偿的方法就有其现实必要性了。而【担保物权(物的担保)】正是顺应这种现实需求而形成的债权保全制度。具体而言,该方法是将债务人一般财产中的特定财产的【处分】权能移转给债权人(＝担保权的设立),债务未清偿时,债权人实行【处分】权能(＝抵押权的实现→优先受偿权的实现)的方法(可参见【图④】)。

> **债权的执行与担保权的实现**
>
> 在此对【图④】做进一步说明。无论是债权还是担保权,皆可对债务人的一般财产进行执行。但是,【债权】本身与债务人的一般财产(责任财产)中的个别的财产之间并无直接的关系。因此,债权执行时若要对债务人的个别的财产强制换价,就需要有包括生效判决、执行许可公证书等在内的【债务名义(Schuldtitel)】作为其法律根据(权源)(《民事执行法》第22条)。因此,基于债权的拍卖被称为【强制拍卖】(《民事执行法》第43条)。
>
> 与此相对,担保权的设立(或法定担保权的付与)是将特定财产的【处分】权能移转给债权人,担保权的实现(拍卖申请)是对该【处分】权能的实现,因此无需【债务名义】。这是基于自身的【处分】权源的【变价】。因此,基于担保权的拍卖被称为【任意拍卖】。
>
> 以上就是债权执行与担保权实现的基本制度架构。无论是实现担保权时要提供能够【证明担保权存在的文书】也好,还是不动产担保中的【收益执行】制度的导入也罢,这些对制度的核心构造并无影响(详见后文【关于处分权、变价权的理论问题】)。

> **【债务与责任】**
>
> 　　在【图④】中，债务人对债权人负有【债务】(Schuld)，债务人不履行该债务时，最终将以自己的一般财产(全部财产)清偿债务。以【一般财产】清偿债务即为【责任】(Haftung)承担(原本与【债务】没有关联的【一般财产】被用于清偿债务，从这个角度可以理解【责任】概念的内涵)。因此，债务人在对债权人负有【债务】的同时也负有【责任】。
>
> 　　与此相对，【图②】中的保证人(乃至物上保证人)自身并不承担【债务】，仅是以自己的一般财产为债务人的【债务】提供【保证】，所以其仅承担【责任】。这就是所谓的【无债务责任】。在现行《民法》中，保证人的【责任】也被特别构成为【债务】(其背后是强力的债权人保护思想)，但这并非否定债务与责任之间存在概念区别。

(c) 优先受偿的方式——【处分】权能的实现形态

　　担保权的【优先受偿权】是基于物权这一排他性支配权的【处分】权能而产生的。但优先受偿的方式因担保权的种类和标的物的不同而存在差异，具体如下。

　　ⅰ 【拍卖】

　　除留置权外，拍卖是所有的担保物权共通的一般性优先受偿方式，其既可适用于动产也可适用于不动产(仅用语不同，前者称为【担保不动产拍卖】(《民事执行法》第180条第1款)，后者称为【动产拍卖】(《民事执行法》第190条)。因其是基于担保权人的【处分】权能而产生的拍卖，故被称为【任意拍卖】，这与基于债权效力的【强制拍卖】在概念上形成对比(详见后文【债权的执行与担保权的实现】)。具体的拍卖程序将在【抵押权的实现】部分详细说明(→第2编第3章第4节2)。

　　ⅱ 【收益执行】

　　标的物为不动产的不动产担保权(一般先取特权、不动产先取特权、不动产质权，以及抵押权)可以用【担保不动产收益执行】代替拍卖，或与拍卖同时进行(《民事执行法》第180条)。这是以强制执行中的【强制管理】(《民事执行法》第93条以下)为范本的担保权实现方式,担保权人对不动产的【收益】(天然孳息、法定孳息)的收取进行管理,并以其满足被担保债权来实现优先受偿(2003年创设)。具体的程序将在【抵押权的实现】部分详细说明(→第2编第3章第4节3)。

iii 【私力实现】

另一方面,在让与担保、预约登记担保等变则担保中,经债权人和债务人合意,可以进行【私力实现】,即标的物本身归债权人所有,并就价格上的差额进行清算的方式。这也是基于债权人的【处分】权能的优先受偿的一种形态。此外,破产程序开始时,破产管理人自行依据管理处分权进行【任意出卖】(和解性质)的行为也属于私力实现的范畴。

(3) 担保物权的构成

(a)【担保关系】的成立——担保权人与担保设立人之间的纽带

担保物权是为保全(＝担保)【债权】(债权债务关系＝Schuldverhältnis(为实现债权的目的,使当事人承担【考虑相对方的权利、法益以及利益的义务】)的包括性关系。《德国民法典》第241条第2款),参见【Ⅳ】第11页)而设立的。显而易见,当事人之间存在在债务未被履行的情形下,担保设立人应诚实地承担其作为担保设立人所应承担的责任。因此,将这种关系称为【担保关系】(Sicherungsverhältnis)最为贴切。

【担保关系】受诚实信用原则的支配,因此担保关系会受到各种义务的拘束。其中最为重要的就是担保设立人的担保价值维持义务。《民法》第137条第2款(债务人担保的灭失、毁损、减少导致丧失期限利益)正是该法理(义务违反)的具体体现(第2编第3章第5节2)。这一概念在判例(最高裁判所大法庭平成14年11月24日判决,载《民集》第53卷第8号第1899页)中也得到了追认。

这样的担保关系,通常经当事人的合意(约定)而成立。至于债权关系中的特别种类,从公平的角度以及公益性政策判断的角度出发,法律上当然是认可其成立的。前者为约定担保物权,后者为法定担保物权。两者虽然在社会性意义上全然不同,但是两者均为受诚实信用规范支配的,连结担保权人与担保设定人的【担保关系】。

(b) 约定担保物权与法定担保物权

《民法》将担保物权分为约定担保物权与法定担保物权。

i 约定担保物权

在金融交易中,设定担保关系是当事人<u>创立信用的手段</u>。当事人通过约定(合意)设立担保物权。民法上的约定担保物权有质权($^{《民法》第}_{342条}$)和抵押权($^{《民法》第}_{369条}$),除此之外,为充实约定担保物权,又通过两大类重要补充对约定担保法进行了再构成。第 1 类是起源于交易习惯,最终在判例法上得到确立的【变则担保】,让与担保、预约登记担保(代物清偿预约)和所有权保留等属于这一类。第 2 类是与抵押权相关联的大量的特别法。上述这些形成了以【信用】(Kredit)为基础而展开的金融担保法。

ii 法定担保物权

法定担保物权是基于特别的债权关系而发生的担保关系。从对特定债权进行特别保护的政策性判断出发,法律当然认可该担保关系的成立。民法上的法定担保物权有留置权($^{《民法》第}_{295条}$)和先取特权($^{《民法》第}_{303条}$),先取特权多规定在特别法中。

【物的担保的效力】

物的担保的效力可从以下三个方面进行说明($^{参见我妻第}_{4页下}$)。

i 优先受偿性效力

债权未得受偿前,可先于其他的债权人获得清偿,这是物的担保的本体性效力。

ii 留置性效力

留置性效力存在于有占有状态的物的担保(留置权、质权)中,因存在该效力,债权人可通过留置,间接强制债务人清偿其债务。

iii 收益性效力

收益性效力仅存在于不动产质权中,因存在该效力,债权人可使用担保物获取收益。

但是,除 i 优先受偿性效力外,留置性效力和收益性效力与其说是物的担保的效力,更像是特定种类的担保物权(或是债权人对物的支配的样态)的特征。

(c) 限制物权性构成与权利移转性构成

本部分将对限制物权性构成和权利移转性构成进行介绍。担保物权所采用的是限制物权性构成,而权利移转性构成是通过解释而被承认的变则担保所特有的构成。

i 限制物权性构成

《民法》中的担保物权,均为在他人的权利之上成立之限制物权(关于限制物权的含义,参见【Ⅱ】第3页)。如前文所述,担保物权是以使用、收益、处分三类支配权能(《民法》第206条)之中的处分权能为基础的限制物权(前文(2)(a))。

ii 权利移转性构成

此类是原本并不存在于《民法》之中的,从习惯演变而来,最终通过解释得到承认,激活权利(所有权)移转本身所蕴含的担保功能的担保方式。此类担保方式在学术上被统称为【权利移转型担保】(参见来栖三郎:《契约法》第222页(昭和49年);川井第183页(昭和50年)。此为最初的先行研究)。权利移转性构成在实际的金融担保中起到了巨大作用。以下对各制度进行说明。

① 回赎、再买卖预约。有资金需求者先出卖自己的财产以获取金钱,在经济状况恢复后再回赎该财产(《民法》第579条以下)。其实质与在该财产上设立担保权并无区别。此外,通过买卖的单方预约(《民法》第556条),以预约再次买卖这一《民法》中未规定的方法,能够实现同样的功能。无论哪一种方法,均运用了所有权移转与再移转这一手段(=买卖制度),其应用非常广泛。

②　让与担保。让与担保与上述的回赎、再买卖预约制度相同,是将自己财产的所有权移转给债权人作为担保,之后再取回的一种担保方式。其实质是为了实现担保而进行的【买卖】,多数情况下与回赎、再买卖预约没有明确的区分(第3编第1章(3))。此外,因动产的让与担保使得动产也可用于抵押,在交易社会中,其作为动产抵押制度发挥了巨大的作用。

③　预约登记担保。[①] 预约登记担保于1978年(昭和53年)成文法化,其前身为【代物清偿预约】。预约登记担保是指,当事人事先约定,若期限届满时债务人不能偿还其借款,便将自己所拥有的不动产代为清偿债务(代物清偿),而该预约状态(=所有权移转请求权)则通过【预约登记】来保全的制度。预约登记担保是利用所有权移转过程中权利尚未转移的预约状态的一种担保方式。

④　所有权保留。所有权保留是指在物的买卖中,卖方在全额收到买卖价款之前,保留所卖之物的所有权的担保方式。一个最贴近生活的例子就是分期付款购买汽车。在买卖价款全额支付之前,汽车的所有权通常由经销商保留,购车人为车检证上的【使用人】。所有权保留是利用完全不移转所有权这一状态的担保方式,是基于消费过程与流通过程中的买卖关系发展而来的独特的担保手段。

(4) 物的担保的种类

最后,以《民法》中的担保物权为中心,对各类担保制度进行概括整理。详见【分类图】。

(a) 典型担保

首先,典型担保是指在《民法》中有规定的担保物权,因其已经成文

[①] 译者注:关于预约登记担保(日语:仮登记担保)的表述,在国内诸多先行研究中并未得到统一,既有直译为"假登记担保"的,也有采用"临时登记担保"这一译法的。鉴于该担保方式具有"利于登记预约状态"的特点,本书特采用"预约登记担保"这一表述。

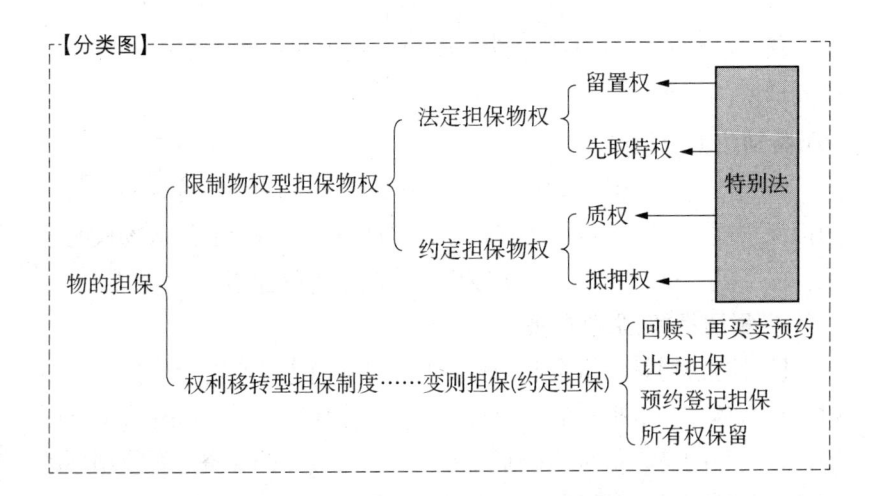

【分类图】

```
                    ┌ 法定担保物权 ┬ 留置权 ──┐
                    │              └ 先取特权 ┤
    ┌ 限制物权型担保物权 ┤                      ├ 特别法
    │               │              ┌ 质权 ───┤
物的担保 ┤               └ 约定担保物权 ┴ 抵押权 ─┘
    │
    │                                     ┌ 回赎、再买卖预约
    └ 权利移转型担保制度……变则担保(约定担保) ┤ 让与担保
                                          │ 预约登记担保
                                          └ 所有权保留
```

法化,故被称为<u>典型</u>担保。典型担保中,法定担保物权有 2 类,约定担保物权有 2 类,共 4 类。

i 留置权

留置权是指他人之物的占有人享有因与该物之关联而发生的债权时,在债权得到清偿之前可留置该物,间接地强制债务人清偿债务的担保物权(→第1编第1章)。

ii 先取特权

先取特权是指对债务人享有特殊债权者就债务人的财产,享有优先于其他债权人获得清偿的法定担保物权(《民法》第303条。→第1编第2章)。

iii 质权

质权是指债权人占有债务人或第三人提供的债权担保物,并可就该物优先于其他债权人获得清偿的约定担保物权(《民法》第342条)。质权与抵押权的差异在于是否发生标的物的占有的转移(→第2编第2章)。

iv 抵押权

抵押权是指债权人接受债务人或第三人以不转移占有的方式将不动产、地上权、永佃权作为债权的担保,且债权人可就其优先于其他债权人获得清偿的约定担保物权($_{369条}^{《民法》第}$)。抵押权在金融中占据极为重要的地位($_{第3章}^{→第2编}$)。

(b) 特别法上的担保

特别法上的担保,系指在《民法》制定后又以【特别法】的形式制定的担保规则,实质上,也可将其看作是对《民法》中规定的担保物权的修正。以下就与抵押权相关的比较重要的制度进行介绍。

i 财团抵押、企业担保

【财团抵押】是指将企业的财产总括为一个【财产集合体】,并将该财产集合体作为抵押权的一个标的物的抵押权。在经济角度,创立财团抵押的目的是为了帮助企业能够进行大笔资金的融资。企业用不动产、动产进行总括式抵押时,由于通常的抵押权需遵循一物一权原则来设立,程序比较复杂,【财团抵押】的创立就是为避免这种情况。自1905年($_{年}^{明治38}$)起,《工厂抵押法》《矿业抵押法》《铁道抵押法》《轨道抵押法》和《渔业财团抵押法》等相继出台($_{章第13节2}^{→第2编第3}$)。此外,《企业担保法》($_{和33年}^{1958年(昭}$)在上述法令的基础上进一步发展,其先取特权式的【一般担保】(general mortgage)的特征更为突出($_{章第13节3}^{→第2编第3}$)。

ii 动产抵押

《民法》中未对动产的抵押权作出规定,但动产的抵押又有其必要性,认可动产的抵押权的特别法便应运而生。1933年($_{8年}^{昭和}$)制定的《农业用动产信用法》为规定动产抵押权的最初的法令,其认可农业用具可用于抵押。第二次世界大战结束之后,动产抵押权的立法进入本格化时期,《汽车抵押法》《航空器抵押法》《建设机械抵押法》陆续出台($_{章第13节4}^{→第2编第3}$)。抵押制度下债权人不占有标的物,所以非常仰赖登记、注册制度($_{权便是如此}^{不动产的抵押}$)。问题在于,并非所有的动产均适用于登记、注册,因此动产抵押的立法也有其自身的极限。正因如此,动产让与担保在实际上发挥着动产抵押制度应发挥的作用($_{3章第2节}^{→第3编第}$)。此外,2004年,作为动产让与的对抗要件的登记制度得到确立,但该制度仅适用于法人($_{债权让}^{动产}$

与特例法》)。

iii 抵押证券

抵押证券将抵押权【证券】化，基于证券法理使抵押权获得了流动性。其目的是为了防止以抵押权为条件而投入的资金发生固定化问题。《抵押证券法》(1931年(昭和6年))承认了抵押证券的发行。时至今日，抵押证券多被视为高收益的金融商品(→第2编第3章第13节5)。

iv 立木抵押

根据《立木法》(1909年(明治42年))，土地上生长的树木，经登记后可与土地分离而单独作为抵押权的标的物(→第2编第3章第13节6)。

(c) 变则担保(非典型担保)

变则担保(亦称非典型担保)是指：①《民法》中未被视为【担保】的独立制度，因其内在的担保功能而专被作为担保制度使用(因此，在制度上具有跛行性特征)的担保手段，或者，②作为新的担保交易习惯而产生，并经判例的认定最终成为法律认可的担保手段。属于该范畴的担保方式就是前文介绍的【权利移转型担保】，即回赎、再买卖预约、让与担保、预约登记担保(代物清偿预约虽于1978年(昭和53年)成文法化，其实质上仍为变则担保)、所有权保留等。这些担保方式的内容在前文已有说明，不再赘述。

(5) 担保物权的共通性

第一，担保物权属于【物权】，所以其具有物权的一般效力，即，①优先性效力，②妨害排除性效力，③追及力(参见【II】第20页以下)。这些是物权的一般性效力，因此必须根据各担保物权进行具体分析。

第二，【担保物权】还具有所谓的【通有(通融)性】(常有性)这一共通的性质。虽说是通有性，可却并非在各个担保物权上平等存在，而是各有明显偏向。此处仅对通有性的原则论进行说明，与其相关的个别问题点将在后文各章节具体分析。此外，通有性是否可以类推至变则担保，也需进行个别分析。

(a) 从属性

担保物权的目的在于保全债权,因此【债权】的存在是担保物权存在的前提。这种担保物权从属于债权的关系被称为【从属性】。债权不成立则担保物权不成立,债权消灭则担保物权消灭(原则论)。

此外,债权转移后,担保物权自然也随之转移,这被称为【伴随性】,伴随性是从属性的一种样态。

(b) 不可分性

债权人在债权得到完全清偿之前,可就标的物的全部行使担保物权,这被称为【不可分性】(《民法》第296条、第305条、第350条、第372条)。因此,即便债权得到了部分清偿,担保标的物的全部仍需对剩余债权进行担保,无需解除部分担保。

(c) 物上代位性

标的物因出卖、租赁、灭失或毁损转化为金钱或其他物的(代偿物,Surrogat),担保物权人可就代偿物行使权利。这被称为【物上代位】,具有优先受偿性效力的先取特权、质权、抵押权能够实行物上代位(《民法》第304条、第350条、第372条)。担保物权支配着标的物的交换价值,其对标的物的代偿物理所当然地具有追及力。但是,物权的大原则是,标的物灭失物权即告消灭,所以担保物权的效力及于代偿物这一点,可理解为是法律上的特例。在后文关于解释论的分析中会对此点再次进行说明。由于先取特权、质权、抵押权对标的物的支配样态不同,其物上代位也需要分别进行分析。

第1编

法定担保物权

第 1 章 　留置权

第 1 节 　序　说

(1) 留置权制度的意义

　　留置权是指【他人之物】的占有人享有基于与该物的关联而发生的债权时，在债权得到清偿之前可留置该物($《民法》第295条$)。例如，汽车冲进玄关破坏他人住宅，驾车人逃离现场，房屋所有人在获得损害赔偿之前，可以拒绝返还汽车；又比如，两个人互相拿错了对方的伞，在对方返还自己的伞之前，可以不返还对方的伞，上述都体现着留置权的作用。

　　如【图①】所示，债务人 B 如要求 A 返还自己之物，首先必须清偿自身所负之债务。在这个意义上，债权人 A 的债权是能够得到确实保障的。概而言之，留置权拥有【债权人通过留置债务人之物，间接性地强制债务人履行其债务】的法律构造。这就是留置权的债权保全功能。

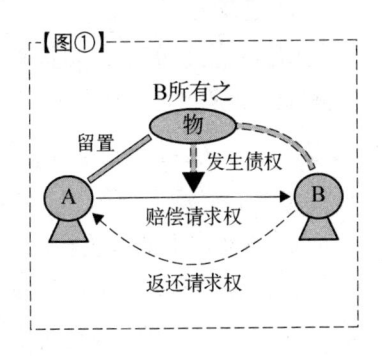

　　留置权与其他的担保物权不同，其构造中不存在如果债权未得清偿，最终即可通过处分该物来获得清偿的优先受偿权。但是，留置权人

可基于其权利,在其他债权人或者拍卖的买受人向自己履行清偿义务前,拒绝返还留置物(关于不动产,参见《民事执行法》第59条第4款,关于动产,参见《民事执行法》第124条、第190条)。同时,其还被赋予了形式性拍卖权(《民事执行法》第195条)。因此,可以说,留置权人在实质上能够优先得到清偿(关于这一点的具体内容,详见本章第3节(4))。只不过在制度上,留置权的构造中并不包含作为实体性权利的优先受偿权。在这个意义上,留置权可以说是担保物权中的异类。

(2) 留置权的法律性质

首先,留置权作为物权,具有以下法律性质。

(a) 物权性

i 对抗力

留置权为物权,所以其可向任何人主张(这一点,区别于同时履行抗辩权)。债务人自不必说,对标的物的受让人、其他债权人,以及拍卖的买受人,留置权人也可主张其权利。

但是,债务人如进入破产程序,则其财产上的留置权消灭(《破产法》第66条第3款)。在民事再生程序以及公司更生程序中,留置权虽然仍会存续,但是已经不再被视为担保权(关于这些破产程序中的特殊处理,详见本章第3节(1)(b)iii)。

ii 追及力

留置权是以占有作为基础的物权,所以一旦丧失占有,留置权本身即告消灭(《民法》第302条。具体内容详见本章第4节(4))。因为无法行使物权请求权,在占有遭到他人侵害之时,仅可行使占有诉权(《民法》第200条)。如此一来,留置权虽为物权,但其不具有追及力这一物权特性。

iii 不动产上的留置权

留置权在不动产上亦可成立,但其并不以登记作为对抗要件,这一点与通常的不动产物权有所不同。

(b) 担保物权性

其次,留置权作为担保物权具有以下法律性质。

i 从属性

留置权基于与物存在牵连性的债权的发生而成立(《民法》第295条),一旦债权消灭,留置权即告消灭。此外,在被担保债权转移,且标的物的占有也一并转移的情形下,留置权也随之转移(伴随性)。但是,如果标的物的占有没有转移(仅是债权让与),则应当理解为留置权消灭,债务人可请求返还该物。盖因【占有】为留置权成立和存续的要件。

ii 不可分性

债权未得完全清偿之前,留置权人可对标的物的全部进行留置(不可分性)(《民法》第296条)。在标的物的一部分被交予债务人的情形下,被担保债权并不会缩减,剩余部分的标的物仍将为全部债权提供担保(最高裁判所平成 3 年 7月16日判决,载《民集》第 45 卷第 6 号第 1101 页。参见近江幸治:《平成 3 年度重判解说》第 62 页。)。

iii 物上代位性

因为留置权以对物的留置(占有)作为其效力的本体,所以留置权不具有物上代位性。

(3) 与同时履行抗辩权的关系

(a) 历史沿革

留置权是通过对物的留置,实现对基于与物的关联而发生的债权的保全的制度。实际上,留置权是以物的交付(履行)拒绝权的形式出现的。所以,留置权与同时履行抗辩权(《民法》第533条)的关系就成为理论上的问题点。值得注意的是,这两者并非毫无关联,从历史沿革上看,两者间的关联相当密切(关于历史沿革,参见椿寿夫:《同时履行的抗弁权—留置权との関係について》,载《契约法大系[I]》第237页以下;清水元:《留置权概念の再構成》第 8 页以下。也可参考【V】第 39 页以下)。

履行拒绝制度,源自罗马法中的恶意抗辩(exceptio doli)。具体而言,罗马法中有规定,债权人不履行自身对债务人所负之债务,并要求债务人履行其对自己所负之债务的行为,如其违反诚实信用原则,则债务人可以拒绝债权人的要求。罗马法中的恶意抗辩,在之后的岁月里朝两个方向继续发展。其一,是双务合同关系中的同时履行抗辩权,其二,就是作为债权保全制度并具有物权性质的留置权。当然,从各国的法律制度来看,恶意抗辩并不都以明确的形态朝上述两个方向发展,尤其是在留置权应采用物权性构成,还是债权性构成这一点上,各国的规定并不统一。日本吸收了法国的学说,将留置权规定为物权。

(b) 制度上的差异

本部分将从两个制度的本质出发,介绍两者的原则性差异。

i 法律性质

留置权是物权,具有对世性效力。同时履行抗辩权是债权,只可在合同当事人之间主张。

ii 履行拒绝的基础

留置权以<u>物与债权</u>之间的牵连关系作为基础。同时履行抗辩权以基于<u>双务合同</u>而产生的双方债务履行上的牵连性为基础。

iii 适用范围

同时履行抗辩权的适用仅限于双务合同,并且其是否成立取决于合同的性质、当事人的意思、是否违反诚实信用原则等要素。而留置权即便在非合同关系中也可以适用,并且是法律上当然发生之权利。

(c) 两者的竞合

同时履行抗辩权是对应双务合同<u>交换性给付</u>问题的制度,而留置权是对应<u>物的交付</u>问题的制度,两个制度的目的是不同的。但是在合同关系中,两者会发生竞合。例如,在买卖合同中,买方 B 在未支付货款的状态下要求卖方 A 交付标的物,这种情况下,同时履行抗辩权与留置权都可以作为 A 拒绝交付标的物的依据。于此情形,是认可两种制度皆得以适用,还是认可仅得以适用其中一种?这是【请求权竞合】的问题之一。关于这一点,学说上的对立非常激烈。

【A】竞合说(请求权竞合说)

通说认为,只要要件得到满足,两制度中任一者皆得以适用(参见川井第

284页;高木第21页。东京高等裁判所昭和24年7月14日判决,载《高民集》第2卷第2号第124页）。此外,部分竞合说认为,在对价性债务关系之外的情况下,可存在竞合。

【B】非竞合说(法条竞合说)

与竞合说相对,非竞合说认为,物权关系是当事人之间不存在特殊关系状态下的一般性问题,因此在存在合同这一特殊关系时,物权法的规定就会被合同所排除,所谓的【竞合】现象仅是一种假象(法条上的竞合)（参见川岛武宜:《民法解释学的诸问题》第126页;铃木第15页;广中俊雄:《债权各论讲义(第6版)》第409页;石田喜久夫:《口述物权法》第455页,等）。根据这一理论,留置权仅能在不存在合同关系的情形下成立。

【C】私见(请求权竞合、规范优先说)

请求权竞合的情况非常之多,如果将目光锁定在合同规范与物权规范之间的竞合上的话,则在当事人之间存在合同这一特殊关系时,理所当然应适用合同规范,在这个意义上,上述【B】的非竞合说更具正当性。但是,【B】说中的【法条竞合】是以特殊的理论为基础的。该理论具体而言就是,同时满足两个制度在法规上的要件,导致两个请求权表面上同时成立,只是一个假象,而实质上仅有一个请求权是成立的,另一个请求权会被当然排除。然而,通过对生活秩序的观察即可发现,即便存在合同关系,在其背后的物权法秩序也并未消失。基于该秩序而发生的一定的请求权,只要满足法定要件,便不可否认其存在。所以,应当说,两个请求权同时成立的情况是存在的。不过正如【B】说所主张的,存在合同关系时,合同规范应当优先于物权规范。只有在合同规范无法发挥其作用时,方得适用物权规范。例如,物的所有人委托他人修理自己所有之物,而后将物品转让给第三人,该第三人向修理人请求交付该物,在此种情形下,第三人与修理人之间的关系不属于合同关系,则留置权得以适用(但【B】说将上述设例也作为同时履行关系中的问题)（参见铃木第298页、第341页）。上述观点被称为【请求权竞合、规范优先说】（关于请求权竞合理论的详细说明,参见【Ⅵ】第64页、第102页）。

(4) 商事留置权

(a)《商法》第 521 条的意义

为了保全在商业行为中发生的债权,《商法》中规定了对通过商业行为取得占有的【债务人所有的物或有价证券】的留置(《商法》第521条。在《商法》第31条(代理商)、第557条(问屋)、第562条(运输从业者)等个别的商事关系中也可适用)。《商法》中的留置权,不受民事留置权【基于与物的关联而发生的债权】(物与债权的牵连性)的这一限制,只要是商业行为上的债权即可。

商事留置权起源于中世纪意大利商人团体的习惯法,这与民事留置权的历史沿革是不同的。具体而言,商人为了促进在持续性交易中的信用交易,会互相抵销债权债务,商事留置权就是在这样的交易习惯上发展而来的。但是,在当时,商事留置权仅能够在动产和有价证券上成立。

在破产程序中,针对商事留置权有特殊的处理。进入破产程序后,民事留置权会失去效力(《破产法》第66条第3款),而商事留置权则被视为【特殊的先取特权】(《破产法》第66条第1款),权利人被赋予【别除权】(《破产法》第65条)。具体而言,商事留置权虽转化为【先取特权】,但并不会失去其作为留置权的效力(最高裁判所平成10年7月14日判决,载《民集》第52卷第5号第1261页)。在这一点上,商事留置权较之民事留置权可谓是得到了强化。此外,在民事再生程序中,同样规定了别除权(《民事再生法》第53条)。而在公司更生程序中,则被作为更生担保权(《公司更生法》第2条第10款。本章第3节(1)(b)ⅲ)。

(b)【不动产】与商事留置权

问题在于,商事留置权的标的物,即【物】中是否包含【不动产】。

ⅰ 一般原则

无论是民事留置权还是商事留置权,其标的物皆为【物】,【不动产】并未被排除在外。因此,商事留置权也将【不动产】作为其标的物,这一点是非常明确的。在判例中,土地出租人解除土地租赁关系请求返还土地,而承租人以已发生的运送委托费债权作为被保全债权,就土地主张留置权,对此,裁判所认为将不动产排除出【物】的范畴并无依据(最高裁判所平成 29 年 12 月 14 日判决,载《民集》第 71 卷第 10 号第 2184 页），支持了权利人对留置权的主张。

ii 与土地抵押权的对抗

将此问题置于焦点之下的,是土地所有人 B 为在土地上建造建筑物,从 A 银行处获得融资,并在该土地上设立抵押权,而后 C 建筑公司完成建筑物工程,B 却无力清偿,A 随即行使土地抵押权的案件。C 为保全承包款债权,能否将该土地作为【通过商业行为而取得占有之物】,进行留置？ 对此,判例、学说呈现出如下对立。

【A】商事留置权肯定说

此种学说肯定了商事留置权的成立。（参见河野玄逸：《抵当権と先取特権,留置権との競合》,载《银法21》第 511 号第 94 页以下;片冈宏一郎：《建築請負債権による敷地への商事留置権行使と(根)抵当権》,载《银法21》第 522 号第 31 页以下）。

【B】对抗说

此种学说认为,应通过留置权的成立与抵押权设立登记的先后顺序,决定其顺位（参见秦光昭：《不動産留置権と抵当権の優劣を決定する基準》,载《金法》第 1437 号第 4 页以下;生熊長幸：《建築請負代金債権により敷地への留置権と抵当権(上·下)》,载《金法》第 1446 号第 6 页以下、第 1447 号第 29 页以下）。

【C】不动产排除说

此种学说认为,应当将不动产排除在商事留置权的客体之外（参见浅生重机：《建物建築請負人の建物敷地に対する商事留置権の成否》,载《金法》第 1452 号第 16 页以下;吉田光碩：《判批》,载《判夕》第 1001 号第 70 页以下;高木第 18 页）。

从学说角度来看,【C】说因与理论发展沿革更为贴合,所以较为有力。但是,从前文介绍的最高裁判所平成 29 年 12 月 14 日判决来看,将不动产排除在商事留置权之外并无理由,故而难以单纯地同意该观点。

商事留置权无论在成立（《商法》第521条）方面（【通过商行为而取得之物】）,还是在效力（《民事执行法》第 188 条第 4 款→第 59 条,本章第三节(1)(b)ⅱ）方面,都被赋予了超乎一般的优越性地位。其结果就是,作为后来者的承包人,其作为权利人,可享有的权利优先于已完成登记的土地抵押权,此可谓不均衡。出现这类问题,是因为承包人的承包款债权保全手段存在缺失,而这一问题,本应当通过不动产工程先取特权的改革来解决（例如《民法》第 338 条适用的简易化)＊。姑且不提立法论,在前揭最高裁判所平成29年12月14日判决业已出现的现时点,解释论上,【B】说较为妥当(改变在旧版中的观点)。

＊ 先取特权制度的修订问题

关于不动产工程先取特权制度,在2003年《民法》修订的原草案中,曾有过"在不动产上不成立商事留置权"的内容,但是考虑到既要保证不动产工程先取特权不被滥用,又要提高该制度的实效性实为不易,在非常有限的讨论中,就要确定一个适当的对应方案过于勉强。最终的结果就是,商事留置权与不动产工程先取特权皆未得到修改(参见谷口、筒井编第16页)。

第2节　留置权的成立要件

1 基于与物的关联而发生的债权

(1)【基于与物的关联而发生的债权】概念的问题性

通过留置权来保全的债权,必须【基于与物的关联而发生】(《民法》第295条第1款本文)。这种关联,被称作债权与物的【牵连关系】。但是,【基于与物的关联而发生】的这一用语的意义,其实并不明确(关于这一点,在"旧民法[①]"中,有"因物的让与,或是因物的保存费用,亦或是因物产生损害赔偿,而与该物或是对该物的占有产生牵连关系"的描述(债权担保编第92条))。【因该物而发生的债权】(例如损害赔偿债权)自不待言,除此以外,认可留置权在更多其他情形下的成立,也有其现实必要性。例如后文将要提到的基于与物的返还义务<u>具有同一法律关系或事实关系而发生的债权</u>的情形。这种扩张性适用,与和留置权具有制度上的

[①] 译者注:旧民法是指1890年公布的日本最初的民法典。在公布之后,因有反对论认为其违反了日本古来的风俗习惯,引发了所谓的"法典论争"。最终,反对论占据上风,旧民法未得施行。

类似性的同时履行抗辩权基于公平理念的扩张性适用,是相同的(参见 椿寿夫:前揭论文第251页)。

时至今日,学者将【基于与物的关联而发生】的这一概念进行了具体化,形成了①基于物本身而发生的债权,与②基于与物的返还义务具有同一法律关系或事实关系而发生的债权的两种解释标准(学界对这种分类存在批判,具体参见高木等第20页(曾田厚所著部分);筱塚、川井编《物权法·担保物权》第180页(清水元所著部分))。虽说存在这样的标准,但是仍有必要以留置权制度的存在理由,即公平原则,以及将留置权理解为以【交付拒绝】为内容之物权的日本《民法》的制度思想作为标准,进行合理解释。

(2) 两个解释标准的设定

(a) 基于物本身而发生的债权(标准Ⅰ)

这一标准的范畴,要以《民法》第 295 条的要件为中心进行理解。具体而言,其可区分为①占有物所导致的损害赔偿债权(汽车撞入玄关造成损害、邻人家饲养的狗跑入自己家中破坏了盆栽),以及②花费在占有物上的必要费用及有益费用的费用偿还权(租赁屋的修理等)。在发生这两种债权的情形下,留置权具有【交付拒绝权】的功能(本章第3节(1)(c))。

关于上述②的偿还(债权)范围,可依据《民法》(《民法》第196条)及特别法的规定来确定,但对于物的留置范围应当如何认定,却并不明确。例如,对物的一部分实施改良是否使留置权人可就标的物的全部行使留置权,或在添加装修物的情况下,留置权人是否可以就整个建筑物行使留置权。因为这并不是留置权的成立要件的问题,所以将在后文(4)中进行说明。

(b) 基于与物的返还义务具有同一法律关系或事实关系而发生的债权(标准Ⅱ)

i 2 个类型

这一标准的范畴,相对来说较为宽泛。具体而言,其可区分为①

【同一法律关系】,例如基于买卖合同而发生的物的交付义务及价款债权,或基于物品修理委托合同而发生的修理物交付义务及修理费用债权(基于合同关系而发生),以及②【同一事实关系(或是生活关系)】,例如两个人互相拿错对方的雨伞,负有相互返还的义务(非基于合同关系而产生)(但是,铃木第331页对于后一种情形下的留置权的成立持否定态度)。

ii 被保全债权为何

关于类型②需要讨论的是,通过留置权得到保全的被保全债权为何。在类型①中,因为债权基于合同关系而发生,所以不存在此等问题,而在类型②中,因不存在合同关系,所以作为【返还】基础的被保全债权并不明确。关于此点,有以下几种理解。

【A】所有物返还请求权

在拿错雨伞的情形下,发生所有物返还请求权是理所当然的。但因其为基于所有权的物权性请求权,所以无法构成被保全债权。

【B】基于侵权行为的损害赔偿请求权

有观点认为,【在向己方请求返还的相对方返还其占有的己方之物,以使己方因取错物品所受之损害获得补偿之前,可以拒绝返还该物】(参见我妻第32页)。

但是,因取错物品而蒙受的【损害】,在该【物】(伞)的所有权灭失之时方才发生,故将所有权的返还作为请求的根据,与理相悖。

【C】不当得利返还请求权(私见)

窃以为,相互【占有】对方的所有物本身,即为不当得利,而其返还请求权即可理解为被保全债权。但是,这一观点,以承认【占有的不当得利】概念为前提。【占有的不当得利】概念,其理论基础是德国无因性物权变动下的给付不当得利,毫无疑问,【当物处于相对方的占有之下时,便存在实质上的得利】(参见我妻荣:《法律行为の无效取消の效果に関する一考察—民法における所有物返还请求权と不当得利との关系—》,载《民法研究Ⅱ》第165页以下),而此概念在侵害不当得利的情形下亦应得到承认(参见【Ⅶ】第60页)。因而,上述类型②中的被保全债权,当理解为不当得利返还请求权。

iii 【同一】的概念

前文提到的【同一】是一个重要概念,可将其解读为,【为保全特定的债权,而拒绝特定的交付义务的履行】,是基于【同一】法律关系(或是事实关系)而直接发生的权利。但是在占有物上存在之权利转移给第三人,且第三人请求交付货物的情形下,又将如何?此种情形下,占有人能否主张留置,须依据特定的债权与特定的交付义务是否为基于【同一法律关系】直接发生这一标准来判断。这牵涉到对【第三人】债权的履行义务拒绝,相关内容,将在后文(3)中详细分析。

(3)【第三人】与留置权的成立与否

占有物上存在之权利在转移给第三人之后,第三人请求交付该物的,占有人的留置权是否成立。关于这一点,存在几个需讨论的问题点,而这些讨论都需依据上述【标准Ⅱ】中提到的【同一法律关系】概念中的【交付拒绝】的含义来进行判断。

(a) 留置权的标的物的让与

【图①】首先分析当事人之间已成立留置权后,该标的物让与于第三人的情况。例如 A 将建筑物出售给 B 并完成了登记,双方约定 B 支付余款的同时 A 交付建筑物。但是 B 在未支付完余款的情况下将该建筑物转卖给 C,并完成了登记。此种情形下,对于 C 的交付请求,A 能够行使留置权。【C 对 A 并不负有剩余价款支付债务,因此,应当命令 A 在收到 B 支付的剩余价款之时交付建筑物】(最高裁判所昭和 47 年 11 月 16 日判决,载《民集》第 26 卷第 9 号第 1619 页)。

与上述情形相同,预约登记担保权人 A 在尚未向债务人 B 支付清算金之前,就将不动产让与于 C,对于 C 的交付

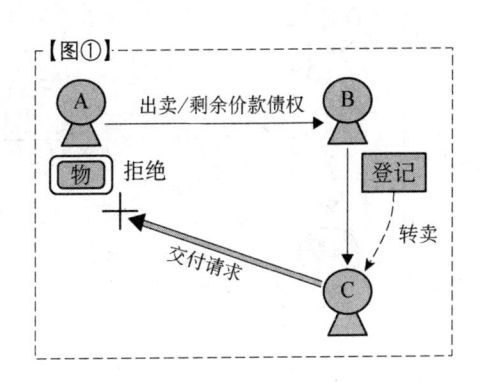

请求,B可以通过主张留置权来对抗(最高裁判所昭和58年3月31日判决,载《民集》第37卷第2号第152页)。

留置权是物权,自然对第三人具有对抗力,而C所取得的是附着有留置权的标的物(本章第3节(1)(b)i),所以上述结论是理论推理的必然结果。

(b) 法律关系未确定期间的占有物的权利移转

【同一法律关系】中的法律关系(＝所有权归属)尚未确定之时,物上存在之权利(物的交付请求权或所有权)转移给第三人,且第三人请求交付标的物的,又当如何?

i 让与担保权人的标的物的让与

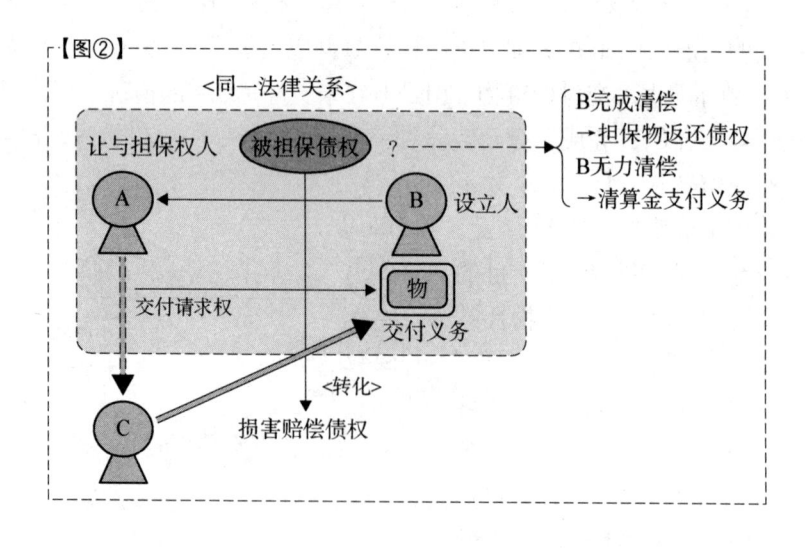

【图②】首先,B将不动产作为担保物让与于A,A违背约定将该不动产让与第三人C并完成了所有权移转登记。C向B请求交付不动产之时,B能否为保全基于担保物返还义务不履行而发生的对A享有的【损害赔偿请求权】,主张留置权?判例的立场是,损害赔偿请求权仅能对A主张,而不能对抗C,A的债务不履行与不动产之间,并不存在作为留置权发生要件的一定的牵连性,所以对于B的留置权主张不予支持(最高裁判所昭和34年9月3日判决,载《民集》第13卷第11号第1357页)。

【图②】
<同一法律关系>

让与担保权人 ── 被担保债权 ── 设立人
A ←─────── B

B完成清偿
→担保物返还债权
B无力清偿
→清算金支付义务

交付请求权 → 物
交付义务

<转化>
C
损害赔偿债权

留置权的成立(＝返还拒绝),必须满足留置物的【交付义务】与通过留置权来【保全的债权(被保全债权)】是基于【同一法律关系】而发生的这一要件。盖因留置权是以拒绝履行交付义务之形态出现的。那么,上述设例中的【被保全债权】具体为何？由于该法律关系是让与担保,所以,如 B 清偿了债务,则被保全债权为【担保物返还请求权】;如 B 不能清偿债务,则被担保债权为【清算金支付请求权】。但是,上述请求权(债权),是在让与担保的标的物的所有权确定归属于 A 或 B 之后始发生的,换言之,在权利归属未确定之前,上述债权并未成立。如此一来,B 是无法拒绝交付的。在所有权的归属未确定的期间内,A 即使利用登记将担保物出卖给第三人 C,由于 B 的被保全债权尚未确定,其留置权的成立欠缺权源。

有学者认为,担保物返还债权或清算金支付债权会转化为【损害赔偿债权】,因此主张将损害赔偿债权作为被保全债权,并在此基础上承认留置权的成立。但是,损害赔偿债权,是因第三人 C 的介入而形成的【新的法律关系】,所以不能说是【同一法律关系】。前文提到,作为留置权的本体的交付义务与被保全债权须基于【同一法律关系】直接发生,所以判例的结论是妥当的。

ⅱ 不动产的双重让与

【图③】A 将不动产双重让与于 B、C 后,B 占有不动产,而 C 完成了登记,C 向 B 请求交付。对于该种情形,判例沿用了前揭最高裁判所昭和 34 年 9 月 3 日判决的判决理由,对 B 为保全其对 A 享有的损害赔偿请求权的留置权主张不予支持(最高裁判所昭和 43 年 11 月 21 日判决,载《民集》第 22 卷第 12 号第 2765 页)。

此种情形下,前文 ⅰ 中介绍的理论同样得以适用。具体而言,因为留置权是履行的拒绝权,所以交付义务

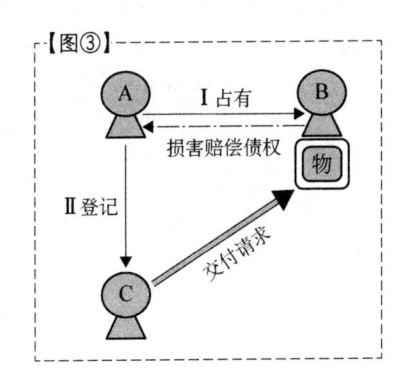

与被保全债权必须是基于【同一法律关系】直接发生的,而 B 对 A 的损害赔偿请求权(无论B是否放弃取回),并不是基于 A、B 之间的不动产让与这一【同一法律关系】直接发生的债权,而是基于因 C 的介入而形成的新的法律关系而发生的债权,因此并不满足留置权的成立要件。

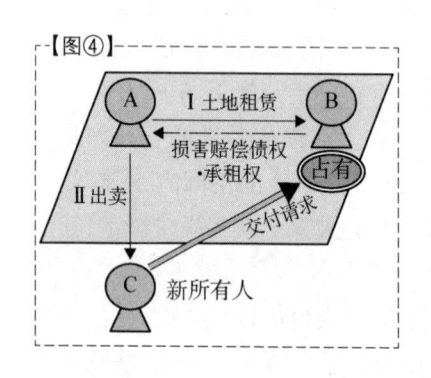

iii 土地承租人与新所有人

【图④】在土地出租人 A 将租赁标的物(土地)让与于第三人 C,C 向承租人 B 请求返还土地(且该租赁不能对抗新所有人 C)的情形下,承租人 B 无法将其对 A 享有的损害赔偿请求权(大审院大正 9 年 10 月 16 日判决,载《民录》第 26 辑第 1530 页)或承租权本身(大审院大正 11 年 8 月 21 日判决,载《民集》第 1 卷第 498 页)作为【基于与物的关联而发生的债权】以主张留置权。此种情形下,交付义务与被保全债权不是基于【同一法律关系】而发生的,在理论上与前文 i 、ii 介绍的完全相同。

(4) 牵连性与留置权成立的范围

(a) 建筑物购买请求

借地①权的存续期间届满后,在土地上修建建筑物的借地人(借地权人),可以要求土地所有人(借地权设立人)以时价购买该建筑物(建筑物购买请求权*)(《借地借家法》第13条第1款)。此种情形下,借地人在收到价款之前当然能够留置建筑物,但是,借地人能否留置土地? 判例的立场是,建筑物交付拒绝的效力使借地人得以拒绝交还土地(大审院昭和 14 年 8 月 24 日判决,载《民集》第 18 卷第 877 页,建筑物的交付拒绝阻却了占有土地的违法性,侵权行为自然不会成立)。

由于土地和建筑物是两个不动产,如纯粹依据理论进行推理,则结论是应当仅能留置建筑物。但是建筑物在物理上不可能脱离土地而独

---

① 译者注:指土地租赁。

立存在,如不认可对土地的留置,则建筑物购买请求权就无法真正实现。判例将留置土地视为"建筑物交付拒绝的效力"正是基于上述理由(高木第26页认为"建筑物上的留置权延伸到了土地上",其含义与判例是一致的)。这种判断是合理的。

此外,关于土地的部分,其本身与建筑物购买请求权之间并没有直接的牵连性,留置(占有)土地所取得之利益为不当得利,应予以返还。但是,行使购买请求权的借地人可就上述得利,参照孳息的规则就自己享有之债权优先受偿(本章第3节(2))。

* **建筑物购买请求权为【形成权】**

因为建筑物为借地人所建,所以其所有权当归属于借地人。但是,由于建筑物购买请求权为【形成权】,所以一旦借地人行使该权利(=做出以【请求购买】为内容的单方面的意思表示),即会发生买卖的效果,建筑物的所有权旋即归属于土地所有人。如此一来,便可满足【他人之物】之留置(土地所有人的所有物)这一留置权的成立要件,使留置成为可能。

(b) 对物的一部分实施改良(有益费用的偿还请求)

借家人①为对部分建筑物实施改良在建筑物上添加新的原材料后(例如,在外墙重新涂漆,更换屋顶瓦片等),借家人为请求偿还费用(有益费用)(《民法》第196条第2款),能否对建筑物的全部实施留置? 在【对物的一部分实施改良】的情形下,由于新添加的原材料成为主物,即建筑物的【本质性构成部分】,所以失去了其作为动产的独立性,原材料的所有权被建筑物的所有权所吸收(《民法》第242条。参见【Ⅱ】第236页)。换言之,因原材料与建筑物本体融合,导致其所有权消失,借家人可通过留置建筑物的全部来保全有益费用(应当特别注意【附合】概念下的【本质性构成部分】与【从物】的区别。可参考第2编第3章第3节【构成部分、从物】理论)。

【借地合同的解除与第三人(建筑物承租人)的有益费用支出】

从 A 处租借土地的 B 在土地上修建建筑物,并将该建筑物出

---

① 译者注:指房屋承租人。

租给 C，由于 B 不支付土地租金，A 解除了租赁合同并要求 C 返还土地。此种情况下，为修缮建筑物支出修缮费的 C 能否主张留置权？

判例认为，C 对 B 享有建筑物修缮费用返还请求权，但该债权既非基于与土地的关联而发生的债权，也非对 A 得以主张之债权，所以留置权不成立(大审院昭和 9 年 6 月 30 日判决，载《民集》第 13 卷第 1247 页；最高裁判所昭和 44 年 11 月 6 日判决，载《判时》第 579 号第 52 页)。

(c) 固定装修购买请求

承租人在建筑物内安装固定装修的，在租赁合同期间届满后，承租人可以请求出租人以时价购买该固定装修(固定装修购买请求权)(《借地借家法》第 33 条)。此种情形下，承租人在收到价款之前能否留置该【建筑物】本体(因固定装修购买请求权属形成权，所以承租人只需做出单方面的意思表示，固定装修的所有权即移转给房屋所有人，这与前文(b)介绍的理论是相同的)。安装的【固定装修】与前文提到的成为本质性构成部分的原材料等不同，即便与建筑物本体附合，也不会被建筑物的所有权吸收，依然是独立动产，依然得以独立成为权利的标的物(=【从物】)(可参考第 2 编第 3 章第 3 节【构成部分、从物】理论)。

判例的立场是，固定装修购买请求权是<u>基于安装固定装修而发生的债权</u>，并非基于与房屋的关联而发生的债权，所以对以留置权为理由拒绝返还建筑物的主张不予支持(大审院昭和 6 年 1 月 17 日判决，载《民集》第 10 卷第 6 页；最高裁判所昭和 29 年 1 月 14 日判决，载《民集》第 8 卷第 1 号第 16 页；最高裁判所昭和 29 年 7 月 22 日判决，载《民集》第 8 卷第 7 号第 1425 页)。上述判例的结论在理论上似乎具有合理性。但学界的观点是，从《借地借家法》固定装修购买请求权的立法宗旨来看，应当承认留置权的成立，这与判例的立场是截然相反的(参见高木第 25 页,等)。由于固定装修是【获得出租人的同意】(《借地借家法》第 33 条)后附合到建筑物上的价值增加物(榻榻米,室内拉门等)，其与建筑物之间存在经济上、法律上的一体性，因此学界的观点才是正确的。

(d) 房屋租赁押金退还请求

租赁合同终止后,房屋承租人能否为保全自己的房屋租赁押金退还请求权而留置房屋? 判例的立场是,从房屋返还债务与房屋租赁押金退还之间的关系来看,前者为先履行义务,因此留置权并不成立(最高裁判所昭和49年9月2日判决,载《民集》第28卷第6号第1152页(此外,因房屋租赁押金合同与租赁合同分别为两个合同,房屋返还债务与房屋租赁押金返还债务之间不存在对价性债务关系,所以同时履行抗辩权也不成立))。

许多学者认为,判例所采之理论,会导致承租人无法得到保护,故而反对判例的结论。但需要看到,房屋租赁押金作为交易习惯,是用来担保债务人【债务不履行所引发的损害】的款项(《民法》第622条之2)。所谓【债务不履行所引发的损害】,是指到完成标的物返还为止这一期间内所发生的所有损害,房屋返还债务为先履行义务,而房屋租赁押金退还债务不是在合同终止之时,而是在不动产返还之时发生的(参见【V】第198页以下)。如此看来,判例的结论是正确的。

2 【他人之物】的【占有】

(1) 他人之物

留置权人所留置(占有)的是【他人之物】。就此,有以下几点需要注意。

ⅰ 承租人行使建筑物购买请求权及固定装修购买请求权的,建筑物与固定装修的所有权转移给土地所有人、房屋所有人后,即成为【他人之物】。

ⅱ 所谓【他人】,是否包括债务人之外的所有第三人? 例如,在①B将C寄存在自己处的物品交于A进行修理,或是②B将C的所有物寄存于A处,因该物上存在瑕疵,导致A遭受损害,A能否行使留置权? 上述两例中,被保全债权为A对B享有之债权,标的物的所有人为C。有学者认为,此种情形下,应学习瑞士法与法国法,否定留置权的成立(高木第27页认为,只要A对C不享有债权,就无法以其对B享有的债权作为被担保债权行使留置权)。但是,《民法》第295条与商事留置权(《商法》第521条)不同,对于物的所有人并不做限定,对基于【物】而发生的债权提供范围更广的保护(物权性效力),因此,承认留置权的成立更符合留置权制度的立法目的(通说)。

(2) 占有

留置权人已【占有】标的物,且该【占有】具有持续性,此种占有便可形成【留置】(=交付的拒绝)。

3 债权已届清偿期

因为留置权是以拒绝占有物的交付为内容的权利,所以如债权未届清偿期,则不可能拒绝,留置权也当然不成立(《民法》第295条第1款但书)。顺带一提,先取特权、质权、抵押权并无此成立要件,即便债权未届清偿期,权利也已经成立,进入清偿期仅为权利的行使要件。

4 非以【侵权行为】取得占有

(1)【占有开始时】的权利侵害

通过侵权行为取得占有的,留置权不成立(《民法》第295条第2款)。盗取他人之物后,为该物花费了必要费用、有益费用的(《民法》第196条),当其被请求返还该物时,如认可其留置权主张,则显失公平。

(2)【事后的】权利侵害

占有开始时是合法的,但之后成为无权占有(不法占有)并取得债权的情形,应当如何看待?例如,A将房屋出租给B,因B不支付租金,租赁合同被解除,但B在租赁合同被解除后,仍继续占有房屋,并花费了修缮费(必要费用、有益费用),B能否主张留置权?此种情形下,是无法直接适用《民法》第 295 条第 2 款的。

【A】《民法》第 295 条第 2 款类推适用说

判例的立场是,明知没有占有的权限却持续性地占有他人之物,对于占有人的有益费用的返还请求权,可类推适用《民法》第 295 条第 2 款,否定占有人享有留置权(大审院大正 10 年 12 月 23 日判决,载《民录》第 27 辑第 2175 页;最高裁判所昭和 46 年 7 月 16 日判决,载《民集》第 25 卷第 5 号第 749 页;最高裁判所昭和 48 年 10 月 5 日判决,载《判时》第 735 号第 60 页(关于附着抵押权的第三取得人的费用偿还请求权);最高裁判所昭和 51 年 6 月 17 日判决,载《民集》第 30 卷第 6 号第 616 页(进行非法的农地购买之后被所有人提起诉讼,土地买受人支出有益费用的,未怀疑该购买行为可能无效,即存在【过失】。)。多数学者支持这一立场(参见川井第 291 页(如存在诚实信用原则上无法归责于占有人的情形,留置权成立);道垣内第 25 页,等)。

【B】《民法》第 196 条第 2 款但书根据说

对于判例中的观点,首先,四宫博士指出,根据《民法》第 196 条第 2 款但书,关于有益费用,即便占有人是恶意的,也要在裁判所综合考量占有违法性的强弱、支出费用的数额、返还请求人对于费用支出是否存在同意等情况后,在准予延后返还请求人的履行期限之时起,占有人的留置权始被排除。若采用判例的结论,上述解释就无法成立,其不恰当性在必要费用的情形下(对恶意占有人无条件地赋予留置权)尤为突出,这并不契合《民法》第 295 条第 2 款的主旨(参见四宫和夫:《判批》,载《法协》第 90 卷第 6 号第 82 页以下)。

我妻博士在上述学说的基础上提出,如类推《民法》第 196 条第 2 款但书,原则上事后的不法者也得以主张留置权,但是,作为例外,如占有人存在严重违反诚实信用原则的行为,则可适用《民法》第 295 条第 2 款,否定留置权的成立(参见我妻第 36 页)。

即便是恶意占有人,因其享有费用(必要费用、有益费用)偿还请求权(《民法》第 196 条),所以也享有留置权,当涉及有益费用之时,在裁判所准予延后返还请求人的履行期限之时起,留置权丧失(《民法》第 196 条 第 2 款但书)。《民法》第 295 条第 2 款否定了【占有开始时的权利侵害】情形下的占有人的留置权,但是【事后的权利侵害】与【占有开始时的权利侵害】不同,从权利侵害的样态上来看,存在高度的恶意、轻微的过失等各种形态。因此,【A】说缺乏对应各种现实状况的灵活性(参见四宫和夫:前揭《判批》第 87 页以下)。顺带一提,在前揭最高裁判所昭和 51 年 6 月 17 日判决中,虽说诉讼提起之后的有益费用的支出被认定为存在【过失】，但是本案中的购买行为是根据国家的购买计划而实施的，因此占有人提起诉讼可以理解为是其认为自身享有之权利有可能在诉讼中得到裁判所的支持，最后却因为败诉导致其占有被认定为【权利侵害】，这种情况下，即便存在权利侵害，其非难可能性也较低。

综上所述，最为妥当的理解是，即便是恶意占有人，留置权原则上也是成立的（《民法》第196条），除非出现例外情况，即，①涉及有益费用之时，裁判所准予延后返还请求人的履行期限，从而导致留置权被排除（《民法》第196条第2款但书），以及②恶意占有人实施了严重违反诚实信用原则的行为（例如，因为厌恶A故意支付有益费用），方得类推适用《民法》第295条第2款，否定留置权的成立（参见我要第36页）。

第3节 留置权的效力

(1) 留置性效力

(a) 何为【留置】

留置权是留置他人之物并**拒绝交付**的权利（留置性效力）。由此可见，所谓【留置】，就是拒绝相对方的物的交付请求，并持续占有的行为。当留置物为动产时不存在问题，但在留置物为<u>不动产</u>的情形下，存在问题点有待分析。

不动产租赁合同<u>终止后</u>，对房屋或土地的【留置】具体为何？《民法》第298条第2款规定，【未经债务人同意，不得使用、出租留置物】（本节(5)(b)）。与上述法条相关的问题有：当留置物为不动产时，留置权人能否继续居住在该不动产之中？如若不居住，是否需要为该不动产安排管理人？

对于这些问题，判例的立场是：①在【借家】的情形下，居住便是

《民法》第 298 条第 2 款但书中所规定的保存留置物的必要措施(大审院昭和 10 年 5 月 13 日判决，载《民集》第 14 卷第 876 页)。但是，②在【借地】的情形下，如承租人将土地上的建筑物出租给第三人，就超出了保存留置物的必要措施的范围(大审院昭和 10 年 12 月 24 日判决，载《新闻》第 3939 号第 17 页)。此外，③如留置物是【船舶】，如使用船舶进行远距离航行，则会使船舶面临航行危险，这也超出了保存留置物的必要措施的范围(最高裁判所昭和 30 年 3 月 4 日判决，载《民集》第 9 卷第 3 号第 229 页)。

由此可见，判例将《民法》第 298 条第 2 款但书中的【保存留置物的必要措施】作为判断标准，如在范围之内则允许留置权人继续使用，如超出该范围则不认可其留置权。

学界观点与判例大体一致。但有学者认为，当留置物为【不动产】时，可按之前占有、使用的方式继续留置标的物，只是必须做好债权一旦因受偿等而消灭，就要立即返还留置物的准备(参见我妻第 38~39 页)。也有学者认为，判例中提到的【保存留置物的必要措施】应当改作【保存留置物的适当措施】(参见高木等第 25 页(曾田厚所著部分))。

此外，留置权人使用留置物所获之【利益】，当作为不当得利返还于所有人。但是该利益属于【孳息】，因而可以之清偿自己享有之债权(《民法》第 297 页第 1 款。本节(2))。

(b) 留置权的对抗力

留置权为物权，所以具有对抗力，但是在程序上有一些特殊规定。

i 对抗力(原则)

留置权具有物权的对世性效力，因此对任何人皆可行使权利。一旦权利成立，留置权人对该物的受让人同样可以主张留置权。这是民法的基本原则(本章第 2 节 1(3))。

ii 《民事执行法》上的对抗力

留置权的标的物如成为执行标的，将会通过下述方式，使留置权人享有实质上的优先受偿权。

① 不动产留置权。有其他债权人参与拍卖的，拍卖的买受人必须

先行清偿留置权的被担保债权(《民事执行法》第188条→第59条第4款)。在债权得到清偿之前,留置权人可以留置权对抗买受人。

② 动产留置权。一般债权人请求强制执行的,留置权人可拒绝将标的物交予执行官,以此阻止其执行(《民事执行法》第124条)。此外,动产担保权人要将担保物进行拍卖的,如债权人未向执行官提交能够证明留置权人同意扣押的书面文件,则拍卖无法开始(《民事执行法》第190条第1款第2项)。如此一来,其他债权人如不先行通过清偿使留置权消灭,便无法开始执行程序。

iii 《破产法》上的对抗力

债务人进入破产程序后,对于存在于债务人财产上的留置权,有以下处理方式。

① 民事留置权。通常的留置权,在进入破产程序之后即失去效力(《破产法》第3款)。这是由于在破产程序中要对债权人的财产进行【清算】,因此不具有优先受偿性的留置权,在破产程序中没有存在的理由。与此相对,在民事再生程序、公司更生程序中不对财产进行清算,所以留置权得以存续(但在这些程序中,留置权不再是担保权,而是转化为再生债权、更生债权)。

② 商事留置权。商事留置权在破产程序中被视为【特殊的先取特权】(《破产法》第66条第1款),权利人被赋予别除权(《破产法》第65条第2款)。并且其留置性效力也不会失去(最高裁判所平成10年7月14日判决,载《民集》第52卷第5号第1261页)。在民事再生程序中,担保权也会作为别除权被赋予给权利人(《民事再生法》第53条),而在公司更生程序中,商事留置权则被作为更生担保权(《公司更生法》第2条第10款。本章第1节(4)(a))。

(c) 行使留置权的效果——抗辩权性作用

留置权,在现实层面,是以拒绝相对方物的交付请求的交付拒绝权的形态出现的(抗辩权性作用)。在相对方提起物的交付请求之诉后,留置权人如行使留置权,裁判所并不会判决相对方(原告)败诉,而是会作出互相给付判决(最高裁判所昭和33年3月13日判决,载《民集》第12卷第3号第524页;最高裁判所昭和33年6月6日判决,载《民集》第12卷第9号第1384页。此外,可参考前揭最高裁判所昭和47年11月16日判决)。

这一权利实现形态与同时履行抗辩权相同。

(2) 孳息收取权

留置权人可收取留置物上产生之孳息,并以该孳息优先于其他债权人受偿(《民法》第297条第1款)。收取的孳息,首先可用于清偿债权的利息,如有剩余,则应用于偿还本金(《民法》第297条第2款)。所谓孳息,既包括天然孳息,也包括法定孳息(《民法》第298条第2款)。因此,留置权人可以通过收取租金优先受偿(但是,如果没有得到债务人的同意,债务人可以请求消灭留置权。《民法》第298条第3款)。

基于上述理由,留置权人占有(留置)物,并在之后持续性地使用该物的,其所取得之利益也可作为孳息以清偿自己享有之债权(大审院大正7年10月29日判决,载《新闻》第1498号第21页。本节(1)(a))。

(3) 费用偿还请求权

(a) 必要费用的偿还

留置权人为留置物支出【必要费用】的,可请求所有人偿还费用(《民法》第299条第1款)。请求偿还必要费用的,当然可以留置该标的物。

(b) 有益费用的偿还

为留置物支出【有益费用】的,如标的物因此而增值,且增值部分仍然现存,则所有人可以选择偿还①已支出的费用,或②增值部分对应金额(《民法》第299条第2款本文)。此种情形下,留置权人可留置标的物,但如裁判所应所有人的请求准予延后其履行期限(《民法》第299条第2款但书),则留置权不成立。

(4) 拍卖权

(a) 形式性拍卖权

留置权由于不具有优先受偿性,所以也无法进行拍卖(变价权)。但在《民事执行法》中,留置权人被赋予了拍卖权(《民事执行法》第195条。原《拍卖法》也有同样的规定)。这是不以优先受偿权为基础的为完成变价而实施的拍卖(形式性拍卖),

其立法的目的是为了应对留置权人的债权因长期无法得到清偿而产生不便的现实问题(在此期间内,债权的消灭时效仍在进行(《民法》第300条),且长期保管体积较大的物品也相当困难)。拍卖完成之后,留置权继续存在于拍卖所得价款之上。

形式性拍卖权,并不以【分配】为前提。因此,其他债权人能否参与分配是一个无意义的论点(关于此点,学说上有以《民法》第297条为根据的所谓肯定说,但是第297条是关于孳息的规定,完全无法成为承认优先受偿的根据)。

【基于留置权的拍卖的要件事实为何】

X将停车位出租给A,因A未按期支付费用,X提起诉讼要求其支付,并获得胜诉判决。而后,X提交判决书正本,以停车费支付请求权为被担保债权主张留置权,并基于此提出就甲机动车进行拍卖。该拍卖属于【为实现担保权而进行的拍卖】(《民事执行法》第195条),因此,需要提供【证明担保权存在的文书】。然而,一审及原审皆认定,前述判决书正本不构成证明担保权存在的文书。

与此相对,在最高裁判所平成18年10月27日判决(载《民集》第60卷第8号第3234页)中,最高裁判所认为,【基于以已注册机动车作为标的物的留置权进行的拍卖,执行官理应在拍卖开始决定做出后,尽快从占有已注册机动车的债权人手中取得该已注册机动车的交付,如该已注册机动车的交付未完成,则拍卖会被撤销……,故而债权人对标的物实施占有的这一事实,在之后的拍卖过程中自然会变得清晰明确。……因此,……<u>如该被担保债权是基于与该已注册机动车的关联而发生的,则将其作为主要事实进行认定的生效判决书属于《民事执行法》第181条第1款第1项中规定的"证明担保权存在的生效判决"</u>】。

(b) 事实上的优先受偿

通过形式性拍卖,留置权人得以留置拍卖所得价款,因其为金钱债权,且已届清偿期,故当然得以适用【抵销】的规定(《民法》第505条)。具体而言,【双方的债务为同种类且皆已届清偿期】(抵销适状)的这一要件得到了满足。

【抵销】使得留置权人在事实上能够获得优先受偿。毫无疑问,这与留置权不具有优先受偿性并不矛盾,事实上的优先受偿仅是适用抵销制度所引发的效果。

(5) 留置权人的义务

(a) 善管注意义务

首先,留置权人必须以【善良管理者的注意】(=善管注意义务)占有留置物(《民法》第298条第1款)。如果留置权人违反该义务,【债务人】可请求消灭留置权(《民法》第298条第3款)。

(b) 留置物的使用限制

其次,若无【债务人】的同意,留置权人不得【使用】、【出租】留置物,或在留置物上设立【担保】(《民法》第298条第2款本文)。但是,如【使用】留置物是【保存留置物的必要措施】,则无妨(《民法》第298条第2款但书)。若违反上述规定,则【债务人】可请求消灭留置权(《民法》第298条第3款)。

需要注意的是,有的学说将前文提到的【债务人】理解为【所有人】(参见我妻第45页)。其理由是,留置权在债务人之外者的所有物上也可以成立。按这一学说,在 B 将从 C 处租借来的物品交于 A 修理,而 A 未经同意擅自使用该物的情形下,仅有 C 可请求消灭留置权。但是,不认可 B 享有消灭请求权甚为违和,(B显然可以代位行使C的消灭请求权)。如此一来,将法条中的【债务人】解读成【所有人】就不甚妥当了,正确的解读应当是【债务人或所有人】。

第4节　留置权的消灭

除【物权】的一般消灭事由(标的物灭失、放弃、混同等)及【担保物权】的一般消灭事由(被担保债权消灭等)外，留置权还有如下特有的消灭事由。

(1) 债权的消灭时效

留置权行使过程中，其被担保债权的消灭时效依然进行(《民法》第300条)。因为物的留置并不是时效的停止事由。其结果就是，债权罹于消灭时效后，留置权本身也随之消灭。

【诉讼中的留置权主张是否为时效的完成犹豫事由】

在债务人提起的物的交付请求之诉中，债权人主张存在被担保债权并以留置权进行抗辩，其主张能否成为时效的完成犹豫事由？

判例的立场是，诉讼中的留置权主张仅为抗辩而非反诉，因此不具有时效完成犹豫的效力。但是正在进行中的诉讼可作为【催告】(《民法》第153条)，使时效发生完成犹豫，诉讼结束后的 6 个月之内以其他事由提起诉讼的，完成犹豫的效力也可以继续维持(最高裁判所大法庭昭和38 年 10 月 30 日判决，载《民集》第 17 卷第 9 号第 1251 页。参见我妻荣：《新订民法总则》第 466 页)。与判例的立场相反，主张应当认定时效发生完成犹豫的学说(参见川井《概论》第 249 页)也非常有力。

在诉讼中主张留置权，等同于主张存在被担保债权，所以应当说，时效完成犹豫的效果，是确实发生的。在之后的最高裁判所判例中(最高裁判所昭和43年11月13日判决,载《民集》第22卷第12号第2510页(甚至有学者认为,由于这个新的判例的出现,前揭最高裁判所昭和38年10月30日判决的结论已经被颠覆)),裁判所认为,【应诉】即直接触发时效完成犹豫效果的发生。(参见[11]第327页以下)。

(2) 留置权人的消灭请求

如前文所述(本章第3节(5)),留置权人有违反《民法》第298条第1款以及第2款规定之行为的,债务人可请求消灭留置权(《民法》第298条第3款)。留置权人只要违反上述规定,不论违反行为是否已经结束,也不论物的所有人是否因此遭受损害,债务人都可以请求消灭留置权(最高裁判所昭和38年5月31日判决,载《民集》第17卷第4号第570页)。留置物的第三取得人也享有消灭请求权(最高裁判所昭和40年7月15日判决,载《民集》第19卷第5号第1275页)。

此消灭请求权为形成权,债务人通过单方面的意思表示即可使留置权消灭。

(3) 提供替代担保使留置权消灭

债务人提供相应的担保以替代留置物后,可请求消灭留置权(《民法》第301条)。当留置物的价格明显高于债权数额时,这一制度的意义便显现出来。替代担保,既可以是物的担保,也可以是人的担保,无论采用何种担保,都需要取得留置权人的同意(皆基于与留置权人的合意而成立)。在债务人愿意提供替代担保,但留置权人不作回应的情况下,债务人能否单方面请求消灭留置权?有学说认为能够请求消灭留置权(参见我妻第46~47页),也有学说认为应先取得承诺判决,而后再得请求消灭留置权。上述学说中,后者较为合理(通说)。

(4) 占有的丧失

丧失对留置物的占有,留置权消灭(《民法》第302条条本文)。这是因为留置权的本体是【留置】,即【占有】。当占有受到侵害之时,留置权同样会消灭,但是可以通过占有回复之诉回复占有,占有回复之时留置权亦得以恢复。

此外,留置权人【出租留置物或在留置物上设立质权】的(《民法》第298条第2款的规定),留置权并不消灭($^{《民法》第302}_{条但书}$)。因为在此种情况下,留置权人并未丧失占有,而是对留置物进行间接占有。是否取得债务人的同意,不影响间接占有的效果。不经债务人的同意即【出租或设立质权】的行为,会成为债务人请求消灭留置权的原因,但这是留置权人违反善管注意义务时债务人的救济手段,与作为留置权的成立、存续要件的【占有】的丧失,不属一类问题。

(5) 债务人进入破产程序

债务人进入破产程序后,留置权无法继续存在于破产财产之上($^{《破产}_{法》第66条}_{第3款}$)。此外,前文($^{本章第3节}_{(1)(b)ⅲ}$)已有介绍,进入民事再生程序、公司更生程序之后,留置权虽会存续,但不再被作为担保权。

第2章　先取特权

第1节　序　说

(1) 先取特权制度的意义

(a)【特权】——对【特殊债权】的保护

先取特权,是指能使享有法律规定的【特殊债权】的债权人就债务人的一定财产优先受偿的法定担保物权。例如,在雇主破产之后,雇员可依据其对雇主享有的工资或其他债权,就雇主的一般财产优先受偿。又例如,承运人可以运输物,房屋建筑承包人可以建筑物,就其运输款项或工程承包费用优先受偿(以【拍卖】(先取特权)为前提)。从上述设例可以看到,先取特权是赋予享有特定【债权】的债权人,可就与该债权存在密切联系的一定财产(一般财产、特定动产、特定不动产)优先受偿(处分＝变价权)的【特权】(priviléges)(《民法》第303条)。

之所以采用这样的优先处理方式,是因为否定上述【一定的债权】的平等受偿(债权人平等原则),而使其获得优先受偿,是存在客观且合理的理由的。前述理由中,既有出于对公平的考虑,也有对当事人意思的推测,还有社会政策上的考量,依债权的种类而各有侧重。

> **【近代担保制度与先取特权】**
>
> 　　依据先取特权这一【特权】制度，权利人被赋予了无须公示的优先性，但突然出现先取特权人，对于其他债权人而言是非常痛苦的事情。从这个角度看，先取特权与以公示制度为核心的担保制度的理念存在互不相容的一面。出于对近代担保制度构成的考虑，各国对先取特权制度都采取了谨慎的态度。
>
> 　　在罗马法中，各种先取特权（优先权）曾被广泛承认。法国法继受了罗马法，确立了作为法定抵押权的先取特权（priviléges），并规定了对债务人总财产之特权、对特定动产之特权、对特定不动产之特权的三种权利。与此相对，将公示制度的功能（近代化功能）视为民法制度重要构成部分的德国法，认为特权制度与公示制度之间存在冲突，因此废止了特权制度（在以罗马法为基础的普通法时代，德国曾一度接受该制度），转而将数种不影响公示原则的优先受偿权规定为【法定质权】（gesetzliches Pfandrecht），并将相关内容分散规定在其法律中。
>
> 　　日本的"旧民法"继受了法国法中的先取特权制度，并在现行《民法》中继续沿用该制度。

(b) 先取特权制度的发展性

　　正如前文所述，先取特权背离了公示制度，在这个意义上，其与近代担保制度难以相容，甚至可以说是落后于时代的制度（事实上，近代公示制度形成之前，优先权（特权）制度在受到罗马法影响的法圈中曾一度风靡）。

　　但是，另一方面，先取特权的基础是使<u>特殊债权</u>获得优先受偿，因此其<u>政策性</u>值得关注。这一视角下的先取特权的功能，在现代社会中也日渐受到重视。在《民法》制定之后，不仅仅在民法领域，在其他法领域的特别法中也出现了先取特权（或优先受偿权）（例如，国税（《国税征收法》第8条），地方税（《地方税法》第14条），健康保险的保险金的征收金（《健康保险法》第180条第4款、第182条）等），<u>这些立法正体现了其政策性价值</u>。

(2) 先取特权的法律性质

(a) 物权性

先取特权为【物权】。一般而言,物权对第三人具有强力的效力。但是,先取特权分为一般先取特权、动产先取特权和不动产先取特权,三种制度各有特点,因此对其效力不可一概而论。详细内容在后文进行说明,在此先做简单介绍。

ⅰ 优先受偿性效力

首先,从【一般先取特权】的规定来看,标的物为不动产的,权利人不经登记即可主张优先受偿,但仅能对一般债权人主张(《民法》第336条);标的物为动产的,权利人仅能在债务人占有该动产时主张优先受偿(《民法》第333条)。其次,【动产先取特权】不以占有为要件,但是主张优先受偿实质上仍要满足标的物由债务人占有这一条件(《民法》第333条)。再有,从【不动产先取特权】的规定来看,保管以及建筑工程的先取特权若进行登记,则优先于抵押权(《民法》第339条)。

ⅱ 追及力

【一般先取特权】对从一般财产中脱离之物自然不具有追及力。在【动产先取特权】的规定下,若标的物已交付给第三取得人,则对该物也不具有追及力。

(b) 担保物权性

先取特权作为担保物权,具有如下法律性质。

ⅰ 从属性

先取特权随被担保债权的发生而<u>成立</u>,随其消灭而<u>消灭</u>。如被担保债权转移,则先取特权也随之转移(伴随性)。

ⅱ 不可分性

在被担保债权未得到完全清偿之前,先取特权不会消灭(《民法》第305页 →第296条)。

ⅲ 物上代位性

根据《民法》第304条的规定,债务人因标的物被出卖、租赁、灭失或毁损而获得金钱或其他物的,先取特权人可就该金钱或物行使权利。但是,仅<u>动产</u>先取特权和<u>不动产</u>先取特权拥有物上代位性,<u>一般</u>先取特权不具有该性质。盖因一般先取特权是以债务人的总财产为标的物,债务人取得之金钱或物当然会被总财产所吸收(^{本章第}_{3节2})。

第 2 节 先取特权的种类

日本《民法》以法国法为范本,根据权利对象的不同将先取特权分为三类,即成立于债务人总财产之上的【一般先取特权】、成立于特定动产之上的【<u>动产</u>先取特权】、以及成立于特定不动产之上的【<u>不动产</u>先取特权】。

1 一般先取特权(4 类)

成立于债务人【总财产】之上的【一般先取特权】因属于【无需公示的优先权】,所以效力最强。因此,《民法》仅规定在①共益费用、②雇佣关系、③丧葬费用、④日用品供应这四种情形下发生的债权,可成立一般先取特权(《民法》第306条)。

(1) 共益费用

【共益费用】是指为了各债权人共同的利益而支出的与【债务人财产的保存、清算或分配】相关的费用(《民法》第307条第1款)。【保存】是指债权人代位权以及债权人撤销权的行使,【清算】是指清算人实施的债权回收,【分配】是指分配表的制作等。上述行为皆会使全体债权人获得利益,在此种情形下承认先取特权的基础,是公平性思想。若债权人未能因上述行为获得共同的利益,则无法对其主张优先权(《民法》第307条第2款)。

(2) 雇佣关系

雇员依据其对雇主享有的基于雇佣关系而发生的工资或其他债权（《民法》第308条），在雇主的一般财产上享有先取特权。【雇佣】关系,不仅指雇佣合同关系,承包及委托等通过合同提供劳务的情形也在其范畴之内。此外,雇员的【债权】也不仅限于工资,例如工厂设施存在瑕疵致使雇员受伤,雇员对雇主的损害赔偿请求债权也包含在内。总而言之,只要是基于雇佣关系而发生的债权,不论其发生时期为何（2003年《民法》修订之前,曾有【6个月以内的工资】的限制）,先取特权皆成立。

(3) 丧葬费用

为债务人及债务人需抚养的亲属支付丧葬费用者,在债务人的总财产上享有先取特权。但是,其仅限于丧葬费用的对应金额（《民法》第309条）。

(4) 日用品供应

向债务人或债务人需抚养的同居亲属以及其雇佣的佣人提供生活必需的食物饮品、燃料、电力者,可依其最后6个月内提供的物资,享有一般先取特权（《民法》第310条）。

2 动产先取特权（8类）

享有因下列8种原因而发生的债权的债权人,在债务人的【特定动产】上享有先取特权（《民法》第311条）。

(1) 不动产租赁

出租人对承租人享有基于不动产租金或其他因不动产租赁关系而发生的债权时,出租人在<u>承租人置于不动产内的</u>【动产】上享有先取特权(《民法》第312条)。但是,该种先取特权受到以下限制。

(a) 被担保债权的范围

原则上,基于不动产租赁关系而发生的所有债权皆为被担保债权(《民法》第312条),但存在两个例外。

i 承租人财产被总清算

承租人财产因破产、法人清算等被总清算时,出租人的先取特权的范围仅限于【前期、当期以及次期】的租金或其他债务、以及在【前期和当期】期间内发生的损害赔偿债务(《民法》第315条)。其中,【当期】是指按年支付的清算年度或按月支付的清算月份。

ii 出租人收取房屋租赁押金

如出租人收取房屋租赁押金,则出租人仅在通过押金亦无法获得清偿的部分债权的范围内享有先取特权(《民法》第316条)。

> **【出租人退还房屋租赁押金的情形】**
>
> 判例认为,一般债权人扣押承租人的动产之后,房东将房屋租赁押金退还给承租人的,由于动产已经被扣押,受其效力影响,房东对债权中与房屋租赁押金相应金额的部分就无法主张先取特权(大审院昭和12年7月8日判决,载《民集》第16卷第1132页)。即便判例的结论是妥当的,认为退还房屋租赁押金的行为等同于放弃担保的观点(参见川井《概论》第258页)在学界仍占主流。

(b) 标的物的范围

土地租赁与建筑物租赁的情况是不同的,具体如下。

i 土地租赁

配置在租用地上的动产(灌溉用泵等)、配置在为使用租用地而建造的建筑物(小仓库等)上的动产(农用器具、牛马等)、使用租用地的道具(同上)、承租人占有下的土地孳息(《民法》第313条第1款)为标的物。

ii 建筑物租赁

承租人配置在建筑物上的动产为标的物。问题在于,此处的【配置在建筑物上的动产】的含义应如何理解? 具体而言,就是能够成为动产先取特权的标的物的动产的范围如何界定? 首先,按文义解读,配置在建筑物上的【从物】动产(榻榻米、室内拉门等)毫无疑问在范围之内。而判例进一步扩大了标的物的范围,将【为在一段时间内持续性地存置于建筑物内而带入建筑物的动产】也作为标的物,如此一来,金钱、有价证券、怀表、宝石等也能够成为标的物动产(大审院大正3年7月4日判决,载《民录》第20辑第587页)。

【配置在建筑物上的动产】为何

在前揭判例中,裁判所将副业的工具都认定为先取特权的标的物,而在傍论中甚至将范围扩大到金钱等物,有学者对此持赞同观点(参见星野第201页)。但是,如若将金钱及宝石等也作为标的物,那承租人的所有财产皆有可能成为先取特权的标的物。这对于一般债权人的侵害甚大,至少也失去了规定只在【特定动产】上存在先取特权的意义。

所以,应当将【配置在建筑物上的动产】理解为家具、机械器具、营业用日常用具等【与承租人使用建筑物相关联且常置于建筑物内之动产】,至于与建筑物的使用无关的承租人的金钱、怀表、宝石等不包含在内(参见我妻第80页;川井《概论》第258页)。

---

iii 标的物范围的扩大

先取特权原则上只能在承租人的动产上成立,但是在下列两种情形下,标的物的范围会扩大。

① 承租权让与或转租。先取特权及于受让人或次承租人的动产。让与人或转租人通过让与、转租所能获得之金钱同样属于标的物(《民法》第314条)。

② 善意取得先取特权。承租人(以及受让人、次承租人)将他人动产配置在建筑物上,只要满足《民法》第 192 条、第 195 条之要件(长期、公开、善意、无过失地占有该物),出租人即可就该动产善意取得先取特权($\binom{《民法》第}{319条}$)。

(2) 旅馆住宿

旅客拖欠住宿费用及餐饮费用的,旅馆主($\binom{酒店及旅}{馆的老板}$)在旅客存放于旅馆内的行李上享有先取特权($\binom{《民法》第}{317条}$)。此种情形下,善意取得亦能够成立($\binom{《民法》第}{319条}$)。

(3) 客运或货运

对于客运或货运的运费以及附随费用,承运人在其占有的托运人的行李货物上享有先取特权($\binom{《民法》第}{318条}$)。此种情形下,善意取得亦能够成立($\binom{《民法》第}{319条}$)。

(4) 动产保存

为保存动产,或为保存、承诺、实现与该动产相关的权利而支出费用的,在该动产上享有先取特权($\binom{《民法》第}{320条}$)。船舶的修缮费用也属于保存费用($\binom{最高裁判所平成14年2月5日判}{决,载《判時》第1787号第157页}$)。

(5) 动产买卖

动产的出卖人可就动产的价款以及其利息,在该动产上享有先取特权($\binom{《民法》第}{321条}$)。本规定的基础为公平原则,在货物的流动过程以及消费过程中能够看到其价值。出卖人的先取特权,必然是在动产的所有权转移给买受人后成立的,所以其与拥有同样功能的【所有权保留】无法并存。

此外,因为在出卖人将标的物交付于买受人之前,出卖人可以主张同时履行抗辩权及留置权,所以先取特权只能是在标的物交付于买受人之后才发生实质性效力。

(6) 种苗、肥料的供应

种苗以及肥料的供应人可就种苗、肥料的价款以及其利息,在购买人使用该种苗及肥料后一年之内土地产出的孳息上享有先取特权(《民法》第322条)。使用桑叶饲育蚕的幼虫及成虫所得之物,也属于【孳息】(《民法》第322条)。

(7) 农业劳务

从事农业劳务的务工者,可就其最后 1 年的薪资,在其劳务成果上享有先取特权(《民法》第323条)。

(8) 工业劳务

从事工业劳务的务工者,可就其最后 3 个月的薪资,在其劳务成果,即制作出的制作物上享有先取特权(《民法》第324条)。

③ 不动产先取特权(3 类)

享有因下列 3 种原因而发生的债权的债权人,在债务人的【特定不动产】上享有先取特权(《民法》第325条),但是不动产先取特权必须进行【登记】(未完成登记,就不享有优先权)(关于登记、效力的特别规定,本章第1节(2)(a)丨)。此外,由于不动产先取特权的登记手续非常严格,并且对登记这一要求本身也存在不信任感,所以现实中不动产先取特权很少被使用。

(1) 不动产的保存

为保存不动产,以及为保存、承诺、实现与该不动产相关的权利而支出费用的,在该不动产上享有先取特权($\frac{《民法》第}{326条}$)。实施保存行为者必须在行为完成之后立即进行登记($\frac{《民法》第}{337条}$)。

(2) 不动产建筑工程

不动产建筑工程的设计人、施工人以及监理人可依据其对债务人享有的与不动产建筑工程相关的费用债权,在该不动产上享有先取特权($\frac{《民法》第327}{条第1款}$)。此处所指的【建筑工程】,包括新建、改建以及增建,而【保存】则指修缮。

但是,本类型的先取特权只能够在不动产因建筑工程而增值,且增值部分仍然现存时,在该增值部分上成立($\frac{《民法》第327}{条第2款}$)。并且,在施工开始之前必须对【建筑工程费用预算金额】进行登记($\frac{《民法》第338条}{第1款前段}$)。如施工费用超出了登记的金额,则先取特权在该超出部分上无法成立($\frac{《民法》第}{338条第1}$ $\frac{}{款后}$ $\frac{}{段}$)。此外,关于不动产的增值部分,必须在参与分配之时,由法院指定的鉴定人进行评估($\frac{《民法》第338}{条第2款}$)。

近期,围绕不动产建筑工程的先取特权,有一个问题被广泛讨论。B在自己所有的土地上为A银行设立抵押权之后,委托C在该土地上兴建房屋,但结果B对A及C的债务皆无力清偿,C能否就该土地主张商事留置权($\frac{第1章第1}{节(4)(b)}$)。关于这个问题,在第1章已经进行了分析,这是因承包人的承包款债权保全手段存在缺失而造成的。这一问题,应通过简易化适用《民法》第338条等手段,对不动产工程先取特权进行改革,以谋求根本性解决。

(3) 不动产的买卖

不动产的出卖人可就出卖不动产所得之价款以及其利息,在该不动产上享有先取特权($\frac{《民法》第}{328条}$)。但为了保存该先取特权的效力,必须在定立买卖合同的同时,将价款、利息尚未支付这一情况进行登记($\frac{《民法》第}{340条}$)。

第 3 节　先取特权的效力

1　优先受偿性效力

(1) 优先受偿的方式

(a) 先取特权的实现

先取特权人可以按如下方式就债务人的财产实现先取特权，获得优先受偿（《民法》第303条）。

i　拍卖担保不动产

拍卖担保不动产，是标的物为【不动产】（一般先取特权以及不动产先取特权）时的实现方式。在提交【证明担保权存在】的生效判决、《家事事件程序法》第 75 条所规定的裁判文书、公证书以及登记簿副本（上述文书统称为【开始文书】）之后，可开始拍卖（《民事执行法》第181条第1款）。但一般先取特权的情况略有不同，其开始文书为【证明其存在的文书】（《民事执行法》第181条第1款第4项）。

ii　担保不动产收益执行

标的物为【不动产】时，【担保不动产收益执行】可以替代上述 i 中的【拍卖担保不动产】，两者也可同时实行。【担保不动产收益执行】也需要提交【开始文书】（《民事执行法》第181条）。

iii　动产拍卖

如标的物为【动产】，在①债权人将动产交予执行官之时、②债权人向执行官提交【证明占有人同意扣押该动产的文书】之时，或在③得不到债务人协助的情况下，债权人通过向执行裁判所提交【证明担保权存在的文书】来获得【动产拍卖开始许可决定书】的副本,并将该副本交予执行官,且该副本送达债务人之时,拍卖开始($^{《民事执行法》第}_{190条第1款}$)。

iv 债权执行

标的物为债权或其他财产权的,在债权人提交【证明担保权存在的文书】(一般先取特权之外的其他先取特权,需提交《民事执行法》第181条第1款第1~3项所规定之文书)之时,($^{可参考前文}_{的部分}$),执行开始($^{《民事执行法》}_{第193条}$)。

(b) 其他债权人的执行程序

先取特权人可以在其他债权人的执行程序中获得优先受偿。

i 一般债权人的执行程序

①【不动产拍卖】中的<u>一般先取特权人</u>($^{需提交《民事执行法》第181条第1款中规}_{定的文书。《民事执行法》第51条第1款}$)与<u>不动产先取特权人</u>($^{必须进行登记。《民事执行}_{法》第87条第1款第4项}$),②【动产拍卖】中的<u>一般、动产先取特权人</u>($^{需提交证明担保权存在的文}_{书。《民事执行法》第133条}$),③【债权执行】中的<u>一般先取特权人</u>($^{需提交证}_{明担保权}_{存在的文书。《民事执}_{行法》第154条第1款}$),可以通过【要求参与分配】的方式获得优先受偿。

ii 其他担保权人为实现担保权而进行拍卖

①【不动产拍卖】的情形下适用《民事执行法》第188条→第51条第1款、第87条第1款第4项,②【动产拍卖】的情形下适用《民事执行法》第192条→第133条,③【债权执行】的情形下适用《民事执行法》第193条第2款→第154条第1款,可按其顺位获得优先受偿($^{前文}_{(a)}$)。

iii 债务人破产

债务人进入破产程序后,<u>一般</u>先取特权人可先于其他债权人获得清偿($^{《破产法》第98}_{条第1款}$),<u>特别</u>(动产及不动产)先取特权人则对特定的标的物享有别除权($^{《破产法》第65}_{条第2款}$)。此外,特别先取特权在民事再生程序中会被作为别除权($^{《民事再生法》}_{第53条}$),而在公司更生程序中会被作为更生担保权($^{《公司更生}_{法》第2条}_{第10}$),先取特权人可参与更生程序($^{《公司更生法》}_{第135条}$)。

(2) 优先受偿的顺位原则

【竞合的顺位决定】

在同一标的物之上,可能存在数个先取特权发生竞合。例如,在家具上可以并存一般先取特权和动产(不动产租赁)先取特权并发生竞合。先取特权属于法定担保物权,《民法》根据被担保债权的保护程度规定了决定顺位关系的法定原则(关于特别法上的先取特权与《民法》中的先取特权的顺位关系,在各特别法中有详细规定)。

(a) 先取特权之间

首先说明各先取特权之间的顺位关系。

i 一般先取特权之间

一般先取特权之间存在竞合的,依据《民法》第 306 条[①]确定优先权的顺位(《民法》第329条第1款)。关于先后顺序的含意,请自行思考。

ii 一般先取特权与特别先取特权

特别(动产及不动产)先取特权优先于一般先取特权。但是,共益费用的先取特权人优先于所有因共益费用而受益的债权人(《民法》第329条第2款)。

iii 动产先取特权之间

在同一动产上存在数个特别先取特权且相互竞合的,其优先权依下列规则确定(《民法》第330条第1款)。

① 第 1 顺位。不动产租赁、旅馆住宿以及运输的先取特权。

② 第 2 顺位。动产保存先取特权(有数个保存人的,后出现的保存人优先于先出现的保存人)。

③ 第 3 顺位。动产买卖、种苗肥料的供应、农业劳务以及工业劳务的先取特权。

【例外】—

① 第 1 顺位的先取特权人在取得债权之时,已得知存在第 2 以及第 3 顺位先取特权人的,对后顺位先取特权人不得行使优先权。对为

---

① 译者注:其顺序为:共益费用、雇佣关系、丧葬费用、日用品供应。

第 1 顺位人保存标的物者,同样不得行使优先权(《民法》第 330 条第 2 款)。

② 关于孳息的收取,农业劳务的务工者为第 1 顺位人,种苗、肥料的供应人为第 2 顺位人,土地出租人为第 3 顺位人(《民法》第 330 条第 3 款)。

iv 不动产先取特权之间

同一不动产上存在的特别先取特权之间发生竞合的,依据《民法》第 325 条的规定确定优先权的顺位(依次为保存、建筑工程、买卖)(《民法》第 331 条第 1 款)。同一不动产被顺次出卖的,各出卖人之间的优先权的顺位依出卖顺序确定(《民法》第 331 条第 2 款)。

v 同顺位权利人之间

在同一标的物上存在数个同顺位先取特权人的,各权利人按其债权比例获得清偿(《民法》第 332 条)。

(b) 与其他担保权的关系

先取特权与其他担保权的顺位关系的确定规则具体如下。

i 与留置权的关系

留置权不具有优先受偿性,所以理论上与先取特权不存在竞合问题。但如进行不动产拍卖,买受人必须先行清偿留置权的被担保债权(《民事执行法》第 188 条→第 59 条第 4 款),如进行动产拍卖,又必须获得留置权人的同意(《民事执行法》第 190 条第 1 款第 2 项),所以留置权在事实上优先于先取特权。

ii 与质权的关系

先取特权与动产质权发生竞合时,动产质权人与《民法》第 330 条第 1 款中规定的第 1 顺位先取特权人享有同样的权利(《民法》第 334 条)。因为质权人【占有】标的物,赋予其优先权也是理所应当的。基于上述分析,《民法》第 330 条第 2 款、第 3 款在本类型的竞合下也当然适用。

先取特权与不动产质权发生竞合时,适用抵押权的相关规定(《民法》第 361 条)。

iii 与让与担保的关系

先取特权(尤其是动产买卖先取特权)的标的物被用于让与担保时,先取特权人与让与担保权人孰者优先? 判例的立场是,由于让与担保导致所有权发生转移(所有权构成),并且让与担保权人通过占有改定取得了标的物的交付,所以让与担保的设立等同于《民法》第333条中规定的【向第三取得人的交付】[①],先取特权的追及力因此被切断(前揭最高裁判所昭和62年11月10日判决,载《民集》第41卷第8号第1559页。可参考本章第3节【让与担保权人是否属于第三取得人】)。

但是,即便成为让与担保的标的物,买受人依然占有该标的物,并且让与担保应当仅为一种担保权(担保权构成)。所以,将让与担保视作设立动产担保权,在类推适用《民法》第334条的基础上,再依据《民法》第330条规定的顺位关系规则,确定先取特权与让与担保的顺位是较为妥当的。

【动产买卖先取特权与集合动产让与担保的竞合】

【图①】在前揭最高裁判所昭和62年11月10日判决中,A是B的钢材供应人,B为C设立了以【特定仓库内的钢材等所有在库商品】为标的物的集合动产让与担保。之后B破产,A的动产买卖先取特权的主张与C的让与担保权的主张发生了冲突。

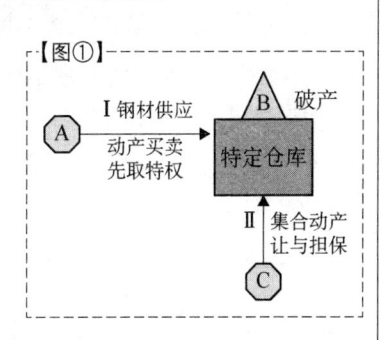

关于这一判例,有两个理论上的问题点:其一,置于债务人(买受人)的特定地点内的动产能否成为更早之前设立的集合动产让与担保的标的物?关于这点,只要【集合物】具有特定性(种类、所在地点以及数量),之后出现之物也能通过集合物本身的占有改定成为标的物(对【集合物】理论是否成立这一问题,现在已经不存在异见了。最高裁判所昭和54年2月15日判决,载《民集》第33卷第1号第51页,以及本判决)。这一问题将在后文详述(第3编第3章第3节)。其二,在动产买卖先取特权的

---

① 译者注:根据《民法》第333条的规定,标的动产被交付于第三取得人后,就该动产不得行使先取特权。

标的物上设定让与担保的情形下,两权利的顺位关系应如何判断。围绕这一点,出现了如下学说。

【A】《民法》第 333 条适用说

在本判例中,裁判所认为让与担保的设立等同于《民法》第 333 条中规定的向【第三取得人】进行的【交付】,先取特权的追及力随之消灭(《民法》第333条),因此让与担保优先于先取特权。

但是,《民法》第 333 条中的向第三取得人的交付,不仅需要有交付行为这一表象,也需具备动产所有权脱离买受人的实质(本节3(2)),而让与担保仅为设立动产担保权,并不满足其要件。

【B】《民法》第 334 条类推适用说

在将让与担保的本质认定为设立动产担保权的基础上,将让与担保与【质权】视为具有同一性质、同一顺位的权利,如此一来,即可通过类推适用《民法》第 334 条,使让与担保权人取得《民法》第 330 条第 1 款中规定的第 1 顺位,其顺位优先于先取特权(先取特权人为第 3 顺位)(参见田原睦夫:《動産の先取特権の効力に関する一試論》,载《現代私法学の課題と展望》第 95 页;角纪代惠:《判批》,载《ジュリ》第 854 号第 120 页;近江幸治:《動産売買先取特権をめぐる新たな問題点》,载森泉章主编《現代判例民法学の課題》第 374 页以下)。如依该学说,则先取特权并不消灭,只是在与让与担保的顺位关系中处于后顺位,如果标的物出现剩余,先取特权人依旧可以就该剩余部分受偿。

依据该学说,通过适用《民法》第 330 条第 2 款,可使明知先取特权已经存在的让与担保权人无法主张优先权。此外,因为完成让与登记(《動産·債権让与特例法》第3条)的动产让与担保,和其明认方法已经一般化、习惯化的动产让与担保的存在非常明确,所以当然可以适用《民法》第 334 条。

【C】先取特权优先说

先取特权人信赖债务人对标的物的占有,这种信赖值得保护,为实现这种对先取特权人的信赖的保护,可通过否定《民法》第 333 条的适用,或是在采用判例结论的同时,承认《民法》第 319 条规定的先取特权善意取得的准用,使先取特权优先于让与担保(参见铃木第 223 页;星野第 209 页;野泽纯平;《NBL》第 180 号第 35 页;今中利昭;《自由と正義》第 37 卷第 1 号第 63 页;高木新二郎;《金商》第 737 号第 134 页)。

但是,动产买卖先取特权至少在《民法》第 330 条第 1 款规定的情形中处于后顺位,如此一来,使先取特权优先于让与担保就缺乏根据。此外,《民法》第 319 条的准用仅限于不动产租赁、旅馆住宿及运输,所以在不伴随占有的动产买卖的情形下难以类推适用《民法》第 319 条。

iv 与抵押权的关系

关于不动产,当一般先取特权与已经完成登记的抵押权发生竞合时,如一般先取特权也已完成登记,则依登记的先后顺序来决定顺位,如未登记,则抵押权优先于先取特权(《民法》第 336 条但书)。未经登记的抵押权等同于【没有特别担保的债权】(基于对抗要件主义理论),因此先取特权人必然处于优先顺位(类推适用《民法》第 336 条本文)。

不动产先取特权如不进行登记,则不具有优先效力(后文(4))。如不动产先取特权已完成登记,则当其与抵押权发生竞合时,保存与建筑工程的先取特权必然优先于抵押权(《民法》第 339 条),而当不动产买卖先取特权与抵押权竞合时,就适用一般原则(依登记的先后顺序决定顺位)。

(3) 一般先取特权的特别规则

(a) 与登记的关系

一般先取特权的标的物为不动产时,即便不进行登记,也可以对抗没有特别担保的债权人(《民法》第 336 条本文),但不能对抗已经完成登记的第三人(《民法》第 336 条但书)。简而言之,标的物为不动产,但又未进行登记的一般先取特权优先于一般债权,但是劣后于抵押权与不动产质权。

(b) 分配的顺序

由于一般先取特权以债务人的全部财产为标的物,所以必须尽可能减少因行使一般先取特权对其他债权人造成的损害。

ⅰ 一般先取特权人应首先就不动产以外的财产受偿,只有当其他财产无法完全清偿债务之时,方能就不动产受偿(《民法》第335条第1款)。

ⅱ 以不动产作为标的物者,必须先就未成为特别担保的标的物的不动产受偿(《民法》第335条第2款)。

ⅲ 先取特权人未遵循上述 2 项顺序规则的,其不得就通过参与分配可获得清偿的份额对已经完成登记的第三人行使先取特权(《民法》第335条第3款)。

ⅳ 在将不动产的价款先于不动产以外财产的价款进行分配的情况下,或是将成为特别担保标的物的不动产的价款先于其他不动产的价款进行分配的情况下,不适用上述规定(《民法》第335条第4款)。

(4) 抵押权规定的准用

关于先取特权的效力,除上述规则之外,还存在对抵押权相关规定的准用(《民法》第341条)。能够进行准用,是因为两种权利都是具有不占有标的物这一性质的担保权(非占有担保)。《民法》第 370 条、第 374 条、第 378 条~第 387 条等是较为重要的准用条款。

2 物上代位

(1) 物上代位制度的意义

(a)【《民法》第 304 条】——物上代位的基本规定

【物上代位】是指,在债务人因担保物权的标的物【出卖、租赁、灭失或毁损】而获得金钱或其他物(代偿物,Surrogat)后,担保权人可就该

【代偿物】行使权利的制度(《民法》第304条本文)。具有优先受偿性效力的先取特权、质权以及抵押权皆适用物上代位制度。

《民法》将物上代位的规定置于先取特权的相关部分中(《民法》第304条),质权(《民法》第350条)与抵押权(《民法》第372条)则准用该规定。从担保权的作用及效力来看,约定担保物权准用法定担保物权相关规定的这一做法不能说毫无问题,但是物上代位制度的构成与构造本身在适用的时候并无不同,且《民法》第304条本身是先取特权的规定,所以本书在本部分将对物上代位制度的构成及其基本理论、基本原理进行说明,至于各担保权特有的物上代位的现象以及解释上的问题,会在之后的各章节进行分别说明。

(b)【物上代位】的基本理论

在担保权的标的物因【出卖、租赁、灭失或毁损】而转化为【代偿物】时,为何担保权人可就该代偿物行使权利?其理由是,若无本制度,则担保设立人可通过获得代偿物免受损失,而担保权人却会蒙受损失,这一结果违反了公平原则。关于如何理解这一制度,基本上存在两个相互对立的学说。

【A】价值权说

担保物权可支配价值权,上述【代偿物】作为担保标的物的价值变形物(交换价值逐步转化的实现),担保权的效力当然及于【代偿物】。

【B】特权说

由于担保物权是物权,所以当标的物消灭之时,物权也旋即消灭(物权法一般原则),因此担保权的效力及于代偿物是法律基于政策性判断作出的特别规定(大审院联合部大正12年4月7日判决,载《民集》第2卷第209页)。

上述两个学说的对立与变迁将在后文进行介绍(可参考【特定性维持说与优先权保全说的对立与展开】,以及后文(3)(b)),在此先就如下要点进行说明:

第一,虽说能支配价值,但由于其本质是物权,所以标的物消灭之时物权本身即告消灭,这是理论性归结。在基本理论角度,不得不说,

【B】说是正确的。换言之,即便【A】说强调【交换价值逐步转化的实现】,也无法改变物权基本原则。

第二,无论【A】说还是【B】说,都仅能解释标的物【出卖、灭失或毁损】。进一步而言,在【租赁】的情形下,标的物上发生的是价值增值,但这既不是交换价值逐步转化的实现,物权也没有消灭,所以无法以【代偿】的观念去套用。所以不得不说,无论是【A】说还是【B】说,都无法对物上代位制度做出圆满的解释。

第三,【出卖、租赁、灭失或毁损】等原因,在先取特权、质权以及抵押权这三种制度下,都存在各自固有的问题,对于这些问题,必须进行分别分析。

(c)《民法》第 304 条的基本构造

下文将对《民法》第 304 条物上代位权的基本构造进行说明。

ⅰ 对【请求权(债权)】的执行

物上代位的【标的物】,即债务人应获得的【金钱或其他物】,并不是实物本身,而是对该物的请求权(债权)(下文ⅲ)。对【物】本身的效力并不是物上代位的问题,而是担保权的直接性效力(追及力)的问题。因此,物上代位权的行使,实际上就是【债权执行】。

ⅱ 【支付(交付)前的冻结】①

行使物上代位权须实施【冻结】。因为【代偿物】一旦被支付(或交付)给债务人,就会成为债务人的一般财产。由于担保权仅对特定物具有处分权,对于一般财产并没有处分权限。所以,在代偿物混入(=支付、交付)债务人的一般财产之前,必须将该请求权特定化(具体内容将在后文(3)说明)。

ⅲ 物上代位权的性质

物上代位权具备担保物权的效力,所以冻结不是物上代位权的发

---

① 译者注:此处"冻结"对应的日语原文为"差押え"。日语中的"差押え",如不考虑中日程序法制度上的差异,其大致可对应我国民事执行中的查封、扣押、冻结等。为便于理解,在本书中,将对应标的物的种类对"差押え"的对应表述作出调整。此处,因物上代位的标的物为"债权",故将"差押え"译作"冻结"。

生条件。但是行使物上代位权必须先实施【冻结】。关于这两者的关系应如何理解,学者间的讨论非常激烈。

(2) 物上代位的标的物(先取特权)

一般先取特权之外的动产先取特权与不动产先取特权的物上代位的【标的物】,为债务人因标的物【出卖、租赁、灭失或毁损】而应获得的金钱或其他物(代偿物)(《民法》第304条)。但就其须进行分别讨论。

(a)【出卖】所得价款

动产先取特权以及不动产先取特权皆可将出卖所得价款作为物上代位的标的物。由于不动产先取特权需进行登记(本章第2节3),所以不会失去【追及力】*(即便标的不动产让与于第三人也可以追及)。如此一来,赋予具备追及力的不动产先取特权人物上代位权不仅会成为过度保护,而且对担保权人而言,对不动产的【出卖所得价款】行使物上代位权几乎没有意义(第2编第3章第3节2(2))。所以,认为应当否定可对不动产【出卖】所得价款行使物上代位权的学说占主流(参见铃木第176页;铃木《抵押制度》第118页;西泽修:《注释民法(9)》第54页;小川英明:《物上代位》,载《不动産法大系Ⅱ担保》第150页);高木第141页)。

肯定说在立法论上与否定说持同一观点,但在解释论上主张,承认出卖所得价款上的物上代位也并无不可(参见我妻第281页;川井第57页;川井《概论》第344页)。

笔者曾一度支持否定说(参见近江旧版第46页),其理由就是,①赋予已经具有追及力的担保权以物上代位是过度保护,②出卖所得价款上的物上代位没有意义等。但是,首先关于①,【过度保护】不能够成为否定物上代位权的积极性根据,而关于②,对担保权人而言,即便【出卖所得价款】上的物上代位并无很大价值(第2编第3章第3节2(2)),但如果担保权人希望通过这种方式实现权利,便无必要去否定之。因此,笔者转而支持肯定说。

* 追及力

因物权为排他性支配权,所以权利人可对任何人主张权利。这种效力被称为【追及力】(参见【Ⅱ】第37页)。所有的物权皆具有追及力,但是也存在追及力被切断的情况(《民法》第333条以及【对抗】)。如果不动产上的抵押权以及先取特权已经完成登记,追及力就能够得到完全的保护,担保不动产无论让与于谁,担保权都能够实现,并获得优先受偿。

【向承包人提供材料的情形】

与【出卖】略有不同,承包人 B 用从 A 处购买的原材料完成了工作,原材料出卖人 A 能否基于动产买卖先取特权行使物上代位权,就 B 对 C 享有的承包款债权实现自己权利?

【A】否定说

【承包款中包含了建筑工程所需的一切劳务材料等相关费用】,其中绝非只有出卖人提供的原材料对应的费用,因此对承包款的物上代位不能成立(大审院大正 2 年 7 月 5 日判决,载《民录》第 19 辑第 609 页。参见川井第 312 页)。

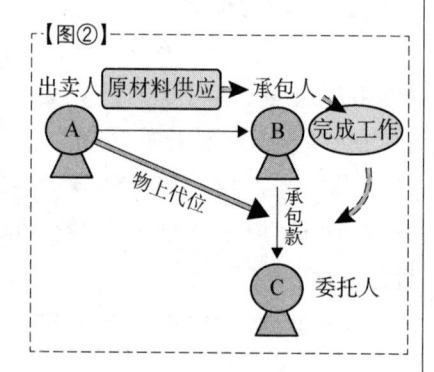

【图②】
出卖人 原材料供应 承包人
A → B 完成工作
物上代位 ↓
承包款
↓
C 委托人

【B】肯定说

因承包款中实质上包含了材料费用,故肯定物上代位符合作为物上代位制度宗旨的公平观念(参见我妻第 61 页;柚木、高木第 45 页)。肯定说中最为典型的学说——比例性物上代位说进一步主张,【转化之物也处于被担保债权的范围之内,所以权利人可享有对其价值的支配】(参见石田喜久夫:《法时》第 57 卷第 7 号第 122 页)。

【C】折衷说

折衷说原则上支持否定说,但是主张应当对承包与转卖(出卖)的关系进行实质性判断,如符合一定标准,则可以例外性地肯定物上代位。折衷说之下又可分为两种观点。

【a】动产同一性说

买卖标的物(动产)与已加工的动产如果在外观上具有社会

一般观念上的同一性,则可以肯定物上代位(数个下级裁判所判例都采用这个标准。参见吉田光硕:《判夕》第655号第49页;堀龙儿:《判夕》第529号第60页(座谈会);高桥隆一:《調査官解説》,载《判夕》第677号第53页)。

【b】两债权同一视说

将承包款债权的全部或部分能否视同【转卖】债权作为标准,如能同一视之,则肯定物上代位(最高裁判所平成10年12月18日判决,载《民集》第52卷第9号第2024页。参见近江幸治:《判例百選I》【第5版新法对应補正版】第176页)。

【A】否定说与【B】肯定说的本质性差异在于,后者将物上代位视作价值的【转化】(既然是价值的转化,则不论是【出卖】还是【承包】,对于代偿物的性质都在所不问。前文介绍的比例性物上代位说就是采用这种观点的典型学说)。但是,如脱离【出卖】概念,就会偏离《民法》第304条的立法目的。此外,【C】@的动产同一性说着眼于买卖的【标的物】与加工、转化的【完成物】之间的同一性(客观上的识别性),但本问题的核心在于,如何对担保权派生而出的物上代位权的标的物(＝【债权】)进行判断,因此,动产的同一性这个方向本身就不合适(参见今尾真:《法教》第226号第129页)。

综上所述,第一,关于【承包】能否与《民法》第304条中的【出卖】(转卖)同一视之,必须进行实质性地个案判断(参见下村信江:《判夕》第1004号第78页;池田雅则:《福島大行政社会学論集》第12卷第4号第1页)。第二,【承包】的承包款债权中不仅包含相关动产的对价,也包含劳力及其他原材料的对价,所以将其与【转卖】价款债权同一视之,是不合理的(原则论)。但是,作为例外,两者在实质上能够同一视之的情况也是存在的,此种情形下,【相关动产的价格在整体承包款中所占比例,以及承包合同中承包人的债务内容】(前揭最高裁判所平成10年12月18日判决)便可作为一个判断的标准了(关于此问题的具体内容,参见近江幸治:《判例百選I》【第5版新法对应補正版】第176页以下)。

(b)【租赁】的租金

在动产、不动产先取特权中,当标的物被【出租】,权利人便可对租金行使物上代位权。毫无疑问,行使物上代位权的前提,自然是债务人不履行债务(本节(5))。债务人不履行债务,却仍可以收取法定孳息,这违反了公平正义。因此,此种情形下,比起实现担保权,就【租金】优先受偿显然更为便捷。

《民法》第304条第2款中规定的债务人【在标的物上设定物权的对价】(地上权的地租等),仅是不动产先取特权独有的问题。

(c) 因【灭失或毁损】而发生的损害赔偿请求权

因【灭失或毁损】而发生的损害赔偿请求权为动产、不动产先取特权的标的物。公法上的征用、征收(土地收用法第104条等)皆可适用本规则。此外,因保险金涉及保险相关法理,相关内容将在抵押权部分介绍(第3章第3节2 (3)(b)*【保险金的法律性质】)。

(3)【支付(交付)】与【冻结】

(a)【支付或交付】的含义

第三债务人如向债务人完成了【支付或交付】(代偿物为金钱的进行支付,为物的进行交付),担保权人就无法行使物上代位权(《民法》第304条第1款但书)。正如前文所述,物上代位权的标的物为【请求权】(债权),因此一旦完成支付或交付,就会混入债务人的一般财产之中(本节(1))。

问题在于,如其他的一般债权人对物上代位权的标的物,即债权进行冻结,或是出现取得转付命令、债务人进入破产程序的情况,担保权人能否就标的物行使物上代位权。换言之,冻结、转付命令与破产能否与【支付或交付】有相同地位?

i 一般债权人的冻结、转付命令

首先,如一般债权人实施冻结,或取得转付命令,担保权人能否行使物上代位权?在过去,学界通说认为,即便标的债权被让与、转付于第三人,只要没有完成现实支付,便可以行使物上代位权(【现实支付】基准说)(参见我妻第290页以下)。但是,判例的立场是,【与从第三债务人处获得清偿,或是债务人将债权让与于第三人不同,如一般债权人……仅取得对标的债权的冻结命令,则无理由阻止先取特权人行使物上代位权)(【债权归属】基准说)(最高裁判所昭和59年2月2日判决,载《民集》第38卷第3号第431页;最高裁判所昭和60年7月19日判决,载《民集》第39卷第5号第1326页)。判例的结论已经成为现在的通说。

【冻结】仅限制了债务人的处分权限,所以担保权人自然可进行重复冻结以行使物上代位权。但是,转付命令是债权的委付(法定让与),有效的转付命令(命令送达第三债务人之时(最高裁判所平成14年3月12日判决,载《民集》第56卷第3号第555页)(抵押事例)))使债权的归属发生变更,这会导致物上代位权无法行使。

关于此问题,仍有两点需要说明。第1,如按上述理论,担保权人是仍居于先顺位,还是只能与一般债权人一同平等地参与分配(物上代位权的行使仅为【债权】执行)?学者间就此存在分歧。由于物上代位权是担保权的派生效力,具有物权的性质,故担保权人仍居于先顺位(第2编第3章第3节2(4)(e)f)。第2,标的债权被让与后,担保权人能否行使物上代位权?债权让与导致债权的归属发生变更,所以与转付命令没有实质上的区别。在涉及抵押权的最高裁判所平成10年1月30日判决(载《民集》第52卷第1号第1页)中,出现了新的理论(抵押权通过登记已完成公示,故优先于后完成的债权让与)(关于【债权让与】与物上代位的关系,第2编第3章第3节2(4)(f)),在之后的判例中,裁判所以继承上述判例结论的形式,认为动产买卖先取特权【与抵押权不同,并不存在公示方法】,所以在物上代位的标的债权被让与,且具备对抗要件之后,便无法再行使物上代位权(最高裁判所平成17年2月22日判决,载《民集》第59卷第2号第314页)。

【特定性维持说与优先权保全说的对立与展开】

正如后文(b)所述,关于对物上代位的理解,理论上存在分歧。

在早期,大审院判例多采用【特定性维持说(价值权说)】,但是大审院联合部在大正12年4月7日判决(载《民集》第2卷第209页)中转而表明采用【优先权保全说(特权说)】,并认为在抵押权人自行实施冻结之前,如其他债权人取得转付命令,则与让与相同,债权的归属发生变更,物上代位权便无法行使。

此判例受到来自学界的激烈批判,有学者提出,无论是取得转付命令,还是标的债权被让与,担保物权人都可以行使物上代位权,但如标的债权已【转让】于新债权人(转付债权人、受让债权人),则请求权消灭。换言之,物上代位权只能够在【转让】之前行使(支持之前判例立场的合理性。参见我妻第290页,等)。

然而,前揭最高裁判所昭和59年2月2日判决依然沿用了大审院联合部大正12年4月7日判决的结论(前揭最高裁判所昭和60年7月19日判决也采同样的结论)。结果,这一结论最终得到了学界支持,成为现在的通说。

【冻结命令与转付命令】

为方便理解,简要介绍《民事执行法》中的冻结命令和转付命令。

(1) 冻结命令

ⅰ 不对债务人以及第三债务人进行审查寻问即实施(《民事执行法》第145条第2款)。

ⅱ 送达债务人以及第三债务人(《民事执行法》第145条第3款)。

ⅲ 冻结的效力有,①禁止作出向【债务人】回收债权等处分行为(《民事执行法》第145条第1款),②禁止向【第三债务人】进行清偿(《民事执行法》第145条第1款),③一周之后【实施冻结的债权人】获得债权回收权(《民事执行法》第155条)。

ⅳ 冻结的效力在冻结命令送达第三债务人之时发生(《民事执行法》第145条第4款)。

(2) 转付命令

ⅰ 经实施冻结的债权人申请,裁判所可以作出以冻结券面金额对应的金钱债权为内容的转付命令,以取代支付($《民事执行法》第\\159条第1款$)。

ⅱ 送达债务人以及第三债务人($《民事执行法》第\\159条第2款$)。

ⅲ 转付命令的失效——在送达第三债务人之前,其他债权人已经请求冻结、执行临时扣押或要求参与分配($《民事执行法》第\\159条第3款$)。

ⅳ 当转付命令送达第三债务人之时,转付命令券面金额对应的债权即视为已获清偿,这就是转付命令的效力($《民事执行法》\\第160条$)。

ⅱ 债务人的破产

当债务人进入【破产】程序后,先取特权人能否行使物上代位权?债务人的破产程序开始决定与前述冻结相同,债务人仅仅是处分权限会受到限制。具体而言,【破产人对自己所有之财产的管理处分权能被剥夺,该权能转而归属于破产管理人,与此同时,破产债权人个别行使权利的行为也被禁止】。既然破产人财产的所有权并未被让与,也就无理由将其与【冻结】进行区别化处理(前揭最高裁判所昭和\\59年2月2日判决)。

(b)【冻结】的含义

先取特权人行使物上代位权,必须在债务人应能获得的金钱或其他物在被支付或交付之前实施冻结($《民法》第304条\\第1款但书$)。

ⅰ 为何【冻结】是必须的

对应价值权说与特权说,关于【冻结】必要性的理解分为两种。

【A】特定性维持说

如着眼于担保物权的交换价值支配性,则标的物即便转化为代偿物,也不会失去其价值支配性,那【冻结】的意义就在于能在转化后的代偿物混入一般财产之前完成对其的特定。这是在前文介绍的【A】价值权说的框架下的理解(参见我妻第60页;柚木、高木第281~282页;铃\\木第155页;川井第61页;川井《概论》第271页)。此外,因为冻结的目的只是为了将债权特定(阻止其混入一般财产),因此任何人实施冻结皆可取得该效果,如其他一般债权人已实施了冻结,就没有必要进行重复冻结。较早时期的大审院判决便采用这种观点(大审院大正4年3月6日判决,载《民录》第21辑第363页;大审院大正4年6月30日判决,载《民录》第21辑第1157页。参见我妻第286页)。

【B】优先权保全说

与上述观点相对,大审院联合部判决(大审院联合部大正12年4月7日判决,载《民集》第2卷第209页(抵押权事例))推翻了之前判例所采用的特定性维持说(详见前揭相关判例),认为担保物权因标的物的灭失而消灭,并不当然存在于债务人能够获得的金钱之上,但为了特别保护抵押权人,所以承认其权利存在。因此,抵押权人自行请求冻结就成为必要要件了。

如此一来,一旦完成【冻结】,第三债务人便会受到不得向原债权人清偿债务、交付货物的限制,那【冻结】实际上也就具备了【对抗要件】的功能(参见田中ひとみ:《物上代位权行使と差押》,载《庆应大学研究科论文集》第24号第70页)。这种观点被称作为【对抗要件功能说】(竞合债权人保护说)。(如从【A】说的【债权的特定】的视角出发,则冻结不会拥有这样的功能。)

【C】两面说

【冻结】不仅具有对成为物上代位标的物的债权进行特定的功能,还具有通过公示优先权实现优先权保全的功能,是为两面性(参见高岛第65页;高木(旧版)第130页。最高裁判所昭和59年2月2日判决,载《民集》第38卷第3号第431页)。

【D】第三债务人保护说

在较为近期的判例中,对冻结的立法目的有了新的解释,具体而言就是【第三债务人只要在冻结命令送达之前向抵押权设立人进行清偿,标的债权即因清偿而消灭,该债权消灭的效果可以对抗抵押权人,如此便可以保护面临双重清偿危险的第三债务人】(最高裁判所平成10年1月30日判决,载《民集》第52卷第1号第1页(抵押权事例)。相同的内容出现在清原泰司:《物上代位の法理》第101页)。以下。在高木第149页中,对此观点进行了多角度分析。

作为行使物上代位权的必要措施,【冻结】在代偿物混入债务人的一般财产之前将代偿物进行特定(=与担保标的物的接合)这一点上的意义是无可置疑的(本节(1)(e)Ⅱ)。另一方面,从【冻结】的实际功能来看,其通过禁止向第三债务人的处分、限制第三债务人的清偿的方式,以求公示、保全已转化为请求权等的标的物的优先性的作用也是毋庸置疑的。因此,《民法》第 304 条的【冻结】一方面能够特定代偿物,另一方面也具有公示优先权的功能(当然也就具备了前述【对抗要件的功能】)(【C】两面说)。

此外,关于【D】说,前揭最高裁判所平成 10 年 1 月 30 日判决中提到的【第三债务人的保护】的实现,仰赖的是冻结的清偿禁止效果,换言之,只要完成冻结就自然会产生这样的效果(《民事执行法》第 145 条第 1 款)。但此处讨论的是,【为何为实现物上代位权的功能必须要实施冻结】这一实体法上的问题,而不是冻结的清偿禁止效果本身能够产生对第三债务人的保护这一程序法上的问题。【D】说对于问题存在认识上的误差。

ii 担保权人的冻结是否必须

此部分将讨论在前文 i 中提到的,当一般债权人完成冻结之后,担保权人是否仍需自行再一次实施冻结这一问题。

前文介绍的【A】特定性维持说认为,冻结的功能在于维持标的物的特定性,所以其他债权人完成冻结之后,标的债权的特定性的维持(阻止其混入一般财产)已经达成,担保物权人无需再次实施冻结。

虽说如此,可如何在实际的债权人分配程序中确保自己的优先权,依然是需要明确的问题。有学者认为,担保物权人的优先受偿权的实现必须以完成冻结为前提,且其在其他债权人完成冻结或是取得转付命令之后进行亦无不可,但是该债权人如获得清偿,则物上代位权消灭(参见我妻第 290~291 页(前揭最高裁判所昭和 59 年 2 月 2 日判决出现之前的见解))。也有学者认为,担保物权人即便可以不实施冻结,提出参与分配的要求也是必不可少的(参见铃木第 155 页。此外高木(旧版)第 130 页中采用了【冻结】包含了要求参与分配的这一见解)。

而在【B】优先权保全说、【C】两面说中,【冻结】的主要功能是优先权的保全(公示),所以担保权人必须自行实施冻结。在较为近期的抵押权相关判例中,裁判所认为,【行使物上代位权的债权人无法在其他债权人申请冻结的案件中通过参与分配获得优先受偿……盖因……

《民法》第304条第1款但书中的冻结并不包含参与分配请求,而《民事执行法》第154条以及第193条第1款所规定之情形也不包含基于抵押权行使物上代位权的债权人要求参与分配】(最高裁判所平成13年10月25日判决,载《民集》第55卷第6号第975页;最高裁判所平成14年3月12日判决,载《民集》第56卷第3号第555页)。

(4) 物上代位权的行使方式

行使物上代位权是实现担保权的一种方式,所以担保权人只有在提交【证明担保权存在的文书】之后,才能够行使物上代位权(《民事执行法》第193条第1款后段)。在执行裁判所作出冻结命令后,物上代位权以【债权执行】的方式得到实现(《民事执行法》第193条第2款→第143条)。总而言之,进行《民法》第304条中规定的【冻结】需要担保权人提交【证明担保权存在的文书】。

【提交证明先取特权存在的文书存在困难之时,能否实施临时扣押与临时处分?】①

与抵押权以及不动产质权不同,行使动产买卖先取特权这一法定担保权时,提出【证明担保权存在的文书】并不容易(参见生熊长幸《动产卖买先取特权的实行(2)》,载《ジュリ》第876号第116页)。无法提交【证明担保权存在的文书】时,在取得相关文书之前,就有必要对物上代位权进行保全。此外,如先取特权的被担保债权未届清偿期,则裁判所会驳回当事人的冻结命令申请,在此情形下,也有必要对担保权进行保全。

基于上述理由,担保权人有必要对物上代位权进行保全,而冻结就是保全的手段。生熊长幸教授认为,这种为【保全】而实施

---

① 译者注:此处的"临时扣押"及"临时处分"分别对应的日语原文为"仮差押え"及"仮处分"。"仮差押え"及"仮处分"分别为针对"金钱债权"及"金钱债权之外的其他债权"的保全手段。鉴于中日民事保全制度上的差异,也为便于读者理解,在本书中采用"临时扣押"与"临时处分"的表述。

的冻结包含在《民法》第304条的【冻结】之中,因为现行的程序法中并无为保全而进行【冻结】的相关规定(《民事执行法》第193条规定的是为了【行使】物上代位权而进行的冻结),所以【禁止处分的临时处分】作为保全的手段,也可视作其已满足《民法》第304条中规定的【冻结】的要件(参见生熊长幸:《物上代位権行使の保全のための差押えと物上代位権行使としての差押え》,载《法学》第50卷第5号第42页)。

但是,生熊长幸教授在上述理论中采用前揭判例中出现的优先权保全(【B】说)理论解释【保全】,并正面提出,物上代位权的【保全】才是《民法》第304条中【冻结】的基本意义所在。问题在于,判例中提到的优先权的【保全】应理解为优先权的公示,所谓优先权的保全只不过是其结果,所以比起标的物的特定,冻结的实际功能更侧重于公示(由此可推导出权利人自行实施冻结的必要性)。因此,判例中提到的【保全】与生熊教授的理解并不一致。

(5) 物上代位权的效果

物上代位是担保权的本质性效力,其本体性效果(目的)是使担保权人获得优先受偿。就此,将介绍如下相关要点。

ⅰ 因债务不履行而生效

首先,债务人的债务不履行是物上代位权的效力发生原因,在债务不履行发生之前,物上代位权无法影响物的支配权。

ⅱ 担保权本身与物上代位权的关系

其次,关于物上代位权与其本体担保权的关系,由于两者并非主从关系,所以担保权人可在两者间择一行使。但是,

① 担保不动产的【出卖】。就【出卖价款】行使物上代位权的,即便价款数额低于被担保债权数额,担保权也会消灭,不动产买受人可以取得不附着担保权的不动产。剩余的债务成为无担保债务。不动产灭失

的保险金以及征用的补偿金也同样适用上述规则(参见我妻第293页)。之所以采用此规则,是因为<u>不动产的出卖价款是由担保不动产转化而来的</u>(代偿物)。简而言之,【追及力】会因出卖而消灭。

②【租赁】。另一方面,在【租赁】的情形下,并不适用上述出卖的规则。就租金、地租、永佃权租金行使物上代位权的,担保权仍然存续(参见我妻第293页)。盖因【租金】不是由担保标的物转化而来的。

3 对动产的追及力的限制

(1) 追及效果的切断

物权拥有【追及力】(追及效果)这一特性,所以先取特权也具有追及力。但是,当先取特权的<u>标的物为动产</u>时——无论是一般先取特权,还是动产先取特权——,债务人在将该动产<u>交付于第三取得人</u>之后,先取特权人就不能再就该动产行使先取特权(《民法》第333条)。此处提到的【不能行使权利】,是指先取特权本身已经<u>消灭</u>(后文将会提到,先取特权的善意取得(《民法》第319条)可发挥作用。【善意取得】,是指从无权利人处取得权利的理论)。

(2) 向第三取得人的交付

(a)【第三取得人】

【第三取得人】仅指取得<u>标的物所有权的第三人</u>。而动产的承租人(大审院昭和18年3月6日判决,载《民集》第22卷第147页)、财物保管受托人、质权人(担保权人)、从承租人处取得动产占有的单纯的占有取得人(大审院昭和16年6月18日判决,载《新闻》第4711号第25页)等不属于第三取得人(通说判例)。简而言之,成为第三取得人必须<u>以取得物(动产)的所有权为前提</u>。

【让与担保权人是否属于第三取得人】

如果将设立让与担保理解为所有权的让与(所有权构成),则让与担保权人可被解释为【第三取得人】。判例(最高裁判所昭和62年11月10日判决,载《民集》第41卷第8号第1559页)就采用上述观点。但是,让与担保的实质仅为设立动产担保权(担保权构成),所以让与担保权人与质权人的地位是相同的。《民法》第334条明确规定质权人不是第三取得人,让与担保权人亦然。

(b)【交付】

动产完成交付也是必要要件。换言之,第三人仅取得所有权并不能够切断追及力。因此,所谓向【第三取得人】进行的【交付】,必须同时具备所有权从债务人处脱离,和作为所有权转移表象的交付已经完成这两个条件。

问题在于,【交付】是否包括【占有改定】。判例(大审院大正6年7月26日判决,载《民录》第23辑第1203页)及通说(参见川井《概论》第274页)出于保护第三取得人的考虑,认为交付包括占有改定。与此相对,认为交付不包括占有改定的否定说也得到了相当一部分学者的支持(参见铃木第223页)。

窃以为,第一,因为交付以【取得所有权】作为前提(前文(1)),所以只要第三取得人能够取得所有权,占有改定也可视作交付。但由于让与担保权人仅享有担保权,所以在让与担保的情况下占有改定不视作交付(折衷解释)。第二,如因第三取得人取得所有权导致先取特权被切断,可依据《民法》第319条善意取得先取特权(前揭大审院大正6年7月26日判决。参见铃木第223页;星野第209页)。

【占有改定方式的交付与先取特权的善意取得】

在前揭大审院大正6年7月26日判决中,不动产租赁的承租人B将配置于不动产上的动产通过占有改定的方式让与于C。

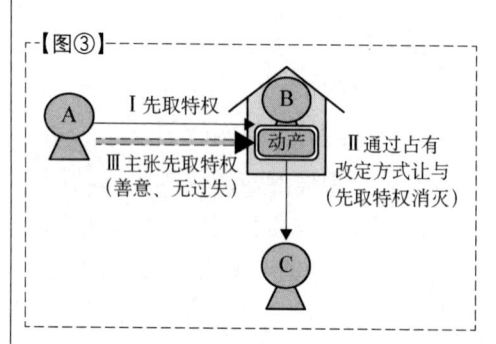

【图③】

Ⅰ 先取特权
Ⅲ 主张先取特权（善意、无过失）
Ⅱ 通过占有改定方式让与（先取特权消灭）

裁判所以《民法》第 333 条中规定的交付包括占有改定为前提，认为出租人 A 如不依据《民法》第 319 条主张先取特权的善意取得，就无法对该动产主张权利。

【不动产租赁】【旅馆住宿】以及【运输】先取特权可以依据《民法》第 319 条,适用善意取得规则(盖因先取特权人皆可视作已取得对动产的【占有】)。所以在该等情形下,即便因第三取得人取得动产所有权而导致先取特权被切断,原先取特权人仍旧可以通过善意取得再次获得先取特权。

第2编

约定担保物权

第1章 约定担保论——金融担保法序说

1 金融交易的基础

(1) 作为【金融】手段的约定担保

所谓【金融】就是【金钱的融通】。在企业的【生产】以及市民的【生活】等社会经济活动中,会出现对金钱的需求。金钱的需要者可以从金钱保有者(供给者)处获得金钱,但在这个过程中,【如何使金钱顺利地流通(融通)】就是必须面对的基本问题。针对这个问题,立法者建立起了各类制度,以此为基础实行相关政策(金融政策)。【担保】制度是上述金融手段中的一种。

(2) 关于【金钱的融通】的3个原理

为解释【如何使金钱顺利融通】这一问题,需明确以下3个原理。

(a)【需求与供给】原理

【需求与供给】是交换的基本原理,经济活动在此基础上运行。【金钱的融通】也受金钱的【需求与供给】原理的支配。这一原理必然会向【竞争】原理发展,但是国家会基于各种原因针对金钱的需求出台供给政策,所以此现象在外观上可能并不直观可见。

(b)【信用】原理

即便有金钱的【需求与供给】,如果【信用】(Kredit)机制不发挥作用,则【金钱的融通】难以实现。具体而言,提供的资本如无法安全、确实地回收,则没有人会愿意供给金钱。因此,【信用】是金融过程中的重要要素。

(c)【经济力】原理

这一原理指的就是【持有者支配非持有者】这一现实性原理。金钱的供给者(持有者)拥有金钱融通的主动权,而金钱需要者(非持有者)则处于弱者地位。近代交易规则是在交易双方处于平等地位的这一前提下构建起来的,但是这一前提原理很少真正实现表象化,在现实中,【经济性支配】依旧起着决定性作用。

2 【信用】与【担保】

(1) 何谓【信用】(Kredit)

在经济学中,【信用】通常被区分为三类,即商业信用、生产信用和消费信用。【商业信用】,是指在流通过程中为节约或限制流通时间、流程和费用,通过赊销方式实现的商品与其对价的异时性交换关系。【生产信用】,是指在生产过程中,集中获取社会闲置资本的银行为产业资本的生产过程提供货币预支的形态(异时性交换关系)。【消费信用】,是指在投入资本无法产生利润的消费过程中,向消费者提供货币借款或是允许其赊账的异时性交换关系(参见[IV]第3页)。

【信用】在上述各交易场景下以【异时性交换关系】的形态出现。异时性交换关系,是指在本应当进行同时性等价交换的交易中,因为【信用的存在】,转化为【预付、赊销】的交易形态(利息(Zinsen)维持了两者之间的等价性)。

(2) 作为【信用】手段的【担保】

采用金钱借贷以及商品交易中的预付(赊销),即异时性交换,通常是因为【信任】相对方,信任相对方会偿还借款,或信任相对方会支付货款。此处所指的【信任】,具体而言就是信任相对方的【清偿能力】以及【清偿意思】。而【清偿能力】以及【清偿意思】就是使预付以及赊销成为可能的【信用】(Kredit)。

但是,【清偿意思】是个人的、主观上的问题,无法对其进行法律上的判断。因此,【信用】存在与否,便主要以债务人的【清偿能力】作为标准进行判断。在人间的关系趋于稀薄化的现代社会,所谓【能力】仅指<u>客观上的返还能力</u>。在此背景下,人的担保以及物的担保作为客观上保障清偿能力的制度陆续登场。从这个角度看,【担保】制度,可以说已经成为【信用】手段本身了。而在进行大量交易的资本主义社会,以<u>物的确实性</u>作为本质的物的担保,成为了【信用】的核心制度。

3 约定担保物权的构成——质权与抵押权

(1) 德国法中的担保构成

作为近代担保物权的质权与抵押权,其实是以完全相反的制度形态发展而来的,这有其历史背景(参见柚木馨:《担保物权法》(昭和33年)第140页)。首先,通过观察近代抵押权实现<u>典型发展</u>的德国不动产法可以发现,在日耳曼古代时期到中世纪的这一时期,【用益质】(收益质)的使用曾一度非常普遍。所谓用益质,是指债权人通过实际占有担保标的物,即土地,获得土地上的农作物的这一担保形态,这与日本的不动产质权比较类似。在农业社会,能够产出农作物的土地才被认为是有价值的,担保就是通过<u>土地的转移</u>来进行的。而土地(担保物)的转移也可看作是收获权的转移,债权人取得土地,也就意味着土地的收获量会增加*。从形态上看,较早时期采用较多的是【附解除条件的所有权让与】(所有权担保)(bedingte Übereignung),到后来,采用具有限制物权性质的【旧质】(ältere Satzung)逐渐成为主流。

从12世纪开始,受到【都市】兴起的影响,不转移担保物占有的担保方式（非占有担保）开始发展。这就是所谓的【新质】（neuere Satzung）。对【都市】市民而言，将作为生活以及营业基础的土地、建筑物的占有交予他人是无法接受的，而对债权人而言，身处货币经济发达的都市，通过担保物获得土地农作物也变得毫无意义。可如果不交付土地，就需要对其进行公示，登记簿制度就是在这种背景下逐步发展起来的。因【新质】具有上述便利性，所以得到了极大的发展，其使用度远远超过了【旧质】（即所谓自 ältere Satzung 向 neuere Satzung 的转变）。之后，以罗马法的继受为契机，【新质】开始被叫做 hypotheca，并在后来的近代法中发展成为【抵押权】（Hypothekenrecht）(Hübner, Grundzüge des Deutschen Privatrechts, 5. Aufl. 1930, S. 402ff., Planitz Grundzüge des deutschen Privatrechts mit einem Quellenbuch, 2. Aufl. 1931, S. 61ff. 另参见林毅：《ドイツ中世都市法の研究》第 165 页以下；铃木《抵押制度》第 6 页以下）。

而在法国，即便完成了对罗马法的继受，作为【旧质】的用益质（占有担保）仍然因 antichrèse 的存在而保有其正当性，[①]但在近代担保物权得到确立之后，其存在也被否定了。

另一方面，关于动产，自古以来原则上采用的就是【占有担保】（Faustpfand）。但在中世纪后期，曾一度出现动产（特别是船舶）的非占有担保。此外，也曾因继受罗马法而出现动产抵押（Mobilienhypothek）。时至 18 世纪，由于公示主义得到普遍承认，上述动产非占有担保最终从历史舞台上消失，动产的【占有担保】得到最终确立(Hromadka, Die Entwicklung des Faustpfandprinzips im 18. und 19. Jahrhundert, 1971, S. 41ff.)。经由上述沿革，德国法最终形成了【质权＝动产担保制度/抵押权＝不动产担保制度】的制度形态(关于上述历史背景，参见近江《研究》第 139 页以下)。

＊ 封建租种关系的存在

需要注意的是，土地收获量增加，并不是因为债权人亲自耕种土地，其基础是雇佣大量佃户劳作的封建租种佃户关系。封建的大土地所有制、庄园以及地方贵族的发展，就是以封建租种关系作为其支撑的。此外，庄园领主也将担保制度作为掠取土地的手段。

[①] 译者注：antichrèse 可理解为是债务人将不动产抵押给债权人的抵押合同（转移占有，但不转移所有权）。

(2) 日本法中的担保构成

在日本,直到明治中期,作为用益质(占有担保)的【质入】(不动产质权)仍然是最主要的担保手段。这是因为在当时的日本,以零散的租种关系为前提的地主制度广泛存在,这构成了当时农业社会的基调。而作为非占有担保的【书入】(抵押权)从江户中期开始,在下级武士以及寺庙神社之间有所运用,但并不多见。

进入明治时代后,因为土地永久买卖的解禁($^{明治}_{5年}$)和地券制度的导入($^{明治}_{6年}$),完善土地担保关系就成为当时急需应对的课题。于是,政府以法国法为范本,将旧时的担保制度以【占有】作为区分标准(【质入】=质权,【书入】=抵押权),制定了《地所质入书入规则》($^{明治}_{6年}$)($^{关于法国的抵押制}_{度,参见高桥康之:}$《フランスにおける資本主義の発展と抵当制度の変遷》,载《法時》第28卷第11号第21页以下)。但在那个时期,作为用益质的【质入】依旧是最重要的担保手段($^{关于立法的过程,参见藤原明久:}$《明治初期における土地担保法の形成》,载《神戸法学雜誌》第24卷第3号第215页以下;藤原明久:《明治前期における書入の戸長公証とフランス抵当権の登記》,载《神戸法学雜誌》第53卷第3号第37页以下;近江《研究》第41页以下;伊藤孝夫:《明治初期担保法に関する一考察》,载《法学論叢》(京都大学)第128卷第4・5号第334页以下)。

《地所质入书入规则》经历了"旧民法"债权担保编的修订,最终发展成为现在的担保制度,作为近代担保物权的质权以及抵押权就此得到确立。需要注意的是,在上述立法的过程中,一方面,抵押制度的重要性逐渐被认识,另一方面,通过继受外国法(法国法、德国法)*,质权作为动产担保制度的意义得到进一步认可,而不动产质权则失去了其存在的社会性意义。这可以说是日本商品经济与产业化高速发展带来的结果。但是,作为沿袭旧时【质入】的【不动产质权】的相关规定仍未被删去。

* 外国法对日本抵押制度的影响

《地所质入书入规则》($^{明治}_{6年}$)的草案是由大藏省完成的($^{受《公事方御定}_{书》的影响较大}$),之后,司法省将法国的抵押理论导入草案,最终完成本法令。后来的"旧民法"自然也采用了法国的理论。但是,现行的明治《民法》则受德国民法第一草案的影响较多($^{参见藤原明久:前揭《明治初期におけ}_{る土地担保法の形成》第215页以下}$)。

4 从物的责任(代当责任)到人的责任——优先受偿的方式

(1) 物的责任(代当责任)——初始性形态

担保制度,是在债权无法获得受偿的情形下,终局性地使债权人就担保物获得【优先受偿】的制度。而优先受偿的方式,经历过一系列的历史变迁。

追根溯源,其初始性形态,是以担保物本身用于偿还债务的方式,这被称为【物的责任】(Sachhaftung)。时至中世纪及近代,担保制度作为使担保物可全方位替代【债务】用于赔偿(责任标的物),而债务人在【物】之外不再承担人的责任(债务)的制度(物的限定责任),得到确立。而该责任的核心概念,就是【应替代债务之物】与【赔偿】(既然包含单纯的物的责任之外的概念,则在名称上,称之为【代当责任】方为合理(参见中田薰:《独仏中世二於ケル債务卜代当责任卜ノ区别》,载《法协》第29卷第10号第1509页))。

日本在封建时代也存在同样的情况,即在担保惯例上,【质入】在一定要件下可以实施【流质】(《公事方御定书》第31条),这也属于物的责任(参见小早川欣吾:《日本担保法史序说》复刻版,第293页以下;小早川欣吾:《续明示法制丛考》,第407页以下;藤原明久:《明治初期における土地担保法的形成》,载《神户法学》第24卷第3号第248页以下;近江《研究》第54页以下)。

(2) 向人的责任的发展

之后,从中世纪后期到近代的这一时期,【人的责任】(Personenhaftung)的概念出现,最终在近代后期作为制度正式得到确立。【人的责任】,就是以【债权人—债务人】,也即【人】作为纽带的关系理论,债务人对【债务】,在其消灭前承担无限【责任】,而作为债务的保全而被设立的担保,仅仅是【眼下(设立时点)的担保】。故而,担保物的价值如果高于被担保债权的数额,则应当返还超出的部分,但如若担保物的价值低于被担保债权,则债务人负有清偿不足部分的义务。

人的责任制度的确立,离不开【债权】制度的发展(债权规范的确立),以及包含物的责任在内的【暴利行为的排除】理论的发展。近代民法将上述理论作为担保制度的基本原则。

(3) 变则担保的定位

进入近代之后,利用转移所有权方式的【变则担保】(非典型担保)得到了发展,让与担保、回赎、代物清偿的预约,所有权保留等皆在其列,这弥补了担保制度中存在的空缺。依前述制度,在债务人不能清偿,或是无力取回的情形下,所有权本身会转移给债权人,因此这也属于【物的责任】。

这可谓是,本应已被近代民法摒弃的物的责任的复活。这些担保方式的目的是为了追求物的责任本身所内含的暴利性。而近代民法为排除暴利性,确立了【清算法理】(第3编【变则担保】)。

5 金融构造的转换——【从间接金融到直接金融】

(1) 第二次世界大战后间接金融的形成

银行从一般大众手中以存款的形式吸收社会闲置资金作为银行资本,并将资本投入到能够产生利润的生产过程(企业)中。而企业通过商品的【生产→再生产】这一生产的循环,可以<u>无限地产出利润</u>(剩余价值)(假定生产的产品能够全部完成销售)。这就是银行资本的典型性运动(利润追求行为)(因而,对无法产出利润的一般大众(消费过程)的贷款就比较消极)。这在金融形态上,就是【直接金融】的对立概念,【间接金融】*。

上述金融体系有着第二次世界大战后日本金融的主要特征。银行与企业之间存在着【极强的纽带关系】,继而形成了所谓的【主银行体制】。具体而言,就是银行与企业之间形成了相互依存关系,银行在提供融资之外,也会派遣员工介入企业的经营,而企业为了得到银行贷款摆脱破产命运,也甘愿忍受银行的介入。就这样,银行和企业之间相互发生【作用】(既有好的方面,也有坏的方面),这是日本特有的现象。之所以产生这种现象,正是因为存在前文介绍的【经济力】原理。

直到20世纪80年代中期为止,间接金融的形态一直是日本企业金融的主流形态(参见近江幸治:『「間接金融から直接金融へ」が意味するものとその課題』,载《民研》第545号第3页以下)。

* 【间接金融】与【直接金融】的概念

企业自行获取资金的方式叫做【直接金融】,而依靠其他机构获取资金的方式就叫做【间接金融】。具体而言,前者是指企业在资本市场通过自身努力(=信用)获取资金,即发行公司债券以及股票。后者是指从金融机构(银行)处借入资金。

间接金融的不良后果

但是,间接金融的特殊性,诱发了消费金融制度发展缓慢的不良后果。【消费金融】的目的是为了补足国民所得之不足,所以并不具备产出利润的运作机制。银行资本为了追逐利润,不积极发展消费金融制度也就不足为奇了。但是,这却助长了高利贷资本的泛滥,因为一般大众无法从银行得到贷款,就只能依靠街头的高利贷业者了。时至20世纪60年代中期(昭和40年前后),高利贷已经成为很大的社会问题,为应对这个问题,最高裁判所通过判例确立起了利息限制法理。

---

(2) 日本经济的腾飞与【海外债券发行风潮】

自1980年前后开始至1990年的大约10年间,高新技术产业驱动经济迅猛发展,日本经济也迎来了史无前例的发展高峰期(1980年前后,美国经济因泡沫经济崩盘而跌入低谷,并且受到东西冷战的影响,美国的高新技术产业的商品化进程受阻,这些相对性因素也促成了日本经济的繁荣)。日本企业良好的财务体制在海外市场也受到了关注,于是在那个时期,日本企业收到了大量的海外债券发行邀请。在这股风潮中,无论是大企业还是中小企业,都开始在海外发行债券。海外的债券发行不需要担保,所以非常便利,费用上也比较节省。这一现象,被称为【海外债券发行风潮】,事实上,日本3/4的发债企业都曾在海外发行债券（参见近江幸治：《有担保主义の動搖と「信用」問題(1)》，载《早稻田法学》第63卷第4号第16页）。

那这股风潮对日本的企业金融的构造造成了什么影响？第一，日本的债券市场出现空洞化。政府在发现了空洞化的危险性之后，于1980年代后期开始采取市场开放、自由化政策（但这也受到了来自美国的很大压力）。第二，间接金融的衰退（截至1986年，间接金融占到了企业金融的80％以上，股票、公司债券发行占到10％左右。而到了1988年，间接金融所占比例急速下降到60％左右）。也就是从这一时期开始，日本的企业金融形态，【从间接金融开始转向直接金融】。

(3) 银行资本的质变与闲置资本的走向

在经历了海外债券发行风潮之后，处于间接金融核心位置的银行资本发生了质变。在风潮之前投入到企业经营中的数额庞大的闲置资本突然变得无处可去，于是银行资本开始转向进入到其他领域。

第一，对股票以及其他金融产品进行投资。这样的投资为股票市场注入活力，在【泡沫经济】崩盘之前，一度出现了日本经济史上最大规模的牛市（1989年末，日经平均股价上涨到了约3万9千日元）。

第二，在不动产市场进行投资。大量资金流入了银行子公司、银行同一体系下的融资金融机构、住宅金融专门公司（住专），或是不动产关联公司及大型综合建筑公司。这些数额庞大的资本最终都被用于大都市土地的囤积购买。大量资本流入不动产市场以及股票、投资市场是【泡沫经济】形成的重要原因，而银行闲置资本在【泡沫经济】形成过程中的推波助澜，也是无法否认的。

第三，积极投入消费金融中。一直以来，银行对将资本投入到无法产出利润的消费信用领域，是持消极态度的。但是由于大量囤积资本的存在，银行不得已将资本投入到风险较大的消费金融之中。另一方面，对于高利贷泛滥这一问题的产生，银行也有责任，社会上对银行也不乏批判，银行对消费金融的投入其实也有回应这种批判的因素存在。

【如何看待日本泡沫经济的形成】

【泡沫经济】本身，毫无疑问，是各类金融机构、不动产公司，乃至商社、制造型企业，甚至个人的资本等，即占日本国内相当比重的【资本】，以总动员的形式投入不动产市场所引发的综合性现象。

有一种说法是，1985年的《广场协定》与1987年的《卢浮宫协定》是泡沫经济形成的诱因。那么，这两个协定究竟为何？

在经历了第一次（$^{1973}_{年}$）、第二次（$^{1979}_{年}$）石油危机之后，20世纪80年代前期，整个世界同时陷入经济低迷，尤其是美国，因为泡沫经济的崩盘，陷入了【通货膨胀】【长期不景气】【国际收支赤字】的所谓"三重苦"之中。美国为了解决巨额财政赤字的问题，推行高利率政策，以期通过从全世界吸收资金，来维持美元升值。

与此同时，日本采取了金融缓和政策，数次下调基准利率。其结果就是日美两国之间利率差扩大，美元升值与日元贬值加剧。随之而来的就是，日本的出口暴增，日美之间的贸易摩擦愈演愈烈。美国为了解决美元升值以及长期收支赤字的问题，便与各国协商，以期达到美元贬值、利率下降的目的。这就是所谓的《广场协定》和《卢浮宫协定》的内容。

但是，这些协定不过是金融相关的国际协调政策，并非是泡沫经济形成的根本性原因。【泡沫经济】是因为大量资金流入【不动产】市场以及【股票】市场所导致的经济行动性现象。诱发这一经济行为的是投机性的资金流动。在日本，这种资金流动就是20世纪80年代金融构造的质变所引发的大量囤积的闲置资本的流动。

(4) 直接金融的展开

20世纪80年代后期开始，日本的金融构造转向【直接金融】（这种转向现象在企业金融领域特别明显，但并不意味着直接金融完全取代了间接金融）。【直接金融】已经超出了【担保】的领域，所以在此仅做简单介绍。在转向【直接金融】的这一过程中，日本受到了20世纪

80年代初期美国的【证券化】(Securitization)的影响,完成了对CP(commercial paper)的解禁($^{1987}_{年}$),并制定了一系列法令,例如与ABCP(Asset Backed Commercial Paper)高度相关的《特定债权事业规制法》(《特债法》)($^{1992}_{年}$)、实现【资产证券化】价值的《特定目的公司的特定资产流动化法》(《SPC法》)($^{1998}_{年}$)、简化证券化过程中的债权让与方式的《债权让与对抗要件特例法》($^{1998}_{年}$)等。这些都体现着直接金融的特点。

此外,需要注意的是,随着泡沫经济的崩盘,【证券化】在日本还成为【不良债权处理】(债权的流动化)的一种方式。

(5) 间接金融与直接金融在功能上的对比

最后,将就间接金融与直接金融的功能以及理念进行对比。

(a) 间接金融的本质及其意义

在【间接金融】中,银行与企业的关系就是【债权人与债务人】的关系。这一关系有以下特征。

i 【非市场原理】(非竞争、相对主义)

因为融资是在金融机构与企业之间进行的(相对性),所以在商谈利息与担保等融资条件时,不存在其他竞争。

ii 【有担保原则】(债权的保护)

债权人为保全债权,会要求债务人提供担保。担保制度会为债权提供有力的保障。

iii 以【主银行体制】为媒介的经济行为

间接金融会最终产生【主银行体制】这一特殊的结合关系。这是非竞争、相对主义的产物。

iv 间接金融的课题＝【债权人保护原则】

综上所述,【间接金融】是脱离【市场】的金融交易,所以在法律上,【债权人保护】这一课题贯穿始终。

(b) 直接金融的本质与其意义

在【直接金融】中,企业与投资人的关系是由【市场】(市场原理)决定的。下文将就其特征进行说明。

i 【市场原理】(竞争原理)的贯彻

直接金融遵循【市场】交易机制,投资人购买企业在【市场】上发行的证券(股票、公司债券),而股票、公司债券的条件则由市场来决定。因此,直接金融贯彻的是【市场原理】(竞争原理)。

ii 投资行为的【自己责任原则】

融资贷款人(证券的购买者)作为【投资人】,其投资目的就是获得【高收益】,与此同时,也应做好承担【高风险】的觉悟。此处存在的法律命题,就是【自己责任原则】。

iii 针对投资判断(自己责任)的【基础制度的完善】

【投资人】根据一定的【投资信息】,基于自己的判断(自己责任)实施投资行为。但是,如果不对投资环境加以整顿,投资人便难以获得正确、客观的投资情报,那对投资人(甚至【市场】)是不利的。因此,针对直接金融的投资环境的基础整备(安全网的构建)便必不可少。其中心课题有,(α)在内部,进行信息公开、监管、培养投资顾问等;(β)在外部,设立具有客观评估功能的【评级机构】。

iv 直接金融的课题＝【自己责任与安全网的构建】

综上所述,贯彻了【竞争】这一市场原则的【直接金融】在实现发展的同时,作为间接金融的中心课题的【债权人保护原则】便不再如从前那般受到重视,新的中心课题已转向【自己责任原则】与【投资人保护】(安全网的构建)。

6 担保理念的变迁

(1) 序说

纵观担保法的历史可以发现,【担保】的功能以及理念随着时代的变迁而变化。具体而言,就是对于标的物上存在的担保价值的理解,随着时代的变迁而不断演变。在封建时代,由于担保价值主要存在于土地的农作物上,所以非常重视土地转移这一形式(【用益价值】担保)。但是,在资本主义商品经济时代,担保价值转而出现在作为商品的土地上,所以土地的交换(买卖)价值更为受到重视(【交换价值】担保)。而从 1990 年前后开始,因能够产出高收益的租赁公寓在整体不动产中所占比例较高,所以从收益性上获取担保价值的担保方式开始出现(【收益价值】担保)。

通过观察担保【价值】的变化可以发现,担保的功能以及理念经历了【从用益担保到交换价值担保】、【从交换价值担保到收益价值担保】的演变(关于这个问题,参见近江幸治:《新しい担保法制の意義と展望》,载《金商》增刊《担保法の最前線》第6页以下)。

(2) 从用益价值担保到交换价值担保

首先,对从用益价值担保(用益担保)到交换价值担保的演变过程进行说明。

(a)【用益价值担保】的制度性基础

在近代之前的封建时代,不动产担保的唯一功能就是【用益】(用益价值)。土地能够产生孳息(大米、小麦等),土地的农作物便成为担保价值的基础。因此,当贷款业者(村长等)借款给自耕农时,作为担保,自耕农必须将土地交予该业者(占有的转移)。如此一来,自耕农便暂时需要以贷款业者佃农的身份从事农耕。如果最终无法偿还借款,则借款人会彻底失去土地(完全沦为佃农),而村长等则通过这种方式获取大量土地(大土地所有制、庄园制的形成)。

在近代初期(明治 20 年前后)之前,【用益价值担保】在日本是基本的担保理念。因此,在现行《民法》制定之时,近代抵押权的意义等,完全没有被当时的人们所理解。

近代社会是商品社会(资本制社会),所有的财货都必须进行商品化。对于日本【近代化】的开始时期虽有争议(讲座派、劳农派之间存在对立),但基本会将明治政府的成立,视作近代化的开端。明治政府为了构建资本制经济的基础,首先,在1872年(明治5年)解禁了田地永久买卖,并导入了【地券制度】,还制定了关于交付地券进行担保的具体准则,即《地所买卖让与地券渡方规则》。次年,即1873年,政府以法国担保制度作为范本,制订了《地所质入书入规则》以及《动产不动产书入金钱谷物借贷规则》。随后,在1890年(明治23年),沿袭上述规则的"旧民法"担保制度诞生。但其公布被推迟,最终于1896年(明治29年),以明治《民法》担保制度的形式最终定型。

虽说日本法通过模仿近代法国、德国的担保制度构建了本国的担保制度,但是用益价值担保依然是主流,社会大众也依旧最为认可农作物的价值。日本有着重视【用益】价值的特殊性,这种特殊性在《民法》中随处可见。短期租赁制度以及法定地上权制度的立法目的就是保护用益权,而涤除制度中的涤除权人包括【地上权人、永佃权人】,也完全是【用益权保护】思潮带来的结果。

(b) 向【交换价值担保】的演变

在前近代的【用益担保】制度向近代的以【交换价值】为基础的制度演变的过程中,有两个制度基础是不可或缺的。

第一,是公示担保权存在的制度,也就是【登记】制度的确立。【地券】制度与抵押制度并不匹配,《地所质入书入规则》中规定的【户长证明制度】也并未充分发挥作用。直到1899年(明治32年),《登记法》制定完成,公示制度才真正开始发挥作用。

第二,是交换价值【市场】(作为商品的不动产的流通市场)的形成。在用益价值担保的时代,不动产并不流通,所以不存在不动产流通市场。但在1894年(明治27年)至1904年(明治37年)的10年间,由于甲午战争与日俄战争的爆发,日本的产业飞速发展,经济状况也发生了巨变,其结果就是产业资本得到确立。产业资本的确立使得不动产从收获型财产转化为<u>流通型</u>财产,不动产商品市场随之形成。作为企业金融核心手段的【财团抵押】制度(1905年(明治38年)),正是不动产市场形成时期的产物。而保障交换价值实现的手段,就是【拍卖】制度。

至此,以不动产流通市场的成立为前提的担保法中的【交换价值】理论,终得成形。【交换价值】理论是近代担保法的基本理念,时至今日,依然是支撑近代担保制度的核心理论。从制度上看,伴随着商品经济发展而形成的不动产流通市场的存在,是交换价值理论出现的前提。

(3) 从交换价值担保到收益价值担保

下文将介绍从交换价值担保到收益价值担保的演变过程(从交换价值担保到收益价值担保并不是一种转化,而是指收益价值担保已经出现,并且在今后,收益价值担保将会是占不动产极大比重的可出租楼房*的主流担保方式。

> * 作为不动产财产的可出租楼房的意义
>
> 日本的有效可利用土地只占国土面积的大约30%,因此土地曾是最具价值的财产。但随着建筑技术的进步,坚固且具备耐久力的高层建筑不断兴建而起,可出租楼房数量也随之显著增长,并且建筑物本身的价格也不断抬高,这就使得作为不动产财产的可出租楼房在国土价值中占有较大比重。这一趋势在今后也将延续。

(a) 对【收益】价值的评估与实现

在2003年的《民法》修订中,【收益执行】作为抵押权新的实现方式,得到了确立。这意味着:对【收益】价值可以进行评估;作为近代担保制度价值实现方式的【拍卖】出现了问题。

在经历了20世纪80年代前期的泡沫经济崩盘之后,美国的不动产抵押开始朝【租金让与】制度转向(参见青木则幸:《アメリカ法における賃料讓渡制度の史的考察(1)~(5)》,载《早稻田大法研論集》第95号第1页以下、第96号第1页以下、第97号第1页以下、第100号第1页以下、第101号第1页以下)。【租金让与】是最先出现的收益担保方式,进入20世纪90年代后,【租金让与】通过与【证券化】的联动,将【收益担保】向一般化的方向推进。时至今日,至少在商业不动产领域,在【收益】,即【现金流】中获取担保价值的方式已经实现一般化、本格化(参见青木则幸:《アメリカにおける収益型不動産担保制度(1)(2)》,载《比较法学》第36卷第2号第1页以下、第37卷第1号第49页)。

美国担保制度的发展,对日本的不动产担保制度产生了不小的影响。究其原因,首先,对 1990 年日本泡沫经济崩盘所造成的不良债权的处理,大多参考的是美国的处理方式。此外,一直以来支撑担保理念的不动产【交换价值】市场,也在泡沫经济的崩盘中遭受毁灭性打击。这意味着,不动产担保制度如要发挥作用,就不能再仅仅依赖一直以来的【交换价值】担保了。

综上所述,【收益执行】的导入,不仅仅是通过物上代位获得的【收益】价值,在通过抵押权【拍卖】(交换价值的实现)也难以实现时补位登场的【强制管理】的实际应用,而更应当将其看作是使日本担保制度的功能、理念发生巨大转变的变革性产物。

(b)【收益价值担保】的制度基础

但是,为了使【收益价值担保】确实性地发挥作用,就必须具备以下前提条件。

第一,存在能够对【收益(现金流)】的稳定性、确实性进行客观评估的评估机构。由于担保评估已经从交换价值评估切换成收益价值评估,所以对于担保不动产的收益价值的客观评估必不可少。近期颇为流行的【收益还原法】就是一种基本评估方法。此外,考虑到【收益价值担保】与【证券化】的关联性,能够对担保价值进行客观评估的中立的【评级机构】的介入也是必不可少的。

第二,【收益价值】市场的成立。如结合【证券化】进行考虑,则完善使【收益】(债权)能够自由交易的市场是必要的。毕竟,【收益】会作为金融产品在证券市场上流通。现在,以 CP 以及 ABCP 为代表的证券化手段发展迅速。但在金融工具呈现多样化发展的同时,【收益价值】市场的发展并不充分,当然,市场在以后一定会进一步发展健全的。

* * *

在此通过下图介绍约定担保制度的发展历程,具体说明将在之后的各章节展开。

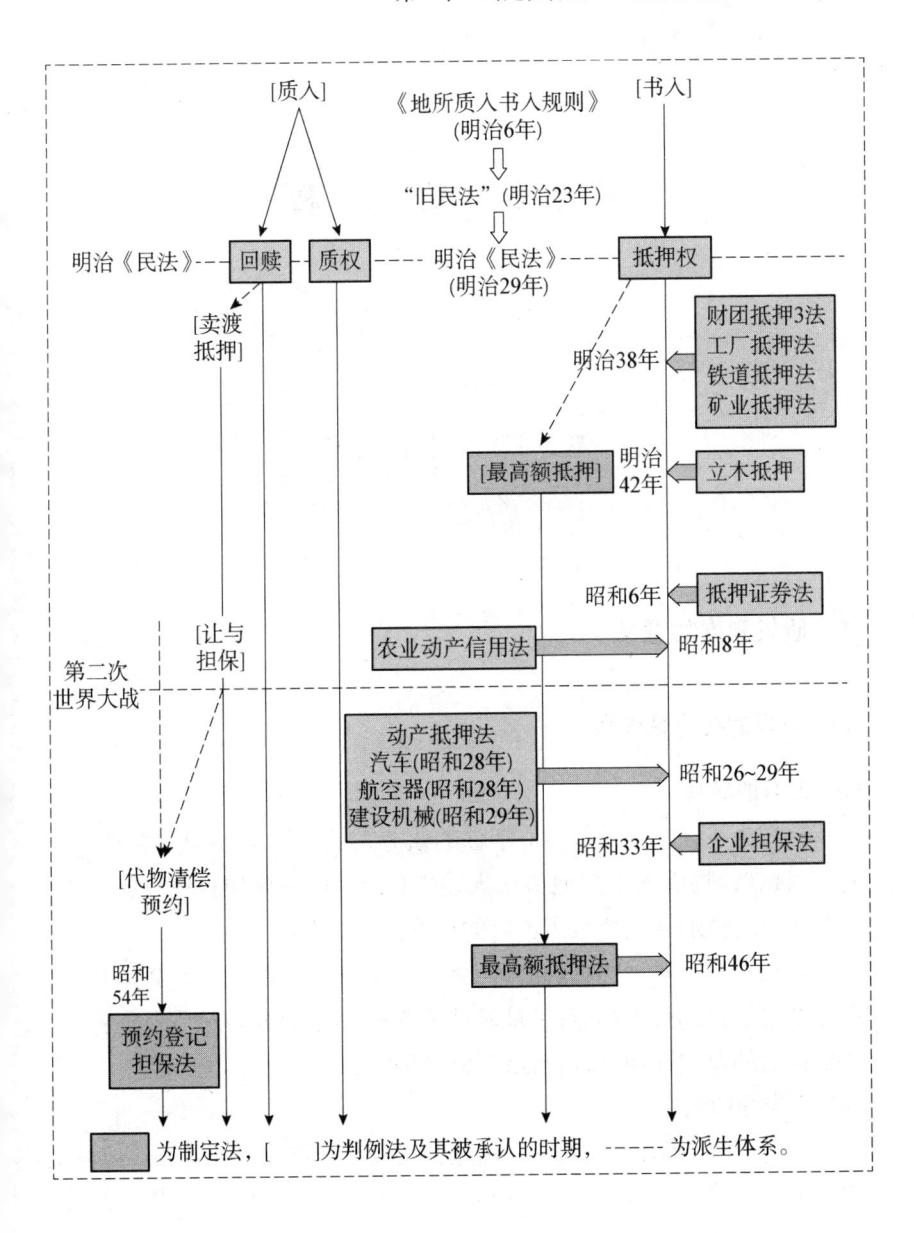

第1章 约定担保论——金融担保法序说　　97

```
                        《地所质入书入规则》
          [质入]          (明治6年)           [书入]
                            ⇩
                      "旧民法"(明治23年)
                            ⇩
明治《民法》──┬─┬─  明治《民法》  ──── 抵押权
           回赎 质权   (明治29年)              │
            │                               │        ┌──────────┐
         [卖渡                               │        │ 财团抵押3法 │
          抵押]                           明治38年 ◀── │ 工厂抵押法  │
                                             │        │ 铁道抵押法  │
                                             │        │ 矿业抵押法  │
                                             ▼        └──────────┘
                                        [最高额抵押] 明治    ┌──────┐
                                                    42年 ◀─│立木抵押│
                                                            └──────┘

                                                   昭和6年 ◀─┌──────────┐
                                                            │ 抵押证券法 │
                                  ┌──────────────┐          └──────────┘
                                  │ 农业动产信用法 │═══▶ 昭和8年
                                  └──────────────┘
─ ─ ─ ─ ─ ─ ─ ─ ─ ─ ─ ─ ─ ─ ─ ─ ─ ─ ─ ─ ─ ─ ─ ─ ─ ─ ─ ─ ─
第二次  [让与
世界大战  担保]                ┌──────────────────┐
                              │   动产抵押法        │
                              │ 汽车(昭和28年)      │═══▶ 昭和26~29年
                              │ 航空器(昭和28年)    │
                              │ 建设机械(昭和29年)  │
                              └──────────────────┘
                                                   昭和33年 ◀─┌────────┐
                                                            │ 企业担保法 │
      [代物清偿                                                └────────┘
       预约]
昭和                         ┌──────────────┐
54年                         │ 最高额抵押法  │═══▶ 昭和46年
  ▼                          └──────────────┘
┌──────┐
│预约登记│
│担保法 │
└──────┘
```

▨ 为制定法，[ ]为判例法及其被承认的时期，----为派生体系。

第2章 质　　权

第1节　质权法总则

1　质权制度的意义

(1) 质权的社会性作用

(a) 占有的转移

质权人可以从为债权设立担保的债务人或第三人手中取得物的占有,并且就该物优先于其他债权人受偿(《民法》第342条)。质权的设立,就是将标的物(质押物)转由债权人占有的担保方式。

质权人取得对标的物的占有实际上具有两个功能:一是将质权的存在公诸于世的公示功能;二是通过留置标的物,间接性地强制债务人清偿债务的留置性功能,这与留置权是相同的。

(b) 优先受偿权

与留置权不同,质权人享有优先受偿权。具体而言,质权人可对标的物进行变价(处分功能),并获得优先受偿。动产、不动产、权利的优先受偿的方式各有不同,相关内容将在后文分别说明。

质权具有上述(a)、(b)两个基本特质,但必须转移标的物的占有限制了质权的运用,不动产自不待言,即便是动产质押,其运用也是颇受限制的。因此,在现代社会,质权的实用性并不高。

(2) 质权的法律性质

(a) 物权性

质权是物权,以占有的转移为其生效要件(《民法》第344条),关于其对抗力,有着为数不少的特殊规定,动产质权与不动产质权的相关规定也不尽相同。相关内容将在后文分别说明。

(b) 担保物权性

质权是担保物权,自然具有从属性,而关于不可分性以及物上代位性,也有准用规则(《民法》第350条→第296条~第300条、第304条)。

2 质权的设立

(1) 质权设立合同

(a) 当事人

质权人(债权人)与质权设立人(债务人或第三人)订立【质权】设立合同(物权合同),设立质权。所谓【第三人】,是指以自己的财产为债务人提供担保的【物上保证人】,其不承担债务,仅承担责任(可参考序论【债务与责任】)。

在【图①】中,如果第三人 C 为债务人 B 清偿债务,或是质权人 A 行使质权,致使 C 丧失了所有物的所有权,则恰好与保证人为债务人清偿其主债务的情形相同,C 可依据保证债务的相关规定行使求偿权(《民法》第351条)。

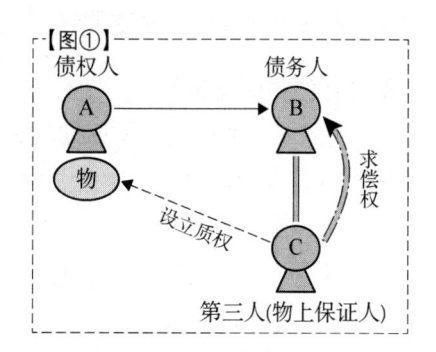

【图①】
债权人 A —— 债务人 B
物 ←---- 设立质权 ---- 第三人(物上保证人) C
求偿权

(b) 质权的标的物

质权的标的物,必须是可让与之物(《民法》第343条)。所谓无法让与,一是指即便所有人有让与意思也无法处分,比如禁制品。对于此类物品,质权人无法通过处分、换价的方式行使优先受偿权。二是指法律禁止让与,或是让与受到法律上的限制。比如,渔业权(《渔业法》第23条)、《立木法》中的树木(《立木法》第2条第2款)、被视作一个不动产的财团(《工厂抵押法》第14条第2款),以及可以用于动产抵押的航空器(《航空器抵押法》第23条)、汽车(《汽车抵押法》第20条)、建设机械(《建设机械抵押法》第25条)等,这些都因为国家政策上的限制而不得用于质押＊。

＊ 禁止扣押的动产

《民事执行法》中规定的禁止扣押的动产(《民事执行法》第131条),不属于禁止让与之物,其可以成为质权的标的物。所谓禁止扣押的动产,是指在强制执行之时,出于对债务人的生活或是其他公共利益上的考虑,而禁止扣押的物品,其处分并未被禁止。

(c) 被担保债权

质权所担保的债权(被担保债权)的类型不受限制。除金钱债权外,可为给付特定物,或是为一定之行为的债权设立质权。前述债权的债权人可以通过质权的留置性功能,间接强制债务人履行其债务,如债务人不履行债务,被担保债权也可转化为损害赔偿债权。此外,被担保债权不仅限于现存债权,将来发生的债权以及会发生增减变动的不特定债权(最高额担保)也可作为被担保债权。

(2) 要物合同性——生效要件

(a)【标的物的交付】

债务人向债权人交付标的物时,质权生效(《民法》第344条)。故质权以标的物的交付(占有的转移)为生效要件。这被称为【要物合同性】。【交付】不仅仅是指【现实交付】,也包括【简易交付】与【指示交付】(在大审院昭和9年6月2日判决《民集》第13卷第931页)中,裁判所认可了不动产的指示交付)。将寄存在仓库中的动产以及出租的物品以指示交付的形式进行质押的情形,略有特殊。质押出租的物品,质权在质权人取得【出租人的地位】时成立(→租金收取权也一并由其取得),如出租人仍可以收取租金,则质权不成立(参见我妻第130页)。

(b) 占有改定的禁止

但是,【占有改定】方式的交付是禁止的。质权设立人不可继续占有质押物。德国以及法国的《民法典》皆不承认以占有改定的方式设立质权。因为占有改定会使质权失去留置性功能。问题在于,设立质权之后,如质权人将质押物返还给设立人,质权是否消灭。

【A】质权消灭说

《民法》第345条的立法目的,在于昭示质权的【留置性功能】,同时,从质权设立的要物性的角度来看,质权人自行放弃占有,则质权消灭(参见我妻第131页;柚木,高木第101页;铃木第211页;伊藤进:《质权》,载《新版民法演习2》第165页;高木第63页)。

【B】对抗力丧失说

质权的要物性仅仅是为了实现【公示功能】,而留置性功能也只是促进优先受偿的辅助性功能。所以,即便是质权人将物返还于设立人,其也仅仅是失去对抗力,质权本身并不消灭(参见石田喜久夫:《注释民法(8)》第259页;槙第88页;川井第233页;川井《概论》第281页)。判例也认为,不动产质权人在设立质权、获得交付并进行登记之后,又将质押物返还于设立人的,质权并不消灭(不动产质权并不以占有为对抗要件,登记才是对抗要件)(大审院大正5年12月25日判决,载《民录》第22辑第2509页)。

关于此问题,应从两个角度进行思考。第一,从制度宗旨的角度出发来看,禁止占有改定究竟是为了实现留置性功能,还是公示功能? 第二,其与让与担保的关系又当如何认识?

首先,从制度沿革来看,质权与留置权一样,【占有】是为了实现【留置性功能】(→清偿的间接强制)。因为【占有】具有多种形态,所以将【占有】作为公示制度并不足以实现公示功能。因此,动产质权严格禁止占有改定,并不是为了追求占有作为公示方法的完全性,而是为了确保留置性效力(参见我妻第103页)。所以,如质权人自行放弃留置性效力,则质权消灭(【A】质权消灭说)。

其次,【B】说的观点是,让与担保的构成就是【质权设立＋占有改定】,既然让与担保可以成立,那失去占有则质权就会消灭的理解可能造成制度之间的不均衡。但是,让与担保是不存在于现行《民法》中的【权利移转型担保】,在承认让与担保的法律效力之时,并未对【质权设立＋占有改定】这一构造进行深入探讨(若非如此,则可能抵触《民法》第345条(＝脱法行为),其法律效力就无法被承认)。所以将与质权在制度上毫不相关的让与担保作为论据,并不妥当。

3 质权的效力

(1) 被担保债权的范围

质权所保全的被担保债权的范围包括【本金、利息、违约金、质权实现费用、质押物的保存费用、债务不履行或质押物隐藏瑕疵导致的损害赔偿】(《民法》第346条)。与抵押权所保全的被担保债权的范围(《民法》第375条)相比,质权的保全范围更广。这是因为,质权人占有标的物,使得后顺位质权人几乎不可能出现,此外,质押物让与于第三人的情况也非常少见,所以质权人能够把握质押物的全部价值。

但是,关于不动产,除了要遵从抵押权法理外(债权数额为登记事项),还有其他特别规定(本章第3节(3)(a))。

(2) 物上代位

质权也具有物上代位性(《民法》350条→304条),但是《民法》第304条中的【出卖、租赁、灭失或毁损】,必须围绕质权固有的特殊性进行解释,且动产质权与不动产质权也存在区别。相关内容将在后文分别说明。

(3) 留置性效力

(a) 留置功能

质权人在被担保债权（关于其范围,参见《民法》第346条）未得受偿之前,可以留置质押物（《民法》第347条本文）。例如,质押物的受让人基于所有权请求返还质押物的,质权人可以拒绝其请求。又如,先取特权人拍卖质押物的,质权人可不参与分配并获得优先受偿,而选择拒绝交付并继续留置质押物。这与留置权的功能是相同的。

(b) 诉讼中的发现形态——与留置权的区别

债务人在未完全清偿债务之前请求返还标的物的,在留置权的情形下,裁判所会作出互相给付判决（第1编第1章 第3节(1)(c)）,而在质权的情形下,裁判所会作出原告败诉的判决（大审院大正9年3月29日判决,载《民录》第26辑第411页,傍论部分）。出现这样的区别是因为,留置权不具有优先受偿性,仅拥有抗辩权性的功能,而质权是以优先受偿权为本体的担保权,所以会出现【对抗】(对抗债务人)的问题。

(c) 作为担保权的定位

正因为有上述理论前提,所以质权人无法以留置性效力对抗【优先于自己的债权人】（《民法》第347条但书）。在此情形下,质权人无法基于留置性功能拒绝交付质押物,只能够按照顺位参与分配。质押物为动产时（→本章第2节(3)(c)）的分配规则与质押物为不动产时（→本章第3节(3)(e)i）的分配规则存在差异。

(d) 留置权规定的准用

关于留置性效力的效果,可以准用以下留置权的相关规定（《民法》第350条）。

ⅰ 可以就收取的孳息优先受偿（《民法》第297条）。但由于不动产质权具有使用收益权能,所以不适用这一规定。

ⅱ 权利人对留置物负有保管义务(善管注意义务)（《民法》第298条第1款）。此外,未经债务人同意,不得使用、出租质押物,也不得在质押物上设立担保（《民法》第298条第2款）,如若违反,债务人可请求消灭质权（《民法》第298条第3款）。但不动产质权同样不适用这一规定。

ⅲ 质权人享有必要费用、有益费用的偿还请求权(《民法》第299条)。

ⅳ 质权的行使不妨碍债权的消灭时效的进行(《民法》第300条)。

(4) 流质合同的禁止——优先受偿性效力的特别规定

(a)【流质合同禁止】法理

法律禁止质权设立人在质权设立合同，或是在债务未届清偿期前订立的合同中约定，质权人能够通过取得质押物所有权的方式替代债权受偿，或以其他法律未规定的方式使质权人取得质押物的处分权(《民法》第349条)。这被称为流质合同的禁止。此规定的立法目的是为了防止陷入窘迫状态的债务人，为了小额的借款而提供高额的质押物，最终在无法偿还借款之时，因流质的存在而成为暴利行为的牺牲品。已届清偿期后订立的流质合同是被允许的，这是因为质权设立人方面不存在因紧急的金钱需求而草率签订合同的这一要素，以何清偿其债务由其自行判断。

> 【流质合同的历史性】
>
> 流质合同(lex commissoria)从罗马法时代起就被禁止。其思想根源是为了排除债权人(放款人)的暴利行为(Leo Raape，Die Verfallklausel bei Pfand und Sicherungsübereignung, 1913（高岛平藏、近江幸治译，载《比较法学》第14卷第2号第93页以下）)。法国、德国、瑞士等国都有禁止流质的规定，日本的《流地禁止令》(明治6年)以及"旧民法"(债权担保编第131条)也同样规定禁止流质。
>
> 但是，在现行《民法》的政府草案中并没有上述的禁止规定。其原因是，立法者有意识地将流质合同置于合同自由原则之下。但是在之后的众议院审议中，出于对农民土地流担保的顾虑，最终决定在《民法》中加入现在的第349条。
>
> 但在之后，立法者以合同自由、暴利行为可依据《民法》第90

条进行排除,以及回赎制度已使《民法》第 349 条名存实亡等理由,围绕《民法》第 349 条的废除展开了讨论(参见近江《研究》第73~74页)。立法者的见解被学界接受并成为现在的通说(参见我妻第145页;铃木第214页;高木第68页等)。

【禁止法理的脱法性】

　　回赎以及让与担保同样有着流质(流担保)的效果。例如,B 从 A 处融资 1000 万日元,并以自己的不动产(价值 3000 万日元)提供担保。但是担保的方式不是设立质权,而是将不动产以融资金额,即 1000 万日元的价格出卖给 A,并约定在<u>一定期间后回赎</u>(与让与担保相同),此种方式同样能够达到担保的目的。但是,如在约定的期限届满前无法回赎,则不动产的所有权将确定性地归属于 A。换言之,B 为了 1000 万日元的贷款,损失了 3000 万日元的不动产。这就是流担保的效果。虽有流质合同禁止法理,但权利移转型担保具有脱法性。变则担保中的【私力实现】,其基础就是这一现象。

(b) 流质合同被认可的情形

　　流质合同虽然被禁止,但在法律上也有认可其效力的情形。

ⅰ 因商业行为而发生的被担保债权

　　为担保因商业行为而发生的债权所设立的质权涉及流质合同特别约定的,其为有效(《商法》第515条)。

ⅱ 营业性当铺

　　《质屋营业法》允许营业性当铺享有流质权(《质屋营业法》第19条)。时至今日,日本的当铺仍能够采用【流质】就是因为这一法律的存在。之所以认可此类流质,是因为小额金融中的流质所产生的社会性危害并不大。

【营业质权与民法上的质权有何区别?】

近代民法上的质权,是在人的无限责任的基础上构建起来的担保权(优先受偿权)。其结果是,【关于质权人就债务人的一般财产受偿,倒并非是须先就质押物受偿,如无法获得清偿,才可请求就一般财产受偿。所以,对于不拍卖质押物,先执行债务人的一般财产的做法,债务人自不待言,一般债权人也不得提出异议】(参见我妻第143页)。当然,在就质押物无法完全获得清偿的情形下,就设立人的其他财产获得清偿亦无不可。

那么,适用流质的营业质权,与民法上的质权是否在性质上有所不同?在福冈高等裁判所平成 27 年 9 月 25 日判决(未刊登在判例集中)中,裁判所引用了"适用《质屋营业法》的营业质屋的质权,在习惯上,可解释为一种物的有限责任,故质权人即使在质押物的价值无法满足被担保债权的情形下,也不可以就债务人的一般财产进行执行"(参见我妻第143页)的学说,认为在性质上,营业质权与民法上的质权属于两类不同的制度。

问题在于,营业质权为何可以适用【流质】。一种学说认为,质屋受都道府县公安委员会的监督管理,所以流质合同才被允许(这一学说,是根据作为刑事取缔规定的《质屋取缔法》的立法经过总结而来的)。但是,这种理解是错误的。禁止【流质】,那是因为债权人可以完全取得超过债权数额价值的质押物(=暴利的发生),只要获得公安委员会的许可就能谋取暴利的结果显然是不合理,且背离制度价值的。此外,这种学说也无法解释《商法》第 515 条为何认可流质的效力。

实际上,质押给营业质屋的动产,与不动产不同,以价值较低的物品(衣服、刀剑、美术品、装饰品等)为主,很少能够对债务人的日常生活造成压力,即便最终流质,与不动产质押相比,其暴利性相对较弱,社会性危害较小。将以动产作为担保物的质权,与田地的质押相比,一般而言,无论是债务数额还是担保物价格,都相对较低,可以理解为是所谓的街巷中的金融手段。至于实现方式,可适用《民法》第354条,该条规定了就动产质押物简易化实现质权的手段,这既做到了对旧时习惯的尊重(参见小早川欣吾:《日本担保法史序说》第286页以下),又减少了无价值费用的支出(参见我妻第145页)。

基于上述理由,可理解营业质权就是民法上的质权,尤其从动产担保的角度来看,无非是流质条款的使用得到了允许。所以,不能将其理解为是独立于民法上的质权之外的一种质权。其原本就只是旧时的物的责任的"残渣",所以并无理由将其视作为近代民法中的特殊质权。

4 转　　质

(1) 转质制度的意义

(a) 转质的社会性作用

【图②】【转质】,是指质权人A将从设立人B处取得之【物】(质权),转而质押给C(转质权人)的行为。转质作为质权人(金融业者)的资金筹集手段,从江户时代开始就发挥着很大的作用。转质与转抵押虽同样适用【转】担保法理,但是承担的社会性功能不尽相同(参见我妻第391~392页)。

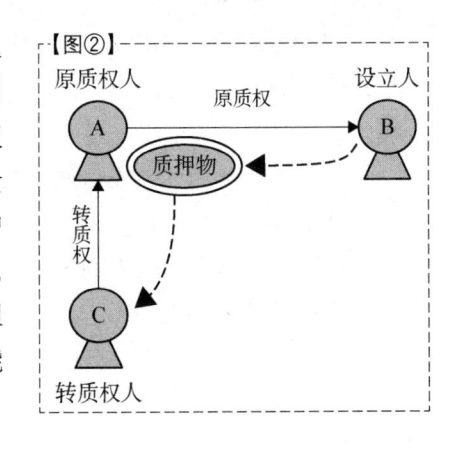

(b)《民法》第 348 条与第 298 条第 2 款之间的关系

《民法》第 348 条规定,质权人在【自行承担责任】的前提下,可以将质押物转质于他人。同时,《民法》第 350 条规定,转质准用《民法》第 298 条第 2 款的规定。依据上述规定,质权人未经设立人同意,不得将质押物转质于他人。关于如何理解上述法条之间的关系,判例(大审院联合部大正 14 年 7 月 14 日判决,载《刑集》第 4 卷第 484 页)、通说都认为,《民法》第 298 条第 2 款中规定的是,以设立人的承诺为前提的承诺转质,而《民法》第 348 条中规定的,是不以承诺为前提的责任转质。下文将对《民法》第 348 条中规定的,质权人自行承担责任的【责任转质】进行说明。

【责任转质与承诺转质】

早期的学说认为,《民法》第 348 条与第 298 条第 2 款相互作用的结果,仅是认可承诺转质,大审院明治 44 年 3 月 20 日判决(载《刑集》第 17 辑第 420 页)甚至将未得到承诺的转质,认定为构成侵占罪。但是前揭大审院联合部大正 14 年 7 月 14 日判决一改之前的学说,认为《民法》第 348 条的适用排除了《民法》第 298 条第 2 款的适用。现在,已经没有学说否定责任转质。责任转质与承诺转质存在以下具体差异。

ⅰ 承诺转质:①以设立人的承诺为前提;②与原质权不存在关联,为新设立的质权(不受原质权已获得的担保价值的影响)。

ⅱ 责任转质:①存在加重责任;②以原质权所支配的担保价值为基础而设立的质权。

承诺转质以原质权人的承诺作为条件(《民法》第 298 条第 2 款),所以债权人的责任得以减轻,而在责任转质的情形下,质权人需对转质自行承担一切责任。

(c) 转质权人【知道其为转质】

如质权人 A 隐瞒质押物为被质押之物这一事实进行转质,则相对人 C 可善意取得新质权($^{《民法》第}_{192条}$)。但是,因为 C 取得的质权是与原质权完全切断关系的新质权,所以此种情形也就不能称其为是转质了。因此,如果是转质,转质权人当明确知晓转质这一行为的存在。如转质权人 C 在知晓转质存在的情况下,仍然愿意接受质押物,则意味着,转质权人对于原债权的存在是抱有期待的。具体而言,即转质权人即便无法从原质权人 A 处获得清偿,也可基于转质物的留置性效力,从原质权的设立人 B 处获得清偿。此处,解释论存在着微妙的关联。

(2) 转质的要件

(a) 原质权的债权数额范围内

第 1,转质权的债权数额不得高于原质权的债权数额。如若高出,该如何处理?例如,A 对 B 享有 100 万日元的被担保债权,而 C 对 A 享有 120 万日元的被担保债权,则转质权只能在 100 万日元的范围之内成立(^{通说})。因此,本要件仅用于划定转质权的成立范围。

(b) 原质权的存续期间

第 2,转质权的存续期间不得超出原质权的存续期间($^{《民法》第}_{348条}$)。【存续期间】这一概念,只适用于不动产质权,不适用于动产质权。将其作为要件,是为了突出原债权到期后,转质权却可依旧得以存续的这一状态的不合理性($^{参见我妻}_{第150页}$)。此外,后文将介绍的【共同质押说】认为,债权也能够成为转质的标的物,所以依据关于权利质权的《民法》第 366 条第 3 款的规定,B 能够进行提存,而 C 能够在该提存款上保有质权。

(3) 转质的法律构成

围绕转质的法律构成,先后出现多种学说。各学说的基本争论点在于,转质是仅以质权提供担保,还是以质权及被担保债权共同提供担保。

【A】单独质押说

以质权或质押物单独提供担保。围绕其标的物是质权还是质押物,发展出三种学说。

ⓐ 附解除条件【质权让与】说。转质是以转质的被担保债权如被清偿等则告消灭作为解除条件的【质权让与】(梅谦次郎、富井政章)。但质权让与后原质权人会完全丧失质权,所以该学说不符合质权的基本构造。

ⓑ【质权】再质押说。转质是质权的再质押。用该学说能够解释原质权对转质权的拘束力,但这样就使得转质权成为权利质权,这与《民法》第348条中关于【质押物】的规定相抵触。

ⓒ【质押物】再质押说。债权可以不经债务人承诺而被质押,且在被担保债权被质押后,质权也当然地成为担保的标的物(从属性)。如此一来,《民法》第348条的规定就失去其意义了。因此,转质就是将已获取的质押物的担保价值与被担保债权进行切割,并将其用于质押(参见我妻第148页以下;星野第231页;横第95页;川井《概论》第289页)。

【B】共同质押说

转质的实质是将【质权】与【原债权】一并用于质押。这一学说的着眼点在于承认原质权对转质权的拘束力(参见柚木、高木第114页;伊藤进:《质权》,载《新版·民法演习2》第171页)。根据此构成,转质权的成立范围受到原质权的限制,原质权的债权则因转质权的存在而受到拘束,这是对转质最为恰当的一种理解。有反对意见认为,将附着质权的债权作为担保物虽无不妥,但是会使得《民法》第348条失去独立的价值(参见我妻第148页)。关于此问题,应从如下角度进行考虑。在转质的情形下,质权在<u>质押物转移之时</u>设立,与此同时,被担保债权也被质押,而不是质权因债权的质押而被质押(即基于附随性)(参见伊藤进:《质权》,载《新版·民法演习2》第171页)。

现在的通说是【A】ⓒ说,根据该学说,成为质押物的是【(原质权)已经获取的质押物的担保价值】。但是,如【质押物】本身成为转质的标的物,则转质权人所获取的应当是质押物本身的价值。所谓的原债权数额,只不过是原质权人与设立人之间任意约定的授信额度。可是,质押物本身是具有客观价值的。因质押物受到【已被获取的担保价值】的限制,导致即使转质权人获取的价值高于该等担保价值,也无法被承认,这是不合理的(关于这一点,参见我妻第50页的说明)。在后文将会提到(本节(4)),所有的学说都认为,原质权对转质权的严格拘束是必要的。正因为此,将原债权与质权一并用于质押的法律构成可以说是唯一恰当的。

(4) 转质的效果

(a) 加重责任

责任转质因未经设立人的承诺,所以质权人必须为转质【自行承担责任】,即便是因不可抗力造成的损失,只要其属于不进行转质就不会造成的损失,质权人就应当承担责任(《民法》第348条后段)。

(b) 转质的实现

实现转质权,有以下要点需要注意。

ⅰ 首先,转质权的债权以及原质权的债权皆已届清偿期,此为必要条件。共同质押说自不待言,质押物再质押说也以此为必要条件(参见我妻第151页)。

ⅱ 其次,在原质权的债权率先届至的情形下,共同质押说认为应当根据《民法》第366条第3款的规定进行提存,而质押物再质押说也认为可类推适用该条规定。

ⅲ 关于实现转质权所得之变价款,首先,转质权人C可获得优先受偿。如有剩余价款,则原质权人A可以就剩余价款获得受偿。

ⅳ 根据共同质押说,因债权也被质押,所以可以直接就该债权行使权利(《民法》第366条第1款)。

(c) 对原质权人的拘束

原质权人受到不得使原质权消灭的拘束。原质权的实现以及债权的免除及抵销自然也不被允许。

> **【原质权的债权数额高于转质权的债权数额的情形】**
> 例如,原质权的债权数额为 100 万日元,转质权的债权数额为 80 万日元,原质权人 A 是否因受到拘束而无法就超出部分的 20 万日元实现原质权?
> 共同质押说认为,既然原质权受到拘束,则原质权的行使应当被禁止。质押物再质押说虽未直截了当地提出上述结论,但也认为超出部分应当受到拘束(顺带一提,对于我妻第152页中的观点,笔者曾持肯定态度,但之后改变了观点)。

(d) 对原质权设立人的拘束

原质权设立人 B 能否通过向原质权人 A 清偿以对抗转质权人 C?如果认可这种行为,则会使转质变得毫无意义。但是无条件地否定这种行为,又会使 B 遭受不必要的损害。

对于此问题,共同质押说认为,既然债权也为质押的标的物,那当 C 具备《民法》第 364 条规定的对抗要件(对 B 进行通知或是获得 B 的同意)时,B 就无法通过向 A 清偿以对抗 C。反之,如 C 未通知 B 或未获得 B 的同意,则 B 可以以此对抗 C。质押物再质押说也认为,可以准用《民法》第 364 条(或是第 377 条)的规定(参见铃木第214页。我妻第152页也采用同样的理论)。

(5) 转质权的消灭

转质权除了会随被担保债权的消灭而消灭外,还会随着原质权的消灭而消灭,这是转质权特有的消灭原因。因为原质权人 A 与原质权设立人 B 皆受到不可使原质权消灭之拘束,所以原质权消灭之时,指的就是 B 完成提存之时(《民法》第366条第3款),或是在 C 未完成通知或未取得同意的这一期间内 B 向 A 完成清偿之时。

(6) 承诺转质

承诺转质,是指以获得原质权设立人 B 的承诺为前提的转质(《民法》第298

条第2款)。承诺转质与责任转质不同,属于质权的重新设立,与原质权之间不存在关联。因此,只要转质权的被担保债权已届清偿期,即便原质权的被担保债权未届清偿期,转质权人也可以实现转质权。此外,即便B已经向A完成清偿,转质权也不会消灭(参见我妻第154页)。

但是,是否因为存在承诺,所以因转质权而产生的一切责任都应由原债务人B承担?第二次世界大战后的银行交易是不接受责任转质的,在实务上,也是多采用承诺转质,回避责任转质(参见堀内仁:《民法判例百选I(第二版)》第185页)。承诺转质的原债务人B因需承担上述责任(承诺责任),所以背负着很重的负担。关于此问题,应当排除概念理论,进一步推进解释论的合理化。

第 2 节 动 产 质 权

(1) 动产质权的设立

(a) 处分权限

从质权设立合同的性质来看,其并非是以合同内容的实现(履行)为义务的合同,而是直接发生物权性效果的处分合同(物权合同)。所以,设立人(债务人或第三人)原则上必须享有处分权限。

(b) 质权的善意取得

但在动产质权的情形下,设立人即使不享有处分权限,质权人也可依据《民法》第192条的规定善意取得质权。

【图①】例如,B将E委托自己保管的动产质押给A,设立人B对动产不享有处分权限(该动

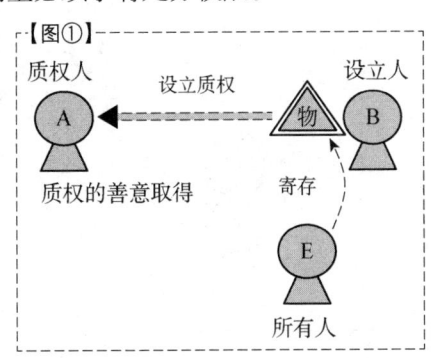

【图①】
质权人 ←设立质权— 物 设立人
A   B
质权的善意取得   寄存
                          E
                       所有人

产为他人之物)，A 也不知道该动产为 E 的所有物，且该不知情不存在过失，则 A 可以取得动产质权(最高裁判所昭和45年12月4日判决，载《民集》第24卷第13号第1987页)。在此情形下，所有人 E 就成为质权设立人，并产生了与物上保证人类似的关系。

(2) 动产质权的对抗要件——【占有】

(a) 持续占有

动产质权人如非持续占有质押物，则无法以质权对抗第三人(《民法》第352条)。质押物在被交付给债权人之时，质权成立(要物合同)(《民法》第344条。本章第1节2(2)(a))，质权成立后，除非质权人将质押物任意返还于设立人(本章第1节2(2)(b))，否则即便丧失占有，质权也不会消灭，只是不再具备对抗要件(参见高木第63页)。所谓【第三人】，是指债务人以及设立人之外者。即便质押物落入第三人之手，质权人也可基于质权，请求返还。

【质权人将质押物交付给第三人的情形】

【图②】质权人 A 将质押物交予第三人 C (并非《民法》第352条中规定的第三人)，让其暂时使用或进行修缮等。此种情形下，因 A 通过 C 间接占有质押物，所以未丧失占有，故质权未消灭，且仍具备对抗力。即使 C 将质押物交还于设立人 B，A 的间接占有也不受影响，所以 A 可请求 B 返还质押物。但关于上述关系，有以下两点需要注意。

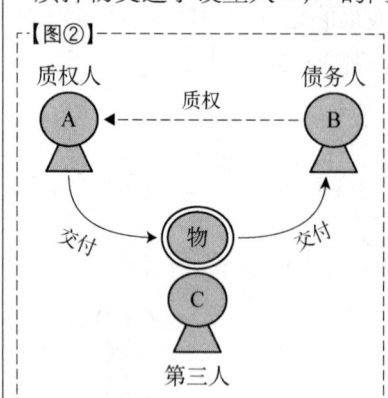

ⅰ 质权人如违反质押物保管义务，则 B 可以请求消灭质权(《民法》第350条、第298条第3款)。

ⅱ 在【图②】的基础上稍作改变，如 B 将 E 委托自己保管的物品出质，则质权人 A 将物品返还于 B 之时，债务人 B 虽

【图②】
质权人 A ←质权— 债务人 B
A 交付→ 物 C ←交付
第三人 C

非设立人,但仍应将其视作设立人,并认定质权消灭(参见我妻第132页;伊藤进:前揭论文第168页)。此设例牵涉到《民法》第345条(占有改定的禁止)。

(b) 质押物的回复手段

动产质权人在质押物的占有被第三人侵夺之后,可以也仅可通过占有回复之诉(《民法》第200条),回复对质押物的占有(《民法》第353条)。【占有侵夺】,是指违反占有者意思而实施的侵夺占有的行为(参见【Ⅱ】第199页)。动产质权以持续占有作为对抗要件(《民法》第352条),【占有】被侵夺,则质权本身失去对抗力,只能够基于占有权回复占有。

【欺诈、遗失导致的占有丧失】

在受到【欺诈】将质押物交予第三人,以及质权人【遗失】质押物的情形下,不仅质权失去对抗力,也不具备【占有侵夺】的要件,所以无法适用《民法》第353条。如此一来,质权人便根本没有法律手段回复质押物。关于这一点,立法上是存在问题的。

(3) 动产质权的效力

(a) 动产质权效力所及之标的物的范围

关于质押物的【从物】,当质押物被交付给质权人之时,质权的效力当然地及于从物(《民法》第87条第2款)。关于孳息,可准用《民法》第297条的规定(《民法》第350条)。关于质权人在取得设立人的同意后出租动产(《民法》第298条第2款)所得之法定孳息是否处于范围内,是为数不多的值得探讨的问题。

(b) 物上代位

质权具有物上代位性(《民法》第350条→第304条),在此仅对动产质权的物上代位的特殊要点进行说明。

第一,关于【出卖】所得之价款,因为几乎不会出现债务人将质押物动产出卖的情况,即便质押物被出卖,质权人也可基于留置性效力获得优先受偿(本章第1节3(3)),所以不存在通过冻结价款进行物上代位的必要性。

第二,关于【租赁】所得之租金,设立人无法将质押的动产出租给他人并自行收取租金(指示交付占有转移的质权上也不成立(参见我妻第130页))。质权人当然可在取得设立人的同意后出租质押物,并就该租金优先受偿,但这不是物上代位。

第三,关于【灭失、毁损】的损害赔偿请求权与保险金,此种情形在现实中确实存在,因此,动产质权的物上代位仅存在于第3的情形下。

(c) 留置性效力

质权具有留置性效力(质权人在债权得到清偿之前可以留置质押物)(本章第1节3(3))。但是,动产质权人无法以留置性效力对抗【对自己享有优先权的债权人】,即居于先顺位的质权人(《民法》第355条),以及依据《民法》第330条第2款的规定而优先于动产质权人的动产先取特权人(《民法》第334条)。前述债权人如果就质押物实现权利,则动产质权人无法主张留置,只能在分配程序中要求参与分配(《民事执行法》第192条→第133条)。毕竟,质权作为担保权,必须遵循【对抗】规则(本章第1节3(3)(b)、(c))。

(d) 优先受偿的方式

动产质权有多种优先受偿的方式。

ⅰ 拍卖

可根据《民事执行法》规定的动产拍卖程序进行拍卖(《民事执行法》第190条、第192条)。拍卖是动产质权实现的基本方式。

ⅱ 流质合同禁止的特别规定

如前文所述,因商业行为而发生的被担保债权(《商法》第515条)及营业性当铺的债权(《质物营业法》第19条)可以流质的方式清偿(本章第1节3(4)(b))。

iii 简易抵充清偿

如动产质权人的债权无法获得清偿,在存在【正当之理由】时,可请求裁判所允许其依据鉴定人的评估,以该质押物直接抵充清偿。于此情形,质权人必须将其请求,预先通知债务人($\substack{《民法》第\\354条}$)。允许这种方式的存在,是为避免在担保数额并不高的情形下,质权人为实现质权花费过多不必要的费用。

iv 其他

在其他债权人的执行程序中提出要求参与分配($\substack{依据《民事执\\行法》的规定}$)、当质押物不足以清偿债务时可就设立人的其他财产获得清偿、不以担保物权人的身份而是以一般债权人的身份就设立人的其他财产获得清偿等,都是担保物权共通的效力(法理)。

(e) 动产质权的顺位特别规则

为担保数个债权在同一动产上设立质权的,由设立的先后顺序决定质权的顺位($\substack{《民法》第\\355条}$)。

(4) 动产质权人的义务

准用《民法》第298条的规定,动产质权人必须承担善良管理人的注意义务,对质押物进行妥善保管(善管注意义务),未经设立人同意,不得使用($\substack{除非是为保存质\\物的必要使用}$)、出租质押物,或是在质押物上设立担保。如违反上述义务,则设立人可请求消灭质权($\substack{《民法》第350条\\→第298条}$)。

(5) 动产质权的消灭

质权有着物权以及担保物权的共通性消灭原因。此外,质权特有的消灭原因还包括:质权人将质押物任意返还于设立人($\substack{本章第1节\\2(2)(b)}$)、在未经同意的情况下使用、出租质押物,或在质押物上设立担保($\substack{前\\揭}$(3))等。

第3节 不动产质权

(1) 不动产质权的意义

不动产质权与动产质权是完全不同的制度。在封建时代,不动产质权是不动产担保的一般性形态。不动产质权的本体是【用益质】(Nutzungspfand),具体而言,就是债权人通过取得土地的占有,进而获取农作物的收获权(使用收益权能)。这是一种债务人(质置主)为提供担保,在一定期间内将土地交予债权人(质取主),债权人可在该期间内通过耕作土地获取农作物＊的担保方式。由于不动产质权的本质是【用益】,所以质权人不得请求支付租金利息,且必须承担管理费用。

＊ 实际的耕作关系

所谓的耕作,并不是指债权人亲自参与耕作并取得收益(可参考本编第1章3【封建租种关系的存在】)。一般而言,质置主(债务人)会以质取主佃农的身份进行劳作。如果债务人无法取回自己的土地,则会完全沦为佃农甚至贫农。在通过上述方式形成的租种关系的基础上,日本封建大土地所有制最终形成。

【不动产质权与回赎制度的历史性】

不动产质权是担保物权,回赎是附买卖条款的债权合同,两者是不同的制度。但是,这两个制度的基本构造以及相关规定基本相同。为什么会出现这种情况?

前文已经提到,明治之前的质权的原型是【质入】(可参见本编第1章3(2))。但是,严格来说,德川时代的【质入】与作为限制物权的近代的质权,并不能够一概而论。从宽永20年($^{1643}_{年}$)开始,土地买卖被禁止,到那时为止一直被广泛运用的【本钱返还】、【年季售卖】等回赎制度(担保制度)也被禁止,担保制度中只有【质入】尚得使用(前者最终混同入后者。参见中田薫:《法制史論集(2)》第524页;小早川欣吾:《日本担保法史序説【复刻版】》第302页以下)。这一政策的现实结果就是,【质入】与作为债务清偿手段的【流地】(流质)在实质上共同承担了【买卖】的功能。简而言之,土地买卖虽被禁止,但是【质入】+【流地】实质上可以打破法令的约束,这也就成为实质上的土地【买卖】手段。因此,【质入】既具有作为限制物权的质权的特性,又具有作为权利移转型担保的回赎的特性。

明治初年($^{1868}_{年}$),政府解禁了土地买卖,近代土地担保法也从那时开始形成。一方面,【质入】经历了《地所质入书入规则》与"旧民法",最终演变成为【质权】,另一方面,旧时的回赎式担保的功能被重新认识,【回赎】(买卖合同的附款)通过立法最终得到了承认(在西欧,回赎也是一种担保方式,在潘德克顿体系中被定义为买卖的附款)。综上所述,【质入】在近代法的形成过程中,最终分化成为作为担保物权的质权,和作为债权合同的回赎,所以这两个制度具有相同的构成及规定也就不足为奇了(参见近江幸治、小贺野晶一:《民法コンメンタール第12卷》第2101页以下;近江幸治:《NBL》第266号第30页以下)。

(2) 不动产质权的设立

(a) 对抗要件

不动产质权以交付作为生效要件(要物合同),其对抗要件为登记(《民法》第177条,《不动产登记法》第3条)。

(b) 存续期间

不动产质权的存续期间不得超过10年。如果设立合同约定的期间超过10年,则要将期间缩短至10年(《民法》第360条第1款)。存续期间可以更新,但是更新之后的新的存续期间也不得超过 10 年(《民法》第360条第2款)。这与规定回赎期间不得超过 10 年的《民法》第 580 条相同。这一限制是为了防止出现长期占有他人土地,侵夺其耕作权能的情况(参见我表第170页)。但事实上,在古代,并无此限制。

i 存续期间的意义

在《民法》施行之前,【存续期间】届满是【流地】处分(流质)的条件。换言之,存续期间就是可以取回担保物的期间。具体而言,一旦该期间届满,【流地】处分即成为合法行为,但只要期间尚未届满,就能够取回担保物(具体可参见后文《公事方御定书》第 31 条【质地小作取捌之事】*)。在那一时期,清偿期尚未形成独立的概念,所以取回期间是重要制度**。

但是在近代法中,债权的【清偿期】已成为重要概念,厘清存续期间与清偿期在理论上的关系,就成为必要的课题(预约登记中的清偿期与取回期间的关系也属同一问题)。不动产质权的存续期间,其实还包含有这一近代之前的问题点。

* 《公事方御定书》第 31 条【质地小作取捌之事】

对该条款进行简单说明。

ⅰ 签下"超过期限无力取回土地,则该土地即为流地"的字据的,在超过期限之后的 2 个月之内仍然可以取回土地。可届时若仍无力取回,则土地成为流地。

ⅱ 未约定还款期限,仅约定有能力还款之时还款即可的,土地出质超过 10 年即为流地。

ⅲ 超过期限 10 年后,质押土地视为流地。但是,如字据中未写明关于流地的内容,则出质人在超过期限后的 10 年之内仍可以取回土地,如无人提起诉讼,则该效果最终确定。

上述条款对质押土地成为【流地】的处分标准进行了明确规定(参见近江《研究》第54页以下)。有学者认为,上述条款规定的是 3 种田地质押(参见柚木、高木第135~136页;石田喜久夫:《注释民法(8)》第322页),这种理解是与史实不符的。

** 【取回】(请求取回)的意义

在回赎等所有权担保(权利移转型担保)中,在清偿期届满所有权转移给债权人之后,债务人仍向债权人请求取回所有权的行为,就是【取回】(古代称为【请求取回】)。在早期,取回就是债务人的一种权利,在之后的岁月里,这种权利逐步发展出【取回期间】以及【取回权】等概念。因为在【质入】等用益担保中,【流地】是被认可的,所以【取回】这一概念具有重要意义(关于与【清偿】的关系,第3编第2章5【清偿与取回】)。

ii 存续期间与清偿期

关于【存续期间】*与【清偿期】的关系,首先,作为通常的形态,当存续期间与清偿期重合一致之时,质权不会因其到期而即时消灭,质权人如迅速申请拍卖,即可阻止质权消灭(参见我妻第171页)。其次,以不动产质权因存续期间届满而消灭为前提,如清偿期先于存续期间届满(【图①】【A】),则不会出现问题。但如清偿期在存续期间届满之后届满(【图①】【B】)(现实中恐怕不会出现这种情况),则已清偿期的债权会失去担保,质权也就无法实现了。如未约定存续期间及清偿期,则质权的存续期间为10年(参见我妻第171~172页)。

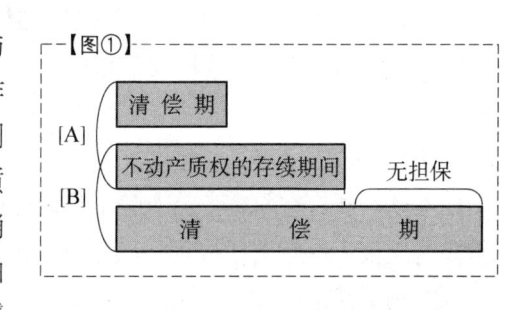

> *【存续期间】意义的丧失
>
> 【质入】已经发展成为作为限制物权的近代【质权】,并且流质也已被禁止,所以应当注意到,存续期间作为【取回期间】的意义已经丧失。

(3) 不动产质权的效力

(a) 被担保债权的范围

被担保债权的范围可依据《民法》第346条确定(本章第1节3(1)),因为不动产质权以登记作为对抗要件,所以债权数额未经登记不得对抗第三人(《不动产登记法》第95条,第83条)。此外,不动产质权人原则上不得要求支付利息(如果存在特别约定,则属例外(《民法》第358条、第359条),但是应进行登记(《不动产登记法》第95条))。如此规定,是因为在【用益质】中,用益价值与利息具有价值对等性($\genfrac{}{}{0pt}{}{本节}{(1)}$),这与回赎中的回赎价款的同一性及孳息和利息的等价性($\genfrac{}{}{0pt}{}{《民法》第}{579条}$)在理论上是相同的。

(b) 不动产质权效力所及之标的物的范围

不动产质权效力所及之标的物的范围,应准用抵押权的相关规定,即《民法》第 370 条予以确定($\genfrac{}{}{0pt}{}{本编第3章}{第3节1}$)。但是,由于不动产质权的本体是使用收益权,所以可以收取孳息($\genfrac{}{}{0pt}{}{《民法》第}{356条}$),故排除了对《民法》第 371 条的准用。

(c) 物上代位

不动产质权在原则上具有物上代位性($\genfrac{}{}{0pt}{}{《民法》第350条}{\rightarrow 第304条}$)。但由于不动产质权的质权人享有用益权,可以通过租赁收取租金,所以讨论【租赁】情形下的物上代位是没有意义的。

(d) 使用收益权能

【使用收益】权能是不动产质权的本体性效力($\genfrac{}{}{0pt}{}{《民法》第}{356条}$)。作为该权能的效果,①质权人必须承担质押物(不动产)的管理费用等($\genfrac{}{}{0pt}{}{《民法》第}{357条}$),②因为用益价值与利息具有价值对等性,所以质权人不得请求支付债权的利息($\genfrac{}{}{0pt}{}{《民法》第}{358条}$)。

【例外】——

但是,上述效果也存在如下例外($\genfrac{}{}{0pt}{}{《民法》第}{359条}$)。

i 设立之时作出特别约定

当事人在设立质权时作出特别约定的,不受上述限制。特别约定应进行登记($\genfrac{}{}{0pt}{}{《不动产登记}{法》第95条}$)。

ii 开始实施担保不动产收益执行

如已开始实施收益执行($\genfrac{}{}{0pt}{}{《民事执行法》第}{180条第2项}$),则担保不动产的使用收益权转移给管理人,由管理人承担管理费用等。如此一来,上述①、②的价值均衡性便不复存在。所以收益执行开始之后,不动产质权人一方面不再享有使用收益权,另一方面也无须再承担管理费用等,并且可以请求支付利息(①不动产质权人自行申请收益执行,以及②在存在第2顺位不动产质权人的情况下,第1顺位抵押权人申请收益执行,会导致上述情况的发生。参见谷口、筒井编第57页)。

(e) 留置性效力

不动产质权适用留置性效力的一般规则(本章第1节3(3))。因此,在其他担保权人或一般债权人拍卖不动产的情形下,在从拍卖买受人处获得清偿之前(《民事执行法》第188条→第59条第4款),不动产质权人可留置质押物(《民法》第347条本文)。但是,有如下两种例外情况。

i 对自己享有优先权的债权人申请拍卖

于此情形,不动产质权人不得主张留置性效力,只能够按顺位参与分配(《民法》第347条但书,《民事执行法》第188条→《民事执行法》第87条第1款第4项)。这一理论在前文已有介绍(→本章第1节3(3)(b)、(c))。

ii 不进行使用、收益的不动产质权

存在此类特别约定的不动产质权(《民法》第359条)会随拍卖而消灭(《民事执行法》第188条→第59条第1款),所以即便质权人居于最优先顺位,也不得主张留置性效力(《民法》第347条但书所指的例外情况),只能够按顺位参与分配。

【后顺位抵押权人的拍卖】

Ⅰ顺位	抵押权 A(申请拍卖)
Ⅱ顺位	不动产质权 B
Ⅲ顺位	抵押权 C(申请拍卖)

在上表中,质权人 B 不能对抗第1顺位抵押权人 A 的拍卖,那么第2顺位抵押权人 C 如申请拍卖,又应如何处理? 关于此点,有两种见解。

【A 说】申请拍卖是为了所有担保权人而进行的清算,所以 C 申请拍卖与 A 基于抵押权申请拍卖具有同样效力,故 B 的质权也因此消灭(《民事执行法》第59条)。

> 【B说】如以拍卖申请人C的抵押权为基准,则优先于该抵押权的抵押权以及质权并不会消灭,其可向买受人主张(大审院昭和14年11月28日判决,载《民集》第18卷第1347页。参见我妻第175页）。

(f) 优先受偿性效力

不动产质权人可通过如下方式获得优先受偿:

i 【拍卖】(变价处分)

不动产质权可准用抵押权的规定(《民法》第361条),即质权人可以通过拍卖实现质权(《民事执行法》第181条)。但质权人不得请求简易抵充清偿(《民法》第354条)。

ii 流质合同的禁止

流质合同为法律所禁止(《民法》第349条)。但是,不动产回赎在实质上突破了流质合同的禁止,关于这一点,在前文已有介绍(可参考【禁止法理的脱法性】)。

iii 在其他债权人的拍卖程序中优先受偿

此方式在留置性效力的部分已作介绍(前文(e))。

iv 与其他担保物权的关系

不动产质权之间的关系,以及不动产质权与抵押权之间的关系(顺位),根据登记的先后顺序确定(《民法》第361条、第373条)。与先取特权之间的关系,则适用先取特权的相关特殊规定(《民法》第336条、第339条。第1编第2章第3节1(2)(b)ⅱ)。

(4) 转质

关于转质,可适用转质的一般规则(本章第1节4)。但需要注意以下两点,即:不动产转质以登记作为对抗要件(《民法》第177条、《不动产登记法》第3条),以及在【存续期间】之外还有【清偿期】的问题(本章第1节4(2)(b),本节(2)(b)ⅱ)。

(5) 不动产质权人的义务

不动产质权人的保管义务与动产质权人的保管义务(《民法》第350条→第298条)有所不同,因为不动产质权人对标的物享有使用收益权(《民法》第356条),所以权利人还需要负担管理费用及其他费用(包括公租、公课等)($\binom{《民法》第}{357条}$)。

(6) 不动产质权的消灭

不动产质权的消灭,准用抵押权的规定($\binom{《民法》第}{361条}$),因此,第三取得人的代价清偿($\binom{《民法》第}{378条}$)以及质权消灭请求($\binom{《民法》第}{379条}$)也是不动产质权的消灭原因。

第 3 章 抵押权

第 1 节 序　说

(1) 抵押权制度的意义

(a) 非占有担保权

抵押权,是指债务人或第三人(物上保证人)以<u>不转移不动产的占有</u>之形式,以该不动产为债权人提供担保,使债权人能够优先于其他债权人受偿的担保物权(《民法》第369条)。例如,B 向 A 借款,作为担保,B 在自己所有之不动产上设立抵押权,在借款(债务)到期之前,B 仍可以之前之方式使用该不动产(非占有担保)。

通过与占有担保形态(质权)的比较可以发现,非占有担保对债权人而言是风险极大的担保方式。因此,该种担保方式仅能依靠即使不占有担保物,依然可确实支配标的物的手段,方能实现运用。而将抵押权的运用变为可能的,就是【登记】制度。抵押权的标的物可以是土地、建筑物(不动产),也可以是以土地为基础的地上权、永佃权等使用权(动产也有成为抵押权标的物的趋势)。

(b) 优先受偿权

在【图①】中,如 B 到期无力偿还借款,则抵押权人 A 可基于抵押权,拍卖不动产(抵押权的实现),并就拍卖所得价款<u>优先受偿</u>(变价处分）。抵押权设立后，不动产的【处分权能】即转移给债权人，债权人可通过行使处分权（任意拍卖）实现权利，这就是在前文已有介绍的优先受偿权($^{序论(2)}_{(a)}$)。

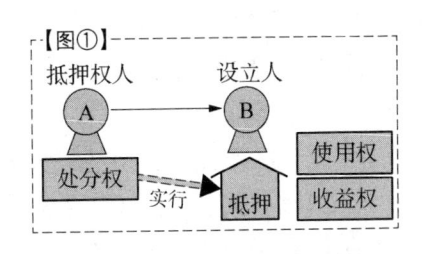

【图①】
抵押权人　　　设立人
　A　　　　　B
　　　　　　　　　使用权
处分权　　　　　　收益权
　　　实行　抵押

【关于处分权、变价权的理论问题】

设立担保权即为转移标的物的【处分权】（排他性支配权）。而担保权的实现，就是该【处分权】的行使。实现担保权的典型方式是拍卖（变价处分、任意拍卖），但拍卖只是实现优先受偿权的方式之一。除拍卖这一典型方式之外，抵押权还有其他实现方法，比如【收益执行】。此外，作为私力实现的【任意出卖】以及【抵押直流】（归属处分）也是有效的实现方式。所以，【处分权】的实现形态是多样的，而非单一的($^{序论(2)(c)。关于优先受}_{偿的方式，本章第4节}$)。

《民事执行法》($^{昭和54}_{年}$)曾试图将强制拍卖与任意拍卖进行统一化规定，使任意拍卖脱离抵押权，仅将【债务名义】作为其实施依据。但是，两制度最终未能完成彻底统一。作为折衷方案，《民事执行法》一方面规定，实现抵押权需提交【证明抵押权存在的文书】($^{《民事执行法》第}_{181条第1款}$)，使强制拍卖与任意拍卖的债务名义相关处理方式实现统一化，另一方面规定，如有不存在抵押权或是抵押权消灭等实体法上的理由，债务人等可以申请执行异议($^{《民事执行法》}_{第182条}$)。

有的学者根据上述立法经过，认为任意拍卖的概念已随着上述《民事执行法》的执行程序统一化而消灭，抵押权的实现程序已经与国家的执行权的行使程序并轨，因此，执行请求权属于执行法上的权利，而非作为私权的抵押权的内在权利。此观点进一步认为，担保权下变价权的概念，仅适用于预约登记担保与让与担保等变则担保,抵押权与质权并不适用(参见生熊长幸:《執行権と換価権》,載岡山大創立30周年《法学と政治学の現代的展開》第280頁以下。高木第93頁中也出現本观点)。

　　但是,上述观点无法解释为何抵押权人享有执行请求权(如要在【债权人】这个角度寻求依据,又无法解释其优先受偿权)。原本,担保权的优先受偿的基础,是【物权】的本质性效力,即【排他性支配权】(作为物权的优先性)。物的支配权能(使用、收益、处分)中的【处分权】由设立人转移给了担保权人,由此,担保权人能够行使该处分权,这就是【担保权的实现】。担保权的实现与强制拍卖不同,其并不以债务名义作为依据,而是以被设立人转移的处分权作为其基础。《民事执行法》将【基于债权的强制执行(强制拍卖)】与【作为担保权的实现方式的拍卖(任意拍卖)】进行了区分,这与上述理解也是一致的。

　　因此,即便今后实现了执行程序的统一化,基于抵押权的拍卖申请权(执行请求权)的基础仍当是抵押权内在的处分权能。(参见三ヶ月章:《任意競売と強制競売の再編成》,載《民事訴訟法研究6卷》第138頁以下;中野貞一郎:《担保権実行の基礎》,載《民商法雑誌50周年論集Ⅱ》第208頁以下,也持同样观点)。基于处分权能的优先受偿权,便得以以前文介绍的多种形态实现。

(2) 抵押权的法律性质

(a) 从属性

　　抵押权以从属于被担保债权的样态存在(序论(5)(a))。从属性具体以①若不存在债权,则抵押权不成立(成立的从属性),以及②若债权消灭,则抵押权消灭(消灭的从属性)的两种形态出现。但是,将来发生的债权、附条件债权以及债权让与等情形下的抵押权的从属性当如何理解,是解释上的问题点。此外,针对持续性交易关系中发生的不特定债权群(最高额抵押),也有对应的担保方式。具体内容,将在后文详述(普通抵押可参考本章第2节3(2),最高额抵押可参考本章第11节1(2))。

(b) 不可分性

在被担保债权得到完全清偿之前,抵押权的效力及于标的物的全部($\frac{《民法》第372条}{296条。序论(5)(b)}$→第)。所以,即便部分债权得到清偿,抵押权也会为剩余的债权继续提供保障(担保)。此外,如果部分债权让与于他人,则抵押权会成为债权人与债权受让人的准共有物($\frac{通说}{判例}$)。

(c) 物上代位性

担保标的物因出卖、租赁、灭失或毁损而转化为金钱或其他物(代偿物)的,抵押权可及于该代偿物($\frac{《民法》第372条}{→第304条}$)。关于抵押权特有的物上代位规则,将在后文详述。

(3) 关于抵押权的诸项原则

(a) 公示原则

由于抵押权属于非占有担保,为避免一般债权人受到不必要的损失,应当公示抵押权的存在,这就是公示原则。事实上,抵押权的发展离不开登记制度的建立和完善。在日本,登记被作为抵押权的对抗要件($\frac{《民法》第}{177条}$),其立法目的在一定程度上已经实现,由于日本《民法》采用意思主义($\frac{《民法》第}{176条}$)的物权变动模式,所以抵押权不经登记也可生效。

(b) 特定原则

抵押权的标的物必须是特定物,这就是特定原则($\frac{《不动产登记法》第18条规}{定,标的不动产必须特定}$)。因此,日本不承认成立在债务人全部财产之上的一般抵押权,以及为保护特定债权人的法定抵押权($\frac{古代的罗马法、德意志普通法}{与法国法都曾承认这些权利}$)。现行德国法对公示、特定性有着严格的规定($\frac{18世纪的普鲁士抵押制度对公示、}{特定规则的发展产生过重要影响}$)。法国也在1955年通过《关于不动产公示的政令》的施行,确立公示、特定原则($\frac{参见柚木、高木}{第177页以下}$)。日本法因受法国法的影响,将一般抵押权以先取特权($\frac{先取特权也叫}{做一般抵押权}$)的形式做了部分保留($\frac{《民法》第}{306条}$),但是其行使受到了相当限制($\frac{《民法》第335}{条、第336条}$),所以并不破坏特定原则。

(c) 顺位升进原则

先顺位的抵押权因债务清偿等原因消灭后,次顺位抵押权人的顺位得以升进,这就是【顺位升进原则】。例如,Ⅰ(第 1 顺位)抵押权的被担保债权因清偿而消灭,Ⅱ(第 2 顺位)抵押权当然得以升进至第 1 顺位。与顺位升进原则相对,存在即使Ⅰ抵押权的债权得到清偿,Ⅰ抵押权仍不消灭,保持存续,Ⅱ抵押权的顺位也不得升进的模式,这被称为【顺位确定原则】。

如采用顺位确定原则,则第一,必须确立即便被担保债权消灭,抵押权也不会消灭(否定从属性)的原则,第二,必须确立因债权人的不存在而导致抵押物所有人必须对自己之物享有抵押权的【所有人抵押制度】。德国就是以上述制度为前提,将顺位确定原则作为其抵押权制度的基础(关于所有人抵押,参见松井宏兴:《抵当制度の基礎理論》第 120 页以下)。

在日本,首先,担保物权必须严格遵守从属性原则,其次,担保制度在构造上也不适应所有人抵押制度,因此采用【顺位升进原则】便成为必然归结。

【顺位升进原则与顺位确定原则】

在[图②]中,在抵押权设立人 E 的不动产(价值 1000 万日元)上,A 享有Ⅰ抵押权(债权 700 万日元、利息 5%),B 享有Ⅱ抵押权(债权 200 万日元、利息 10%),C 享有Ⅲ抵押权(债权 300 万日元、利息 25%)。E 向 A 清偿债务之后,因为需要资金,计划再次进行抵押。

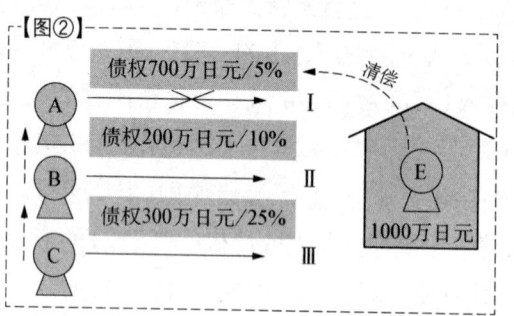

【图②】
A — 债权700万日元/5% — Ⅰ (清偿)
B — 债权200万日元/10% — Ⅱ
C — 债权300万日元/25% — Ⅲ
E 1000万日元

在顺位确定原则之下,因为Ⅰ抵押权并未消灭,所以 E 可以将Ⅰ抵押权作为担保向 A 或其他金融机构融资。B 以下的抵押权的顺位不发生变化。而在顺位升进原则之下,A 的Ⅰ抵押权消灭,意味着 B 取得Ⅰ抵押权的顺位,而 C 取得Ⅱ抵押权的顺位。

在多重设立抵押权的情形下,往往是顺位越靠后的债权,约定的利息越高,当然这也取决于金融机构的政策。在上述设例中,A 处于安全圈之中(享有的债权占抵押物价值的70%～80%)。B 则有可能面临无法获得完全清偿的危险,所以要求债务人支付较高额利息。至于 C,应当明确知晓可能无法获得完全清偿,所以其目的就是收取高额利息(高利贷式融资)。B 与 C 都是在知晓可能无法获得清偿的前提下向 E 提供借款的,但因为Ⅰ抵押权消灭这一偶发情况,导致其得以进入安全圈(并且依然可以收取高额利息)。由此可见,如单纯对两原则进行比较,则顺位确定原则更为合理。

【后顺位抵押权人的法理】

后顺位抵押权人虽为权利人,但却受到【后顺位】这一限制。在此简单介绍后顺位抵押权人的相关法理。

ⅰ **【处分】权能(抵押权实行权)**

后顺位抵押权人享有物权(排他性支配权)的【处分】权能(＝抵押权实现权),这与先顺位抵押权人并无差别。

ⅱ **顺位的保护(残余价值支配权)**

后顺位抵押权人的【处分】权能只能按其顺位得到相应保护。其实体,是残余价值支配权。具体而言,后顺位抵押权人对先顺位抵押权人已获取的价值的【残余部分】享有【处分】权能,所以,原则上,只有在存在残余价值的情况下,后顺位抵押权人方能通过变价(拍卖)实现抵押权(剩余主义)(《民事执行法》第63条、第188条)。在共同押权的情形下，法律禁止先顺位抵押权人实施超量拍卖（《民事执行法》第73条），以此保护后顺位抵押权人。

iii 顺位升进期待权

先顺位抵押权因受偿等原因消灭后，后顺位抵押权的顺位相应升进。在共同抵押的情形下，顺位升进期待权可通过代位权（《民法》第392条第2款）予以保障。

(d) 消灭（消除）主义

一般债权人可以对已经成为抵押权标的物的不动产强制执行，此外，后顺位抵押权人也可以就该不动产申请拍卖。于此情形，先顺位抵押权又当如何？关于此点，日本采用消灭主义（消除主义），即原则上先顺位抵押权因拍卖而消灭。但在例外情况下，采用承担主义。

【消灭主义与承担主义】

关于拍卖对先顺位抵押权产生的影响，因担保权的类型而异。

(1) 消灭主义（消除主义）。先顺位担保权因拍卖而消灭，先顺位抵押权人可就拍卖所得价款最优先受偿。其核心是对拍卖所得价款的追及。抵押权、先取特权，以及不对质押物进行使用、收益的质权都采用消灭主义（《民事执行法》第59条第1款）。事实上，即便是对质押物进行使用、收益的质权，也是相同的（《民事执行法》第59条第2款）。先顺位的预约登记担保权亦同（《预约登记担保法》第13条、第16条第1款）。上述情形下的担保权人，仅能够按其顺位，就出卖所得价款参与分配（《民事执行法》第87条第1款第4项）。

(2) 承担主义。先顺位担保权不消灭，而是由拍卖的买受人继续承担，这就是承担主义。其核心是对物本身的追及。留置权，以及约定对质押物可最优先地使用、取益的质权不因出卖而

> 消灭,在买受人清偿被担保债权前,担保权继续存续(《民事执行法》第59条第4款)。此外,在预约登记担保权中,在支付清算金之后申请拍卖的情形,亦与上同(《预约登记担保法》第15条第2款、第16条第1款)。
>
> 另一方面,买受人既然取得了标的不动产,就必须受具备对抗力的地上权、永佃权与承租权的拘束。

(4) 抵押权的流通性

(a) 保全抵押与流通抵押

德国法中的抵押权不仅仅是债权的保全制度,观察其《民法典》的制定过程可以发现,德国法中的抵押权是以让与性为中心构建而成的,其目的是为了实现让与方式的简便化与受让人的保护。具体而言,通过登记的公信力,可以切断与债权之间的原因关系,并促进担保权的流通性(让与性)(即便债权不存在,受让人也可以取得抵押权)。这被称为【流通抵押】(Verkehshypothek),这既是抵押权的通常形态,也是抵押权制度的原则。另一方面,作为例外,也存在不考虑流通性,纯粹用于债权保全的抵押权,这种抵押权被称为【保全抵押】(Sicherungshypothek)。因为这种抵押权的登记不具备公信力、推定力,所以无法以登记作为债权的证明＊。

> ＊ 德国抵押权的存在形态
>
> 德国抵押权有两种存在形态,一是将抵押权证券化并使之流通的【证券抵押】(Briefhypothek),二是【登记簿抵押】(Buchhypothek)。流通抵押原则上应以证券抵押的形态出现,但只要当事人达成合意,便可以禁止发行抵押证券,于此情形,流通抵押就会以登记簿抵押的形态出现。事实上,证券抵押的运用并不多见。与之相对,保全抵押只以登记簿抵押这一种形态出现。

(b) 【流通化】与近代化理论

日本的抵押权,属于德国抵押权存在形态中的保全抵押,流通抵押在日本不被承认。时至今日,抵押权的【近代化】理论已经得到许多学者的支持,认为抵押权的流通化是抵押权的发展方向的观点日益得到重视。持有该观点的学者认为,近代抵押权的目的,是在确实获取标的物的交换价值的基础上,将抵押权作为投资的客体,使其在金融市场上流通,这应当是日本抵押权制度今后的发展方向。

> 【近代性抵押权理论】
>
> 　　近代性抵押权理论的支持者,提出如下理论上的观点。首先,抵押权对标的物的支配,不是实体权(Substanzrecht,即用益价值)支配,而是价值权(Wertrecht)支配(交换价值支配)＊。在此基础上,价值权可从实体权中完全独立,成为投资的标的,并在金融市场上流通,这才是近代性抵押权的纯粹形态(参见我妻荣:《民法研究Ⅳ》第3页以下)。如从这个角度探讨日本的抵押权,则确立保障流通性的【投资】抵押权,的确是今后抵押权的发展方向(参见石田文次郎:《投资抵当权の研究》第119页;我妻第214页以下;我妻荣:《近代法における债权の优越的地位》【SE】版第87页以下)。
>
> 　　根据上述理论,如何确保抵押权的流通性便是近代性抵押权的必然课题。而①依据公示原则为抵押权的流通提供保障,以及②将抵押权证券化并使之流通,便是实现抵押权流通化的先决条件。在此意义上,抵押证券具有重要意义。此外,要实现抵押权的流通化,还必须确立公示原则、特定原则、顺位确定原则、独立原则以及流通性保障原则,因为这5大原则是近代性抵押权的特质(参见我妻第214页)。但是,近代性抵押权理论有脱离真实的交易现状,流于抽象理念的问题,也有不少学者对该理论持批判态度(参见松井宏兴:《近代的抵当权论》,载《民法讲座3》第33页以下)。

　　＊ 抵押权的价值权支配

　　　　即使抵押权的本质是交换价值的支配,对标的物的支配也绝非仅仅只是对其【价值权】的支配。因为抵押权在极端情况下可以夺取物的所有权,所以很难仅用价值权解释其本质(参见川井第12页以下)。设立抵押权,究其根本,是使设立人对标的物的用益受到拘束(担保价值维持义务)。

第 2 节 抵押权的设立

1 抵押权设立合同

(1) 方式

抵押权属于约定担保物权,所以当事人之间只可通过合同设立抵押权(《民法》第369条第1款)。现行《民法》不承认"旧民法"债权担保编第 204 条规定的基于法律而发生的法定抵押权,以及第 212 条规定的基于遗言而成立的遗言抵押权等。

合同仅可基于当事人的合意(意思表示)而成立(《民法》第176条)。登记仅为其对抗要件(《民法》第177条)。但由于抵押权人不占有标的物,所以登记是权利的公示方式,也是债权保全的重要手段。

(2) 当事人

(a) 抵押权人

只有被担保债权的债权人才能够成为抵押权人。日本法不承认德国法中的所有人抵押权(本章第1节(3)(c))。

(b) 抵押权设立人

抵押权的设立人,既可以是债务人,也可以是第三人(《民法》第369条第1款)。此处的第三人,被称为【物上保证人】。物上保证人不承担债务,但要以自己的财产为债务人承担责任(【无债务责任】)(第2编第2章第1节2(1)(a))。在物上保证人为使抵押权消灭而代替债务人清偿债务,或是因债务导致抵押权被实现的情形下,物上保证人实际上是以自己的财产使他人(债务人)之债务归于消灭。此种关系,与保证人代替主债务人清偿债务的构造相同,所以《民法》规定,物上保证人可依据保证债务求偿的相关规定($\substack{《民法》第 459 条\\ \sim 第 465 条}$)＊,向债务人追偿($\substack{《民法》第 372 条\\ \rightarrow 第 351 条}$)。

＊ 保证法理适用的合理性

物上保证人与保证人相同,为他人的债务而承受负担,因此,物上保证应尽可能地适用保证法理。不仅如此,有学者主张,物上保证人与第三取得人也可以行使时效援用、抵销、事前求偿权等权利($\substack{参见淡路刚久、新美育文、椿久美子：《保证法\\ 理の物上保証人等への適用可能性》,載《金}$法》第1263号、第1266号、第1267号、第1268号；椿久美子：《物上保証人及び第三取得者の法的地位》,载《立教大大学院法学研究》第11号第1页以下)。但是在最高裁判所平成2年12月18日判决($\substack{载《民集》第 44 卷\\ 第 9 号第 1686 页}$)中,对于物上保证人的事前求偿权($\substack{《民法》第\\ 460 条}$),裁判所认为,与作为债务负担行为的保证委托不同,物上保证的委托,系物权行为设定的委托,受托人仅在已抵押不动产的价值限度内承担责任,所以无法类推适用《民法》第460条的规定。事前求偿权的目的在于防止保证人债务出现扩大化,因此判例的结论是正确的。

(3) 处分权限

与质权相同($\substack{第 2 章第 2\\ 节(1)(a)}$),抵押权的设立属于处分行为,因此设立人对于标的物必须具有处分的权利($\substack{所有\\ 权等}$)或权能($\substack{代理\\ 权等}$)($\substack{参见我妻\\ 第 228 页}$)。关于此点,有以下情形需要分析。

(a) 设立人不享有处分权

设立人即便取得了不动产的登记名义,如果该不动产为他人所有,则抵押权不成立＊＊。因此,不可否认,抵押权的效力是不稳定的。对此,有学者主张,应当尽可能依据《民法》第94条第2款的规定,承认抵押权的成立($\substack{参见川井《概\\ 论》第 316 页}$)。

＊＊ 抵押权的不存在与拍卖程序

设立人如不享有处分权,则其登记不具有公信力,抵押权当然不成立。于此情形,即使基于抵押权实施的拍卖已经结束,依旧可以主张抵押权不成立。这也是导致拍卖程序不稳定的因素之一。在《民事执行法》的制定过程中,立法者曾尝试解决这一问题,但是最终,《民事执行法》还是与之前一样,规定了不存在抵押权时的执行异议之诉(《民事执行法》第182条。可参考【关】于处分权、变价权的理论问题)。

(b) 抵押权设立的约定

对于尚未取得的特定不动产,当事人之间订立合同,约定如取得该特定不动产就设立抵押权的,该合同有效。抵押权于设立人取得不动产之时成立(抵押权人可请求进行登记)。例如,为购买新的不动产而借款,同时在该不动产上设立抵押权,此种情况是很常见的。

(c) 抵押权效力的限制

即便设立人享有处分权,在特定情况下,抵押权的效力也会受到限制。例如,在进入破产程序之后设立的抵押权(《破产法》第47条第1款),在被查封、临时扣押的不动产上设立的抵押权,都不具备对抗力。

2 抵押权的标的物

(1) 可成为抵押权标的物之物(公示制度上的需要)

抵押权标的物的占有不发生转移,所以债权保全只能依靠【公示】制度。因此,标的物就必须是能够进行公示(登记于账簿等文件中)之物(本章第1节(1)(a))。《民法》规定,不动产(土地、建筑物)、地上权以及永佃权可成为抵押权的标的物(《民法》第369条)。此外,通过特别法的立法,动产抵押权制度有进一步发展的趋势(→本章第13节4)。

(2) 与特定性、独立性的关系

(a) 一块土地中的一部分

一块土地中的一部分也能够独立成为物权的客体(参见【Ⅰ】第132页;【Ⅱ】第17页),所以仅在一块土地的一部分上设立抵押权,在实体法上是可能的。但是为了实施登记,必须完成土地分宗。

(b) 共有不动产的份额

在共有不动产的份额上(比如居住型公寓)可以设立抵押权(但是,不能与专有部分和用地共有权分别处分。《建筑物区分所有法》第22条第1款)。那么在<u>部分</u>份额上(例如,二分之一的份额)又能否设立抵押权(关于部分所有权,存在同样的问题)？因为标的物难以特定(本章第1节(3)(b))，所以在登记实务中是不承认此类抵押权的设立的。有学者从此类方式下的担保处分必要性的角度出发，认为如果能够克服现有登记实务上的难题，仍应当承认抵押权的设立(参见柚木,高木第232页;槙第138页;高木第109页)。

(c) 未完工的建筑物

社会一般观念上，不将未完工的建筑物视为独立的建筑物，所以，在未完工的建筑物上设立抵押权，仅能够发生债权性效果，在竣工之后如不重新订立设立合同，则不发生物权性效果。前述做法在实务中相当普遍。在进行抵押权设立登记之时，必须提交登记原因证明信息，即竣工后订立的抵押权设立合同的信息。

但是，考虑到在建工程的融资需求，也存在承认抵押权效力的必要性。现在，认为应当将竣工作为生效条件，在此基础上认可抵押权效力的学说占主导地位(参见浦野雄幸:《抵当权の目的となりうる物》，载《不动産法大系Ⅱ》第110页;槙第139页;高木第109页。川井《概论》第315页认为,补充记载了竣工日期等内容的申请材料是必要的)。

(d) 附属建筑物

库房等附属建筑物独立于主建筑物，所以在实体法上能够独立作为抵押权的标的物。但如果附属建筑物与主建筑物是作为【一个建筑物】进行登记的(《不动产登记法》第44条第1款第5项)，则在附属建筑物上设立抵押权必须以完成附属建筑物与主建筑物的分割登记作为前提(《不动产登记法》第54条第1款第1项)。

(e) 抵押权设立后的建筑物的合并

甲和乙是B所有的无主从关系的两栋建筑物，B在甲或者乙上为A设立抵押权后，将甲、乙两栋建筑物的内部格挡拆除，合并成为丙建筑物。此种情形下，已经设立的抵押权又当如何？

判例认为,【在甲建筑物或乙建筑物上设立的抵押权,会以甲建筑物或乙建筑物在丙建筑物中所占价值的份额作为标的物而继续存续】(_{最高裁判所平成6年1月25日判决,}
_{载《民集》第48卷第1号第18页})。在登记簿上,合并后的建筑物需进行登记,建筑物合并之前的除所有权之外的权利都会登记到合并后的建筑物的名目之下(《不动产登记
法》第49条)。

3 被担保债权

(1) 被担保债权与抵押权设立方式

(a) 债权的类型

对于能够设立抵押权的【债权】,法律上无特殊限制。即使不是金钱债权,也有可能因债务不履行而转化为损害赔偿债权,所以仍然能够设立抵押权。但在登记之时,必须写明该债权的推算金额(《不动产登记
法》第83条)。

(b) 债权与抵押权的设立方式

抵押权的设立方式涉及到其与被担保债权的关系,需进行具体分析。

ⅰ **部分抵押**

可以为债权的一部分设立抵押权。

ⅱ **为数个债权设立抵押权**

无论数个债权是①属于【同一债权人】(_{判例}
_{通说}),还是②分属【数个债权人】,都可为其设立抵押权(_{参见我妻第246页;川井《概论》第316}
_{页;槙第142页;高木第111页})。后者主要出现在多家金融机构向一个项目提供融资,即所谓的共同融资以及协调融资等场景中。于此情形,各个抵押权人准共有该抵押权。

ⅲ **共用抵押**

为【数个债务】设立1个抵押权的,因为抵押权被共用,所以被称为共用抵押。这主要适用于最高额抵押(共用最高额抵押权)(→本章第11
节5(3))。

(2) 与从属性的关系

(a) 关于成立的从属性

如不存在被担保债权,则抵押权不成立(本章第1节(2)(a))。与德国法不同(例如【所有人】【抵押权】),日本《民法》始终贯彻从属性原则。但是下述两种情况略有特殊。

i 债权无效

被担保债权无效的,设立的抵押权也无效。曾有判例认为,作为违反公序良俗的场外股票关联差价交易的保证金替代物而被设立的抵押权(大审院昭和8年3月29日判决,载《民集》第12卷第518页),以及为利息超过原《利息限制法》规定之上限的债权设立的抵押权(最高裁判所昭和30年7月15日判决,载《民集》第9卷第9号第1058页)无效。

【债权无效与抵押权的处理】

在[图①]中,B 希望从 A 劳动金库借款,但是 B 不具有劳动会员资格。为能够顺利融资,B 设立了以自己为代表人的空壳合伙组织 P,以 P 的名义进行融资(实质上仍是无会员资格者借款),并在自己所有的不动产上为 A 设立了抵押权。结果,因为 B 无力偿还借款,A 行使抵押权拍卖不动产。后 C 拍得该不动产,并完成了所有权转移登记。对此,B(原告)主张,为违法的非会员融资设立的抵押权无效,其实现亦应无效,并要求 C(被告)返还不动产并涂销转移登记。裁判所当然不会支持其请求。

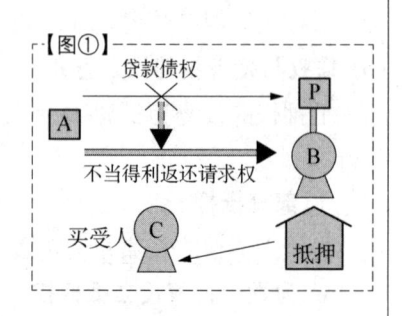

【A】诚实信用原则说

判例认为,首先,劳动金库与无会员资格者之间的借贷无效。

其原理,与农业协同工会向无会员资格者,以与工会目标事业毫无关联的名义实施借贷的情形下的原理,是完全相同的(引用最高裁判所昭和41年4月26日判决,载《民集》第20卷第4号第849页)。其次,在前述一般原理外,【B 私自完成虚假的合伙组织组建手续,以该组织的名义从 A 劳动金库获得本案所涉贷款,并将该贷款用于自己的事业,(a)即便上述借贷行为无效,B 也负有向 A 返还上述贷款相应金额的不当得利的义务,从结果来看,这与 B 负有债务并无区别。从本案所涉抵押权的设立目的来看,在经济上,其意义在于为债权人即劳动金库的前述债权提供担保【o. d.(傍论)】,(b)但 B 不仅不清偿前述债务,还以前述贷款无效为理由,主张本案抵押权及其实现程序无效,这违反了诚实信用原则【r. d.(法律原则)】】(最高裁判所昭和44年7月4日判决,载《民集》第23卷第8号第1347页)。

【B】债权同一性说

可能是受到上述判例的傍论部分的影响,有学者认为,无效的贷款债权已经转化为不当得利返还请求权,两者不具有法律上的同一性,但是具有经济上的实质同一性,所以抵押权是成立的,绝非无效(参见四宫和夫:《法协》第87卷第9=10号第988页以下;高木第112页)。根据该学说,抵押权的被担保债权为不当得利返还债权。

但在上述案件中,是否真如【B】说主张的那样,有必要承认为不当得利返还请求权提供担保的抵押权有效? 关于这两种债权之间是否存在同一性,本身就存在疑问。贷款债权如果无效,确实会转化为不当得利返还请求权。但是,两种债权之间即便真的具有经济上的实质同一性,还有本金数额、利息的利率、清偿期等需要考虑,所以不能够直接断定两种债权具有同一性。

窃以为,此种情形下,因为抵押权无效,所以抵押权的实现也是无效的。但是,B 不仅不偿还借款,还主张抵押权的设立及实现无效,这显然违反了诚实信用原则,所以应当适用诚实信用法理,

> 否定B的主张。其结果就是(反射性效果)，A的抵押权有效成立，故讨论债权的同一性是没有必要的。

ii 将来债权

能否为将来发生的债权设立担保？日本《民法》在原则上是不允许的(德国法承认此类担保权的设立)，但是在以下情形中，从属性在一定范围内得到了缓和。

① 金钱消费借贷合同生效前设立的抵押权。此种情形下，金钱的支付日晚于抵押权设立日。判例认为，抵押权的设立手续与债务的发生并不必须要满足同时发生这一条件，所以抵押权的设立有效(大审院明治38年12月6日判决，载《民录》第11辑第1653页)。这一问题的核心在于，消费借贷合同属于要物合同(《民法》第587条)，要物性得到缓和，抵押权的设立也就成为可能。

② 为保证人的求偿权提供担保的抵押权。主债务人不清偿债务时，保证人代为清偿，保证人的求偿权便由此发生，因此，此种债权属于将来债权(附条件债权)。虽说是将来债权，但这是基于特定的法律关系而发生的特定的债权，所以为其设立的抵押权为普通抵押权(可以依据《不动产登记法》第88条第1款第3项，对被担保债权为附条件债权这一情况进行登记)。保证人的求偿权是因保证(委托)合同而发生的债权，因此可以通过设立以【保证(委托)交易】作为债权范围的最高额抵押权，为求偿权提供担保。

此外，如将求偿权作为已经存在的借贷债权进行登记，则会出现登记内容与事实关系不一致的情况，可既然当事人将设立抵押权的意思作了明确登记，那该登记应当有效(最高裁判所昭和33年5月9日判决，载《民集》第12卷第7号第989页)。

③ 在将来会连续消灭、发生的不特定债权。此情形属于【最高额】抵押，相关内容将在后文详述(本章第11节)。

④ 限额借贷、分期放款借贷。【限额借贷】，是指一笔限定额度的贷款分多次进行，且可以因金融市场的行情变动而不再继续贷款的借贷方式。【分期放款借贷】，是指贷款分多次放款的借贷方式。在这两种借贷中都能够设立抵押权。

(b) 关于消灭的从属性

抵押权随被担保债权的消灭而消灭(本章第1节(2)(a))。需要注意的是,在被担保债权部分消灭的情形下,抵押权的担保范围也会相应地缩小(负担缩减)。例如,被担保债权为100万日元,如债务人清偿了其中的50万日元,则抵押权在50万日元的担保额度内存续。即使未完成抵押权设立登记中的债权变更登记,也可以对抗附抵押权债权的受让人(大审院大正9年1月29日判决,载《民录》第26辑第89页)(本节4(4)(b))。基于不可分性,抵押权应当及于全部标的物,所以负担缩减并不意味着标的物的缩减。

[4] 公示方式

(1) 登记

(a) 对抗要件

登记是抵押权的对抗要件(《民法》第177条,《不动产登记法》第3条)。当抵押权人与第三人之间存在利益对立之时,优先顺序及对抗关系以登记时间为标准进行判断(但是存在若干例外情况)。

(b) 未登记的抵押权

抵押权的本体性效力是变价权与优先受偿权,即便是未登记的抵押权也同样具有上述效力。但是,《民事执行法》规定,实现担保权申请拍卖,必须提交【证明抵押权存在的文书】(生效判决、公证书、登记簿的各类副本等)(《民事执行法》第181条)。关于该规定的立法目的,在前文已有说明(关于处分权、变价权的理论问题)。因此,在现实中,实现未登记的抵押权非常困难(必须要有生效判决或公证书)。

(2) 登记的内容

抵押权的登记不仅公示抵押权的存在,也公示抵押权的内容(优先受偿的范围)。因此,需要进行登记的事项除【债权数额】外,关于登记原因,还要写明【利息】、【债务不履行】情形下的【损害赔偿】、【债权】上所附之【条件】、与《民法》第 370 条但书或【抵押证券发行】相关的登记事项(《不动产登记法》第83条)。
第1款,第88条第1款)。

如发生登记错误,则可能出现登记内容与抵押权实体不一致的情况,如该错误导致同一性难以识别,则该登记无效。若非上述重大错误,则通常会以登记事项作为标准,登记具有对抗力。但在登记错误很容易分辨的情况下,应当尊重事实而非登记内容(大审院大正14年12月21日判决,载《民集》第4卷第723页)。

(3) 无效登记的沿用

抵押权因清偿等原因而消灭的同时,登记也归于无效,那该无效登记能否再次用于其他相同数额的债权的担保?例如,A 对 B 享有 I 抵押权,后因 B 清偿了债务,I 抵押权消灭。之后 B 再次希望向 A 借款,借款数额与之前相同,并愿意为此设立 II 抵押权。如果 I 抵押权的登记尚未涂销,能否将其直接用于 II 抵押权?关于此点,原则上是不被允许的(关于消灭的从属性)。尤其是,如允许沿用就会导致后顺位权利人与第三取得人等第三人对顺位升进原则(本章第1节)的期待受到损害。

但是,由于登记的根本目的在于公示现实存在的实体关系,所以即便过程并不完全正确,但只要其符合现在的权利状态,并且不危害第三人的利益,那无效登记的沿用是可以被承认的(参见[II])。现在的判例、学说也都倾向于接受上述观点。问题在于,所谓的不危害第三人的利益当如何理解?下文将对此具体分析。

(a) 未出现第三人的情形

如果未出现第三人,则可以承认登记的沿用。

(b) 第三人于原抵押权消灭之前出现的情形

【图②】中【X】的情形。后顺位抵押权人 C 在明知存在先顺位抵押权的情况下设立抵押权,从这一角度来看,似乎承认登记的沿用也无甚

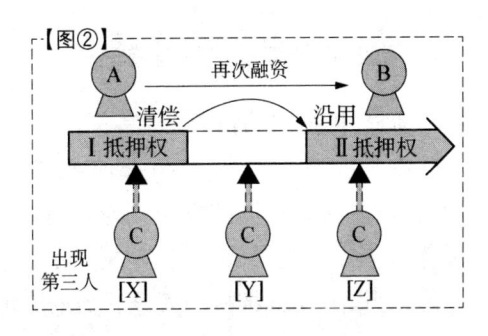

不妥。但是，C对顺位升进原则的期待不应被剥夺，因此，不应认可登记的沿用(参见我妻第232页；几代通：《不动产登记法》第413页,等)。曾有判例(大审院昭和8年11月7日判决，载《民集》第12卷第2691页)在否定沿用的同时，将新抵押权作为第2顺位抵押权。

(c) 第三人出现于原抵押权消灭后，登记沿用实施前的情形

【图②】中【Y】的情形。学界对于此种情形下的沿用基本持否定态度。第三人如果知道Ⅰ抵押权已经消灭，则其抵押权当然地成为第一顺位抵押权，即使不知道，其对顺位升进原则的制度上的期待权也应当得到保护。

(d) 第三人出现于登记沿用实施后的情形

【图②】中【Z】的情形。曾有判例认为，第三人是在明知存在新设立的Ⅱ抵押权的前提下买下不动产的。换言之，其是在明知存在登记沿用的情况下，提出登记无效的主张，该主张欠缺正当的利益(大审院昭和11年1月14日判决，载《民集》第15卷第89页；最高裁判所昭和49年12月24日判决，载《民集》第28卷第10号第2117页)(预约登记担保中的登记沿用)。

但有学者认为，如果第三人只知道Ⅰ抵押权消灭，而不知道登记沿用这一事实的发生，则其登记沿用无效的主张应当被支持(参见高津环：《旧登记を新たな物权变动に流用することは可能か》，载《判タ》第177号第127页；半田正夫：《无效登记の流用に关する诸问题》，载《民事研修》第250号第45页；高木第117页)。还有学者主张，在B并非向原抵押权人A，而是向D借款后订立抵押权设立合同，并沿用了A的原登记的情形下（采用A将抵押权让与于C，并就该抵押权让与做附记登记的形态）（第三人沿用型），第三人既然是以附记登记的存在为前提接受了抵押权的设立，那其对先顺位抵押权的存在当已有觉悟，故应承认沿用(参见高木第119页；玉田弘毅：《抵当权登记の流用》，载《不动产登记をめぐる今日の课题》第219页)。

(4) 债权、抵押权的消灭与登记

(a) 债权、抵押权的消灭

在债权消灭之后未涂销抵押权登记,导致第三人相信该抵押权仍然存续,并接受该抵押权的让与的情形下,由于登记不具备公信力,所以第三人无法取得抵押权(仅当能够适用《民法》第94条第2款之时,方能够取得抵押权)。

与此相对,抵押权消灭之后如未涂销登记,则无法以抵押权的消灭对抗第三人。

(b) 债权的部分消灭与登记

如前文所述,债权的部分消灭会使得抵押权的负担缩减(本节3(2)(b))。此种情形下,无论变更登记完成与否,都能够以债权的部分消灭对抗第三人(判例、通说)。在前揭大审院大正9年1月29日判决(载《民录》第26辑第89页)中,A在将其对B享有的附抵押权债权让与于C后,第三债务人B以债权部分消灭为由提出抗辩(《民法》第468条第2款)。对此,裁判所认为,无论债权数额的变更登记是否完成,其都能够对抗受让人C。这一结论在债权部分消灭的相关情形中得到广泛承认。

第3节 抵押权的效力(1)——效力所及之范围

1 效力所及之标的物的范围

(1)【《民法》第370条】的问题性

抵押权的效力不及于已抵押土地上的建筑物,但及于【附加于不动产上并与之成为一体之物】(《民法》第370条条本文)。但是,如果设立之时另有约定,或

是其他一般债权人可以撤销债务人的附加行为的($\substack{《民法》第\\424条}$),不在此限。

问题在于,【附加于不动产上并与之成为一体之物】(附加物、附加一体物)的范围当如何确定。之所以会出现这一问题,是因《民法》中存在着与之类似的概念,例如【从属于不动产的附合之物】(附合物)($\substack{《民法》第\\242条}$)、【为经常使用不动产而置于不动产上之物】(从物)($\substack{《民法》第87\\条第1款}$),而这些概念之间的关系并不明确。因此,有必要明确抵押权的效力是否及于【附合物】乃至【从物】,换言之,就是附合物及从物是否属于《民法》第370条中所指的【附加物】。

> **【问题的视点】**
>
> 如果严格对《民法》第370条进行解释,会发现抵押权效力所及之范围仅为不动产上的附加之物,【从物】等根本不在其效力范围之内。但是,从明治后期开始,日本经济快速发展,企业迫切希望获得大规模投资。抵押权本是企业获得授信的保障,但正如前文所述,其标的物的范围严重受限,导致抵押权无法在大规模授信中发挥作用。
>
> 为应对这一问题,一方面,规范大企业融资的【财团抵押】制度制定出台,另一方面,主张扩大普通抵押权的标的物范围的解释也开始出现。尤其是使抵押权的效力及于抵押权设立后出现的【从物】的解释,反映了法律对于经济需求的回应。这便是本节相关问题(尽可能扩大效力所及之范围)的历史背景(参见近江幸治:《日本民法の展開(2)特别法の生成—担保法》,载广中俊雄、星野英一编:《民法典の百年・第1卷》第181页以下)。

(2) 附合物

(a) 对【附合物】的理解

【附合物】是指【附合于不动产上的附从之物】($\substack{《民法》第\\242条}$),该物因附合而丧失独立性,其所有权被不动产所有权所吸收(附合理论)(参见濑川信久:《不動産附合法の研究》第7页以下)。因此,【附合物】当然属于《民法》第370条中规定的【附加物(附加一体物)】,不论是何时完成附合,抵押权的效力皆及于该附合物(参见我妻第260页)。关于抵押权的效力可及于附合物这一点,现在不存在异议。但对于如何在理论上对其进行解释,学说上存在对立。下文就将【附加物】(《民法》第370条)与【附合物】(《民法》第242条)、【从物】(《民法》第87条第1款)之间的理论关系进行说明。

【A】经济一体性说

【附加而成为一体】(《民法》第370条)是指经济一体性,因此附加物不仅包括【附合物】(《民法》第242条),也包括从物(《民法》第87条)(参见我妻258页、第270页;于保不二雄:《附加物及び従物と抵当権》,载《民商》第29卷第5号第20页以下;林良平:《抵当権の効力》,载《新版・民法演習2》第184页以下;鈴木第195页;川井《概论》第337页)。

【B】构成部分说

所谓【附加于不动产上并与之成为一体之物】,仅指【附合物】(《民法》第242条),具有独立性的【从物】不属于附加物(参见柚木、高木第257页;高木第122页)。依此标准与从物进行区分的结果就是,附加物也就是附合物,在理论上仅指【构成部分】(可参考后文【构成部分、从物】理论*)。

《民法》第370条中的【附加而成为一体】,既然规定的是抵押权的效力所及之范围,便无必要仅将其限定于构成部分,故【A】经济一体性说更为合理。

(b) 关于附合物的具体问题

附合物的主物可以是土地,也可以是建筑物。

i 土地的附合物

不适用《立木法》的树木(适用《立木法》的树木属于独立的不动产)(《立木法》第2条)属于土地的附合物,因其为设立人所栽种之物,所以抵押权可及于该树木。如果树木是第三人栽种的,在未完成明认之前,不得对抗抵押权人。此外,盆栽、难以移动的庭院石块等也属于土地的构成部分(附合物)(最高裁判所昭和44年3月28日判决,载《民集》第23卷第3号第699页)。但是,未收割的谷物因属于天然孳息,所以不被视为附合物(后文(6))。

ii 建筑物的附合物

遮雨板、镶嵌于房屋内且难以拆卸的固定装修等物属于建筑物的附合物（大审院昭和5年12月18日判决，载《民集》第9卷第1147页）（抵押权的效力及于失去动产性质的遮雨板与入口移门）。关于作为附属建筑物完成登记的建筑物，究竟属于附合物还是从物这一点，虽然存在分歧，但是不论采用何种理解，抵押权的效力皆可及于该附属建筑物（后文【附属建筑物】＊＊）。

(c)【例外】——

下文将对例外情况进行说明。

i 《民法》第370条但书规定的例外

第一，在设立之时另有约定的，可作为例外情况处理（必须将该约定的内容进行登记。《不动产登记法》第88条第1款第4项）。

第二，附合行为侵害了其他一般债权人的利益的，一般债权人可以撤销该附合行为（《民法》第424条）。

ii 《民法》第242条但书规定的例外

第三人基于其权源实施附合的，抵押权的效力不及于该附合物。

(3) 从物

(a) 抵押权对【从物】的效力

抵押权的效力可及于【附合物】，那是否及于【从物】（《民法》第87条）？【从物】，是指附属于主物，但是并不因此失去独立性，能够独立成为权利标的物的动产。因此，即便在主物(不动产)上设立抵押权，其效力也并不当然及于附属于主物的动产(从物)(这一结论源自【构成部分、从物】理论＊)。

关于《民法》第370条中的【附加而成为一体之物】(附加物)与【从物】之间的关系应如何理解，如前文所述，学说上存在对立。

【A】经济一体性说

《民法》第370条中的【附加物】包含【从物】（前揭【A】说）。

【B】构成部分、从物区分说

【附加物】仅指【附合物＝构成部分】，所以【从物】不属于附加物。

但是《民法》第87条第2款规定,【从物随主物的处分而被处分】。依据该规定,因为抵押权的设立属于【主物的处分】,所以抵押权的效力及于从物(参见柚木、高木第264页)。

判例也支持上述学说的观点。在大审院联合部大正8年3月15日判决(载《民录》第25辑第473页)中,裁判所认为,依据《民法》第87条第2款,抵押权的效力及于从物。而在前揭最高裁判所昭和44年3月28日判决中,裁判所认为,【本案中的石灯笼及能够移动的庭院石块,属于案涉最高额抵押权的标的物,即本案住宅用地的从物。本案中的绿化树植及无法移动的庭院石块则属于上述住宅用地的构成部分,⋯⋯最高额抵押权的效力及于上述构成部分自不待言,同时也及于上述从物】。

此外,浴室、厕所、杂物间等附属建筑物,只要其未经独立登记,也被作为从物**。

　　* 【构成部分、从物】理论

　　该理论源自德国的学说,具体而言,当某物(乙物)附属于主物(甲物)之时,如乙物在物理上成为甲物的本质性构成部分,则其丧失作为物的独立性,被称为甲物的【(本质性)构成部分】(wesentlicher Bestandteil)。如乙物虽附属于主物但未失去其独立性,则将其视为【从物】(Zubehör)(参见我妻荣:《抵当权と从物の関係について》,载《民法研究Ⅳ》第29页以下。另参见[1]第154页)。德国民法第一草案中有多个条文是将此理论作为依据的。日本《民法》第87条也继受了该理论。

　　** 附属建筑物

　　通常,附属建筑物以【主建筑物】的【附属建筑物】的名义登记于登记簿上(《不动产登记法》第44条),由于附属建筑物的登记不是独立的登记,所以抵押权当然可及于附属建筑物。但如果附属建筑物是以独立的一栋建筑物的名义进行登记的,则抵押权的效力不及于该附属建筑物,且该附属建筑物可以独立成为抵押权的标的物(本章第2节2(2)(d))。

(b) 抵押权设立【后】出现的从物

　　关于抵押权的效力可及于从物这一点,学说与判例并无异见。问题在于,抵押权的效力是否及于抵押权设立后出现的从物。此问题的本质是,如果抵押权的效力不及于抵押权设立后出现的从物,则抵押权对标的物价值的获取就会受到极大限制,不利于抵押权在经济活动中的运用(参见我妻荣:前揭论文第29页以下。另可参考本节1(1)【问题的视点】)。鉴于此,学界普遍认为,有必要扩大从物的范围,使抵押权的效力可及于抵押权设立后出现的从物。

问题的根源在《民法》第370条的立法方式上。外国的法律大多承认抵押权的效力及于抵押权设立后出现的从物。然而,日本《民法》在立法时并没有意识到如此规定的意义所在。因此,学界是在借鉴外国法的基础上,推进解释论的发展的(参见我妻荣:前揭论文第29页以下;近江幸治:《抵当権設定後に附加した従物に対する抵当権の効力》,载《判夕》第411号第47页以下)。

【德国法、法国法的规定方式与《民法》第370条的立法过程】

首先,法国法规定,在具有交易功能的不动产,以及该不动产的附加物(附属物)上,可以设立抵押权(《法国民法典》第2118条第1项),抵押权的效力及于不动产上所有的【改良部分】(《法国民法典》第2133条)。上述规定的理论基础,是【性质上的不动产】(即构成部分)与【用途上的不动产】(即从物,因其属于【用途上】的客观性结合物,所以被不动产化)的区别理论。根据该理论,抵押权当然及于在抵押权设立之时已经存在的【用途上的不动产】(从物)(《法国民法典》第2118条第1项),至于设立后出现的【用途上的不动产】,也可视作被不动产化之物的【改良部分】(=状态的变化),因此,抵押权的效力可及于该从物(《法国民法典》第2133条)。

其次,德国法采用【构成部分】(附加于主物上并与之成为一体之物)、【从物】(独立于主物之物)区分理论。根据该理论,因为从物不会失去独立性,所以抵押权的效力并不当然及于从物。但基于抵押权的特殊性,《德国民法典》又特别规定,从物是否随主物被处分,取决于主物处分人的意思(《德国民法典》第1120条)。在解释上,这一规定同样适用于抵押权设立后出现的从物。

日本《民法》第370条,是在对"旧民法"债权担保编第200条

> 【抵押权……及于不动产上的增加部分及改良部分】进行修改的基础上制定而成的。日本"旧民法"是以法国法为范本制定而成的,所以在"旧民法"制定时期采用的是前述法国法的理论(【增加部分及改良部分】可包含设立后的从物)。但现行《民法》第87条的理论基础是德国民法第一草案所采用的【构成部分、从物】区分理论,因此,《民法》第87条与"旧民法"第200条并不具有同一性。现行《民法》既然已经采用了德国法的理论,就应当效仿《德国民法典》第1120条,明确抵押权效果与从物的关系(关于上述内容,参见我妻荣:前揭论文第33页以下)。

认为抵押权的效力及于<u>设立后出现的从物</u>的学者,又根据前述对立的学说,发展出如下观点。

【A】依据《民法》第370条进行处理

【附加而成为一体】可理解为经济一体性,所以包括附合物与从物,并且<u>不论抵押权何时设立</u>,抵押权的效力皆及于上述附合物与从物(前揭[A]说的观点)。

【B】依据《民法》第87条第2款进行处理(参照德国法的解释)

日本《民法》对物的概念(＝德国法)与法国法不同,《民法》第370条中的附加物仅指附合物(构成部分),而不包括作为独立之物的从物。《民法》第87条第2款中的【处分】,仅指抵押权设立之后权利实现之前的【处分】,因此,所谓从物随主物的处分而被处分,仅指抵押权的效力可及于抵押权设立之后权利实现之前附加的从物(参见柚木、高木第264~265页,东京高等裁判所昭和53年12月26日判决,载《判夕》第383号第109页)。

(c) 关于【从物】的现代性问题

一直以来,学界一直试图通过扩张抵押权标的物的范围,来实现担保范围的扩大化。对抵押权的解释与改革,是伴随着日本资本主义的发展而推进的(可参考本节1(1) 问题的视点)。但是,在现代社会,承认抵押权的效力及于附加于标的不动产上的一切附合物与从物,并不必然能带来理想的结果。此外,随着动产的财产性价值的不断提升,切断抵押权的效力,也已成为社会性、经济性需求。

当附加的从物的价值远高于标的不动产的价值时,设立人很少会意识到该等从物也会成为抵押权的标的物。但是,判例并不承认抵押权效力的切断。在前揭东京高等裁判所昭和53年12月26日判决中,裁判所认为,在剧场兼夜总会的建筑物上设立的抵押权,其效力及于之后附加于建筑物之上的舞台照明、音响设备等动产类剧场设施(总价值数亿日元)(参见近江幸治:前揭论文《判》第411号第49页)。此外,在最高裁判所平成2年4月19日判决(载《判时》第1354号第80页)中,裁判所认定,在加油站(价值50万日元)上设立的抵押权,其效力当然及于地下储油罐(价值234万日元)。

在早期,林良平教授就指出,此种情形下,【即便没有特别的表示,也应当判定当事人对此持反对的意思。……《民法》第370条中的附加物的范围,应当在对包括抵押权设立之时当事人意思的合理推断等各种因素进行综合考量后,再行确定。《民法》第370条但书中对于另行约定的规定,也能够支持这一理解】(参见林良平:前揭《抵当权》的效力第184~185页)。

如将抵押权的效力可及于将来可能出现的从物作为前提,则能够阻止抵押权效力及于高价值动产的方法,在现行《民法》中,仅有在设立抵押权之时另做【特别约定】(《民法》第370条但书)这一种(贴条及刻字等明认方式也值得考虑)。但是在抵押权设立之时很难预见将来会出现怎样的附加物,并且,由于债权人的关系,此类特别约定在现实当中是否会被订立,也存在很大疑问。对于该问题,在解释论上仍有待进一步的展开(参见镰野邦树:《「抵当权と从物」论》,载《早稻田法学》第64卷第3号第79页以下。前述论文认为,至少在【房屋贷款与抵押】的问题上,应当否定抵押权的效力及于【抵押权设立后的从物】)。

(d) 从物的对抗要件

因有《民法》第370条,主物不动产的抵押权设立登记使【从物】(动产)具备对抗力,交付并不是其对抗要件。此外,设立人的一般债权人如对从物强制执行,则抵押权人可以提起第三人异议之诉,请求排除该执行(前揭最高裁判所昭和 44年3月28日判决)。

(4) 从权利

在被抵押的土地上存在地役权、地役承租权,或是在被抵押的建筑物上存在借地权的情形下,如实现抵押权,地役权及借地权的命运又将如何。<u>此类权利显然附随于已抵押土地或建筑物,且属于【供平时之用】的权利</u>。判例、学说皆认为,应将其视同【从物】,设立在土地上的抵押权的效力及于存在于土地之上的<u>地役权</u>,设立在建筑物上的抵押权的效力及于存在于建筑物之上的<u>土地利用权</u>(地上权、承租权)(类推适用《民法》第87条第2款)。因此,此类地役权及土地利用权,被称为附随于土地或建筑物的【从权利】。这就是【从权利】理论,是【从物(Zubehör)】理论(参见【11】154页)<u>的应用</u>。关于从权利,需注意如下要点。

ⅰ 在【图①】中,B在向A租借的土地上兴建房屋,并在房屋上设立抵押权。之后抵押权实现,C作为买受人取得房屋,同时取得B曾享有的借地权(最高裁判所昭和40年5月4日判决,载《民集》第19卷第4号第811页)。

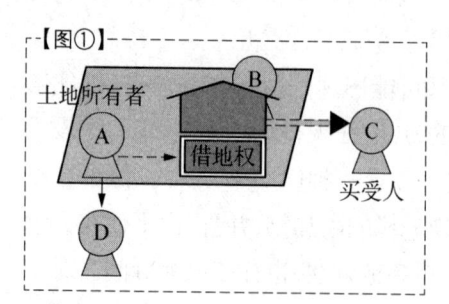

【图①】
土地所有者
A
B
借地权
C 买受人
D

但是,买受人C取得的借地权能否对抗出租人(土地所有人)A,取决于借地权<u>是否具有让与性</u>。如借地权属于承租权,则因其属于承租权的让与,必须经出租人的【同意】(《民法》第612条)。如出租人不同意,则买受人可以①向裁判所申请作出【替代同意的裁判所的许可】(《借地借家法》第20条),或②放弃房屋所有权,转而行使【建筑物购买请求权】(《借地借家法》第14条)(参见【V】第216页)。

ⅱ 即使在C买受前,A、B已经协商解除了租赁合同,也不得对抗C(在大审院大正11年11月12日判决,载《民集》第1卷第738页(即【图①】)中,B放弃借地权,而A将土地出卖给D,D请求C拆除建筑物)。这是因为,通过扩张解释

《民法》第398条,合意解除被视为借地权的【放弃】(本章第12节(3))。

ⅲ 与上述例子略有不同,B的儿子E在将B所建的房屋登记到家屋补充课税簿之时,擅自进行了保存登记,并在房屋上设立了抵押权。之后,抵押权实现,C取得了该房屋。另一方面,在抵押权设立之后抵押权实现之前,B将附着有土地承租权的房屋赠与妻子F。此种情形下,C能否取得租赁权这一【从权利】? 判例认为,<u>抵押权设立人E本就不享有土地承租权,因此没有理由认定抵押权的效力及于土地承租权,即便房屋买受人C可依据《民法》第94条第2款及第110条的法理取得房屋所有权,但只要土地承租权本身在本案情形下无法通过适用上述法理获得保护,C就无法在取得房屋所有权的同时取得承租权</u>(最高裁判所平成12年12月19日判决,载《判时》第1737号第35页)。

虽被称为【从权利】,但法律无法在其不存在的情况下对其进行保护,《民法》第94条第2款与第110条的外观保护法理在此种情形下也无法得到适用,因此判例的结论是正确的(参见【1】第206页)。

(5) 附加物被分离的情形

(a) 问题的所在

如处于抵押权效力圈内的附加物因与已抵押不动产分离,而丧失附加物状态,那抵押权的效力是否仍可及于该物? 因为标的物的使用、收益权能归属于设立人,如果是因为通常的使用、收益而使得附加物分离,则抵押权的效力当然不能及于已经分离之物。但是,如果剩余的标的物不能使被担保债权完全受偿(或是设立人违反担保价值维持义务),则抵押权的效力可及于已经分离之物(参见我妻第267页)。典型例子,就是在已抵押的林地中伐木。

在上述设例中,抵押权可通过两种方式实现。

第一,可基于抵押权的<u>追及力</u>,追及已被砍伐的木材。通过此方式,抵押权人可以就该木材<u>优先受偿</u>。

第二,通过主张抵押权的<u>物权请求权</u>,或通过主张设定人<u>违反义</u>

务,请求禁止分离之物的移出。

关于第二种方式,将在【抵押权的效力(3)】(本章第5节)的部分详述,在此仅对前者【抵押权的追及力】的问题进行说明。

> **【判例的变迁与观点】**
> 为更好地分析此问题点,首先对判例的变迁进行说明。
> ⅰ 在早期,判例认为,树木一旦被砍伐,就会失去不动产的性质,转而成为动产,所以抵押权的效力不及于被砍伐的木材(但仍可进行物上代位)(大审院明治36年11月13日判决,载《民录》第9辑第1221页)。这一结论,在原则论的角度来看是正确的。但是,如果树木被砍伐之后,仍被放置在原地,则存在抵押权的效力及于该木材的解释余地。此外,如存在违反担保价值维持义务的行为,则抵押权人也可要求返还木材。所以,上述结论并不合理。
> ⅱ 在请求禁止砍伐、移出的相关判例中,裁判所认为,在抵押权人着手实现抵押权开始拍卖之时,因发生了扣押的效果,所以在此之后的砍伐、移出是被禁止的(大审院大正5年5月31日判决,载《民录》第22辑第1083页)。开始拍卖的确会产生与【扣押】相同的效果(关系性处分禁止)(本章第4节2(1)(c)ⅰ),移出等行为会因此被禁止,但是扣押的效果与抵押权的追及(效力)之间并不存在关系。
> ⅲ 受上述批判的影响,裁判所终于认识到,移出禁止并不是基于扣押的效果,而是基于抵押权本身(基于物权请求权的妨害排除、预防请求)(大审院昭和7年4月20日判决,载《新闻》第3407号第15页)。根据此结论,抵押权的效力依然可及于被砍伐的树木。

(b) 法律构成

在上述情形下,抵押权的效力可及于分离之物(=抵押权的追及力),关于这一点,学界已无异见。附加物在分离后成为独立的动产,具有独立的所有权,那该分离之物在何种程度、何等状态之下,仍处于抵押权的效力范围之内?学界对此问题的争论非常激烈。

【A】移出标准(地点一体)说

如果分离之物与已抵押不动产具有地点上的一体性,则抵押权的效力及于分离之物,如失去地点上的一体性,则抵押权的效力不再及于分离之物。关于这一学说的法律构成,又分为两个学说。

ⓐ 对抗力丧失说。抵押权为能够支配包括附加物在内的全部标的物的物权,所以其支配力也及于分离之物。但是,抵押权是以登记作为对抗要件的权利,所以分离之物只要仍存在于已抵押不动产之上,就因登记公示的存在而得以对抗第三人。可一旦移出,就不再具备对抗力(参见我妻第268页;铃木第198页;铃木《抵押制度》第131页)。

ⓑ 效力切断说。依据《民法》第370条的规定,只要分离之物与不动产具有交易观念上的一体性关系,其便属于附加物,可一旦移出,就不再是附加物(参见川井第53页(旧说))。抵押权的效力已被切断。

【B】善意取得标准说

即便分离,在第三人善意取得分离之物前,抵押权的效力仍及于分离之物(参见星野第252页;高木第132页;川井《概论》第341页)。本学说对于抵押权对分离之物的效力,几乎是无限制地承认。究其原因,既有排除恶意第三人的目的(参见星野第252页),也有希望通过对《工厂抵押法》第5条(仅有善意取得才能够切断工厂抵押权的追及力)(本章第13节1(3)ⓐ)中规则的适用,对本问题作出解释的考量(参见高木第132页;川井《概论》第342页)。

【C】物上代位性说

基于抵押权的物上代位性作出当然解释,承认抵押权的效力及于该动产。而为了实现抵押权,必须依据《民法》第304条扣押动产(参见柚木、高木第277页)。

下文将围绕上述学说,以具体问题作为切入点进行分析。

i 第三人取得分离之物所有权的情形

此种情形还可以分为①分离之物仍存在于已抵押不动产之上,及②分离之物已经移出的两种情形。首先,在①的情形下,根据【A】说,抵押权的效力及于分离之物,而根据【B】说,如承认可以占有改定的方式善意取得(参见【B】第155页以下),则只要第三人是善意的,抵押权的效力即被切断。但即便第三人能够取得分离之物的所有权,只要分离之物仍被置于已抵押不动产之上,就有必要保护抵押权人的期待。

其次,在②的情形下,根据【A】说,抵押权的效力当然无法及于分离之物,而根据【B】说,若第三人是恶意的,则抵押权对分离之物仍有追及力。对于这一理解的问题点,将在下文 ii 的部分详述。

ii 对恶意第三人的追及力

【B】说试图排除恶意第三人,其依据就是《工厂抵押法》第5条(参见高木第132页;川井《概论》第342页。此外,在最高裁判所昭和57年3月12日判决,载《民集》第36卷第3号第349页中,未经抵押权人同意,将动产移出工厂的,只要动产未被第三人善意取得,抵押权人就能够请求将动产返还给工厂)。但是,工厂抵押权与财团抵押相同,对抵押权效力所及之附合物、从物必须进行记录,该记录被视为登记簿的一部分(本章第13节1(2)(b)),以此为前提,对恶意第三人的追及力得以被承认(《工厂抵押法》第5条1款)。因此,《工厂抵押法》的理论不能够直接适用于普通抵押权(参见我妻第269页)。其结果就是,无法对恶意的第三人进行追及,但既然已经移出,也就不得不接受这一结果了。

iii 是丧失对抗力还是效力被切断

综上所述,【A】说最为合理。理论上的问题点在于,移出的效果,究竟是丧失对抗力(ⓐ我妻说),还是抵押权效力被切断(ⓑ川井旧说)。这两个学说的区别主要在于,在第三人擅自移出分离之物后,能否行使物权请求权这一点上。根据ⓑ说,因为抵押权的效力被切断,所以行使物权请求权的基础被剥夺。但在此种情形下,有必要认可基于抵押权的物权请求权,所以ⓐ说(我妻说)是合理的(本章第5节3(2))。

最后,从物上代位的制度论来看,【C】说是不正确的(后文ⓓ)。

(c) 优先受偿的实现方式

关于抵押权人就分离之物优先受偿的方式,有学者认为,应当基于抵押权拍卖动产(参见我妻第269页),也有学者认为,只能将其与已抵押不动产一同拍卖(参见高木第132页)。窃以为,完全切断抵押标的物与分离之物,仅拍卖分离之物(前者的理论),恐怕并不现实。

(d) 建筑物拆除后又成为木材的情形

在被抵押的建筑物拆除后又成为木材的情况下,该建筑物失去了作为不动产的本质,转而成为动产,抵押权也会随之消灭(大审院大正5年6月28日判决,载《民录》第22辑第1281页。参见我妻第269页;川井《概论》第340页)。这是物权法的一般原则。

有学说认为,抵押权的效力及于上述木材。其中,有学者主张,可基于物上代位制度承认追及(参见柚木,高木第277页),也有学者主张,可基于抵押权的直接性效力(追及力)追及(参见铃木《抵押制度》第131页)。首先,认为木材是抵押标的物的代偿物的想法是错误的(物上代位权的标的物是请求权,而非物本身)。其次,后一种主张与前文介绍的附加物分离相关学说具有相同之处,但是作为本体的抵押标的物本身已经消灭,所以其与砍伐树木的情形不可同一而论(参见我妻第269页)。此外,曾有判例认为,抵押权可及于开始实现抵押权之后被拆除的建筑物上的木材(大审院大正6年1月22日判决,载《民录》第23辑第14页)。

(6) 孳息

抵押权的效力不及于【孳息】(天然孳息、法定孳息)(原则),但是及于债务不履行之后产生的孳息(《民法》第371条)。这一规定的实际意义在于,使抵押权人在债务人迟延履行后,可就孳息实现抵押权(与已抵押不动产一同拍卖、行使物上代位权、或实施收益执行)。《民法》未修订之前的规定是,在已抵押不动产被【查封】的情况下,抵押权的效力及于孳息(原《民法》第371条),但是关于在申请实现抵押权之前能否行使物上代位权这一问题点,学界一直存在争议。最终还是通过立法,解决了这一问题(2003年《民法》修订)。

债务不履行发生后产生的孳息,不仅包括孳息本身,在该时点已届清偿期的未支付租金债权也为其标的(《民事执行法》第93条第2款←《民事执行法》第188条。参见谷口、筒井编第57页)。但是,设立人如已经收取了债务不履行发生后产生的孳息,则抵押权的效力不及于该<u>已收取的孳息</u>(当然也不发生不当得利返还请求权)。这是因为,在实现抵押权或行使物上代位权之前,标的物的使用、收益权能仍然归属于设立人(参见生熊长幸:《担保不动産収益執行と民法第371条改正および敷金返還請求権に関する若干の問題》,载《ジュリ》第1272号第98页以下;道垣内弘人等:《新しい担保·執行制度》第38页以下)。

2 物上代位

(1) 抵押权的物上代位

关于【物上代位】制度的①基本构造、②对物上代位的理解、③【冻结】与【支付或交付】的含义、④物上代位的方式、⑤物上代位的效果,在前文已有详细说明(第1编第2章第3节2)。下文将针对抵押权物上代位的特有问题点进行说明(《民法》第372条→第304条)。

此外,关于《民法》第304条中的【债务人】,抵押权与先取特权(债务人绝大多数情况下是标的物的所有人)有所不同。具体而言,抵押权的标的物的所有人可以是物上保证人及第三取得人,因此,其也属于【抵押标的物的所有人】(大審院明治40年3月12日判决,载《民録》第13辑第265页)。

(2)【出卖】所得价款债权——物上代位的标的物(1)

即便第三人取得被出卖的抵押标的物,只要抵押权登记未涂销,抵押权人就可以实现抵押权,拍卖抵押物(抵押权的追及力)。有观点认为,于此情形,抵押权作为物权已经具有追及力,再承认其物上代位,会形成过度保护,故应当否定物上代位(第1编第2章第3节2(2)(a))。那对出卖所得价款债权的物上代位的现实性意义,当如何认识?

例如,在【图②】中,B向A借款700万日元,并在价值1000万日元的不动产上为其设立抵押权。之后,B又将该已抵押不动产出卖给第三人C。在现实中,C不可能以1000万日元买受该不动产。因为不动产上存在700万日元的负担,所以,通常该不动产的出卖价格会在300万日元左右(C【承担】700万日元的债务)。需注意,抵押权人在对该300万日元行使物上代位权之时,抵押标的物已经转化为【出卖所得价款】,抵押权本身已经消灭。因此,剩余的400万日元的债权就成为无担保债权,A无法实现抵押权(此种情形与【灭失】相同,与抵押标的物【租赁】则不同)(参见我妻第293页)。

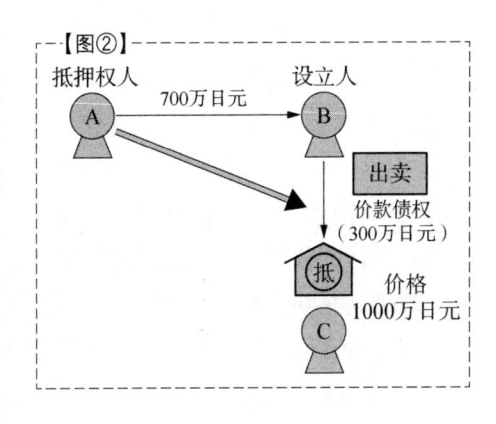

由此可知,对出卖所得价款债权行使物上代位权,在现实中是毫无意义的(因此,A通常会自行实现抵押权,或是实施代价清偿(《民法》第377条。本章第8节2))。正因为此,否定此种情形下的物上代位有其合理性。但是,鉴于选择何种方式实现权利取决于A,所以没有必要特意否定物上代位权。既然没有否定物上代位权的根据,那承认物上代位亦无不可(第1编第2章第3节2(2)(a)。改变了本书旧版中所采用的理论)。

【相关判例】

没有判例直接涉及此问题,但是存在数个相关判例。

i 回赎价款债权的物上代位

在最高裁判所平成11年11月30日判决(载《民集》第53卷第8号第1965页)中,A

与B订立附回赎特别约定的合同,从B处购买了土地并完成了登记。A在该不动产上为Y设立了最高额抵押权。之后,在B欲行使土地回赎权之时,先是A的债权人X冻结了A对B享有的回赎价款债权,后Y行使物上代位权。

对此,裁判所认为,【抵押权的设立晚于回赎特别约定的登记,所以在回赎权人回赎标的不动产之后,抵押权即告消灭。关于抵押权设立人即买受人与其债权人等的关系,首先,直到回赎权行使之时为止,抵押权是有效存续的,基于该时间段内有效续续的抵押权而发生的法律效果不会因回赎而消灭。此外,回赎价款在实质上,可视作是通过行使回赎权重新获得标的不动产所有权的对价】,支持Y对回赎价款行使物上代位权的请求。

回赎在形式上是【解约】,但在实质上却与再【买卖】相同,因此,应当承认此种情形下的物上代位权。但是,B完成回赎之后便重新取得了不动产的所有权,Y的抵押权也随之消灭(《民法》第581条第1款)。就这一点,裁判所认为,关于抵押权设立人与其债权人等之间的关系,由于【直到回赎权行使之时为止,抵押权是有效存续的】,所以应当承认抵押权效力的存在。也有学者从回赎(＝原合同解除)的【溯及效力】的特殊性(物权取得权的性质)出发,同样作出了与判例结论相同的推论(参见道垣内弘人:《民法判例百选Ⅰ第5版新法对应補正版》第185页;角纪代惠《リマークス2001(上)》第26页)。但是,承认解约的溯及效力的学说是直接效果说,而就解约并无必要采用这一学说的观点(参见【V】第91页以下),因此判例的结论是正确的。

ii 抵押权与物上代位权的选择性竞存

曾有判例认为,在既能够实现担保权(追及效力的实现),又能够行使物上代位权的情形下,可以承认两者的选择性竞存(最高裁判所昭和45年7月16日判决,载《民集》第24卷第7号第965页)。抵押权人将被担保债权作为被保全债权,对已抵押不动产实施临时查封后,临时查封债务人通过提存临时查封解除金来撤销该执行的,抵押权人可以选择对临时查封解除金的取回请求权行使物上代位权,也可以选择就已抵押不动产实现抵押权。此种情形下,如选择行使物上代位权获得优先受偿,则即便被担保债权未得完全受偿,抵押权也因物上代位权的行使而消灭,剩余部分成为无担保债权。

(3) 因【灭失或毁损】而发生的债权——物上代位的标的物(2)

(a) 损害赔偿请求权

第三人使标的物灭失、毁损后,所有人取得的基于侵权行为的损害赔偿请求权是物上代位的标的物(大审院大正5年6月28日判决,载《民录》第22辑第1281页;大审院大正6年1月22日判决,载《民录》第23辑第14页)。

(b) 保险金请求权

所有人因建筑物烧毁而获得的火灾保险金请求权是物上代位的标的物(大审院联合部大正12年4月7日判决,载《民集》第2卷第209页)。曾有保险法的学者对此提出了批判意见＊。保险金既是基于保险合同而产生的对价,也是被烧毁的建筑物的代偿物。虽说不订立保险合同就不会产生保险金,但是既然已经投保,抵押权的效力就应当及于保险金(参见我妻第283页)。

问题在于,在保险金请求权上设立质权的情形下＊＊,其与物上代位权的关系当如何看待?

例如在【图③】中,B在自己所有的建筑物上为A设立抵押权,同时,又在房屋的火灾保险金请求权上为D设立质权,D的质权与A的物上代位权孰

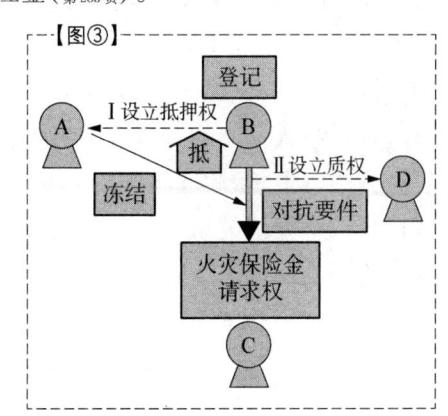

者优先？关于此问题，有两种学说（围绕此问题点,学界的讨论逐渐向物上代位的一般理论发展。在此,先介绍较早时期的学说理论。→后文(4)）。

【A】抵押权【登记】—质权【对抗要件】说

应根据 A 的抵押权的【登记】与 C 的质权具备【对抗要件】(通知第三债务人 C 或取得 C 的同意)的先后顺序进行判断。将冻结作为物上代位权行使要件的理由,【是因为需要防止作为标的的金钱或其他物与债务人的其他财产发生混同,导致权利关系陷入混乱(特定性维持说),用抵押权的登记作为其公示方式,已经足矣】（鹿儿岛地方裁判所昭和31年1月25日判决,载《下民集》第8卷第1号第114页。参见半田第42页;高木（第3版）第142页）（→这对现在的最高裁判所的立场（后文将介绍的最高裁判所平成10年1月30日判决等判例）有所影响）。

【B】抵押权【冻结】—质权【对抗要件】说

不是根据 A 的抵押权登记,而应根据 A 行使物上代位权的【冻结】,与 D 的质权具备【对抗要件】的先后顺序进行判断（福冈高等裁判所高宫崎支部昭和32年8月30日判决,载《下民集》第8卷第8号第1619页（上述鹿儿岛地方裁判所判决的控诉审）。参见川井第62页;川井《概论》第349页;小川英明:《物上代位》,载《不动产法大系Ⅱ担保(改订版)》第165页;高木(新版)第137页(旧说);内田第371页）。冻结的目的,既在于使优先权得到保持(优先权保全说),又在于公示物上代位权的存在。

物上代位权不基于抵押权直接发生,在未完成【冻结】前,物上代位权不发生效力,因此,只要完成抵押权【登记】,物上代位权就可居于优先地位的论点是不正确的。如根据【A】说,则在抵押权设立之后,设立人在火灾保险金上设立担保等行为在实质上已经没有意义（在前揭鹿儿岛地方裁判所昭和31年1月25日判决的解说(《旬刊商事法务研究》第58号第26页。但该解说中出现的〔2月8日判决〕的表述是错误的)中也提到,【在完成抵押权设立登记后,又在该物的火灾保险金请求权上设立质权,是不存在利益的】）。此外,高木教授以《预约登记担保法》第 4 条作为依据,提出两者间的关系,属于物上代位权人之间的竞合关系,因此可以根据实体权利的发生顺序进行判断。但是,此问题的核心在于债权的处分(质权设立)与物上代位权的行使的关系当如何理解,因此《预约登记担保法》第 4 条不能作为判断的依据（后文(4)(b)）。

* **保险金的法律性质**

民法学者认为,抵押权的效力及于保险金请求权,故可对保险金请求权行使物上代位权。但保险法学者反对此观点,并认为,保险金请求权是基于保险合同而产生的保险金的对价,而非标的物的代偿物或是变形物,应否定物上代位。

** **抵押权人设立的质权**

在从银行贷款买房,并在购买的房屋上设立抵押权的情形下,银行往往会要求借款人再购买火灾保险及生命保险,并要求借款人在保险金请求权上设立质权。如此一来,即便不行使物上代位权,银行也可作为质权人就保险金请求权优先受偿(债权质权)。

(c) 特别法上的补偿金、清算金

对《土地收用法》(第104条)、《土地改良法》(第123条)等法律中规定的补偿金及清算金等,可以行使物上代位权。

(4)【租赁】产生的租金债权——物上代位的标的物(3)

(a) 对租金(收益)行使物上代位

发生债务不履行之后,抵押权的效力及于【租赁】所得之【租金】(《民法》第371条。最高裁判所平成元年10月27日判决,载《民集》第43卷第9号第1070页,依据的是原《民法》第371条),抵押权人可行使物上代位权(《民法》第304条第1款)。此外,对物权(地上权、永佃权)的对价(地租)同样可以行使物上代位权(《民法》第304条第2款)。

【租金(收益)的价值与担保的方式】

【租金】日益成为重要的担保物。如前文所述,随着高层建筑技术的发展,大量价值远超土地的可出租楼房拔地而起,其产出的收益(租金)的价值也备受重视。随着可出租楼房在所有不动产中所占比例的增高(土地的总量是有限的),租金收益的担保价值也大幅提升(第2编第1章*【作为不动产财产的可出租楼房的意义】)。

通过行使物上代位权与收益执行,都能够获取【收益】的担保价值。但是,这些是在债务人迟延履行时的债权回收手段。既然【收益】本身存在价值,那确立可使债权人在事先将收益作为担保标的物进行获取的方式,就有其必要性。这样既能够提高授信额度,也能够使债权人在债务人陷入财务危机之时依然得以优先受偿。今后,对于在设立抵押权之时,将租金债权也一并让与于抵押权人的这种在美国已经普及化的担保方式,也有进一步研究的必要(参见青木则幸:《アメリカ法における賃料讓渡制度の現状》,载《早稲田大学大学院法研論集》第94号第1页以下)。

下文将对【租金】债权的物上代位与其他权利发生竞合时的各种情况进行分析。【图④】为设例。

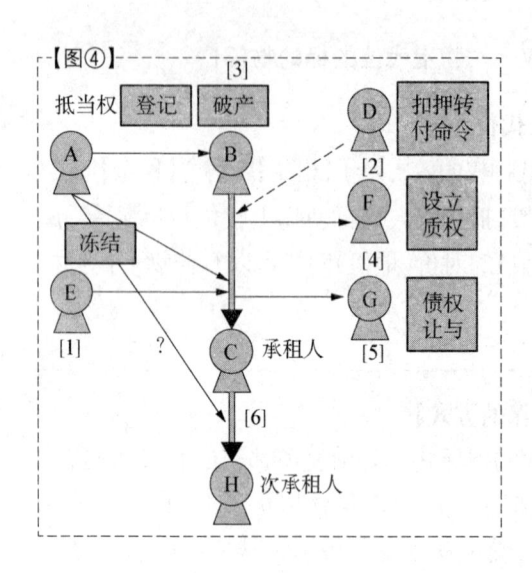

(b) 物上代位权的竞合

在【图④】【1】中,后顺位抵押权人 E 先于先顺位抵押权人 A 实施了冻结,其顺位关系如何认定?此种情形下,抵押权的实体关系已经通过登记实现了公示,所以应根据【登记】的先后顺序,认定 A 优先于 E(《预约登记担保法》第4条第1款)。

需要注意的是,此种关系,与物上代位和其他权利之间的竞合关系(后文(c)等)绝不能混为一谈。

(c) 一般债权人的冻结、转付命令与物上代位

在【图④】【2】中,作为一般性规则,可参照先取特权的物上代位(第1编第2章第3节2(4))。

i 在一般债权人实施冻结之后行使物上代位权

一般债权人 D 在就 B 对 C 享有的租金债权实施冻结之后,抵押权

人A也实施了冻结。【冻结】仅禁止债务人的处分,除此之外并无其他效果。所以抵押权人可以重复实施冻结(最高裁判所昭和59年2月2日判决,载《民集》第38卷第3号第431页(动产买卖先取特权事例);最高裁判所昭和60年7月19日判决,载《民集》第39卷第5号第1326页(动产买卖先取特权事例))。因此,双方皆可实施冻结。而物上代位权是由抵押权(物权)派生而出的权利,物上代位权的行使就是担保权实现的形态之一(《民事执行法》第193条第1款后段),因此,在分配过程中,物上代位权居于优先地位。

ii 在一般债权人实施冻结后设立抵押权

在一般债权人对租金债权实施包括性冻结后,该不动产上又被设立抵押权,且抵押权人基于物上代位权实施了冻结。

对于上述情形,判例认为,【一般债权人实施的债权冻结的处分禁止效力在冻结命令送达第三债务人之时发生,另一方面,抵押权人为对抗第三人,必须完成抵押权设立登记。因此,在一般债权人的冻结与抵押权人基于物上代位权的冻结发生竞合之时,两者的顺位关系,应当根据一般债权人申请的冻结命令送达第三债务人的时间,与抵押权设立登记的时间的先后顺序进行判断。冻结命令送达第三债务人的时间如早于抵押权人的抵押权设立登记,则抵押权人无法参与分配】(最高裁判所平成10年3月26日判决,载《民集》第52卷第2号第483页)。

有批判意见认为,抵押权的物上代位在包括性冻结已经完成的情况下会变得毫无意义。虽说冻结的效力仅限于处分禁止效力,但是抵押权的设立本身已经劣后于冻结,故无使之居于优先顺位的理由,所以判例的结论是正确的。

iii 标的债权的转付命令

转付命令属于债权委付(法定让与),其效果是变更债权的归属,因此不存在行使物上代位权的余地。此外,因为转付命令在送达第三债务人时生效,所以只要其生效之前抵押权人未实施冻结,就不会影响转付命令的效力(最高裁判所平成14年3月12日判决,载《民集》第56卷第3号第555页)(参见生熊长幸:《判評》第526号第20页(《判時》第1797号第182页))。

(d) 债务人破产与物上代位

在【图④】【3】中,在债务人进入破产程序后,债务人仅受到处分禁止效力的限制,所以抵押权人能够行使物上代位权(前揭最高裁判所昭和59年2月2日判决。第1编第2章第3节2(3)(a)ⅱ)。

(e) 债权质权与物上代位

在【图④】【4】中,物上代位权与质权的顺位关系的判断方法,可直接参照前述在【保险金请求权】上设立质权的相关内容。简而言之,问题的核心在于,能够对抗质权的【对抗要件】的标准,是抵押权的【登记】,还是【冻结】。判例的结论是,抵押权的【登记】是物上代位权的对抗要件(本节(3)(b))。

(f) 债权让与与物上代位

在【图④】【5】中,设立人 B 将租金债权(已发生债权与将来发生债权)让与于第三人 G 后,抵押权人 A 能否行使物上代位权?

在大审院联合部大正 12 年 4 月 7 日判决(载《民集》第2卷第209页)中,当时的大审院推翻了以往采用特定性维持说的判例,转而做出了支持特权说、优先权保全说的判决(关于上述学说,可参考第1编第2章第3节(3)(a))。同时,裁判所认为,在抵押权人自行实施冻结之前,如其他的债权人已取得转付命令,则其效果与债权让与相同,即债权的归属发生变更,这就导致物上代位权无法行使。对于该判例,有反对者认为,即便是在取得转付命令,或标的债权被让与之后,担保物权人也可以行使物上代位权,只是在对新债权人(转付债权人、受让债权人)完成支付后,请求权即告消灭,所以物上代位权必须在支付完成之前行使(参见我妻第290页,等)。

之后,前揭最高裁判所昭和 59 年 2 月 2 日判决依然采用了大审院联合部大正 12 年 4 月 7 日判决的判决理由(前揭最高裁判所昭和60年7月19日判决也采用了同样的判决理由),该判决理由也最终得到了学界的支持,进而成为现在的通说。简而言之,就是债权让与使债权的归属发生变更,依据【转付命令】理论,债权既然已经归属于他人,就无法行使物上代位权(第1编第2章第3节2(3)(a)ⅰ,以及第2编第3章第3节(4)(c)ⅲ)。

但在最高裁判所平成 10 年 1 月 30 日判决(载《民集》第52卷第1号第1页)中,裁判所认为,【即使物上代位的标的债权被让与于第三人,且其已经具备对抗要件,抵押权人也可以自行冻结标的债权,行使物上代位权】。其理由是,①《民法》第304条中的【支付或交付】并不当然包括债权让与,②即便承认标的债权让与之后的物上代位权的行使,也不会损害第三债务人的任何利益,③抵押权的效力及于物上代位的标的债权的这一情况,可视为已经通过抵押权设立登记完成了公示,④如不采用判例的结论,则通过债权让与可轻易排除物上代位权的行使,这会不当地损害抵押权人的利益。此外,裁判所认为,无论被让与的标的债权在物上代位权人进行冻结之时是否已届清偿期,上述理由皆得以成立。

针对此问题,出现了如下学说。

【A】【登记】对抗要件说

该学说将抵押权【登记】作为物上代位权的对抗要件,认为即便抵押权设立后债权被让与,只要是在第三债务人清偿之前,抵押权人便可基于物上代位权实施冻结(参见清原泰司:《物上代位の法理》第75页;高木第150页,等)。本学说与前揭最高裁判所平成10年1月30日判决的立场是相同的。

【B】【冻结】对抗要件说

该学说将【冻结】作为物上代位权的对抗要件,认为应根据物上代位权的【冻结】与债权让与的【对抗要件】的具备的先后顺序,判断两者的顺位关系(参见道垣内弘人:《赁料债权に对する物上代位と赁料债权の譲渡》,载《银法21》第522号9页以下,等)。

【C】【冻结】之时——债权区分说

该学说将物上代位的【冻结】的时点作为判断标准,在该时点如租金债权已经发生,则债权让与优先,如租金债权未发生,则物上代位权优先(参见松冈久和:《物上代位权の成否と限界(1)》,载《金法》第1506号17页以下,等)。

首先,判例及【A】说认为,《民法》第304条中的【冻结】的立法目的在于【保护第三债务人】(高木第150页所持意见有所不同)。但是通说认为,【冻结】的立法目的在于特定、公示标的债权并以此确保其优先性。关于针对上述学说的批判意见,在前文已有介绍(第1编第2章第3节2(3)(b))。其次,关于物上代位权能否通过抵押权【登记】实现公示,在保险金请求权的部分已有介绍,即,如不实施冻结,便无法行使物上代位权。因此,通过抵押权【登记】可以维持其效力的这一理解存在因果颠倒的问题。此外,在此判例中,抵押权设立人 A 与建筑物承租人 Y 之间有 20 年的交往,租金债权受让人 B 还是 Y 公司的职员,在抵押权人 X 与 A 之间关于处分建筑物的交涉破裂之后,A 立即将债权让与于 B,Y 也就此表示同意。前述行为属于典型的债权回收妨害,对于这种妨害,可以违反诚实信用原则,或存在权利滥用等作为事由,将之予以排除(在一审中,裁判所认定 Y 的主张属于权利滥用)。

综上所述,因物上代位权的行使是以【冻结】为前提,故应根据【冻结】与债权让与具备【对抗要件】的先后顺序确定顺位关系。因此,【B】说是合理的。

此外,在【C】说下,被让与的租金债权几乎都会是将来债权,因此在实际上,与【B】说并无区别。

顺带一提,在近期的判例中,裁判所认为,在基于动产买卖先取特权的物上代位权的行使与标的债权的让与发生竞合的情形下,该先取特权【与抵押权不同,其并不具备公示方式】,如果标的债权被让与,且具备了对抗要件,则不得行使物上代位权(最高裁判所平成 17 年 2 月 22 日判决,载《民集》第 59 卷第 2 号第 314 页)。

(g) 转租租金的物上代位

在【图④】【6】中,C 将已抵押不动产转租给 H,抵押权人能否就 C 对 H 享有的转租租金债权行使物上代位权?在下级裁判所判例中,存在肯定与否定两种观点。最高裁判所在原则上采否定观点,认为仅在能够将承租人视同为所有人的情形下,例外性地肯定物上代位权的行使。

最高裁判所认为,【《民法》第 304 条第 1 款中的债务人,原则上不包括已抵押不动产的承租人(转租人)。盖因所有人承担着以已抵押不动产担保被担保债权履行的物的责任,而已抵押不动产的承租人并不承担此等责任,不以自己享有之债权清偿被担保债权。……此外,如果承认可将转租租金债权作为物上代位的标的物,则会损害正常成立的基于已抵押不动产的租赁关系中的承租人(转租人)的利益】。而关于执行妨害等,最高裁判所认为,【如出现通过滥用法人人格、伪造租赁假象等方式虚构转租关系,以减少所有人能够获取的租金,妨害行使抵押权等情况,则可将已抵押不动产的承租人视同为所有人,抵押权人可基于抵押权对该承租人应取得之转租租金债权行使物上代位权】(最高裁判所平成12年4月14日判决,载《民集》第54卷第4号第1552页)。此结论是合理的。

(h) 物上代位与承租人的抵销

行使物上代位权对租金债权实施冻结时,承租人 C 能否将自己对出租人(设立人)B 享有的债权作为自动债权与租金债权抵销?根据《民法》第 511 条,C 在冻结<u>之后</u>取得的债权不能够用于抵销,但在<u>冻结之前取得的债权</u>可以用于抵销。

但是判例认为,在抵押权人实施【冻结】后,承租人【以在抵押权设立登记完成之后取得的对出租人享有的债权作为自动债权,与租金债权进行抵销的,不能对抗抵押权人】。盖因,在实施冻结之后,【抵押权的效力及于租金债权的情况已<u>通过抵押权设立登记完成公示</u>】,所以没有理由承认承租人对抵销的期待得优先于抵押权的效力(最高裁判所平成13年3月13日判决,载《民集》第55卷第2号第363页)。这一判例显然是以前揭最高裁判所平成 10 年 1 月 30 日判决的结论作为前提的。但在本判例中,裁判所实质上要强调的,是冻结作为已通过登记完成公示的担保物权实现方式的效果。

此外,有学者认为,当承租人对出租人享有的债权是【房屋租赁押金】返还请求权时,不适用上述法理。

【最高裁判所平成 13 年 3 月 13 日判决案情介绍】

【图⑤】X 于平成 10 月 1 日,基于在昭和 60 年 9 月设立的抵押权,行使物上代位权,取得了 A 对 Y 享有的租金债权的冻结命令,并基于收取权,就平成 10 年 2 月至 6 月间的租金提起了租金收取诉讼。A、Y 之间于昭和 60 年 11 月订立了房屋租赁合同,并

【图⑤】

昭和60年9月设立抵押权

昭和60年11月租赁关系发生
平成9年8月租赁关系终止
（保证金3000万日元）

平成10年1月 冻结

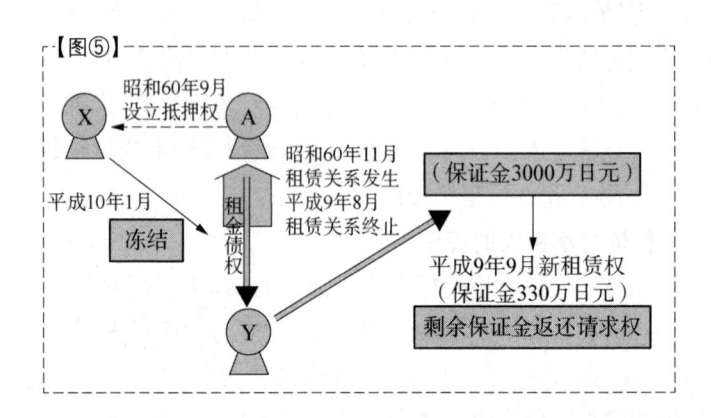

租金债权

平成9年9月新租赁权
（保证金330万日元）
剩余保证金返还请求权

约定了 3000 万日元的保证金,该合同于平成 9 年 8 月终止,随后于当年 9 月,A、Y 又重新订立了房屋租赁合同,并约定了 330 万日元的保证金。双方约定,原先已交付的保证金可以抵作新订立的合同的保证金。关于超出部分的保证金的返还,双方于平成 9 年 9 月 27 日约定,超出部分的保证金将与平成 12 年 9 月之前的租金债权抵销。针对 X 的物上代位权,Y 以上述抵销作为理由提出主张。

(i) 物上代位与抵充租金债权的房屋租赁押金

抵押权人行使物上代位权冻结租金债权后,已抵押不动产的承租人能否以已向出租人支付的【房屋租赁押金】抵充租金债务？如根据前揭最高裁判所平成 13 年 3 月 13 日判决中的法理,因物上代位居于优先顺位,承租人将会面临丧失已支付的房屋租赁押金的危险。

但是,在后续判例中,出现了不一样的结论。抵押权人 X 于平成 10 年 6 月行使物上代位权,冻结了最高数额为 4.6 亿日元的租金债权,并要求承租人 Y 支付该笔款项。但 Y 于平成 10 年 3 月已经发出内容为 Y 将于当年 9 月 30 日解除租赁合同的通知,且已于当年 9 月

30日搬离,并以房屋租赁押金返还债权与搬离前已发生的未支付租金债权进行了抵销。

根据上述案情,最高裁判所认为,【房屋租赁押金】用于担保【租赁关系终止、标的物返还为止的这一期间内所发生的】一切债权,一经抵充,债权当然消灭,该效果基于附随于租赁合同的房屋租赁押金合同而发生,【与抵销不同,其不以当事人的意思表示为必要条件,基于《民法》第511条,上述债权消灭的效果显然不会受得妨碍】。因此,【即便抵押权人对已支付过房屋租赁押金的租赁合同中的租金债权行使物上代位权并实施冻结,在该租赁合同终止且标的物被返还的情形下,租金债权在房屋租赁押金的抵充范围内消灭】(最高裁判所平成14年3月28日判决,载《民集》第56卷第3号第689页)。

该判例的结论是合理的(参见熊长幸:《判批》,载《民商》第130卷第3号第142页)。只是,在现实中,为了实现房屋租赁押金的【当然抵充】功能,必须终止合同关系,并返还不动产(▶→《契约法》【敷金】(参见【V】第195页以下))。

(5) 行使物上代位权的方式

(a)【证明担保权存在的文书】

抵押权人行使物上代位权,属于实现抵押权的一种方式,为行使物上代位权,必须提交(《民事执行法》第193条第1款后段)【证明担保权存在的文书】(《民事执行法》181条)。因为物上代位权的标的物为【债权】(请求权),所以在方式上,行使物上代位权应遵循《民事执行法》中规定的【债权执行】程序(《民事执行法》第193条第2款→第143条以下)。

(b) 与【收益执行】程序的关系

抵押权人行使物上代位权并对租金债权实施冻结后,其他担保权人申请并开始实施【收益执行】的,基于物上代位权的冻结程序会被收益执行程序所吸收,抵押权人将在收益执行的过程中参与分配(《民事执行法》第188条→第93条之4)。

3 被担保债权的范围

(1) 序说

(a) 被担保债权的范围的限制

抵押权的被担保债权的范围与质权(《民法》第346条)不同,受到一定的限制(《民法》第375条)。除本金外,利息、定期金、损害赔偿等都受到了【最后2年内可取得之部分】的限制,这一限制参考的是法国法。利息与定期金会随着时间的推移而大幅增加,这会极大地影响到后顺位抵押权人与其他一般债权人的利益。因此,本条的意义在于,在将已经设立的抵押权的范围进行公示的同时,也提高了抵押标的物的剩余价值的利用可能性。

但是,关于是否应对利息设置限制,争议非常大(德国法不设限制)。如对《民法》第375条作上述理解,则只要不牵涉后顺位抵押权人与一般债权人等的利益,就无必要进行限制。因此,应在对【无法行使抵押权】者的范围进行限定的基础上,对《民法》第375条进行解释(参见我表第248页)。故而,抵押权的被担保债权的范围,在牵涉后顺位抵押权人等的利益的情况下,受到《民法》第375条的限制,而当事人(债务人及设立人)并不会受其限制,在本金之外,如无法全额支付利息、定期金,就无法使抵押权消灭(通说、判例)。这是目前对《民法》第375条的解释。

(b) 登记公示

抵押权的被担保债权的范围,应在登记簿上进行公示(《不动产登记法》第3条第1款,第88条第1款)。除债权数额之外,利息、损害赔偿的数额、定期金的数额等内容也是登记事项。上述事项一旦完成登记,抵押权人就可对抗后顺位抵押权人等。在与后顺位抵押权人等的关系中,抵押权人能够获得优先受偿的范围,根据登记的内容确定(本章第2节4(2))。但在个别情况下,存在特殊的处理,相关内容将在后文详述。

(2) 本金

通常,本金全额皆为抵押权的被担保债权,为部分本金设立担保的【部分抵押】的合意亦为有效(本章第2节 3(1)(b)ⅰ)。

此外,债权数额为法定的登记事项。假定被担保债权为1000万日元,后因某些原因导致登记的数额变为900万日元,在与后顺位抵押权人等的关系中,仅能就900万日元优先受偿,而在与债务人的关系中,可就全部的1000万日元优先受偿。

为非以特定数额的金钱作为标的物的债权(非金钱债权)设立抵押权的,必须对该债权的【价值】(以货币估价)进行登记(《不动产登记法》第83条第1款第1项)。

(3) 利息

(a) 利息的约定

对利息有约定的,必须登记其利率(《不动产登记法》第88条第1款第1项)。但是即便完成登记,抵押权的实现范围也仅限于【期满之前最后2年内可取得之部分】(《民法》第375条第1款本文)。

(b) 限制的范围

关于【期满之前最后2年内可取得之部分】的这一限制,存在若干问题点需要分析。

ⅰ 不受限制者

如前文所述,这一限制的目的在于调整与后顺位抵押权人等之间的利害关系。因此,如果不存在后顺位抵押权人等,则在<u>当事人之间</u>不受上述限制的影响。那么,【当事人】(即设立人)所指具体为何?

①【债务人】(设立人)。【债务人】(设立人)不受限制(大审院大正9年6月29日判决,载《民录》第26辑第949页(抵押权人可对利息全额申请实施拍卖))。

②【物上保证人】。物上保证人亦属设立人,故不受限制。

③【第三取得人】。关于第三取得人是否受到限制,出现了ⓐ视同

设立人说(因其完全承继了设立人的负担)(参见我妻第249页)、ⓑ视同后顺位抵押权人说(因其通常对标的物的残余价值抱有期待,并取得残余价值)(参见铃木第149页)、及ⓒ个别处理说。判例采用的是ⓐ说,在相关判例中,大审院认为,由于第三取得人完全承继了设立人的负担,如其不全额清偿定期金,则无法使抵押权消灭(大审院大正4年9月15日判决,载《民录》第21辑第1469页)。

窃以为,虽说第三取得人对残余价值抱有期待,但其与后顺位抵押权人不同,是以承继抵押权的负担为前提,期待获取剩余价值的。在自行负担抵押权这一点上,与物上保证人是相同的。因此,应当说,第三取得人对于抵押权并非是为登记公示数额的债权,而是为设立抵押权的当事人间存在的债权全额提供担保之事,已经知悉。所以,ⓐ说是合理的。

ⅱ【期满之前最后 2 年内可取得之部分】的含义

关于此问题,学说上存在争议。

【A】分配时说

此学说认为,【期满之前最后 2 年内可取得之部分】当从分配实施之时开始起算,而根据起算时点的不同,又可分为分配日说(参见我妻第250页。名古屋高等裁判所昭和33年4月15日判决,载《高民集》第11卷第3号第239页)与分配表做成日说(参见川井《概论》第331页)。

【B】利息支付到期时说

此学说认为,【届满】是指利息支付到期之时(参见柚木、高木第290页)。

举例说明【A】说与【B】说的区别。假设,利息的清偿期为每年的 12 月 31 日,抵押权人于平成 16 年 9 月 1 日实现抵押权。如采【A】说,则利息的数额为实现抵押权进行分配之日起 2 年内可取得之部分对应的数额。如采【B】说,则利息的数额为平成 14 年、15 年这 2 年内可取得之部分对应的数额,平成 16 年的 8 个月不在其范围内。

(c) 关于利息的特别约定

关于利息的特别约定,是指复利与本息均额摊还等关于利息的特别约定。

i 复利的特别约定

在实务中并不承认复利特别约定的登记(昭和34年11月26日民甲2541号民事局长通达),所以仅能够就单利计算所得的 2 年内可取得之利息优先受偿(可以将能够计入本金的金额预先与本金一同进行登记。参见高木第154页)。

ii 本息均额摊还

在本息总额分 15 年平均摊还,且在偿还期间内,抵押权人行使抵押权的情形下,其利息部分是无法适用原《民法》第 374 条(现行《民法》第 375 条)的(大审院大正9年12月18日判决,载《民录》第26辑第1951页)。有学者赞成判例的结论,认为由于债权总额是确定的,该总额可被登记在册(《不动产登记法》第83条第1款),所以并无必要将利息限定在最后 2 年内可取得之部分(参见高木第154页)。也有学者认为,根据剩余的本金可以计算出最后 2 年的利息,因此可以只就该部分利息行使抵押权(参见川井《概论》第331页)。

(d) 到期后的【特别登记】

关于在前述【最后 2 年】之前已经产生的利息,若在期限届满后进行特别登记,自登记时起可行使抵押权(《民法》第375条第1款但书)。该特别登记通过权利变更登记的方式实施(《不动产登记法》第66条)。

(4) 定期金

定期金也与利息一样,抵押权人只能就期满之前最后 2 年内可取得之部分行使抵押权(《民法》第375条第1款本文)。所谓的定期金,包括终身定期金、有期年金、定期扶助金、地租、房屋租金等。定期金与利息的不同之处在于,其本身就是被担保债权,因此可将其在全期限内的总额作为【债权数额】(将来债权),设立抵押权(参见我妻第254页)。

(5) 迟延损害金、违约金

(a) 迟延损害金

清偿期届满后仍不偿还本金的,须支付迟延损害赔偿(迟延利息)。

如对迟延损害金的利率未做特别约定(赔偿额的预先确定),则根据本金的约定利息计算其数额。如有特别约定,则遵照该特别约定中约定之利率。但是,该特别约定所定之迟延损害金也受到最后2年的这一限制,且与利息或其他的定期金等合计不得超过2年内可取得之部分(《民法》第375条第2款)。如未做特别约定,则参照利息的处理方式。

(b) 违约金

违约金被推定为是预先确定的赔偿金(《民法》第420条第3款),因此在处理上,通常与前述迟延损害金不做区分。故抵押权人可通过登记,就期满之前最后2年内可取得之部分行使抵押权。但是,如约定特定金额的违约定,便无法进行登记(昭和34年7月25日民甲1567号民事局长通达)。对此,有学者提出反对意见,认为《民法》第375条仅对受到限制的被担保债权进行了规定,故就未作明确规定的违约金是可以行使抵押权的。此外,也可将违约金作为【债权数额】(《不动产登记法》第83条第1款)进行登记(参见川井《概论》第333页)。

(6) 实现抵押权的费用

关于实现抵押权的费用是否包含在抵押权的被担保债权中,与质权(《民法》第346条)不同,《民法》对此并未作出明确规定。但《民事执行法》规定,执行费用由债务人承担(《民事执行法》第42条第1款、第85条第4款),这意味着实现费用包含在被担保债权中。在现实中,如果存在后顺位抵押权人,便会涉及本问题(参见川井《概论》第334页)。

近期,将执行费用与抵押权的效力进行区分,将执行费用认定为【共益费用】的学说得到了较多的支持(参见东孝行:《抵当権実行費用について》,载《判夕》第450号第60页以下;高木第155页)。

第4节 抵押权的效力（2）——优先受偿性效力

1 序　说

(1) 优先受偿的方式——抵押权的实现

抵押权的本体性效力,是使抵押权人在债权无法获得清偿的情况下,可就已抵押不动产优先受偿,即抵押权的实现。在理论上,抵押权的实现是排他性支配权的【处分】权能的实现。其方式具体如下($^{序论(2)}_{(c)}$)。

i 拍卖担保不动产

拍卖不动产(变价),就拍卖所得价款优先受偿($^{本节}_{2}$)。

ii 担保不动产收益执行

获取已抵押不动产的收益(孳息)管理权,并就获得的收益优先受偿($^{2003年导入。}_{本节3}$)。

iii 抵押直流

抵押权人可以直接取得已抵押不动产的所有权(流担保)($^{本节}_{4(1)}$)。

iv 任意变卖

债务人进入破产程序后,破产管理人可自行基于管理处分权,在取得裁判所的许可之后,任意变卖已抵押不动产($^{本节}_{4(2)}$)。

抵押权人可选择上述任一方式,各类程序的相关内容将在后文详述。

(2) 作为一般债权人的强制执行

因为抵押权人为抵押债权的【债权人】,所以可以以一般债权人的身份,对债务人的一般财产实施【强制执行】。但是,在抵押权人另行确保了可获得优先受偿的部分财产的情况下,如再允许其强制执行债务人的一般财产,将会严重损害其他一般债权人的利益,因此不能无条件地承认其对一般财产强制执行的权利。《民法》对其权利行使,设定了一定的限制。

(a) 仅限于【优先受偿后仍未得到清偿的部分】

抵押权人先就已抵押不动产实现权利,如就此未能得到清偿,便可在未受偿的部分债权的限度内强制执行债务人的一般财产(《民法》第394条第1款)。

在抵押权人未行使抵押权,而是先强制执行债务人的一般财产的情形下,会涉及本条的适用。上述限制性规定的目的在于保护一般债权人,因此,当抵押权人先强制执行债务人的一般财产之时,一般债权人可提出异议申请。但是,债务人不得提出异议申请(大审院大正15年10月26日判决,载《民集》第5卷第741页。参见我妻第301页)。关于异议申请的提起方式,有学者认为可以通过第三人异议之诉的方式提起(参见柚木,高木第374页),也有学者认为,由于无法阻止强制执行,所以一般债权人只能在参与分配之时请求提存(参见我妻第301页)。

(b)【例外】——其他财产已经被强制执行的情形

如在抵押权实现之前,已出现应就其他财产的变价所得参与分配的情况,则不适用上述(a)的原则(《民法》第394条第1款的规定),抵押权人可以其享有的全部债权就一般财产获得分配(《民法》第394条第2款后段)。但是,为使抵押权人依据《民法》第394条第1款的规定获得受偿,其他债权人可请求将应当分配给抵押权人的款项进行提存(《民法》第394条第2款后段)。如此一来,抵押权人可取得的提存金的数额就仅限于实现抵押权之后仍无法获得清偿的部分。于此情形,抵押权人将与其他债权人平等地按债权比例参与分配。

(3) 优先受偿的顺位

(a) 与其他抵押权的关系

根据登记的先后顺序,决定抵押权的顺位(《民法》第373条第1款)。劣后的抵押权(后顺位抵押权)在先顺位抵押权因清偿或其他事由消灭之后,其顺位会升进(顺位升进原则)。

(b) 与租税债权的关系

国税(《国税征收法》第8条)与地方税(《地方税法》第14条之9)的租税债权,为效力及于纳税人的总财产的一般先取特权。如果在国税、地方税的法定纳税期限等到期之前设立抵押权,则该抵押权优先于租税债权(《国税征收法》第16条,《地方税法》第14条之10)。

(c) 与先取特权的关系

如果<u>一般</u>先取特权已完成登记,则根据登记的先后顺序决定顺位(《民法》第336条但书)。如果抵押权未经登记,则先取特权优先于该未登记的抵押权(第1编第2章第3节1(2)(b)ⅳ)。关于<u>不动产</u>先取特权,如果是买卖的先取特权,则根据登记的先后顺序决定顺位,如果是<u>保存</u>行为或者是<u>建筑工程</u>的先取特权,则只要其完成登记,便得优先于抵押权(《民法》第339条)。上述内容在前文已有详述(第1编第2章第3节1(2)(b)ⅳ)。

(d) 与不动产质权的关系

根据登记的先后顺序决定顺位(《民法》第373条第1款←第361条)。

(4) 第三人实施拍卖

后顺位抵押权人与一般债权人也可申请拍卖已成为抵押权标的物的不动产(前者为后顺位抵押权的实现,后者为强制拍卖)。进入拍卖程序之后,先顺位抵押权消灭(消灭主义。《民事执行法》第59条第1款。第2编第3章第1节【消灭主义与承担主义】第),抵押权人可按其顺位参与分配(《民事执行法》第87条第1款第4项)。

抵押权人可以重复申请拍卖,但如抵押权人是在一般债权人或后顺位抵押权人先行申请开始的拍卖程序的实施过程中,取得拍卖开始决定的,则只得按其顺位参与分配(《民事执行法》第47条、第87条第1款第1项←第188条)。

(5) 破产程序中抵押权的地位

(a) 破产、民事再生

债务人进入【破产】程序后,抵押权人因享有【别除权】,所以其权利不会被破产程序所吸收,抵押权人依然可以单独实现抵押权(《破产法》第65条)。与破产相同,在【民事再生】中,抵押权人也可作为别除权人,不通过再生程序而单独行使权利(《民事再生法》第53条)。

(b) 公司更生

债务人进入【公司更生】程序后,抵押权会转化为【更生担保权】(《公司更生法》第2条第10款),抵押权人只能够在更生程序中主张优先受偿权(《公司更生法》第135条)。不过,在更生程序中,更生担保权享有最优先顺位的地位(《公司更生法》第168条第1款、第3款)。

(c) 特别清算

在作出特别清算开始命令之后,裁判所可在符合债权人的一般利益,且不会对担保权实现申请人造成不当损害的前提下,基于申请或是基于职权,确定期限作出抵押权实现程序中止命令(《公司法》第516条)。

2 担保不动产的拍卖

(1) 拍卖开始程序

(a) 实体法上的要件

为实现抵押权,在实体法上必须满足如下三个要件:①存在抵押权、②存在被担保债权、③已届清偿期。对于该等要件,裁判所并不会进行实质审查。在开始决定作出后,如对实体法上的要件是否满足存在异议,可提出执行异议(《民事执行法》第182条、第183条)。

(b) 拍卖的申请——提交【开始文书】

实现抵押权,须向不动产所在地有管辖权的地方裁判所(执行裁判所)提出申请(《民事执行法》第44条←第188条)。拍卖程序在抵押权人提出【证明担保权存在的文书】(开始文书)之时开始。能够证明担保权存在的【开始文书】有如下几类(《民事执行法》第181条第1款)。

 i 能够证明担保权存在的生效判决与家事裁判文书(《家事审判法》第15条),

或是与上述判决文书具有同等效力的副本。

ⅱ 能够证明担保权存在的公证人作成的公证书的副本。

ⅲ 登记抵押权的登记簿的副本。

关于申请书的记载事项与附件材料等,请参与《民事执行规则》(《民事执行规则》第170条、第23条←第172条)。

【于拍卖开始决定之前实施保全的必要性】

抵押权人申请拍卖之前,债务人、不动产所有人或占有人的【价值减少行为】(使不动产的价值减少,或是使其处于价值减少的危险中)可能导致拍卖失败。因此,此种情形下,拍卖申请人可以向执行裁判所申请,在买受人支付价款之前,作出包含以下内容的【保全处分】或【公示保全处分】(将保全处分的内容在不动产所在地进行公示):①禁止实施价值减少行为,或应当为特定之行为;②将占有的不动产交予执行官,或是将不动产交由执行官保管;③禁止转移不动产的占有,以及同意可使用该不动产(《民事执行法》第187条、第55条第1款)(本节【于拍卖之际实施保全的必要性】)。

(c) 拍卖的开始决定

执行裁判所在作出拍卖的开始决定后,启动拍卖程序。在拍卖决定中,必须宣告,是为了债权人查封担保不动产(《民事执行法》第45条第1款←第188条)。拍卖的开始决定送达债务人(或所有人)(《民事执行法》第45条第2款),裁判所书记官必须委托登记所完成标的不动产的查封登记(《民事执行法》第48条←第188条)。如果已经开始就标的物实施收益执行(本节3),则必须将担保不动产拍卖的开始决定,通知给收益执行的申请人及管理人(《民事执行规则》第24条←第173条第1款)。

i 查封的效力——处分禁止效力

所有人对标的物的处分因查封而被禁止(《民事执行法》第45条第1款←第188条)。在此意义上,如果处分标的物,则该处分既不能够对抗实施查封的债权人,也不能够对抗第三人,该处分只在当事人之间有效(这被称作【关系性或相对性处分禁止】)。此处所指的第三人,并不排除查封后出现的实施查封的债权人及要求参与分配的债权人,应为<u>与该执行程序相关的所有债权人</u>(《民事执行法》第87条第2款、第3款。参见椿编第43页以下(上田徹一郎所著部分))。

查封于拍卖开始决定送达债务人之时,或完成查封登记之时生效,以先发生者为准(《民事执行法》第46条第1款←第188条)。

ii 对开始决定的不服申请

债务人或已抵押不动产的所有人可以【抵押权不存在或已消灭】为由(《民事执行法》第182条),对担保不动产拍卖的开始决定提出执行异议申请(《民事执行法》第11条)。在强制执行的异议申请中不做实体上的权利判断(只审查程序上的瑕疵)(本节【执行抗告与执行异议】),而在担保权的实现过程中,可根据上述理由提出申请。如果对抵押权是否存在存有争议,通常必须通过裁判解决(参见田井等第271页(矶野英德所著部分))。

(d) 抵押权实现程序的停止

在抵押权实现程序中,如出现①确定抵押权不存在、②通过裁判过程中的和解,达成不实现抵押权的合意、③裁判所作出抵押权实现程序停止命令等情况,且相关人提交证明文书(生效判决与和解书)的副本的,裁判所必须停止抵押权实现程序(《民事执行法》第183条)。

(2) 拍卖(变价)程序

(a)【请求参与分配的截止日期】的决定

查封生效之后,裁判所书记官必须决定请求参与分配的截止日期,并进行公告(《民事执行法》第49条第1款、第2款←第188条)。在拍卖程序中,截止日期指的既是债权人可以请求参与分配的截止日期,也是下文介绍的债权申报的截止日期。

(b) 债权申报的催告

裁判所书记官在进行公告的同时,必须向①在查封登记前已完成临时查封登记的债权人(《民事执行法》第87条第1款第3项)、②享有会因拍卖而消灭的,且在查封登记前已完成登记的先取特权、质权、抵押权的债权人(《民事执行法》第87条第1款第4项)、

③管理租税公课等相关税务工作的官厅与公署发出催告＊，要求其在要求参与分配的截止日期之前申报【债权存在的情况、债权的原因以及数额】(《民事执行法》第49条)。

＊ 债权申报的性质

债权申报,是指债权计算书的提交,其性质仅是提交能够证明债权存在的资料,因此并不具有【请求】(《民法》第147条第1项)或【催告】(《民法》第153条)的性质(最高裁判所平成元年10月13日判决,载《民集》第43卷第9号第985页。参见盐崎勤：《不动产竞卖手续に》おいて抵当権者がする债権の届出と时效中断》,载《金法》第1259号第18页)。

(c) 现状调查

执行裁判所应当命令执行官对不动产的形状、占有关系等现状或其他现状进行调查(《民事执行法》第57条第1款→第188条)。执行官在实施调查之时,可以进入不动产(为打开闭锁的房门可采取必要的措施),也可以对所有人及不动产的占有人进行发问,或要求其提交文书(《民事执行法》第57条第2款、第3款),此外,在必要之时,可请求市町村提供不动产的固定资产税的相关资料的复印件(《民事执行法》第57条第4款),也可要求电力、煤气、自来水的供给法人提供必要事项的报告(《民事执行法》第57条第5款)。

(d) 拍卖基准价格的决定

执行裁判所应根据执行官的现状调查结果以及评估人的评估结果,对作为不动产拍卖基准金额的【拍卖基准价格】作出决定(《民事执行法》第60条→第188条)。是否存在法定地上权、买受人将会负担的留置权及质权的情况等(《民事执行法》第59条第4款→第188条)都会成为考量因素。

i 评估人的评估

执行裁判所必须选任评估人,命令其对不动产进行评估(《民事执行法》第58条第1款→第188条)。评估人应当通过分析周边同类型不动产的交易价格、不动产可产生的收益、不动产的原价或其他影响不动产价格形成的因素,迅速地对不动产进行评估(《民事执行法》第58条第2款前段)。

ii 【买受可能价格】

买受人的报价必须高于【拍卖基准价格】的八成以上。此价格被称为【买受可能价格】(《民事执行法》第60条第3款→第188条。之前被称为【最低拍卖价格】)。

iii 剩余主义

拍卖的买受可能价格必须能在支付程序费用并清偿优先债权(先顺位抵押权、优先的租税债权等)之后仍有剩余价款。

① 如执行裁判所认为买受可能价格低于程序费用及优先债权的预估合计总额,则应当将此情况通知拍卖申请人(《民事执行法》第63条第1款←第188条)。

② 拍卖申请人在收到上述通知后的一周之内,自行确定<u>超出预估部分的数额</u>,(α)如申请人自己可成为买受人,则应提交买受申请,并提供保证,(β)如申请人自己不可成为买受人,则应提交差额承担申请,并提供差额保证。如不提供上述申请与保证,则拍卖申请将被撤销(《民事执行法》第63条第2款本文←第188条)。

③ 但如果拍卖申请人(α)能够证明将会留存剩余价款,或是(β)能够证明已经获得了享有优先债权者(不包括优先债权可获完全清偿者)的同意,则不受上述②的限制(《民事执行法》第63条第2款但书←第188条)。

(e) 出卖方式

不动产出卖的方式有投标(定期投标、期间投标)(《民事执行规则》第34条以下←第173条)及竞拍(《民事执行规则》第50条),采用何种方式由裁判所书记官裁量决定(《民事执行法》第64条←第188条)。如果买受意向人提出竞买申请,则裁判所必须下令实施内部参观(使不动产的买受意向人可入室参观)(《民事执行法》第64条之2)。提出买受意向者,必须按裁判所规定的金额、方式提供<u>保证</u>(《民事执行法》第66条)。

此外,除了债务人,任何人都能够提出买受意向(《民事执行法》第68条)。债务人身负债务却不清偿,还参与拍卖,这违反了诚实信用原则。但是第三取得人并不承担债务,所以不受该限制(《民法》第390条)。

【于拍卖之际实施保全的必要性】

拍卖担保不动产之时,为防止执行妨害等的出现,裁判所认可下述两种保全处分。

(1) 为拍卖而实施的保全处分等。债务人、不动产的所有人或占有人实施【价值减少行为】的，经拍卖申请人申请，执行裁判所可在买受人支付价款之前，作出包含以下内容的【保全处分】或【公示保全处分】：①禁止实施价值减少行为，或应当为特定之行为；②将占有的不动产交予执行官，或是将不动产交由执行官保管；③禁止转移不动产的占有，以及同意可使用该不动产($\frac{《民事执行法》}{第55条←第}$ $_{188条}$)。此外，在难以特定相对人的特殊情况下($_{断更换占有人等}^{为妨害执行而不}$)，可不进行相对人的特定即实施保全处分($_{条之2←第188条}^{《民事执行法》第55}$)。

　　(2) 为买受意向人而实施的保全处分等。在出现无竞买人申请参拍的情况下，如债务人、不动产的占有人或所有人做出或可能做出不利于不动产拍卖的行为，经拍卖申请人申请，执行裁判所可在买受人支付价款之前，作出包含以下内容的【保全处分】或【公示保全处分】：①将占有的不动产交予执行官或申请人；②将不动产交由执行官或申请人保管。但是，如拍卖申请人提出申请，则必须设定高于买受可能价格的金额（申请金额），并承诺在下一次拍卖中如果仍然无人参拍，就以自行设定的申请金额购买该不动产，并且需要为此提供保证($_{条之2←第188条}^{《民事执行法》第68}$)。

(f) 拍卖许可的决定

　　执行裁判所于拍卖决定日对是否许可拍卖做最终判断($_{条←第188条}^{《民事执行法》第69}$)。如出现《民事执行法》第71条、第72条中规定之情形，则裁判所将作出不许可决定。

(g) 价款的支付与所有权的转移

　　拍卖许可决定生效后，买受人必须在一定期限内支付价款($_{←第188条}^{《民事执行法》第78条}$)。买受人于【支付价款】之时取得不动产的所有权($_{第79条}^{《民事执行法》}$)，裁判所书记官应当委托登记所完成所有权转移登记，并涂销因拍卖而消灭的权利($_{灭主义与承担主义}^{第2编第3章第1节【消】}$)的登记($_{第82条}^{《民事执行法》}$)。

此外，买受人支付价款取得不动产，不会受到抵押权不存在或抵押权消灭的影响（《民事执行法》第184条）。因为抵押权设立人应当已根据上述理由提出过异议申请（《民事执行法》第181条～第183条）。为适用该规定，必须将不动产的所有人作为拍卖程序中的当事人，并给予其提出异议申请的机会（最高裁判所平成5年12月17日判决，载《民集》第47卷第10号第5508页）。

【买受人的保护】

即便拍卖顺利完成，不法侵占等情况仍可能存在。为此，法律规定了两种对买受人的保护手段。

(1) 保全处分等。债务人、不动产的所有人或占有人实施【价值减少行为等】（价值减少行为，或其行为不利于不动产的交付）的，经买受人申请，执行裁判所可在执行交付命令（《民事执行法》第83条）之前，在买受人支付与买受申请金额相同金额的费用的前提下，作出包含以下内容的【保全处分】或【公示保全处分】：①禁止实施价值减少行为，或应当为特定之行为；②将占有的不动产交予执行官，或是将不动产交由执行官保管；③禁止转移不动产的占有，以及同意可使用该不动产（《民事执行法》第77条←第188条）。

(2) 交付命令。经已经支付价款的买受人申请，执行裁判所可对债务人、不动产的所有人或占有人作出将不动产交付给买受人的命令（《民事执行法》第83条←第188条）。

【拍卖他人的不动产】

在他人的不动产上擅自设立抵押权，而该不动产又被拍卖的，买受人无法取得不动产的所有权。所有人可基于所有权，请求涂销登记（大审院昭和3年8月1日判决，载《民集》第7卷第671页）。而失去不动产的买受人，可以请求抵押权的债务人解除合同（《民法》第568条第1款），如果债务人无返还能力，则买受人可以请求已经取得了分配价款的债权人返还价款(《民法》第568条第2款)(▶→《契约法》【拍卖准用】(参见【V】第137页))。

(3) 分配程序

(a) 拍卖价款的支付

拍卖价款如能清偿各债权人的债权以及执行费用,则应当制作拍卖价款交付计算书,向债权人履行清偿义务,并将剩余价款交予债务人(《民事执行法》第84条第2款←第188条)。

(b) 实施分配

除上述(a)的情形外,执行裁判所应当基于分配表实施分配(《民事执行法》第84条第1款←第188条)。具体而言,裁判所在分配日制定【分配表】,并召唤、询问《民事执行法》第87条第1款中规定的债权人以及债务人(《民事执行法》第85条第3款、第4款)。分配表是一种裁判结果,对不提出异议者具有拘束力。

(c) 分配异议申请、分配异议之诉

债权人或债务人如不服分配表中的金额,可于分配日提出异议申请(《民事执行法》第89条第1款←第188条)。于此情况,执行裁判所必须对未收到异议申请的部分实施分配(《民事执行法》第89条第2款)。

提出异议申请的债权人、债务人必须提起【分配异议之诉】(《民事执行法》第90条)。

3 担保不动产收益执行

(1) 收益执行开始程序

(a) 收益执行的开始要件

与拍卖担保不动产相同(本节2(1)(a)、(b)),收益执行的开始①以存在抵押权、存在被担保债权以及被担保债权已届清偿期作为其实体性要件，②以提交【证明抵押权存在的文书】(开始文书)作为其程序性要件(《民事执行法》181条第1款)。

(b) 收益执行的开始决定

担保不动产收益执行的程序，准用作为强制执行的【强制管理】的相关规定(《民事执行法》第93条以下←第188条)。首先，执行裁判所在作出收益执行开始决定后，启动收益执行程序。在开始决定中，必须宣告，是为债权人查封不动产(《民事执行法》第93条第1款)。该开始决定应送达担保不动产的所有人(出租人)以及给付义务人(承租人)(《民事执行法》第93条第3款)。

i 冻结的效力——处分的禁止与收益给付请求权的转移

担保不动产的所有人的【收益】处分因冻结而被禁止，所有人对承租人享有的收益(租金)给付请求权被转移给管理人(《民事执行法》第93条第1款←第188条)。冻结于开始决定送达给付义务人(承租人)之时生效(《民事执行法》第93条第4款)。

ii 【收益】的范围

【收益】是指【今后应能取得的天然孳息】以及【已届清偿期，或未来将届清偿期的法定孳息】(《民事执行法》第93条第2款←第188条。本章第3节1(6))。

iii 双重开始决定

在裁判所作出强制管理或收益执行的开始决定之后，如又有相关人申请【强制管理】，或申请【收益执行】，裁判所可重复作出强制管理开始决定(《民事执行法》第93条之2)或收益执行开始决定(《民事执行法》第93条之2←第188条)。

iv 对开始决定的不服申请

对收益执行开始决定的不服申请，应通过【执行抗告】程序提出(《民事执行法》第93条第5款←第188条)。这与担保不动产拍卖中的【执行异议】申请(《民事执行法》第11条)有所不同。但通过执行抗告程序提起申请，当以【抵押权不存在或已消灭】作为申请理由，这与执行异议申请又是相同的(《民事执行法》第182条。本节2(1)(c)ⅱ)。

> **【执行抗告与执行异议】**
> 　　【执行抗告】,是因不服执行裁判所的执行处分(裁判)而向上级裁判所提出的不服申请(上诉),其只有在法律认可的情形下方可提出。抗告书必须向原裁判所提交($_{第10条}^{《民事执行法》}$),抗告理由原则上只限于执行处分存在程序性瑕疵。
> 　　与此相对,【执行异议】,是因不服执行裁判所的执行处分而向该执行裁判所提出的不服申请。对于无法适用执行抗告的其他事由,可提出执行异议($_{第11条}^{《民事执行法》}$)。因此,此处所指的执行处分不限于裁判,而是包含其他一切处分。异议理由原则上只限于执行处分存在程序性瑕疵,这与执行抗告相同。

(c) 与【拍卖】程序的竞合

　　【拍卖】程序与【收益执行】可能发生竞合(顺带一提,抵押权人可选择拍卖或收益执行中的任何一种方式,也可同时选择两种方式($_{180条}^{《民事执行法》第}$))。由于在【拍卖】程序中,买受人支付价款后抵押权即告消灭($_{款←第188条}^{《民事执行法》第59条第1}$),因此在该时点,【收益执行】程序也会被撤销($_{第111条←第188条}^{《民事执行法》第53条←}$)。

(d) 与【物上代位】的竞合

　　抵押权人为实现抵押权,可选择【物上代位】,也可选择【收益执行】。

i 冻结命令等的停止

　　在收益的给付请求权已经被【冻结、临时冻结】的情况下,如收益执行的开始决定在《民事执行法》第165条中规定的时点(第三债务人提存之时,收取诉讼的诉状送达第三债务人之时)之前已经生效($_{结无此限制}^{但对临时冻}$),则已有的冻结、临时冻结即告停止,并被收益执行程序所吸收($_{条←第188}^{《民事执行法》第94}$ $_{}^{条第1款、第2款}$)。故【物上代位】权人(实施冻结的债权人)可于该程序中参与分配。

　　此外,收益执行如因撤销等原因终止,则停止的冻结命令会再度复活,实施冻结的债权人可实行收取等行为(参见谷口、筒井编第63页)。

ⅱ 催告给付义务人完成声明

裁判所书记官必须于收益执行开始决定送达给付义务人(承租人)之时,催告其在送达之日起的2周内就给付请求权(租金债权)上是否已经存在冻结命令等相关事项(租金债权的存在与否、租金债权的内容、清偿意思存在与否、优先裁判所的名称(《民事执行规则》第64条之2第1款))完成声明(《民事执行法》第93条之3←第188条)。这能帮助执行裁判所掌握与该给付请求权相关的权利关系的状况。

(e) 抵押权实现程序的停止

与拍卖相同(本节2(1)(d)),在提交《民事执行法》第183条第1款第1项至第7项中规定的文书后,抵押权实现程序即被停止(《民事执行法》第183条。)。

(2) 管理(收益执行)程序

(a) 管理人的选任

在作出收益执行开始决定的同时,应选任管理人(《民事执行法》第94条第1款←第188条)。信托公司、银行或其他法人等都能够成为管理人(《民事执行法》第94条第2款)。

(b)【收益】(收益给付请求权)的归属及管理人的权限

担保不动产的【收益执行】,是指通过对不动产的【管理】及收益的【收取】、【变价】程序,实现优先受偿的方式。在管理人对收益进行最终分配(优先受偿)(《民事执行法》第107条←第188条)前,该【收益】(收益给付请求权)归属于债务人(设立人),而非管理人(最高裁判所平成21年7月3日判决,载《民集》第63卷第6号1047页)。管理人权限中的【管理】、【收取】及【变价】,为优先受偿的程序。

ⅰ 不动产的强制性【管理】

管理人必须自行【管理】出租的不动产(《民事执行法》第95条第1款←第188条)。因为【管理】是确保收益的手段,所以其包含了一切必要的法律上的处理方式,其中也包括解除现有的租赁合同,及订立新的租赁合同。但是,租赁合同的租期如超过《民法》第602条中规定的期间,则必须征得不动产所有人的同意(《民事执行法》第95条第2款)。

ii 收益的【收取】以及【变价】

管理人可通过出租不动产【收取】收益,实施【变价】(《民事执行法》第95条第1款←第188条)。【收取】,是指代为行使债务人享有之收益(租金)给付请求权的行为,而【变价】,是指出卖天然孳息以换取金钱的行为。正如前文所述,【收取】、【变价】本身并非优先受偿。

iii 不动产的直接【占有】

管理人可以解除所有人对不动产的占有,并自行占有不动产(《民事执行法》第96条第1款←第188条)。为占有不动产而需要打开闭锁的门户之时,可以向执行官请求协助(《民事执行法》第96条第2款)。

【承租人能否以抵销对抗收益执行】

A 将自己所有之大楼的一部分,以每月租金 700 万日元、保证金 3 亿 1500 万日元的条件,出租给 Y(同时通过条款约定,如发生查封、临时查封等情况,则 A 将丧失保证金返还的期限利益)。A 以该大楼作为担保(设立抵押权),从 B 处获得 5 亿 5000 万日元的融资,但之后 A 破产,B 实现抵押权开始实施收益执行,X 被选任为其管理人,并向 Y 请求支付租金。对此,Y 主张以保证金等的返还请求权为自动债权,以应当支付的租金债权为被动债权,主张相应金额的抵销。X 在原审获得胜诉,Y 上诉。

在前揭最高裁判所平成 21 年 7 月 3 日判决(驳回原判自行判决)中,最高裁判所认为,首先【管理人取得的,并非是请求租金债权等与担保不动产的收益相关的给付的权利(下称"租金债权等")本身,而仅仅是行使该权利的权限。租金债权等在担保不动产收益执行的开始决定生效后,也当理解为归属于所有人,关于此点,在担保不动产收益执行的开始决定生效后到期的租金债权上也无不同】,故 A 作为收益执行开始决定生效后的租金债权的债权人,拥有领

> 受Y的抵销的意思表示的资格。其次,关于承租人以抵押权设立登记前取得的对出租人享有的债权作为自动债权,以租金债权作为被动债权主张抵销,能否对抗管理人这一点,最高裁判所认为,【被担保债权如未得清偿,则抵押权的效力及于担保不动产的收益,该情况当已通过抵押权设立登记进行公示。如此一来,<u>承租人对承租人在抵押权设立登记前取得的对出租人享有的债权与租金债权的抵销所抱之期待,当优先于抵押权的效力而受到保护</u>(最高裁判所平成13年3月13日判决,载《民集》第55卷第2号第363页),故担保不动产的承租人即使在基于抵押权的担保不动产收益执行的开始决定生效后,也可以在抵押权设立登记前取得的对出租人享有的债权作为自动债权,以租金债权作为被动债权主张抵销,并以此对抗管理人】(问题点的具体内容,参见新井刚:《独协ロー・ジャーナル》第6号第30页以下)。

(c) 对所有人情况的酌情考量

法律针对因收益执行导致担保不动产的所有人陷入经济性困境的情况,作如下特别规定。

i 建筑物使用的许可

在对所有人居住的不动产实施的收益执行开始后,如果所有人无法寻得其他住所,经所有人申请,可在必要的限度内,在一定的期限内,允许其使用建筑物(《民事执行法》第97条←第188条)。

ii 收益等的分配

因收益执行导致担保不动产的所有人的生活陷入严重困境的,经所有人申请,可以命令管理人从收益或其变价所得价款中,根据所有人生活的困窘程度,向其分配适当的金钱或收益(《民事执行法》第98条←第188条)。

(d) 管理人的义务

管理人负有善管注意义务。如其违反义务,须承担连带赔偿责任(《民事执行法》第100条←第188条)。在管理任务终止之后,管理人负有向执行裁判所进行计算报告的义务(《民事执行法》第103条)。

(e) 管理人的监督

执行裁判所对管理人进行监督(《民事执行法》第99条←第188条)。出现重要事由之时，执行裁判所可以对管理人进行问话，并可解除其管理职务(《民事执行法》第102条)。

(3) 分配程序

(a) 用于分配的款项

用于分配的款项,是指在前述【收益等的分配】(本节3(2)(c)ⅱ)完成后,从剩余收益或变价所得款项中扣除不动产的公租公课及管理人的报酬等必要费用之后的款项(《民事执行法》第106条←第188条)。如果预估不会剩余用于分配的款项,则收益执行程序会被撤销(《民事执行法》第106条第2款)。

(b) 用于分配的款项的支付

用于分配的款项如足以清偿各债权人的债权以及全部执行相关费用,则管理人应向债权人履行清偿义务,并将剩余款项交予所有人(《民事执行法》第107条第2款←第188条)。

(c) 分配等的实施(优先受偿)

在上述(b)的情形外,管理人应当在执行裁判所规定的每一【期间】内,计算用于分配的款项的数额,并实施分配(《民事执行法》第107条第1款←第188条)。但如债权人之间达成协议,则根据该协议实施分配(《民事执行法》第107条第3款)。

ⅰ 应可参与分配的债权人

在上述【期间】届满之前因收益等进入执行程序的担保权人、一般先取特权人、一般债权人、实施临时冻结的债权人。

ⅱ 裁判所实施的分配等

在债权人之间无法达成协议的情况下(《民事执行法》第107条第5款←第188条),由裁判所实施分配等(《民事执行法》第109条)。

(d) 分配异议申请、分配异议之诉

对分配不服者,可于分配日提出异议申请(《民事执行法》第89条第1款←第111条←第188条)。于此情形,裁判所必须对未收到异议申请的部分实施分配(《民事执行法》第89条第2款)。提出分配

异议申请的债权人、债务人必须提起【分配异议之诉】(《民事执行法》第90条)。

4 私力实现

(1) 抵押直流

(a) 何为抵押直流

所谓抵押直流(流抵押),是指在清偿期前订立的,以无力清偿债务,即以抵押标的物清偿债务为内容的合同,其与质权中的流质合同相同。如前文所述(第2编第2章第1节 流质合同的历史性),日本《民法》起草者认为,流担保(流质合同及抵押直流)是有效的(合同自由原则),但在众议院的审议过程中,流质合同禁止规定(《民法》第349条)最终还是被追加写入《民法》。不过,抵押直流并未被明文禁止。围绕抵押直流的有效性,学界曾对其解释论展开激烈讨论(具体内容参见近江旧版第157页以下)。在现存的判例中,唯一承认抵押直流有效的判决,是大审院明治41年3月20日判决(载《民录》第14辑第313页)。

(b) 与代物清偿预约的同一性

抵押直流在功能上,与【代物清偿预约】具有同一性。具体而言,如债务人不能清偿债务,则【以不动产(＝代物)抵债(＝清偿)】,这与【流担保】的效果完全相同。因此,在约定代物清偿预约(预约登记担保)时,通常会设立抵押权。正因为此,【抵押直流】的特别约定几乎很少被单独使用。

(2) 任意出卖

(a) 何为【任意出卖】

经已抵押不动产相关人员一致【同意】,可将已抵押不动产出卖给第三人,并以出卖所得之价款消灭该不动产上的抵押权或其他权利。这被称为【任意出卖】(任意处分),是私力实现的一种形态,也是现在使用最为普遍的实现方式。

这一方式,在理论上依据的是破产管理人的管理处分权(《破产法》第78条第1款),在程序上则以裁判所的许可为必须(《破产法》第78条第2款第1项。此外,参见司法研修所编:《破产事件の処理に関する実務上の諸問題》第172页以下;伊藤真:《破産法(全訂第3版補正版)》第419页以下;上野隆司监制,高山满、田中博文、大坪忠雄、村山真一、藤原勉:《任意売却の法律と実務(第2版)》第2页以下)。

(b) 采用任意出卖的理由

此方式的优点有:①能够以高于拍卖价格的价格卖出;②能够比拍卖更快卖出;③可以使用在拍卖中无法使用的购房贷款,因此买受人的范围更广;④别除权人只能够实施拍卖而不能够实施任意出卖;⑤比起别除权人,管理人排除不法侵占人在程序等方面更为简便等(参见东京地裁民事第20部《管財業務ニュース》第2号第1页)。

(c) 【和解】性质与【同意】

【任意出卖】在性质上属于【和解】。而【同意】包含对各类事项的同意、承诺,主要包括:①同意采用拍卖之外的方式(变价方式的同意);②同意分配的内容;③共同抵押的情况下同意不发生后顺位抵押权人与物上保证人的代位权(《民法》第392条);④共同抵押的情况下同意免除已抵押不动产担保解除的担保保存义务(《民法》第504条)等。

但是,例如在【同意】对共同抵押物的一部分实施任意出卖的情形下,同意人对于共同抵押物的剩余部分的后续处分或分配,仍会期待其能按照原先的【共同抵押】的原则参与分配。换言之,同意人不会毫不考虑上述情况就盲目【同意】任意出卖。因此,不能为强调【任意出卖】具有和解性质,就否定共同抵押的分配原则,进而使部分债权人获得有利的分配,这是不应被允许的。

【任意出卖的缓和的方向性】

任意出卖因拥有前述(b)中介绍的优点,所以对其的使用非常普遍,但因其需要经抵押权人一致同意,所以存在例如先顺位抵押权人虽已同意,但后顺位抵押权人反对,并以获得其同意为条件,要求支付法外价款的问题。因此,在 2008 年,自民党司法制度调查会为应对地价的下跌及不动产市场的低迷,提出了【缓和】任意出卖的方针。

具体而言,①在一部分抵押权人不同意的情形下,不再需要经过【一致同意】,不动产所有人或做出同意表示的抵押权人可向裁判所请求涂销抵押权,②而做出不同意表示的抵押权人如在一定期间内未自行基于抵押权申请拍卖,或提供单独的出卖买家,则裁判所将承认任意出卖(参见 2008 年 6 月 3 日日经新闻)。

【民间拍卖制度构想】

近期,为提升不动产市场的活跃度,出现了以美国的民间拍卖程序为蓝本(关于美国的民间拍卖,参见吉田修平:《民間競売の可能性》,载《日本不動産学会誌》第 20 卷第 3 号第 100 页以下)的【民间拍卖】制度的构想。其概要如下。

(1) 民间拍卖制度构想的背景

鉴于在现行拍卖制度下,流拍的情况非常多见,日本政府于 2005 年 3 月 25 日,在内阁会议上通过了《规制改革、民间开放推进三年计划(改定)》,并开始对迅速便捷的美国【民间拍卖】制度进行调查、讨论。同年 12 月,【拍卖制度研究会】开始运作。这在 2007 年 6 月 22 日内阁会议上通过的《规制改革推进 3 年计划》中得到了承认。

(2)【民间拍卖】制度构想(法务省)

在上述背景之下,法务省于 2008 年 3 月发布了【民间拍卖】制度构想,其内容如下:①需要存在赋予抵押权人出卖权限的条款,②不需要通过现行的 3 类材料(现状调查报告书、评估书、物件明细书)提供不动产信息,也不设定出卖价格下限,③任何时候都可以并入裁判所的程序。日本不动产鉴定协会对上述构想表示支持。

（3）反对的声浪（特别是各律师协会）

对民间拍卖制度,反对的声浪也颇高。其理由如下：①关于不需要提供上述 3 类材料,反对者认为,如果不提供适当的不动产信息,一般人会对参加拍卖持保守态度,这就可能导致抵押权人自行低价拍得不动产,或是高利贷从业者及不动产掮客以不合理的低价拍得不动产,②债务人及保证人可能会因此承担预期之外的高额剩余债务,遭受不利益等。

第 5 节 抵押权的效力（3）——义务违反、抵押权侵害

1 序 说

价值减少行为——基本概念

抵押权是保全被担保债权的物权,所以在已抵押不动产遭受侵害发生价值减少,导致无法保全被担保债权的情形下,可基于物权请求权,请求排除该侵害。至于价值减少行为是设立人还是第三人所为,在所不问(参见高木第159页)。但是,设立人是设立抵押权的<u>当事人</u>,所以对设立人与第三人应进行区分。

(a) 设立当事人之间

在序论部分曾提到(序论(3)(a)),设立抵押权的当事人之间存在【担保关系】这一规范关系。该担保关系受诚实信用原则的支配,各当事人都负

有使该担保关系圆满存续的义务。依据该理论,【债务人使担保物灭失、毁损或减少的】,将丧失期限利益(《民法》第137条第2项)。

正因为此,即便抵押权不剥夺设立人的使用、收益权能,但因最终都须就标的物实现权利,所以设立人负有不使标的物价值减少的义务=【担保价值维持】义务。【担保价值维持】义务是基于诚实信用原则支配下的担保关系而发生的,设立人当然承担该义务(具体内容参见近江旧版【初版1988】第157页)。判例(最高裁判所平成11年11月24日判决,载《民集》第53卷第8号第1899页)也追认了上述概念。

基于上述理论,与其说债务人或设立人使标的物价值减少的行为属于抵押权侵害行为,不如说其属于义务违反行为。在一般观念下,抵押权设立人的毁损、灭失行为,也显然是违反诚实信用原则的行为。

(b) 与第三人之间

第三人实施的担保价值减少行为一直以来都被认为是典型的抵押权侵害行为,故可通过行使物权请求权排除之。

2 担保关系上的义务违反

(1)【担保价值维持】义务违反

设立抵押权的当事人之间因存在前述特殊关系,所以抵押标的物的价值减少行为(抵押标的物的灭失、毁损、减少、砍伐、移出已抵押山林上的树木等),构成担保关系上的义务违反。问题在于,义务违反的标准当如何界定?

一直以来,构成抵押权【侵害】都以存在现实的【侵害】作为前提(抵押权不干涉标的物的用益权能),因此,导致标的物价格低于被担保债权数额便被作为标准。学说也认为,由于抵押权属于价值权,即便预想到被担保债权最终无法得到清偿,存在侵害行为本身也不是妨害排除请求权的发生原因(参见我妻第382页;川井第120页)。

但是,在存在债权可能无法得到清偿的客观危险性的情形下,应当认定构成担保价值维持义务违反。因此,要从行为样态与行为结果两方面客观、综合地判断是否构成义务违反,此种判断标准在存在价值减少【危险性】的情况下同样可发挥作用。《民事执行法》将作为保全处分对象的【价值减少行为】定义为【使不动产价值减少,或可能使不动产价值减少的行为】(《民事执行法》第55条、第187条。此外,《民事执行法》第55条之2、第68条之2,第77条中提到的【价值减少行为】也具有相同含义),这与实体法上对担保关系中的义务违反的构成的理解形成呼应。

(2) 义务违反的效果

(a) 禁止移出

移出已抵押不动产的附加物会减少不动产的价值,属于违反价值维持义务的行为,应当被禁止。

(b) 返还请求权

在设立人将砍伐的树木搬运到其他地点的情况下,能否请求其返还被移出的树木?关于此问题,可与抵押权的效力是否及于被移出的树木这一问题一并进行分析。设立人负有担保价值维持义务,因此,抵押权人当然可以履行义务为由行使返还请求权(恢复原状请求)。

但如第三人已经取得被移出之物的所有权,则无法请求其返还。

(c) 增担保请求与期限利益的丧失

设立人使担保物灭失、毁损或减少的,其将丧失期限利益(《民法》第137条第2项)。但在此种情形下,抵押权人是否能够请求【增担保】?关于此点,日本《民法》并未明确规定。学界及实务界都认为,当事人可通过【特别约定】实施【增担保】*。但从担保法的一般原理来看(担保关系上当然的法律效果),设立人故意或因过失致使担保价值减少的,当然可以请求增担保(《法国民法典》与《德国民法典》中对此有明确规定。此外,参见我妻书第387页)。因此,增担保与《民法》第137条第2项的关系应做如下理解。

i 债务人违反担保价值维持义务的,丧失期限利益(《民法》137条第2项)。

ii 即便不订立特别约定,抵押权人也可以在使债务人享有期限利益的状态下请求增担保,如债务人不提供增担保,则会丧失期限利益。

抵押权人可选择上述方式中的任何一种,但因设立抵押权的当事人之间往往存在一定的关系,例如交易关系等,所以 ii 的方式更具实操性。

* 增担保的特别约定

在金融活动中,增担保的特别约定的运用非常普通。相比通过实现抵押权清算借贷关系,抵押权人更倾向于通过增担保来确保借贷关系的存续(参见我妻第387页)。但即便不存在特别约定,因设立人负有担保价值维持义务,故也可请求其提供增担保。

3 第三人实施的抵押权侵害行为

(1) 不法占有人的排除请求

(a) 基于抵押权的排除请求(物权请求权)

第三人不法占有已抵押不动产的,抵押权人能否以抵押权受到侵害为由,要求其返还不动产(作为物权请求权的妨害排除请求)?

i 何为对抵押权的【侵害】

曾有判例认为,由于抵押权人不得干涉已抵押不动产的占有关系,所以第三人的不法占有并不直接构成抵押权侵害,并且依据原《民事执行法》第83条,认为不法占有并不会使已抵押不动产的担保价值发生减少(大审院昭和9年6月15日判决,载《民集》第13卷第1164页;最高裁判所平成3年3月22日判决,载《民集》第45卷第3号第268页。对此判例,学说上也分为肯定说与否定说)。

但是,该判例实为不合理。在现实中,存在不法占有人本身,便已是导致拍卖价格下跌的重要因素。如占有不动产的不法占有人是黑社会等,则往往连买受人都不会出现。前述情况,当属于对抵押权的【侵害】,如果不法占有显然存在持续性,则该【侵害】具有客观盖然性,当然可基于抵押权,请求返还不动产(参见近江旧版【初版】第162页。在名古屋高等裁判所昭和59年6月27日判决,载《判时》第1135号第59页(近江幸治:《判批》,载《判时》第57卷第9号第92页)中,裁判所基于抵押权即价值权支配的【抵押权教义解释】,不支持要求实施不法占有的黑社会成员返还预判根本无法申请实现抵押权的不动产的请求)。而判例中引用的原《民事执行法》第83条,仅仅是出现买受人【之后】的处理规定。

在受到学界的激烈批判后,在平成 8 年以及平成 10 年的《民事执行法》的修订中,新增加了拍卖开始前的保全处分与为实现拍卖的保全处分等新规定(《民事执行法》第 55 条、第 68 条之 2、第 77 条、第 83 条、第 187 条。本章第 4 节【于拍卖开始决定之前实施保全的必要性】【于拍卖之际实施保全的必要性】)。

作为回应,判例也一改之前的结论,认为【第三人不法占有已抵押不动产会妨害拍卖程序的正常进行,可能导致出现拍卖价格低于正常价格等情况,影响已抵押不动产交换价值的实现,致使抵押权人的优先受偿请求权陷入行使困难的境地】,此等情形,便属于对抵押权的【侵害】(最高裁判所大法庭平成 11 年 11 月 24 日判决,载《民集》第 53 卷第 8 号第 1899 页。后文将要介绍的最高裁判所平成 17 年 3 月 10 日判决也采用同样观点)。

ii 对基于抵押权的妨害排除的承认

判例认为,在出现上述抵押权侵害的情况下,抵押权人可基于抵押权,行使妨害排除请求权,向占有人请求排除该侵害(最高裁判所大法庭平成 11 年 11 月 24 日判决(傍论);最高裁判所平成 17 年 3 月 10 日判决,载《民集》第 59 卷第 2 号第 356 页)。

此外,在最高裁判所平成 17 年 3 月 10 日判决中,裁判所认为,不仅是不法占有人,即便是从所有人处取得占有权源的正当的占有人,如【其取得占有权源的目的在于妨害作为抵押权实现方式的拍卖程序的进行,则其占有会妨害已抵押不动产的交换价值的实现,致使抵押权人的优先受偿请求权陷入行使困难的境地】,于此情形,因抵押权设立人【本应对已抵押不动产进行适当的维护管理,故其为了妨害拍卖而设定占有权源的行为是不被允许的】,最终支持了上述妨害排除请求。

iii 返还的相对方

问题在于,不动产应当返还于谁?

(a) 向设立人返还

在行使物权请求权的情况下,由于不动产的占有权限仍归属于设立人,所以原则上应当返还于设立人(这与在后文将要说明的代位权行使的情形有所不同(本节3(b) ii【第1】))。

(b) 向抵押权人返还

2003 年担保法修订后,配套【收益执行】的【管理】制度得到了确立,通过类推及应用该制度,可承认向抵押权人的返还(简而言之,即由抵押权人实施【管理占有】)。

在最高裁判所大法庭平成11年11月24日判决中,奥田昌道法官将上述法理作为补充意见进行了阐述。受其影响,在前揭最高裁判所平成17年3月10日判决中,最高裁判所认为,【基于抵押权行使妨害排除请求权之时,如无法期待已抵押不动产的所有人能实施不使已抵押不动产遭受侵害的适当的维护管理,则抵押权人可向占有人请求直接向自己返还已抵押不动产】,承认了向抵押权人的返还。

(b) 通过行使债权人代位权排除妨害

已抵押不动产的所有人对不法占有人享有妨害排除请求权(物权请求权)。问题在于,抵押权人能否代位行使（《民法》第423条）该权利？行使物权请求权与行使具有债权效力的债权人代位权的功能与效果不同,但有【转用】理论的支持,故无否认其可代位行使的理由。

i 判例对代位权的承认

在前揭最高裁判所大法庭平成11年11月24日判决中,最高裁判所认定,抵押权人可以代位行使所有人可主张的妨害排除请求权。具体而言,【为使已抵押不动产不遭受侵害,已抵押不动产的所有人应实施适当的维护管理】,故【在出现上述状态(对抵押权的侵害)时,抵押权人可基于抵押权的效力请求已抵押不动产的所有人适当地行使权利以消除上述状态,并对已抵押不动产进行适当的维护或保存。因此,在有必要保全上述请求权的情形下,抵押权人可依据《民法》第423条的立法目的,代位行使所有人可向不法占有人主张的妨害排除请求权】。

ii 判例中的代位行使理论的意义及问题点

第一,上述判例通过运用债权人代位权(转用),使抵押权人成为返还的受领人。在当时,基于抵押权行使妨害排除请求权虽已被承认,但是围绕抵押权人能否成为返还的受领人,学界一度存在争议（因此,本判例仅摘取后论）。但是,行使债权人代位权的结果,原则上是使债务人成为返还的受领人,除非债务人不受领、存在基于委托的代理受领权,或是债务人下落不明不能受领之时,债权人方得以直接受领(参见【Ⅳ】第 142页以下)。

第二,代位权的被保全债权并非被担保债权,而是【请求已抵押不动产的所有人适当地行使权力以消除上述状态,并对已抵押不动产进行适当的维护与保存的请求权】(担保物维持保存请求权)。在奥田法官的补充意见中,将上述请求权解读为【担保价值维持请求权】。如前文(本节2(1))所述,抵押权设立人承担的【担保价值维持义务】,完全基于担保关系而发生。其性质,是以诚实信用原则为基础的物权上的义务(抵押权在登记后已完成公示,所以即便是第三取得人,也必须承担该义务)。

(2) 附加物的返还请求

在第三人擅自移出部分已抵押不动产的情况下(例如,砍伐山林中的树木并将其移出),抵押权人能否请求其返还被移出之物？抵押权本身不具有占有权能,因此,抵押权人不得请求向自己返还,只可请求将其返还给设立人(被移出之物原来所在的地点)。此理解为现在的通说(参见我妻385页;星野第252页;槙第186页;高木(旧版)第140页)。

第三人善意取得被移出之物自不待言,即便其为恶意,只要其取得了被砍伐的树木的所有权,并完成移出,抵押权的效力(追及力)即会被切断,于此情形,也就无法基于抵押权行使物权请求权了。

但是,如第三人未取得所有权便擅自完成移出,则抵押权人可基于抵押权,行使物权请求权。于此情形,方有给予抵押权物权性的保护的必要性。为支持上述观点,有学者提出了【对抗力丧失说】(我妻说),该学说认为,实体权(抵押权)的存在是行使物权请求权不可或缺的条件,故抵押权并未消灭,只是丧失对抗力。窃以为,该学说是合理的(本章第3节 1(5)(b))。

4 损害赔偿的问题

【问题的所在】

在因设立人(债务人)违反义务或是第三人实施侵害行为,导致担保价值减少,致使其价值低于被担保债权数额的情况下,抵押权人是否可以请求损害赔偿? 关于此问题,同样需要对债务人违反义务与第三人实施侵害行为这两种情形分别进行分析。

(1) 设立人违反义务

因设立人违反义务导致抵押标的物价值减少的,设立人自身丧失期限利益*(《民法》第137条第2项)。如前文所述,违反义务所产生的效果,就是基于担保价值维持义务的增担保义务的发生。如设立人拒绝提供增担保,则可请求损害赔偿。

> * 债务人(设立人)违反义务的情形
>
> 债务人的价值减少行为会导致其丧失期限利益,抵押权人便可向其请求全额清偿被担保债权。从结果来看,这与请求损害赔偿是相同的。因此,承认损害赔偿并无实际意义。

(2) 第三人实施侵害行为

第三人实施侵害行为的情况较为复杂。在一般论上,抵押权人在抵押权遭受侵害后,可单独享有损害赔偿请求权,但抵押标的物的所有人也享有赔偿请求权,这两者之间的关系当如何理解,是该问题的核心。具体而言,两者之间究竟是存在竞合关系,还是仅所有人享有赔偿请求权?

【A】竞合说(抵押权人、所有人双方请求说)

抵押权人与所有人皆享有损害赔偿请求权,两者之间存在竞合关系(参见川井《概论》第390页)。关于其比例,有判例(东京高等裁判所昭和47年2月18日判决,载《判時》第661号第42页)认为,抵押权人可取得的是债权无法得到完全清偿部分的数额,而所有人可取得的是标的物价格扣除抵押权人可取得数额之后的数额。

【B】物上代位说(所有人请求说)

第三人毁损已抵押不动产的,仅所有人享有损害赔偿请求权,抵押权人仅能够行使物上代位权(参见铃木第 159 页以下;加藤一郎:《不法行為法》第 111 页;几代通:《不法行為法》第 74 页;高木第 166 页)。为行使物上代位权,必须实施冻结。

关于【毁损】部分,在抽象论上,可基于侵权行为请求损害赔偿。但是,抵押权为非占有担保权,事实上,其存在的目的只是为了保全债权最终能够得到清偿。鉴于抵押权的特性,《民法》规定抵押权的效力及于所有人应能取得的【毁损】部分的<u>代偿物</u>,而抵押权的实现须通过物上代位的程序。因此,【B】说是合理的。若非如此,原本基于抵押权的效力,通过物上代位的程序便可取得的代偿物,变为需要通过主张抵押权侵害损害赔偿的方式方能取得,这与抵押权的特性相悖,并不合理(参见【Ⅵ】第 141 页)。

(3) 抵押权实现前的赔偿请求

抵押权实现之前能否请求损害赔偿?

【A】否定说

抵押权实现之前,由于标的物的价格尚未确定,因此取得的赔偿金额与损害金额会出现不一致的情况。故而抵押权实现之前不得请求损害赔偿(参见柚木、高木第 289 页;川岛武宜:《判民》,昭和 11 年度 37 事件;铃木第 159 页)。

【B】肯定说

首先,在所有人砍伐已抵押山林上的树木并出卖给他人的案件(大审院昭和 7 年 5 月 27 日判决,载《民集》第 11 卷 1289 页)中,大审院支持了实现(拍卖)前的赔偿请求,并认为,通常,损害金额的计算确定以抵押权实现时作为标准,但在抵押权实现前,如被担保债权已届清偿期,则可以行使损害赔偿请求权时作为标准。如已经提起损害赔偿请求之诉,则可以口头辩论结束时作为标准,进行金额的计算确定。多数学说支持该判例(参见我妻第 386 页;加藤一郎:前揭著书第 149 页以下;三岛宗彦:《注釈民法(19)》第 71 页。高木第 166 页针对【A】说提出,抵押权实现后的现实的损害金额与取得的赔偿金额之间的差额,可于分配阶段或其之后的阶段进行调整)。

在因债务人或第三人的价值减少行为,导致出现担保关系存续无望,或是导致债权无法得到完全清偿的情形下,抵押权人仅通过等待抵押权的实现,恐难以恢复所受之损失,故【B】说是合理的。

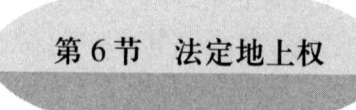

第 6 节　法定地上权

1　法定地上权制度的意义

土地与建筑物的强制性分离

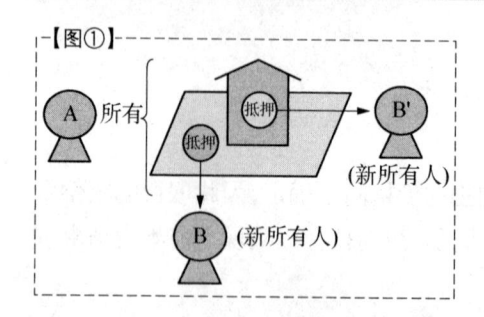

在【图①】中,土地以及该土地上的建筑物共同归属于所有人 A,在设立于该土地或建筑物上的抵押权实现之后,土地及建筑物便不再同属于 A。在此种情形下,视为该建筑物已设立地上权(《民法》第388条前段)。当土地与建筑物发生**强制性分离**之时,会出现【建筑物无根据地存在于他人土地之上】的情况,如此一来,建筑物就不得不被拆除。为保护建筑物的存立,法律赋予该建筑物【地上权】,是为【法定地上权】。

在日本法中,土地和建筑物是所有权相互独立的不动产,但建筑物必然存在于土地之上,若无土地的使用权限,则建筑物难以存立。土地、建筑物同属于一人之时,尚不会产生问题,但如果分属于不同的所有人,上述问题就会显在化。法定地上权就是针对这一问题制定的日本特有的制度。

除抵押权的实现外,在强制执行(《民事执行法》第81条)、租税滞纳时的公卖处分(《国税征收法》第127条)、预约登记担保权的实现(《预约登记担保法》第10条。但是在该法条中,被称为法定借地权)的过程中,也会出现土地、建筑物的强制性分离,针对此等现象,相关法律中作出了与《民法》第388条相同的规定。

【法定地上权与自己地上权】

有学者认为,为保障建筑物在土地使用上的法律权源,应假定所有人在抵押权设立之时已潜在性地设立了自己地上权(借地权),而该潜在性的地上权会在土地、建筑物分离之时显在化(参见我妻第350页以下;高木第189页)。

但是,土地、建筑物的分离并不仅在抵押权实现的情形下才会发生,即便不存在抵押权,也有可能出现土地、建筑物的分离(强制拍卖、公卖处分等)。在后者的情形下,不存在【抵押权的设立】,所以【设立自己地上权】的这一假设在理论上是不成立的。因此,法定地上权只可能是法律承认的在土地、建筑物不经所有人的意思而发生强制性分离之时成立的法定的权利。

通过立法承认自己借地权的设立也并无不可。但是,《借地借家法》中的【自己借地权】(《借地借家法》第15条)的立法目的,仅仅是为了方便附着借地权的分期付款公寓的销售、购买,并无其他功能。

【能否通过特别约定排除法定地上权】

在设立抵押权之时,设立当事人之间通过特别约定排除法定地上权的,该特别约定是否有效? 判例(大审院明治41年5月11日判决,载《民录》第14辑第677页)、通说(参见我妻第366页;铃木禄弥:《借地法上》第249页)认为,因为《民法》第388条属于强制性规定,所以特别约定无效。

有学者认为,在抵押权人成为拍卖买受人,或在土地上已设立抵押权等情形下,该特别约定不会损害第三人的利益,其作为当事人之间的特别约定是有效的(参见柚木,高木第350页;槙第216页;高木第191页;川井《概论》第363页)。

特别约定当然不得对抗第三人。因为法定地上权与作为买受人的第三人之间的关系是问题的核心,所以通过特别约定排除法定地上权仅在法定地上权的<u>取得人为特别约定的当事人</u>的情形下(前述抵押权人成为买受人的情形,以及在土地上设立抵押权后被第三人拍得的情形)有效(参见高木第191页)。

2 法定地上权的成立要件

(1) 抵押权设立之时,土地上已经存在建筑物【要件Ⅰ】

(a) 土地、建筑物的同时性存在与总括拍卖权

附着法定地上权的建筑物,必须在设立抵押权之时已经存在(土地、建筑物的同时性存在)。若非同时存在(在土地上设立抵押权之后建造建筑物),根据《民法》的原则,抵押权人可无视建筑物仅就土地实现抵押权。但如此一来,建筑物就不得不被拆除。为使建筑物能够存立,《民法》规定,土地抵押权人可以将建筑物与土地一并拍卖(《民法》第389条)。因此,【要件Ⅰ】与《民法》第389条中的【总括拍卖权】存在呼应关系,需进行对照分析。

【总括拍卖权——在土地、建筑物未同时存在的情形下】

在空地上设立抵押权之后,又在该已抵押土地上建造建筑物的,如建筑物所有人在该已抵押土地上不享有能够对抗抵押权人的占有权源,则抵押权人可将土地与建筑物同时拍卖(《民法》第389条第1款本文、第389条第2款)。但是其优先受偿权的行使范围仅限于土地的价款(《民法》第389条第1款但书)。

【建筑物】的建造者,既可以是抵押权设立人,也可以是第三

人。根据对抗理论,建筑物所有人在该已抵押土地上拥有能够对抗抵押权人的占有权源的情况,当然属于例外。具体而言,存在①建筑物所有人在抵押权设立登记之前完成借地权登记,以及②建筑物所有人经抵押权人同意,其土地租赁权被赋予对抗力($\substack{《民法》第\\387条}$)等情形($\substack{参见谷口、筒\\井编第31页}$)。

此外,关于总括拍卖权是否属于抵押权人的权利,也存在争议。

【A】抵押权人权利说

判例、通说的立场是,抵押权人不承担总括拍卖的义务,既可仅拍卖土地,也可进行总括拍卖,这是抵押权人的自由。如仅拍卖土地,则法定地上权不成立($\substack{大审院大正15年2月5日判\\决,载《民集》第5卷第82页}$)。

【B】总括拍卖说(抵押权人义务说)

抵押权人应当实施总括拍卖,即便仅拍卖土地,法定地上权依旧成立($\substack{参见柚木、高木第372页;松本恒雄:《抵当権と利用権との調\\整についての1考察》,载《民商》第80卷第3号第31页以下}$)。

【C】执行限制说

在解释上,在空地上设立抵押权的情形下,法定地上权不成立,在此前提下,【B】说难以成立。而解决方法就是在执行程序中增加限制。具体而言,只有当土地和建筑物同时被作为执行标的之时,执行方能进行,如仅申请拍卖土地,则执行裁判所可以认定其违法,不受理该申请($\substack{参见高木\\第214页}$)。

《民法》第389条的立法目的确实是为了保护建筑物的存立,但是【B】说强调的任何情形下都必须实施总括拍卖的观点是不合理的,甚至可以说是明显超出《民法》第389条构造的立法论。此外,【C】说是将《工厂抵押法》第7条第2款作为其依据的,但该规定是将器械、器具等供用物件与土地、建筑物视为一体(通过财产目录进行公示),故而禁止了个别财产的执行,所以这无法成为解释《民法》第 389 条的依据。因此,如以现行《民法》第 389 条作为前提,则【A】说是合理的。

(b) 在空地上设立抵押权的情形

在【空地】上设立抵押权,也存在数种情形。

i 完全为【空地】的情形

在空地上设立抵押权之后,土地所有人在空地上建造建筑物的,就该土地实现抵押权之时,法定地上权不成立。这是判例(大审院大正4年7月1日判决,载《民录》第21辑第1313页;大审院大正15年2月5日判决,载《民集》第5卷第82页)与通说的立场。抵押权人对法定地上权的成立毫不抱有预期,所以不应当承认法定地上权的成立。

ii 在空地上设立 I 抵押权之后建造建筑物,而后又设立了 II 抵押权,并基于 II 抵押权实施拍卖

I(第1)抵押权不具备法定地上权的成立要件,而 II(第2)抵押权具备法定地上权的成立要件。无论是基于何等抵押权,只要实施拍卖,便可基于抵押权对标的不动产的全部实施总括式的清算(参见我妻第353页)。实施拍卖之际,如果居于最优先顺位的 I 抵押权不具备法定地上权的成立要件,那后顺位抵押权也无法使法定地上权成立(在理论上,后顺位抵押权的法定地上权不能对抗第1抵押权)。因此,在此种情形下,法定地上权不成立(大审院昭和11年12月15日判决,载《民集》第15卷第2212页;最高裁判所昭和44年2月27日判决,载《判时》第552号第45页;最高裁判所昭和47年11月2日判决,载《判时》第690号第42页)。

(c) 建筑物仍在建造中的情形

土地上的建筑物仍在建造中,在该土地上设立抵押权的,法定地上权是否成立?

i 当事人的合意

在空地上设立抵押权之际,设立抵押权的当事人之间达成了如将来在土地上建造建筑物,则视为已设立地上权的合意的,该合意本身不得对抗买受人(大审院大正7年12月6日判决,载《民录》第24辑第2302页;前揭最高裁判所昭和47年11月2日判决)。私人之间的合意无法左右拍卖的效力。

ii 建筑工程已经开始且抵押权人将法定地上权纳入抵押权评估的基础 *

在此种情形下,法定地上权能够成立。盖因施工开始后,进行工程建设这一情况已经在外观上非常明确,且抵押权人已经以建筑物的存在作为前提完成了担保评估(最高裁判所昭和36年2月10日判决,载《民集》第15卷第2号第219页(仅限于傍论);松山地方裁判所昭和40年2月1日判决,载《下民集》第16卷第2号第205页;高松高等裁判所昭和44年7月15日判决,载《下民集》第20卷第7=8号第490页)。

【**抵押权评估的基础**】

【纳入抵押权评估的基础】,是指在土地上设立抵押权之际,因已存在建筑物,抵押权人会在考量借地权对土地价格的不利影响的基础上,评估土地价格,并供给信用(融资)。例如,土地净地价格为1000万日元,借地权的对价为700万日元,如在此基础上提供200万日元的融资,则抵押权人不会蒙受损失。

(d) 建筑物翻建的情形

在已设立抵押权的土地上的建筑物被推倒重建的情形下,是否成立法定地上权?

i 建筑物的同一性理论

判例认为,①原则上,如果翻建的新建筑物与原建筑物维持着同一性,则应以原建筑物作为基准,承认法定地上权的成立。②但若坚固的新建筑物并不会对抵押权人造成损害,则可以该新建筑物为基准,承认法定地上权的成立(最高裁判所昭和52年10月11日判决,载《民集》第31卷第6号第785页(抵押权人预先知晓建筑物将翻建,并以此为基础计算确定担保价值))。标的物灭失之时物权也随之消灭,这是物权法的基本原则,根据该原则,因原建筑物而成立的法定地上权,会随着原建筑物的灭失而消灭。但在翻建的情况下,因土地所有人已经接受因原建筑物而成立的法定地上权,所以在新建筑物上同样可以成立法定地上权。这是对此问题作出的承认性解释。

ii 建筑物灭失之后将已抵押土地出租给第三人,该第三人在土地上实施翻建的情形

在大审院昭和 13 年 5 年 25 日判决(载《民集》第17卷第1100页)中,因存在土地所有人(抵押权设立人)让妻子(第三人)重建住宅,且该所有人与妻子共同居住于该住宅中的特殊情况,大审院认定法定地上权成立。针对该判决,有学者在对该判决出现之前的学说、判例进行整理的基础上提出,该判决的结论是正确的,且即便不存在该等特殊情况,也应承认法定地上权的成立(参见我妻第354页。这一理论,是在保护建筑物的时代背景中被提出的)。这一观点使承认翻建建筑物上的法定地上权成立的解释得以盖棺定论。但是,该观点违背了物权法原则,有超出保护的合理范围之嫌。

iii 建筑物被拆毁之后尚未重建的情形(建筑物不存在)

在开始翻建之前实现抵押权的情形下,法定地上权是否成立? 有学说认为,抵押权人已经考虑到今后的翻建,并在此基础上实施了担保评估,在此前提下,应承认法定地上权的成立(参见我妻第354页)。但是基于物权原则,标的物既然已经灭失,法定地上权不得成立。

(e) 土地、建筑物共同抵押后建筑物翻建的情形

在土地、建筑物共同抵押的情形下,虽不具备《民法》第 388 条中规定的要件,但是法定地上权仍得以成立(通说。后文【要件Ⅲ】)。问题在于,该建筑物

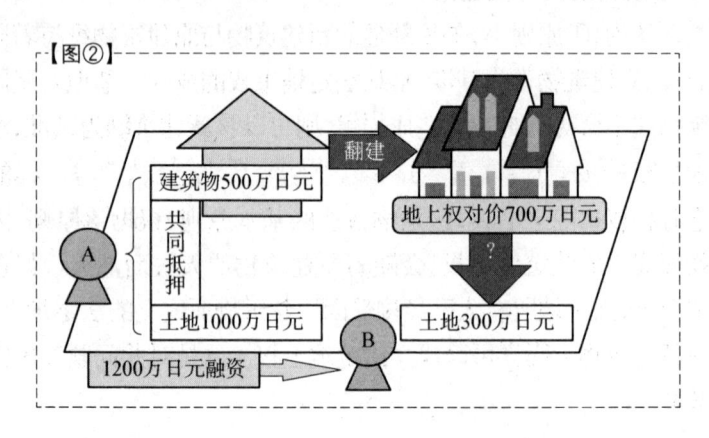

【图②】

建筑物500万日元
共同抵押
土地1000万日元
翻建
地上权对价700万日元
土地300万日元
A
B
1200万日元融资

完成翻建后,法定地上权是否得以成立? 如根据前述判例理论,则法定地上权存在成立的可能性,但是该制度有可能被用于妨害执行,因此不可无条件地承认法定地上权的成立。

【土地、建筑物共同抵押情形下的执行妨害】
　　如前文所述,根据一直以来的通说,实施翻建的即便是第三人,法定地上权也得以成立。但泡沫经济崩坏后,出现了滥用法定地上权的情况,有的设立人在翻建建筑物之际,不顾与抵押权人之间已达成追加担保的约定,拒绝履行其义务。例如,①为从其他金融机构获得融资,在新建筑物上为该金融机构设立第1顺位的抵押权,②将土地出租给第三人,而该第三人实施了翻建,③在临近被执行之前拆除建筑物建造临时板房,并将该临时板房出租给第三人,该第三人主张法定地上权等。现假设,债权人在接受了土地(1000万日元)与建筑物(500万日元)的共同抵押(总计1500万日元)之后,提供了1200万日元的贷款,如果翻建后的新建筑物上成立法定地上权,则在扣除法定地上权的对价(空地价格的大约七成,即700万日元)后,土地价格将锐减至300万日元。在上述①～③的情形下,债权人由于无法支配新建筑物,结果仅能就价值300万日元的土地享有抵押权。

i 两种理论与最高裁判所判例

对于此问题,主要存在两种对立的观点(参见近江幸治:《判例研究》,载《民商》第118卷第1号第91页以下;近江幸治:《土地・建物共同抵当における建物再築と法定地上権》,载森泉章古稀论文集《現代判例民法学の理論と展望》第270页以下)。

【A】个别价值考虑说
在土地、建筑物上设立共同抵押权的情形下,土地抵押权人是以建筑物上成立法定地上权为前提取得担保的,因此,该土地抵押权所获取的担保价值已经扣除了法定地上权的对价。如此一来,即便在新建筑

物上成立法定地上权,也不会损害土地抵押权人的利益(参见富川照雄:《民事執行における保全処分の運用》,载《判タ》第809号第4页以下;高木多喜男:《判批》,载《リマークス1998【上】》第18页以下,等)。

【B】整体价值考虑说

在土地、建筑物上设立共同抵押权的情形下,抵押权人可对土地与建筑物的价值进行整体性支配,建筑物灭失之后,法定地上权的价值即回归于土地,翻建的建筑物上不发生法定地上权。但是,作为例外,在新建筑物上已设立与土地抵押权同一顺位的共同抵押权的情形下(共同抵押状态与之前相同),可承认法定地上权的成立(参见堀龙儿:《判批》,载《判タ》第671号第64页以下;井上稔:《担保价值の実現と法定地上権の成否》,载《金法》第1209号第27页以下;浅生重机、今井隆一:《建物の建替えと法定地上権》,载《金法》第1326号第6页以下;吉田光硕《判批》,载《判タ》第842号第41页以下,等)。

在上述两种对立的学说之中,最高裁判所支持的显然是后者。具体而言,最高裁判所认为,【土地及在其之上存在的建筑物在共同抵押的情形下,抵押权人已整体性地获取了土地及建筑物的担保价值,因此,已设立抵押权的建筑物只要仍然存在,法定地上权便能够成立。换言之,只要建筑物被拆除,土地便会成为不受法定地上权制约的空地,在其上可获取之担保价值也会恢复到空地状态下的应有价值,这最为符合抵押权设立当事人之间的合理意思】。但是,【新建筑物的所有人与土地的所有人为同一人,并且新建筑物完工之时的土地的抵押权人接受在新建筑物上为其设立与土地抵押权居于相同顺位的共同抵押权的特殊情形】,属于例外(最高裁判所平成9年2月14日判决,载《民集》第51卷第2号第375页;近江幸治:《平9年度重要判例解说》第64页)。

首先,需要注意的是,无论是个别价值考虑说还是整体价值考虑说,都不是对法定地上权成立与否进行判断的理论,两者都仅仅是对法定地上权成立或不成立的情形进行了理论性的说明。土地使用权的【价值】究竟是附着于建筑物之上,还是被土地吸收,并非问题的关键。窃以为,有必要从成立要件的角度,对法定地上权的成立与否进行再检讨,并在此基础上,对经由判例得到承认的适用情形扩大理论的意义,进行分析。

第一，原建筑物与新建筑物不存在关联。存在于原建筑物上的法定地上权，随着原建筑物的灭失以及建筑物抵押权的消灭，而失去了成立可能性。这是遵循物权法原则进行理论解释的结果。因此，在原先的共同抵押权转化为空地抵押权后，原先的法定地上权无法在新的建筑物上存续（整体价值考虑说的意义就在于此）。如有例外，那便是下述承认性解释的结果。

第二，受到建筑物存立保护这一时代潮流的影响，判例的立场从来都是，只要<u>抵押权人未遭受不利益</u>，便可承认法定地上权的成立，这就是<u>承认性解释</u>，也是一种适用情形的扩大理论。抵押权人的【担保评估】其实也是为了对应适用情形的扩大理论的一种解释上的技术。在前揭最高裁判所平成 9 年 2 月 14 日判例中，最高裁判所认为，在新建筑物的所有人与土地的所有人为同一人，并且土地的抵押权人接受在新建筑物上为其设立与土地抵押权居于相同顺位的共同抵押权的特殊情形（共同抵押状态与之前相同）下，作为<u>例外</u>，可承认法定地上权的成立。这本身也是承认性解释在理论上的延伸。综上所述，最高裁判所平成 9 年 2 月 14 日判决的结论甚为合理。

ⅱ 优先债权的存在

另一个问题是，在新建筑物上为土地抵押权人设立第 1 顺位的抵押权，并且该抵押与土地抵押为共同抵押（共同抵押状态与之前相同）的情形下，在新建筑物完工之后至设立新抵押权之前的这一期间内，如出现国税债权（优先债权）应如何处理？国税债权人对新建筑物本身享有优先权，但劣后于土地抵押权（《国税征收法》第16条）。现假设，国税债权为 700 万日元，土地空地价格为 1000 万日元，新建筑物价格为 500 万日元，①如果法定地上权成立，则土地价格的七成（借地权）将附着于建筑物之上，因此建筑物的价格将会升至 1200 万日元，那国税债权自然能够获得全额清偿。②但如果法定地上权不成立，则仅能就 500 万日元的建筑物享有优先受偿权。

曾有判例（最高裁判所平成 9 年 6 月 5 日判决，载《民集》第 51 卷第 5 号第 2116 页）以前揭最高裁判所平成 9 年 2 月

14日判决的结论为前提,认为【在有债权在法律上优先于设立在新建筑物上的抵押权的被担保债权的情形下,由于前文所述的特殊情形并未发生,所以在新建筑物上不成立法定地上权】(国税债权仅对不附着法定地上权的新建筑物享有优先权)。

但是,优先债权仅仅在分配上享有优先权,其无法否定物权的成立。例如,第三人在新建筑物上率先设立抵押权后,法定地上权绝对性地不成立,但优先债权作为债权不具有排除上述物权的效力。债权人对建筑物本体(木材)享有优先权,所以在实现共同抵押权参与分配之际,可就建筑物的木材的价款优先受偿。即使承认法定地上权的成立,优先权的范围也不会有所变化。这样的理论展开虽在结论上与上述判例相同,但在理论上显然大异其趣(参见近江幸治:前揭《判例研究》第133页以下。泷泽孝臣:《判批》,载《金法》第1548号第24页,也采用同样观点。春日通良:《判解》,载《法曹时报》第52卷第4号第130页,则持反对意见)。

(2) 抵押权设立之时,土地与建筑物归属于同一所有人【要件Ⅱ】

土地与建筑物在设立抵押权之时必须归属于同一所有人(土地、建筑物的同一人归属)。换言之,如果抵押权设立之时土地与建筑物分属不同的所有人,在所有人之间,当已存在关于为建筑物设立土地使用权(地上权或租赁权)的约定(若非如此,则建筑物的存立是没有法律上的依据的)。此种情形下,土地的抵押权人对存在附着借地权的建筑物一事,当已有觉悟,而建筑物的抵押权人对建筑物得享借地权一事亦有预期(所谓【从权利】(本章第3节1(4)))。于此情形,没有承认法定地上权成立的必要(大审院明治38年6月26日判决,载《民录》第11辑第1022号;大审院昭和6年5月14日判决,载《新闻》第3276号第7页)。话虽如此,仍需分情况进行分析。

(a) 所有人的同一性的问题

对下述情形是否满足所有人的同一性,须进行个别分析。

i 土地、建筑物分别属于亲属中的数人的情形

在土地、建筑物分属于父母子女,或是分属于夫妇的情形下,因其在民法上皆为独立的人,所以即便其是居住在同一屋檐下,也应当约定使用权,无视约定使用权的必要性而直接承认法定地上权的成立是不可

行的(东京高等裁判所昭和31年7月13日判决,载《下民集》第7卷第71号第837页)。但是,使用权是不能够直接承继的。亲族之间往往不会要求支付租金,但是不能因此就认为亲族之间存在借用关系(应当将其视为一般的不动产租赁)。

ii 共有关系

如土地的共有人中的一个人单独享有建筑物的所有权,或建筑物的共有人中的一个人单独享有土地的所有权,法定地上权是否成立?具体有如下4种情形。

① A、B共有土地,A为建筑物的所有人的情形

(α) 抵押权设立在土地持分权上的情形

在【图③】中,抵押权实现后买受人C取得持分权,建筑物所有人A能否向B、C主张法定地上权? 还是A、B之间约定的使用权被视为依然存续? 对此,判例认为,取得对土地的完整的处分权是法定地上权成立的先决条件,共有人之一的A并不单独享有处分权,因此法定地上权不成立(最高裁判所昭和29年12月23日判决,载《民集》第8卷第12号第2235页(C在成为土地的单独所有人之后,请求A拆除建筑物,返还土地))。

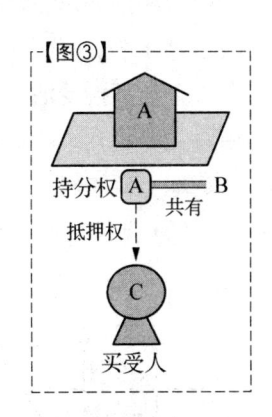

【图③】

持分权　抵押权　共有　买受人

【A】约定使用权说

约定使用权说的理解较为多样。有学者认为,判例的结论是合理的,也有学者认为,包含自己在内的所有共有人之间可视为已存在土地使用权,使用权与抵押权之间存在对抗关系(参见高岛第53页以下;铃木禄弥:《借地法上》第254页以下),还有学者认为,A与C之间已具备法定地上权的成立要件,而A对B则享有约定使用权,为了防止法律关系的复杂化,法定地上权将同化、转化为A、B之间的约定使用权(法定地上权的成立对B不利)(参见高木第198页。川井《概论》第372页(新说)也支持本观点)。

【B】法定地上权说

法定地上权说与判例的观点相反,其支持者认为,在共有关系中不可能分别设立独立的使用权,因此法定地上权是成立的(参见我妻第360页以下;川井第92页(旧说))。

此种情形下,有可能会损害其他共有人 B 的利益,因此【A】约定使用权说是合理的。

再分析一类情形。为担保 A 的债务而在 A、B 共有土地的土地持分权上设立抵押权,与此同时,A、C 共有的建筑物存立于该土地上。于此情形,法定地上权是否成立? 对此,判例认为,即便土地共有人 B 接受法定地上权的成立(B 的持分权上也被设立了抵押权),B 为 C 的建筑物的存立而接受的土地使用关系突然转化成为地上权这一强力的权利,进而导致土地拍卖价格显著下跌的这一情况,会超出利害关系人的期待和预测,招致法律安定性受到损害的不利后果。因此,不得承认法定地上权的成立(最高裁判所平成 6 年 12 月 20 日判决,载《民集》第 48 卷第 8 号第 1470 页。参见川井《概论》第 372 页(新说))。但是,如土地所有人全员都接受法定地上权的成立,便不会损害 C 的利益,因此,可遵循后文即将介绍的最高裁判所昭和 46 年 12 月 21 日判决的结论,承认法定地上权的成立(参见川井第 92 页(旧说))。

(β) 抵押权设立在建筑物上的情形

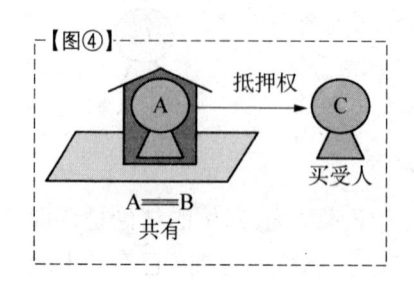

在【图④】中,与上述情形相反,在建筑物上设立抵押权,抵押权实现后,拍卖的买受人 C 取得建筑物的所有权。学界普遍认为,于此情形,约定使用权应存续(参见我妻第 361 页;高木第 198 页。此外,高木教授认为,最高裁判所昭和 44 年 11 月 4 日判决,载《民集》第 23 卷第 11 号第 1968 页,虽认为此种情形下法定地上权得以成立,但这是因为 B 认可了法定地上权的成立,案情上存在差异(参见吉井直昭:《判解》,载《法曹时报》第 22 卷第 9 号第 138 页))。

② 在 A 单独所有的土地上存在 A、B 共有的建筑物的情形

具体存在以下两类情形。

(α) 抵押权设立在土地上的情形

判例认为,在【图⑤】的情形下,法定地上权成立(最高裁判所昭和 46 年 12 月 21 日判决,载《民集》第 25 卷第 9 号第 1610 页)。与前述①相反,在此种情形下,共有人 B 的权利不会遭受损害,承认法定地上权成立并无不可。

(β) 抵押权设立在建筑物共有持分权上的情形

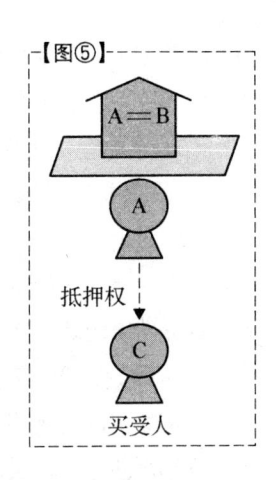

学界普遍认为此种情形下,法定地上权能够成立,买受人 C 与其他共有人 B 准共有该法定地上权(参见我妻第362页;高木第204页)。

③ 建筑物区分所有权的情形

在公寓等建筑物的区分所有权上设立抵押权的,法定地上权是否成立？此种情形下,专有部分(建筑物区分所有权)与土地使用权(共有持分权)的分别处分是不被允许的(《区分所有法》第22条第1款)。因此,如在专有部分上设立抵押权,则土地使用权必然伴随专有部分。

iii 与先顺位预约登记的关系

所有人在建筑物(或是土地)上设立抵押权之时,土地(或建筑物)上业已存在预约登记的,法定地上权是否成立？

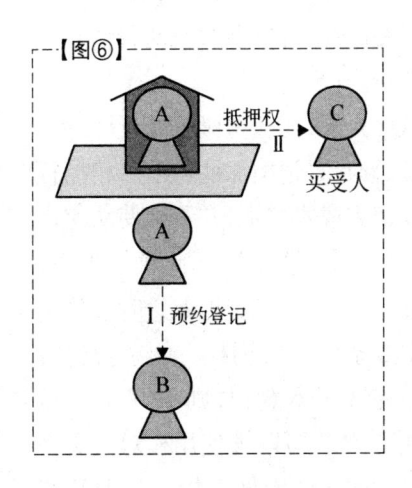

① 土地完成预约登记后,在建筑物上设立抵押权的情形

在【图⑥】中,土地、建筑物的所有人为 A,A 为 B 就该土地完成 Ⅰ 预约登记后,又在建筑物上设立 Ⅱ 抵押权。这一设例下有两类情形需要分析。

(α) 通常的预约登记

首先,在抵押权实现之后,买受人 C 拍得建筑物。而后,B 根据预约登记完成了本登记。此种情形下,C 的建筑物上即便成立法定地上权,也不得对抗 B(最高裁判所昭和41年1月21日判决,载《民集》第20卷第1号第42页(但是,本判例是关于通过预约买卖的所有权移转请求权保全的预约登记,实施预约登记担保的案件))。这是因为,抵押权的设立是在预约登记完成之后实施的处分。但是,如在拍卖之前 B 已经完成本登记,则建筑物所有人 A 与 B 之间应会约定土地使用权,因此,C 能够取得该附着使用权的建筑物(但是这会受到使用权的让与性的影响,如其为租赁权,则必须获得 B 的同意(《民法》第612条),或是可取代同意的许可(《借地借家法》第20条第1款))。

(β) 预约登记担保

在预约登记担保(第3编第2章)的情形下,B 的预约登记与设立抵押权并无不同,因此法定地上权必然成立(B 的预约登记如为抵押权,则应成立法定地上权)。《预约登记担保法》规定,根据土地的预约登记完成本登记之后(预约登记担保的实现),建筑物的法定承租权便会发生(《预约登记担保法》第10条)。因此,在就建筑物实现抵押权之前,预约登记担保已实现的情形下,A 取得法定借地权,建筑物买受人 C 取得借地权。反之,如率先实现建筑物抵押权,C 虽能取得法定地上权,但其不得对抗之后根据预约登记完成本登记的 B(与前述(α)的情形相同)。尽管如此,根据《预约登记担保法》第10条,法定承租权依然得以成立。

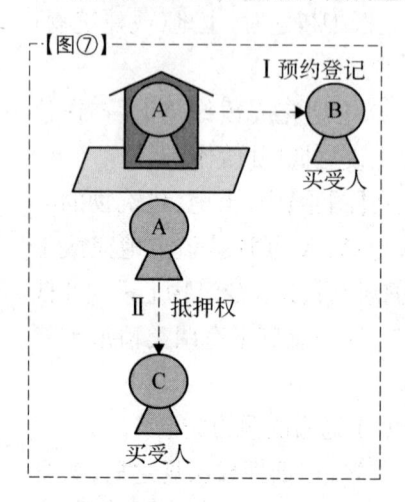

② 就建筑物完成预约登记后,在土地上设立抵押权的情形

在[图⑦]设例中,有两种情形需要分析。

(α) 预约登记担保的情形

《预约登记担保法》规定,根据预约登记完成本登记,并不会使法定借地权发生(《预约登记担保法》第10条)。此种情形下,通常,设立预约登记担保之时会约定附生效条件的使用权。如果就建筑物先完成了本登记,则 B 可取得该约定的使用权,即便在土地抵押权实现后,B 也可以该使用权对抗买受人 C。反之,如先实现土地抵押权,则 A 取得法定地上权。关于 B 在之后根据预约登记完成本登记,是能够取得法定地上权,还是于预约登记担保设立之时预先约定的使用权更为优先这一点,学说上倾向于后

者(参见高木第196页)。

(β) 通常的预约登记

此种情形下,分析思路与上同。

(b) 土地、建筑物的所有人在设立时并非同一人,在拍卖时成为同一人的情形

B在A所有的土地上享有借地权,并在该土地上建造并拥有建筑物。在A的土地或B的建筑物上已设立抵押权之后,A取得了建筑物的所有权,或是B取得了土地的所有权的情形下,A、B之间存在的借地权(约定使用权)是能够作为混同的例外得以存续($\binom{《民法》第179条}{第1款但书}$),还是会因混同而消灭($\binom{《民法》第179条}{第1款本文}$),并使法定地上权发生?对此,根据不同的利益状况,须分2类情形进行分析。

i 抵押权设立在土地上的情形

首先,在【图⑧】中,在【土地】上已设立抵押权的情形下,由于建筑物上已经附着约定使用权(借地权),抵押权人能够接受借地权的存续,但法定地上权的发生恐就在其意料之外了。因此,借地权在之后转变成为法定地上权会严重损害抵押权人的利益。综上所述,此种情形下,法定地上权不会发生,而已经存在的借地权可作为混同的例外得以存续(参见我妻第357页;高木第194页;川井《概论》第367页)。

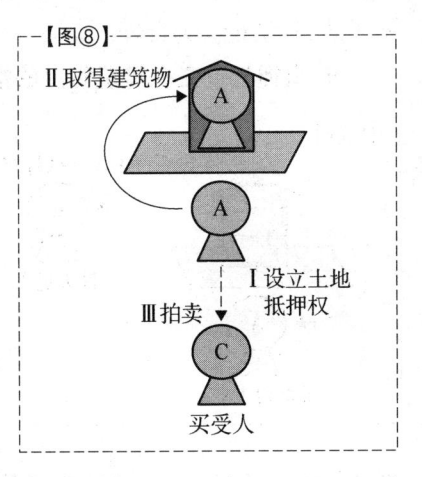

对此,判例认为,在A于土地上设立Ⅰ抵押权之后取得了建筑物的所有权,而后又设立Ⅱ抵押权的情形下,即便基于Ⅰ抵押权申请实施拍卖,法定地上权也不会成立($\binom{最高裁判所平成2年1月22日判决,载《民集》第44卷第1号}{第314页,参见近江幸治:《平2年度重要判例解说》第73页}$)。上述判例与后文($\binom{后}{文}$)将要介绍的大审院昭和14年7月26日判决的结

论有所不同。具体而言,上述判例认为,建筑物抵押与土地抵押的理论推演并不相同。即便Ⅱ抵押权具备法定地上权的成立要件,Ⅰ抵押权人也未对法定地上权的发生有任何预期。这一结论是合理的。

再分析一判例。A(Y的丈夫)在 Y 所有的土地上拥有建筑物,并设立了以 A 为债务人的土地与建筑物的共同抵押权(Ⅰ抵押权)。Y于 A 死亡后通过继承成为建筑物的所有人,并在土地上设立Ⅱ抵押权。在此之后,Ⅰ抵押权因设立合同的解除而消灭,Ⅱ抵押权则得以实现,最经由 X 拍得土地。对于此等情形,判例认为,【《民法》第 388 条并非以在拍卖前业已消灭的甲抵押权【(Ⅰ抵押权)】的设立之时,而是以因拍卖而消灭的居于第一顺位的乙抵押权【(Ⅱ抵押权)】的设立之时,作为同一所有人这一要件的具备时点】,认定法定地上权的成立(最高裁判所平成19年7月6日判决,载《民集》第61卷第5号第1940页)。这与前揭最高裁判所平成 2 年 1 月 22 日判决并不矛盾,其结论甚为合理。

ⅱ 抵押权设立在建筑物上的情形

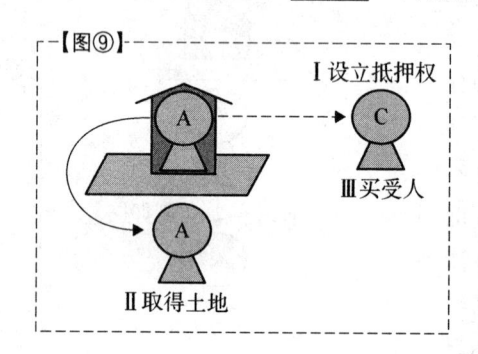

在【图⑨】中,【建筑物】成为了抵押权的标的物。对于此种情形,判例的立场是,约定使用权不会消灭,而是得以存续(混同的例外),法定地上权则不会成立(最高裁判所昭和44年2月14日判决,载《民集》第23卷第2号第357页。高木第193页,及川井《概论》第368页也赞成该结论)。有学者认为,在建筑物所有人 B 于建筑物上设立抵押权之后又取得了土地所有权的情形下,即使发生法定地上权也不抵触 B 自身的意思,所以应当承认法定地上权的成立(参见我妻第357页;近江旧版第192页)。但是,抵押权人是以借地权的存在、存续为前提设立抵押权的,如果借地权因为设立人取得土地这一偶发情况而转变成为法定地上权,就会使抵押权人获得意料之外的利益。因此,判例的立场是合理的。

此外,在 B 于建筑物上设立Ⅰ抵押权之后取得土地,而后又设立

Ⅱ抵押权的情形下,判例认为,在基于Ⅰ抵押权申请实施拍卖后,法定地上权成立(大审院昭和14年7月26日判决,载《民集》第18卷第772页;最高裁判所昭和53年9月29日判决,载《民集》第32卷第6号第1210页)。其理由是,法定地上权的成立不会损害建筑物抵押权人的利益。

(c) 设立之时建筑物与土地同属于一人,但在拍卖之时非属于同一人的情形

在抵押权设立之后,土地或建筑物被让与于他人,即,①在土地上设立抵押权之后,建筑物或者土地被让与于他人,及②在建筑物上设立抵押权之后,土地或者建筑物被让与于他人的情形下,在【让与】之际,约定使用权能够成立并存续(建筑物让与的情形下以〔从权利〕的形式存续),但在抵押权设立之时,抵押权人、设立人对法定地上权的成立都已有预期,所以应当承认法定地上权的成立(通说)。自大审院联合部大正12年12月14日判决(载《民集》第2卷第676页)起,判例也一改之前的立场,转而肯定了法定地上权的成立(大审院昭和7年10月21日判决,载《民集》第11卷第2177页;大审院昭和8年3月27日判决,载《新闻》第3543号第11页;大审院昭和8年10月27日判决,载《民集》第12卷第2656页;大审院昭和9年10月11日判决,载《新闻》第3773号第17页;最高裁判所昭和44年4月18日判决,载《判时》第556号第43页)。

(d) 登记上的他人

例如,在土地上设立抵押权后,建筑物的登记人仍为之前的所有人(在实体上,土地和建筑物已经同属一人所有)。虽然抵押权人在设立抵押权之时有可能将建筑物作为他人之物进行评估,但抵押权人在设立抵押权之时,通常会对现状进行调查,因此其应当能够知道土地和建筑物已属同一人所有。判例明确肯定了上述推论,认定法定地上权成立(大审院昭和14年12月19日判决,载《民集》第18卷第1583页;最高裁判所昭和48年9月18日判决,载《民集》第27卷第8号第1066页)。在土地的登记人仍为之前的所有人的情形下,在建筑物上设立抵押权的,法定地上权也得以成立(最高裁判所昭和53年9月29日判决,载《民集》第32卷第6号第1210页)。

(3) 土地或建筑物上【存在抵押权】【要件Ⅲ】

如前文所述,《民法》第388条中的【在土地或建筑物上已设立抵押权】,包含在土地和建筑物上都设立抵押权的情形(本节2(1)(e))。

此外，如前文所述，《民法》虽要求【抵押权存在】，但在非因抵押权的实现而导致土地、建筑物发生强制性分离的情形下，法定地上权的成立仍为必要。在国税滞纳人的公卖处分（《国税征收法》第127条）以及强制执行的情形下（《民事执行法》第81条），法定地上权同样得以成立。

(4) 因实现抵押权导致土地与建筑物分属不同所有人【要件Ⅳ】

【抵押权的实现】不限于基于抵押权拍卖担保不动产（任意拍卖）这一种形态，也包括强制拍卖以及公卖处分，这与(3)的要件相同。

3 法定地上权的内容

法定地上权是基于法律规定而发生的地上权，其性质与一般的地上权（《民法》第265条）并无区别。但由于其成立不经由当事人的合意，所以会出现必须由裁判所参与决定其内容的情况。

(a) 成立时期

已抵押标的物的所有权在转移给买受人之时，即买受人支付价款之时（《民事执行法》第79条←第188条），法定地上权成立。

(b) 存续期间

当事人可以协商确定，如未达成一致，则依据《借地借家法》第3条的规定，将其期间定为30年（东京高等裁判所昭和51年12月6日判决，载《判夕》第350号270页（原《借地法》第2条））。

(c) 地租

经当事人申请，裁判所可以确定地租（《民法》第388条后段）。如果当事人之间已达成协议，则协议的效力优先（大审院明治43年3月23日判决，载《民录》第16辑第233页）。

(d) 法定地上权与登记

法定地上权与一般的物权相同，都以【登记】作为其对抗要件。但因可适用《借地借家法》第10条第1款的规定，所以即便未进行地上权的登记，建筑物的登记亦有对抗力。问题在于，土地拍卖的买受人与法定地上权发生后受让取得建筑物并完成所有权保存登记者之间的【对抗】关系当如何处理？判例认为，建筑物受让人可以保存登记对抗买受人(最高裁判所昭和44年4月18日判决，载《判时》第556号第43页。我妻第368页，以及川井《概论》第378页也赞成该结论)。但是，买受人并不属于《民法》第177条中的【第三人】，由于不能否认法定地上权的成立，所以受让人不需要具备对抗要件(参见铃木禄弥：《借地法上》第275页；槙第227页；高木第213页)。

第 7 节　抵押权与租赁

1　短期租赁的废止与新租赁保护制度

用益权保护思想及其界限

原《民法》第395条规定，即便是不得对抗抵押权的租赁，只要其期限不超过《民法》第602条所定之期限，便可对抗抵押权人，即买受人。该法条基于用益权保护思想，对租赁提供特殊保护(短期租赁的保护)。但是，买受人很难接受在拍得不动产之后，最长有3年(建筑物)或5年(土地)无法使用该不动产，这就导致拍卖价格往往极低。对该制度的滥用，例如在临近抵押权实现前突击性地出租房屋、提前收取租金、收取高额押金等行为，已演化成【欺诈性租赁】，这让短期租赁变成了妨害执行的手段。

正因为此，在2003年《民法》的修订中，该制度被废除。但考虑到租赁权(用益权)也需要得到保护，所以针对不能对抗抵押权的租赁权(抵押权设立之后发生)，创设了①赋予建筑物的返还一定【犹豫】期间的制度(《民法》第395条)，以及②经抵押权人的同意可赋予租赁权【对抗力】的制度(《民法》第387条)。

【短期租赁的保护思想及欺诈性——争论的经过】

虽为已被废止的制度,但围绕其曾展开过大规模论战,其中也包含有讲学上的重点,故在此对其进行概述(参见近江旧版第171页以下)。

(1) 短期租赁制度的意义

原《民法》第395条规定,【未超出《民法》第602条所定之期限的租赁的登记即便晚于抵押权的登记,亦可以之对抗抵押权人。但如该租赁对抵押权人造成损害,则裁判所可依抵押权人的请求,命令其解除】。短期租赁作为管理行为并不会侵害抵押权(参见槙悌次:《抵当権と賃借権との関係》,载关西大学《法学論集》第13卷第4=6号第25页),故可理解其为价值权(抵押权)与利用权(用益权)的调和行为(参见我妻等340页,等)。该制度,尤其是在战后(昭和40年代前后),对住房难问题的解决曾有重要意义。

(2) 短期租赁的欺诈性利用

但是,如前文所述,在临近抵押权实现前,设立人会通过突击性地勾结第三人订立短期租赁合同,约定明显不合理的廉价租金,或特别约定租金预付等方式,妨害买受人对租金的正常获取。这当然属于【对抵押权人造成损害】的情形(最高裁判所昭和34年12月25日判决,载《民集》第13卷第13号第1659页;最高裁判所平成3年3月22日判决,载《民集》第45卷第3号第268页)。

如出现此等事态,抵押权人可依据原《民法》第395条但书的规定,请求【解除】(《民法》制定时的原草案中并无此规定,而是在众议院审议时被追加)。但是,解除请求必须通过裁判实现,裁判动辄需要花费一两年的时间,而拍卖通常两三个月即可完成,故在抵押权实现程序已经开始的情形下,并非有效手段。

(3) 抵押权人的预防性租赁(抵押权并用租赁)

抵押权人为排除短期租赁的出现,多采用自行作为承租人订立租赁合同,或订立以抵押债务不履行作为生效条件的附生效条件租赁合同,并于设立抵押权之时完成其登记或预约登记的方式,作为自卫手段。抵押权人并用抵押权与租赁(并用租赁)的这种方式,被称为【预防性租赁】。

然而,此类租赁的承租人(抵押权人)并非对已抵押标的物进行实际用益,其目的仅仅是为了排除引发已抵押不动产担保价值减少的短期租赁。

问题在于,在与拍卖的买受人的关系中,此类租赁是否仍可受到原《民法》第395条的保护,简而言之,抵押权人能否向买受人主张短期租赁?对此,判例认为,此类并用租赁权,仅具有排除欺诈性租赁的意义,【在不存在具备对抗要件的第三人的状态下竞拍人拍得已抵押不动产,并取得其所有权的情形下,抵押权人的承租权因失去标的而消灭,而其登记或预约登记因欠缺实体关系……拍得人可基于已取得的已抵押不动产的所有权,请求涂销其登记】(最高裁判所昭和52年2月17日判决,载《民集》第31卷第1号第67页;最高裁判所昭和56年7月17日判决,载《判時》第1014号第61页)。

再分析一判例。抵押权人A在设立并用承租权(基于承租权设立预约合同的承租权设立请求权预约登记)后,出现后顺位承租权人B(完成承租权设立预约登记并入住建筑物)。在此之后,A行使预约完结权完成登记,并依据原《民法》第395条但书的规定,向B请求解除,同时以胜诉判决作为条件,请求涂销承租权登记并返还不动产。对此,裁判所基于【上述理由】,认为A【即使完成本登记,也因其不具有作为承租权的实体,所以无法承认其具有可排除已具备对抗要件的后顺位短期承租权的效力】(最高裁判所平成元年6月5日判決,载《民集》第43卷第6号第355页。参见石田喜久夫:《私法判例リマークス》第1号第7页)。但是,此等理解实为欠妥。此判例中的问题点,在于A依据原《民法》第395条但书向B主张的承租权解除请求与基于抵押权的返还请求的合理性。A是否完成本登记与上述问题并无关联。如认定应当解除,则当然应认定需要返还(参见中野貞一郎:《抵当権者の併用賃借権に基づく明渡請求》,载《金法》第1252号第6页以下;生熊长幸:《抵当権併用賃借権の後順位短期賃借権排除効と抵当権に基づく短期賃借人に対する明渡請求権》,载岡山大学《法学会雑誌》第40卷第3・4号第159页以下)。

以上便是围绕原《民法》第395条的争论,短期租赁因为背离立法目的成为扭曲的制度,而失去了存在的意义,因而被废止。但是关于上述(3),时至今日仍然是一大课题。

2 建筑物返还犹豫制度

(1) 建筑物返还犹豫的意义

(a) 建筑物【返还犹豫】

不能对抗抵押权的租赁(租赁已抵押不动产),会因拍卖而消灭,承租人必须返还不动产。但对于承租人(办公楼或公寓的承租人)而言,面对突如其来的拍卖,在短时间内找到相同条件的其他任租赁不动产绝非易事。【建筑物】返还犹豫期间就是为应对这种情况而设立的制度(《民法》第395条)。【土地】租赁则不适用该制度。

(b) 适用对象(已抵押建筑物的使用人)

基于不能对抗抵押权的租赁,在拍卖之前对已抵押建筑物进行使用或收益者为适用对象(《民法》第395条第1款柱书)。但需注意如下要点。

ⅰ 必须是在进入拍卖程序前已开始对建筑物进行使用或收益者(《民法》第395条第1款第1项)。在进入拍卖程序后开始的使用、收益,多以妨害执行为目的,所以不需要进行保护。

【抵押权人自身的租赁当如何处理?】

抵押权人自身订立的租赁合同,或是附生效条件的租赁合同(将抵押权实现或抵押债务的不履行作为生效条件)是否受本制度的保护? 此类租赁在《民法》修订之前,是排除短期租赁的手段

(预防性租赁),虽然短期租赁制度已被废止,但视其形态,也有适用现行《民法》第 395 条第 1 款第 1 项的可能性。

但是,此类租赁并非是以使用收益建筑物为目的而创设的,其目的显然是为了排除新发生的租赁关系(＝确保建筑物的交换价值)。因此,无法承认其对拍卖的买受人具有对抗力,也无法承认其具有作为独立的租赁的价值等。故而,此类租赁会随抵押权的实现而消灭的理论,依旧是合理的(前揭最高裁判所昭和 52 年 2 月 17 日判决;最高裁判所昭和 56 年 7 月 17 日判决;最高裁判所平成 17 年 3 月 10 日判决)。

ⅱ 在拍卖程序开始之后,因与强制管理或担保不动产收益执行的管理人订立租赁合同而进行使用或收益者,也适用本制度(《民法》第 395 条第 1 款第 2 项)。这是因为,此种情形下不存在损害抵押权人利益的要素。

(c) 犹豫期间

返还的犹豫期间,是从买受人拍得之时,即价款支付之时起的 6 个月(《民法》第 395 条第 1 款柱书)。

(2) 犹豫期间中的法律关系

(a) 使用【对价】的支付

买受人可请求建筑物使用人支付使用该建筑物的【对价】(《民法》第 395 条第 2 款)。需要注意的是,在理论上,使用【对价】并非是指使用承租之物的【租金】。这是因为,租赁合同已经终止。因此,该【对价】的法律性质是在事实上使用该建筑物的【不当得利】,只是其金额与租金金额相当。

相应的,由于租赁合同关系已经不存在,所以买受人(新所有人)不承担建筑物修缮义务与债务不履行责任。

(b) 返还犹豫的消灭

关于上述【对价】,买受人可确定期限催告承租人支付一个月以上数额的对价,如在该期限内未支付,则不再适用建筑物返还犹豫制度(《民法》第 395 条第 2 款)。

(c) 与交付命令的关系

买受人完成价款支付后,可以除【基于在事件记录上可对抗买受人之权源而实施占有者】外的不动产占有人为对象,取得不动产的交付命令(《民事执行法》第83条第1款・第188条)。因有法律的规定,所以适用返还犹豫的占有人得被排除在上述范围之外,故其不属于交付命令的对象(参见谷口、筒井编第38页)。

此外,一般而言,在价款支付之时起的6个月后,买受人不得申请交付命令,但是如果涉及返还犹豫,则该期间延长至9个月(《民事执行法》第83条第2款・第188条)。9个月的期间不可变更,例如,买受行为完成之后,即便返还犹豫的适用者由A变为B,犹豫期间也是价款支付完成之时起的9个月(参见谷口、筒井编第40页)。

3 抵押权人的同意赋予租赁对抗力

(1) 对抗力赋予制度的意义

在抵押权设立后,已抵押不动产被出租的情形下(必须进行承租权登记),经所有的抵押权人一致【同意】,租赁可被赋予对抗力(必须就同意进行登记),该租赁可对抗抵押权人(《民法》第387条第1款)。先顺位人的【同意】可使原本劣后于抵押权的承租权得以居于优先地位,这既是对抗原则的例外,在功能上,也类似于抵押权的顺位变更(《民法》第373条。本章第9节4)。

本制度使租赁在拍卖后保持存续,并使之成为有利于债权回收的手段,且具有在保护优良承租人的同时排除不良承租人等作用。本制度是租赁的一般性规定,故可同时适用于土地和建筑物。

(2) 对抗力赋予的要件

(a) 承租权的【登记】

受保护的承租权,必须进行【登记】(《民法》第387条第1款)。抵押权人的【同意】赋予劣后的承租权以特别的对抗力,为使租赁的内容通过公示得以明确,必须进行【登记】。而《借地借家法》中的对抗要件(建筑物租赁中的【交付】(《借地借家法》第31条)及土地租赁中的【建筑物登记】(《借地借家法》第10条))并不满足该要件。

> **【房屋租赁押金的登记】**
> 　　伴随着本制度的创设,在有【房屋租赁押金】的情形下,其也成为了承租权登记的必要登记事项(《不动产登记法》第81条第4项)。在出租人发生变更的情形下,房屋租赁押金会由新出租人承继(参见【V】第199页),因此必须明确其内容。

(b) 抵押权人的一致【同意】

必须经承租权设立前存在的抵押权人一致【同意】(其目的并非是为对抗已做出同意表示的抵押权人)。该【同意】必须进行【登记】(同意的登记)(《民法》第387条第1款),这与抵押权顺位的变更登记(《民法》第374条第2款)相同。

(c) 遭受不利益者的承诺

在存在享有以抵押权作为标的物的权利的权利人(转抵押权人等),或其他因此制度而遭受不利益者(被担保债权的实施冻结的债权人、质权人等)的情形下,必须获得其【承诺】(《民法》第387条第2款)。这与抵押权顺位的变更(《民法》第374条第1款但书)相同。

(3) 对抗力赋予的效果

在本制度之下,【租赁】得以【对抗】在租赁关系设立之前已经登记的抵押权(《民法》第387条第1款)。具体而言,通过拍卖取得不动产的买受人成为新出租人,之前的租赁关系将会存续。

完成内容登记公示的承租权具有对抗力,因此,承租权的内容(租金等)如在设立后发生变更,除非该变更有利于出租人,否则该变更不经登记不具有对抗力(登记变更需经抵押权人同意(《不动产登记法》第66条类推适用)。参见谷口、筒井编44页)。

第8节 第三取得人

1 第三取得人的地位

(1) 从抵押权的负担中获得解放

所谓【第三取得人】,在广义上是指取得已抵押不动产的所有权或一定的用益权的第三人(其范围因条文(制度)的不同而不同(《民法》第378条(代价清偿)、第379条(抵押权消灭请求)、第390条(竞买权)、第391条(费用偿还请求权)、第398条之22(最高额抵押权消灭请求))(参见我妻第329页、第370页以下)),而在狭义上,仅指取得所有权的第三人(《民法》第379条)。抵押权具有追及力,当债务人不清偿抵押债务之时,第三取得人可能因抵押权的实现而失去不动产,其地位极为不稳定。因此,使【第三取得人】从抵押权的负担中获得解放,并使已抵押不动产得以流通的方法应运而生。

此处所说的方法,包括①代价清偿(《民法》第378条)及②抵押权消灭请求(《民法》第379条)(最高额抵押权的相关内容将在本章第11节7介绍)。

【第三取得人的法理】

关于【第三取得人】的地位,学说上有分歧。

【A】设立人说

完全承继设立人的义务,应将其视同设立人(参见我妻第249页)。

【B】后顺位抵押权人说

第三取得人期待能够取得的,是去除抵押权后的价值,即标的物的残余价值,因此,可将第三取得人视同后顺位抵押权人(参见铃木第159页)。

> 【C】个别性处理说
>
> 应当根据具体情况,将其视同设立人,或视为其他第三人(参见高木(旧版)第136页)。
>
> 虽说第三取得人期待的只是残余价值,但这仅是以承继(通常为承继债务)抵押权为前提的结论。此外,也存在将第三取得人视同后顺位抵押权人的情形,故【C】说具有合理性。但基本上仍以【A】说为主流。

(2) 抵押权实现程序上的地位

(a) 竞买权

第三取得人可以成为拍卖的竞买人(买受人)(《民法》第390条)。原本,在实现抵押权实施拍卖的情形下,任何人都能够成为竞买人,但是,被担保债权的债务人不得成为竞买人(《民事执行法》第68条←第188条。关于其理由,本章第4节2(2)(e))。另一方面,承继了债务人地位的第三取得人,却是能够成为买受人的,本条特意对此作出了提示。

此处所指的【第三取得人】范围更广,其并不仅限于所有人,还包括地上权以及租赁权的取得人等。

(b) 费用偿还请求权

在因拍卖导致第三取得人丧失权利的情形下,第三取得人可依据《民法》第196条中规定的分类,就其在拍卖前为已抵押不动产支付的必要费用、有益费用获得最优先受偿(《民法》第391条)。盖因上述费用可被视为拍卖标的物的一种【共益费用】。无视本规定擅自进行分配的,第三取得人对抵押权人享有不当得利返还请求权(最高裁判所昭和48年7月12日判决,载《民集》第27卷第7号第763页)。

此处所指的【第三取得人】当然包括所有人、地上权人、永佃权人等物权人,问题在于,是否包括承租权人?围绕此点,存在肯定说(参见柚木馨、上田徹一郎:《注释民法(9)》第 197 页)与否定说(参见生熊长幸:《新版注释民法(9)》第 613 页)。否定说的支持者认为,承认租赁权人享有费用偿还请求权有妨害执行的危险性。

2 代价清偿

(1) 代价清偿的意义

[图①]

建筑物价格 1200万日元

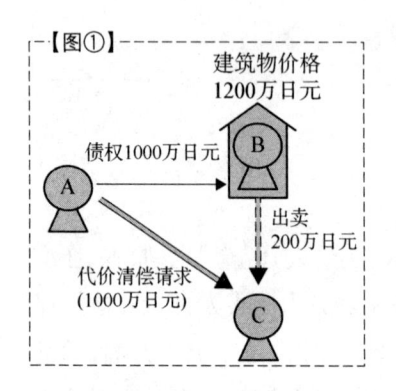

债权1000万日元 A → B

出卖 200万日元

代价清偿请求 (1000万日元)

B ↓ C

【图①】代价清偿,是指取得已抵押不动产的所有权或地上权的第三人(第三取得人)C 应抵押权人 A 的请求,支付对价以清偿债务,使抵押权因该第三取得人而消灭的制度(《民法》第378条)。

抵押权人通常不会选择使用本方法。在已抵押不动产的价值大幅超过债权数额的情形下,拍卖为最优手段,而在已抵押不动产的价值低于债权数额的情形下,代价清偿也无法实现债权的回收。因此,抵押权人只有在拍卖预计将难以出现理想结果,同时又对代价清偿的价款基本可接受的情形下,才会使用此方法(不动产价格 1200 万日元,抵押债务 1000 万日元,第三取得人 C 以两者间差价的 200 万日元取得该不动产,并承继 1000 万日元的债务。代价清偿的数额约为 1000 万日元)。

【代价清偿与第三人清偿】

代价清偿,为第三取得人应抵押权人的请求(接受抵押权人提出的价格),使抵押权归于消灭的制度。原本,第三取得人如要避免抵押权的实现,也可以通过清偿债务人的债务的方式,使抵押权归于消灭。这就是第三人清偿制度(《民法》第474条。于此情形,第三取得人在清偿后,代位债权人(《民法》第500条))。后者的情形下,必须全额清偿,而前者的情形下,不需要全额清偿,只须按抵押权人提出的金额支付对价,抵押权即告消灭。

(2) 代价清偿的要件

(a) 所有权或是地上权的取得人

第三人(第三取得人)买受已抵押不动产的【所有权】或【地上权】。买受地上权,是指一次性支付地上权总存续期间内所有地租,以此作为对价取得地上权(参见我妻第373页)。

(b) 抵押权人的请求

应抵押权人的请求而支付。这与在本节后文将要介绍的【抵押权消灭请求】不同。

(c) 代价的清偿

支付抵押权人提出的金额(代价)。

(3) 代价清偿的效果

(a) 抵押权的消灭

代价清偿可使抵押权因第三取得人而消灭(《民法》第378条)。【抵押权因第三取得人而消灭】,意味着在第三取得人为所有权取得人的情形下,抵押权本身消灭。但在第三取得人为地上权取得人的情形下,抵押权只是为地上权人而消灭,换言之,抵押权本身并未消灭,只是不得对抗地上权人而已。因而,即便实现抵押权,地上权人也可在买受人取得的土地上继续享有地上权。

(b) 清偿数额对应债务的消灭

债务人(出卖人)在第三取得人代价清偿的范围内,得免除相应债务。但是其依然承担剩余债务,且该等债务为无担保债务。

3 抵押权消灭请求

(1) 抵押权消灭请求的意义

取得已抵押不动产的所有权的第三人(第三取得人),可自行向抵押权人提出抵押物评估金额,并请求消灭其抵押权($^{《民法》第}_{379条}$)。本制度源自旧时的【涤除】制度,并通过一定的改变,破除了涤除制度的桎梏。

【涤除制度与抵押权消灭请求的必要性】

旧时的【涤除】($^{原《民法》}_{第378条}$),是指在第三取得人提出涤除(=抵押权消灭)申请的情形下,抵押权人虽无遵从其意愿的义务,但是一旦拒绝,就必须实施提价拍卖(以高于涤除申请金额一成以上的价格实施拍卖),如果提价拍卖流拍,则抵押权人须自行以提价拍卖的价格买受已抵押不动产(因此必须提供担保)的制度。这对抵押权人而言,毫无疑问是巨大的负担。

民法学界对废除该制度的呼声高涨,但因存在认为设置不损害抵押权人利益的单纯的抵押权消灭请求是有意义的这种观点,使得该制度得以存续。上述【意义】在于,在【抵押权的被担保债权数额高于已抵押不动产的现时价格】的情形下,即使未完全清偿被担保债权,也可被赋予使抵押权消灭的机会这一点上。特别是在第三取得人取得已抵押不动产的必要性较高的情形下,以及强制性地被要求取得已抵押不动产的情形下(例如,①取得的再开发用地上已设立抵押权,②公寓翻建之际,请求出卖已设立了抵押权的不参加翻建者的区分所有权($^{《区分所有法》第}_{63条第4款}$),③借地权设立人被请求买受($^{《借地借家法》第}_{13条第1款}$)的建筑物上已设立抵押权),涤除制度具有相当高的有用性($^{参见《担保・执行法制の見直しに関する》}_{要綱中間試案補足説明》第13~14页}$)。

(2) 消灭请求权人

(a)【所有权】取得人

取得已抵押不动产的【所有权】者(＝第三取得人),可请求消灭抵押权($^{《民法》第}_{379条}$)。与代价清偿不同,无偿取得者也可请求消灭抵押权。

(b) 无权请求消灭者

但是,①主债务人、保证人及其承继人不得请求消灭抵押权($^{《民法》第}_{380条}$)。盖因其本身就承担全部债务(即便保证人及承继人取得了第三取得人的地位,也不会有所改变)。②附生效条件的第三取得人,在条件成就之前,不得请求消灭抵押权($^{《民法》第}_{381条}$)。

(3) 消灭请求的请求时期

第三取得人必须在<u>为实现抵押权而实施的拍卖前查封生效之前</u>,请求消灭抵押权($^{《民法》第}_{382条}$)。这是为了调整抵押权人与第三取得人之间的利害关系($^{参见谷口・筒}_{井编第26页}$)。因此,在一般债权人为强制执行而实施强制拍卖的情形下,即便在其查封生效后,也可请求消灭抵押权。

(4) 消灭请求的程序——向债权人送达书面文件

第三取得人如要消灭抵押权,首先,要向【完成登记(包括预约登记)的所有债权人】(除抵押权人外,还包括不动产先取特权人($^{《民法》第}_{341条}$)、不动产质权人($^{《民法》第}_{361条}$))送达如下书面文件($^{《民法》第}_{383条}$)。

ⅰ 写明取得的原因($^{例如拍卖、}_{赠与}$)、年月日、让与人和取得人的姓名及住所,以及已抵押不动产的性质($^{例如土地、}_{建筑物}$)、所在地、对价(取得的价格),或其他取得人的相关信息等内容的书面文件($^{《民法》第383}_{条第1项}$)。

ⅱ 已抵押不动产的相关登记事项证明书(仅限于能够证明现时点所有具有效力的登记事项的材料)($\tiny{《民法》第383}\atop\tiny{条第2项}$)。

ⅲ 写明如债权人在 2 个月内未实现抵押权申请拍卖,则第三取得人按债权的顺位清偿或提存上述 ⅰ 中的【对价】(取得的价格)或【特别指定的金额】(消灭请求金额)的书面文件($\tiny{《民法》第383}\atop\tiny{条第3项}$)。

上述书面文件必须送达所有债权人,只要有一人未送达,抵押权消灭请求程序的送达便全部无效。

(5) 消灭请求的效果

(a) 通过承诺使抵押权消灭

收到书面文件的【完成登记的所有债权人】对第三取得人提出的【对价】或消灭请求【金额】作出承诺的表示,且第三取得人按债权的顺位支付或提存该【对价】或【金额】之时,抵押权消灭($\tiny{《民法》第}\atop\tiny{386条}$)。

此外,第三取得人如对抵押权人享有反对债权,在不存在其他抵押债权人的情形下,可以请求抵销($\tiny{大审院昭和14年12月21日判决,载《民集》第}\atop\tiny{18卷第1596页。参见川井《概论》第384页}$)。

(b) 承诺的拟制

如出现下述情形,视为收到书面文件的债权人已经对第三取得人提出的对价或金额作出承诺($\tiny{《民法》第}\atop\tiny{384条}$)。

ⅰ 债权人在收到送达的书面文件后的 2 个月内,不实现抵押权申请拍卖($\tiny{后文}\atop\tiny{(6)}$)。

ⅱ 债权人撤回上述 ⅰ 的拍卖申请。

ⅲ 上述 ⅰ 的拍卖申请确定被驳回。

ⅳ 基于上述 ⅰ 的申请而实施的拍卖程序确定被撤销。

但是,在因无买受申请人而被撤销的情形下($\tiny{《民事执行法》第63条第3款、第}\atop\tiny{68条之3第3款←第188条}$),以及在因写明撤销执行处分命令的裁判文书副本的提交而致使拍卖程序被撤销的情形下($\tiny{《民事执行法》第183条第2}\atop\tiny{款、第183条第1款第5项}$),抵押权不消灭($\tiny{《民法》第384条}\atop\tiny{第4项括号部分}$)。在抵押权人不存在归责性的程序性撤销的情形下,依然承认拟制是不合理的。

与此相对,由于第三取得人拥有以买受已抵押不动产作为对抗手段的机会,所以上述规则不会损害第三取得人的利益(参见谷口、筒井编第27页)。

(6) 债权人的拍卖申请(对抗手段)

(a) 拍卖申请权人

接收抵押权消灭请求送达的所有债权人(抵押权人、不动产先取特权人、质权人)都可通过申请拍卖,对抗第三取得人的抵押权消灭请求(《民法》第384条第1项、第385条)。此处所指的拍卖与通常的拍卖并无不同。

(b) 拍卖申请期间

接收抵押权消灭请求送达之时起的2个月内,必须申请拍卖(《民法》第384条第1项)。

(c) 通知债务人、第三取得人

在申请拍卖之际,应于上述2个月的期间内对债务人及已抵押不动产的让与人进行通知(《民法》第385条)。

第9节 抵押权的处分

1 转抵押

(1) 转抵押制度的意义

抵押权人可以抵押权为其他债权提供担保(《民法》第376条第1款)。与转质相同,转抵押是将自己已经取得的担保权为新借款提供担保。具体而言,在【图①】中,A对B享有1000万日元的附着抵押权的债权,且A

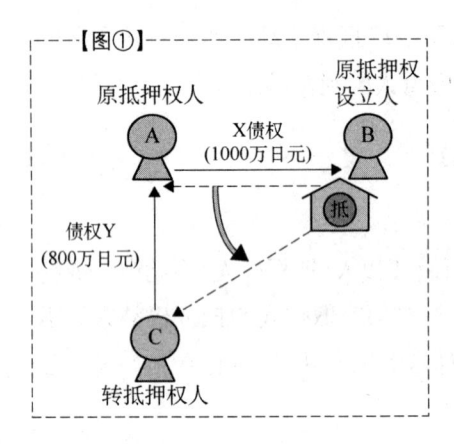

欲从 C 处借款 800 万日元,此时,A 可以将其对 B 享有的抵押权作为担保提供给 C。转抵押就是使转抵押权人 C 能够优先获取 A 已获取的担保价值的制度(参见我妻第390页)。或许是由于转抵押会产生比较复杂的法律关系,所以在实务中,对转抵押制度的运用可谓极少。

【转抵押的法律构成】

关于转抵押的法律构成的学说,与转质一样存在分歧对立(第2章第1节4(3))。

【A】【抵押权】单独处分说　　将抵押权从被担保债权中剥离后再用于担保,是该学说的基本观点,在此基础上又发展出两种学说。

ⓐ【抵押标的物】再次抵押设立说。该学说将转抵押解读为将抵押标的物进行再次抵押(参见我妻第390页;川井《概论》第193页)。

ⓑ【抵押权】质押说。该学说将转抵押解读为 A 为 C 在自己享有之抵押权上设立质权(一种权利质权)(参见铃木第172页;铃木《抵押制度》第195页)。

【B】【债权、抵押权】共同质押说　　该学说认为,将抵押权用于其他担保,实为将债权与抵押权共同质押(参见柚木、高木第304页以下),并主张,《民法》第 377 条希望表达的就是上述思想,且在此构成下,可对原抵押权对于被担保债权的拘束进行合理说明。

转抵押并非是将标的物的占有转移给转抵押权人,因此,其与转质的学说可能并不兼容(参见铃木《抵押制度》第193页)。不过,从当事人之间的预期及实务中的需求来看,都应承认转抵押权人 C 对原抵押权设立人 B 享有直接收取的权利(《民法》第366条第2款)。而在【A】说下,上述需求是无法得到满足的(参见柚木、高木第309页)。

(2) 转抵押的设立

(a) 转抵押设立合同

原抵押权人 A 与转抵押权人 C 通过订立转抵押权设立合同,设立转抵押权。原抵押权设立人 B 的同意并非必要(既不存在与《民法》第298 条第 2 款相应的规定,且即便经过同意,也无须适用《民法》第 376条)。因此,从性质上,其属于责任转抵押。

(b) 关于成立要件的问题点

转抵押的成立要件与转质相同,但如以此为前提,便有如下问题需要分析。

ⅰ 【转抵押权的被担保债权(Y 债权)不得高于原抵押权的被担保债权(X 债权)】的含义

此要件原本的含义为,A 不得将高于已获取的标的物担保价值的部分交予 C,在 Y 债权高于 X 债权的情况下,C 也仅可在 X 债权的限度内优先受偿。现在,该要件似已经不被作为必须(参见铃木第173页)。

ⅱ 两个债权的清偿期的问题

Y 债权的清偿期并非必须先于 X 债权的清偿期到期。盖因 B 可在 Y 债权到期之前通过提存使其债务消灭。

综上所述,因 C 享有的 Y 债权的债权数额、清偿期不损害 B 的利益,故其不受任何限制(参见铃木第174页)。

(3) 转抵押的对抗要件

(a) 登记(附记登记)

转抵押权的设立为不动产物权的设立,因此需要进行登记。该登记为抵押权设立登记的附记登记。通过抵押权的处分而可获得利益者的顺位,根据附记登记的先后顺序确定($_{条第2款}^{《民法》第376}$)。

(b) 对原抵押权设立人的通知及其同意

设立转抵押时,如未对原抵押权设立人 B 就转抵押之事进行通知,或未获 B 同意,便不得以此对抗主债务人、保证人、抵押权设立人(物上保证人)及其承继人($_{条第1款}^{《民法》第377}$)。从此规定出发来看,【B】共同质押说的观点最为合理,这与《民法》第 364 条中规定的债权质权的对抗要件具有相同含义。【A】ⓐ说则认为,转抵押权虽非以原抵押权的被担保债权本身提供担保,但因该债权是原抵押权存在的基础,故转抵押权的拘束力间接及于其上($_{第383页}^{参见我妻}$)。

(4) 转抵押设立的效果——拘束力

(a) 对原抵押权人的拘束

因为转抵押权是基于原抵押权而成立的权利,所以原抵押权人受到不使原抵押权消灭的拘束(义务)。因此,不仅是抵押权的绝对性放弃,收取、抵销和免除等也不被允许。共同质押说将该拘束解释为债权质押的效果,抵押权单独处分说将该拘束解读为不可使原抵押权消灭的间接性效果。但是,转抵押权的设立也是担保关系的成立,因此,该等拘束当被视为基于担保关系而发生的义务($_{本章第5节2(1)}^{序论(3)(a),以及}$)。

(b) 对原抵押债权的债务人、保证人、物上保证人的拘束

在就转抵押已完成通知或已取得同意($_{条第1款}^{《民法》第377}$)的情形下,如未经转抵押权人 C 同意,即使【清偿】了原抵押债权(X 债权),也不得对抗 C($_{条第2款}^{《民法》第377}$)。

(5) 转抵押权的实现

(a) 原抵押债权已届清偿期

如欲实现转抵押权,则原抵押权的被担保债权须已届清偿期。原抵押权设定人 B 不应因转抵押而遭受任何不利益,如此规定,可谓必然。如按【B】共同质押说,则转抵押权人 C 可选择实现抵押权质权(实现方式准用抵押权的规定)或实现债权质权(X 债权的直接收取(《民法》第 366 条第 2 款))。如按【A】抵押权单独处分说,则仅可实现抵押权。

【原抵押权人 A 的拍卖权如何处理?】

判例认为,原抵押权的债权数额高于转抵押权的债权数额时,可实施拍卖(大审院昭和 7 年 8 月 29 日判决,载《民集》第 11 卷第 1729 页;名古屋高等裁判所昭和 52 年 7 月 8 日判决,载《判夕》第 360 号第 172 页)。学说上,出现如下三种观点。

【A】肯定说

因为转抵押债权(Y 债权)数额无法预先确定,所以无论金额上是否超过,A 皆可实施拍卖,但须将拍卖所得全部价款予以提存(参见铃木《抵押制度》第 204 页)。

【B】否定说

如承认 A 的拍卖权,则会与禁止向 A 清偿债务的《民法》第 377 条第 2 款发生冲突,并且会触发诸多损害转抵押权人 C 的担保的风险点,因此 A 不应享有拍卖权(参见柚木、高木第 307 页;川井《概论》第 395 页)。窃以为,此学说是合理的。

【C】限定性肯定说

基本支持否定说的立场,但认为当原抵押权与转抵押权都具备拍卖要件时,可承认 A 享有拍卖权(参见我妻第 394 页。福永有利:《判夕》第 364 号第 117 页以下,扩大了肯定的情形)。

(b) 优先受偿的范围

如前文所述(本节 1 (2) b),转抵押权人 C 在原抵押权的被担保债权(X 债权)的限度内享有优先受偿权。之后如仍有剩余价款,则原抵押权人 A 也可就此受偿。

2 抵押权的让与、放弃

(1) 抵押权的让与

(a)【抵押权的让与】的含义

抵押权人为了其他抵押权人的利益,可让与其享有的抵押权(《民法》第376条第1款)。【抵押权的让与】是指<u>将抵押权让与于不享有抵押权的债权人</u>,在让与的限度内,<u>让与人成为无担保债权人</u>。

(b) 抵押权让与合同

抵押权让与合同为处分合同,让与人与受让人之间订立该等合同,无须经债务人、抵押权设立人(物上保证人)、其他中间的抵押权人同意。

(c) 抵押权让与的对抗要件

具体有如下几类情形。

i 数个受让人之间

抵押权让与的受让人有数人之时,根据【登记】(附记登记)的先后顺序进行判断(《民法》第376条第2款)。

ii 债务人、保证人、抵押权设立人及其承继人

为对抗债务人、保证人、抵押权设立人及其承继人,须向主债务人【进行通知或取得其同意】(对抗要件)(《民法》第377条第1款)。

iii 抵押权处分的受益人(抵押权的受让人)

如具备上述【对抗要件】(通知主债务人,或取得其同意),则上述 ii 中被列举者对处分人(让与人)的清偿不得对抗抵押权让与的受益人(受让人)。但如取得受益人的同意,则可以对抗受益人(《民法》第377条第2款)。

(d) 抵押权让与的效果

让与人在受让人享有的债权数额的限度内成为无担保债权人,而受让人取得让与人原本享有的被担保债权限度内的抵押权。在【图②】中,在 P 的建筑物上,A 享有被担保债权为 3000 万日元的 I 抵押权,B

享有被担保债权为1000万日元的Ⅱ抵押权,P计划再向C借款3000万日元,在A、C达成合意后,A将Ⅰ抵押权让与于C,A变为无担保债权人,C取得Ⅰ抵押权。但是,应当注意的是:

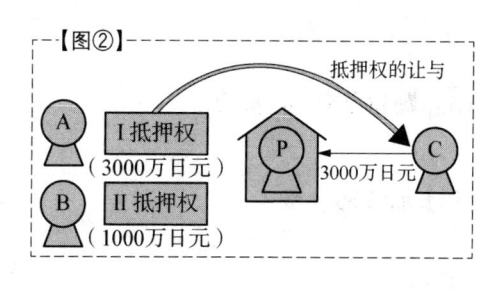

ⅰ 如果A享有的债权为2000万日元,则C仅能在2000万日元的范围内取得Ⅰ抵押权,剩余的1000万日元为无担保债权。

ⅱ 如果C享有的债权为2000万日元,则C取得2000万日元的Ⅰ抵押权,同时,A仍享有剩余的1000万日元的Ⅰ抵押权。于此情形,Ⅰ抵押权为A、C准共有。

无论在何种情形下,对后顺位抵押权人B都不会产生影响。

(2) 抵押权的放弃

(a)【抵押权的放弃】的含义

抵押权人为了其他债权人的利益,可以<u>放弃优先受偿的利益</u>(《民法》第376条第1款)。需要注意的是,【抵押权的放弃】是指为了无担保债权人C的利益而放弃,而非是指一般的抵押权的放弃。具体而言,假设Ⅰ抵押权人A为C放弃抵押权,则其享有的被担保债权数额为3000万日元的抵押权将由A和C共享,两者将共同享有优先受偿权(两者属于<u>相同顺位</u>)。对后顺位抵押权人B不产生影响。与一般的抵押权放弃(绝对性放弃)不同,此种抵押权放弃被称为相对性放弃。

(b) 抵押权放弃合同、对抗要件、效果

抵押权的放弃合同、对抗要件、效果皆准用【抵押权的让与】的规则。因为抵押权的放弃在实务中几乎不被使用,所以在此不做进一步展开(前文(1))。

3 顺位的让与、放弃

(1) 顺位的让与

【图③】

顺位的让与

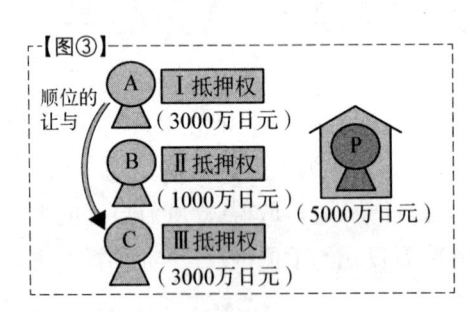

A　Ⅰ抵押权（3000万日元）
B　Ⅱ抵押权（1000万日元）
C　Ⅲ抵押权（3000万日元）

P（5000万日元）

(a)【顺位的让与】的含义

抵押权人之间变更顺位的行为被称为【顺位的让与】(《民法》第376条第1款)。在【图③】中，Ⅰ抵押权人A将顺位让与于Ⅱ抵押权人B的方式自不待言，在P为从C处另行借款的情形下，C先设立Ⅲ抵押权，在此基础上A将其顺位让与于C的方式也属于顺位的让与。在必须设立第1顺位抵押权的情形下(例如，在向住宅金融公库借款，或发行附担保债券等情形下，会被要求提供第1顺位的抵押权)，及替换借款(将从A处借得的高利贷，与从C处新借得的低利息融资进行对换)的情形下，此制度会被使用。当然，此制度还具有规避顺位升进原则的功能。

(b) 顺位让与合同

与抵押权的让与相同(本节2(1))。

(c) 顺位让与的对抗要件

与抵押权的让与相同(本节2(1)(c))。具体如下。

ⅰ 数个受让人之间

顺位让与的受让人有数人之时，根据【登记】(附记登记)的先后顺序进行判断(《民法》第376条第2款)。

ⅱ 主债务人、保证人、抵押权设立人及其承继人

为对抗主债务人、保证人、抵押权设立人及其承继人，须向主债务人【进行通知，或取得其同意】(对抗要件)(《民法》第377条第1款)。

iii 抵押权处分的受益人(顺位让与受让人)

如具备上述【对抗要件】(通知主债务人,或取得其同意),则上述 ii 中被列举者对处分人(让与人)的清偿不得对抗顺位让与的受益人(受让人)。但如取得受益人的同意,则可以对抗受益人(《民法》第377条第2款)。

(d)【顺位的让与】的效果

顺位让与人与受让人之间<u>发生优先顺位的交换</u>。具体而言,就让与人与受让人可获得的总分配价款,受让人得优先受偿,而让与人可就剩余价款受偿。在【图③】中,假设已抵押建筑物价值 5000 万日元,若 A 将 I 抵押权的顺位让与于 III 抵押权人 C,在 A 得优先受偿的 3000 万日元及 C 得优先受偿的 1000 万日元(不能就剩余的 2000 万日元受偿)的合计数额,即 4000 万日元中,首先,C 可以自己享有之 3000 万日元的债权优先受偿,而 A 可就剩余的 1000 万日元优先受偿。对 II 抵押权人 B 不会产生影响。

【抵押权处分的效力具有绝对性还是相对性?】

本问题的核心,在于与《民法》第 377 条第 2 款之间的关系。以顺位的让与为例进行说明。

【A】绝对性效力说

在【图③】中,A 对 C 的顺位的让与,是将从被担保债权中剥离而出的抵押权进行让与,因此,不仅在当事人之间,在与第三人的关系中,顺位也会发生变动(参见铃木《抵押制度》第208页)。所以,顺位让与后,债务人 P 向 C 清偿债务不会使 A 的 I 抵押权复活,清偿 A 的债务对 C 的 I 抵押权也不会产生影响(最高裁判所昭和38年3月1日判决,载《民集》第17卷第2号第269页。(但是,在川井《概论》第399页中,认为判例中不存在后顺位抵押权人,因此,很难作出绝对性效力的论断))。顺位的让与(处分)是绝对性的。

【B】相对性效力说

但是,根据《民法》第 377 条第 2 款的规定,P 未经受益人 C 同意而向 A 清偿债务的,该清偿不得对抗 C,C 可主张 I 抵押权。如对该规定进行反对解释,则为,如经 C 同意,对 A 的清偿便可对抗 C,C 即不得主张 I 抵押权。如此一来,【A】说中的绝对性效力便与该规定产生冲突。相对性效力说认为,顺位让与仅会使当事人之间的出卖价款分配计算关系发生顺位变动的效果。根据该学说,可以得出如下结论。

ⅰ 如债务人 P 向 C 清偿债务,则 A 的 I 抵押权复活(但是【B】我妻说认为会发生消灭(参见我妻第 399 页))。

ⅱ 如 P 经 C 的同意向 A 清偿债务,则 C 取得的 I 抵押权消灭(Ⅲ抵押权仍存在)。

【B】说认为,受益人(受让人)C【取得当让与人 A 实现 I 抵押权时可参与价款分配,并使自身享有之Ⅲ抵押权的被担保债权获得清偿的权利】(参见我妻第 399 页;川井《概论》第 398 页以下,等。通说)。

(2) 顺位的放弃

(a)【顺位的放弃】的含义

抵押权顺位的放弃是指<u>先顺位抵押权人对后顺位抵押权人</u>放弃自身享有之优先受偿的利益(《民法》第 376 条第 1 款)。顺位放弃后,<u>两者处于相同顺位</u>,可根据债权数额按比例受偿。对中间的抵押权人不会产生任何影响。

(b) 顺位放弃合同、对抗要件、效果

与抵押权的让与相同(本节 3(1))。

4 顺位的变更

(1)【顺位的变更】制度的含义

(a) 与【顺位的让与】的关系

各抵押权人(受影响的所有抵押权人)达成合意,即可变更抵押权的顺位($\frac{《民法》第374}{条第1款}$)。抵押权的变更是将抵押权从被担保债权中完全剥离,并对其顺位进行变更,与前述的【顺位的让与】不同,其效力是绝对性的($\frac{顺位的让与比较复杂,解释也是不确定的,因此在昭}{和46年,设置了原《民法》第373条第2款、第3款}$)。

通过【图③】说明顺位的让与和顺位的变更的不同之处。如 A 将顺位让与于 C,顺位关系即变为 C、B、A。通过顺位的变更也可产生同样效果。但是,优先受偿(分配)的范围完全不同。具体而言,顺位的让与不会对 B 产生影响,但是顺位的变更会对 B 产生影响。

此外,如存在可能因顺位的让与而蒙受损失的转抵押权人、被担保债权的实施查封的债权人等,则需获得其同意($\frac{《民法》第374条}{第1款但书}$)。

(b) 效力发生要件

顺位的变更以登记(顺位变更登记)为效力发生要件($\frac{《民法》第374}{条第2款}$)。

(2)【顺位的变更】的效果

【顺位的变更】需经抵押权人一致合意,其具有绝对性效力。因此:

ⅰ 首先,会对分配(优先受偿)关系产生影响。例如,在 C 的债权数额高于 A 的债权数额的情况下,会对 B 的分配产生影响。盖因 C 仅取得从被担保债权中剥离出来的顺位。

ⅱ 抵押权的顺位变更是绝对的、确定的,因此,不会因债务人 P 的债务履行产生复杂的关系($\frac{本节3(1)(d)【抵押权处分的效}{力具有绝对性还是相对性?】}$)。

第 10 节 共 同 抵 押

1 序 说

(1) 共同抵押制度的意义

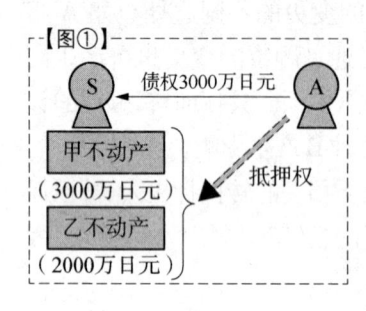

(a) 共同抵押的功能

【共同抵押】,是指债权人在数个不动产上设立抵押权为同一债权提供担保(《民法》第392条第1款)的抵押方法。例如,在【图①】中,在债务人的甲不动产(3000万日元)及乙不动产(2000万日元)上同时设立抵押权,为债权(3000万日元)提供担保,就属于共同抵押。

共同抵押有两个作用。其一,是在单个不动产无法充分担保债权的情况下,通过多个不动产共同担保增加担保价值。其二,是为防止已抵押不动产灭失、毁损等导致担保价值下降,对风险进行分散。因此,共同抵押多为超额担保(针对超额拍卖有相关限制(《民事执行法》第73条-第188条))。

(b) 对共同抵押的制约——【分配原则】

在共同抵押中,各个不动产皆对被担保债权全额提供担保。共同抵押权人可以自由决定就何等不动产受偿。但是,如果无条件地纵容共同抵押权人行使权利,则可能会导致期待获得残余价值的后顺位抵押权人无法获得受偿。为解决这一问题,有必要对共同抵押原本的功能(或权能)进行限制,并赋予后顺位抵押权人以特殊的权利,以期实现担保的公平分配(参见佐久间第16页)。这就是共同抵押的【分配原则】。日本《民法》规定,在同时分配的情形下,采用【分割主义】(根据每个不动产的价格分割承担),在异时分配的情形下,在采用【全部分配主义】(由任意的不动产对全部债权进行清偿)的基础上,将以分割主义作为基础的【代位权】赋予后顺位抵押权人($^{本节}_{2}$)。

(2) 共同抵押权的设立与公示

(a) 共同抵押的标的物

可设立共同抵押的标的物不限于不动产,地上权、永佃权(《民法》第369条第2款)、《立木法》中规定的树木以及可视为不动产的工厂、矿业、渔业财团等也可作为共同抵押的标的物。各标的物的所有人可以不是同一人。

(b) 设立的方式

设立共同抵押,须对成为【共同抵押】标的物的各不动产进行公示,在设立抵押权之时公示也好,在既存的已抵押不动产上追加其他的已抵押不动产形成共同担保(追加担保)之时公示也罢,在所不问。

(c) 共同抵押的登记

共同抵押通过【登记】进行公示(《不动产登记法》第83条第1款第4项)。具体而言,即对共同抵押进行公示并附随【共同担保目录】(《不动产登记法》第83条第2款,《不动产登记规则》第166条)。

但是,能够显示共同抵押关系的该等登记,并不是对后顺位人等的对抗要件。这是因为,即使没有共同抵押记录,各不动产相关的被担保债权数额已经完成记录,共同抵押权人就各不动产也可获得清偿。另一方面,在共同抵押权人已经就一个不动产优先受偿的情形下,次顺位抵押权人可主张在实体关系上存在共同抵押,并通过代位获取利益(参见我妻第433页;高木第238页)。如此一来,共同抵押的登记,其意义仅在于使第三人知晓各不动产的负担比例等。

2 分配原则

(1) 同时分配＝分割主义

(a) 分割主义

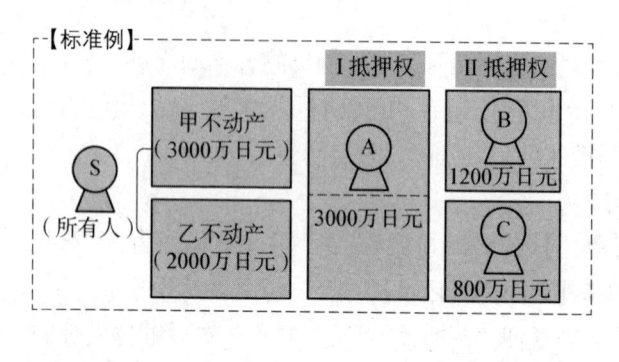

在抵押权人应就共同抵押的全部标的物实现抵押权并同时分配价款的情形下,应根据各不动产的价格按份分配负担份额(《民法》第392条第1款),即根据各不动产各自的价格相应地分割(按分)其应承担的债务部分(负担分割)。这被称作分割主义,其既是同时分配的原则,也是异时分配时确定分配(代位)比例的基础。【各不动产的价格】非指鉴定的评估价格,而是指实际拍卖所得之价款(参见我妻第436页;川井《概论》第405页)。

例如,在债务人 S 所有的甲不动产(价格 3000 万日元)及乙不动产(价格 2000 万日元)之上,A 以 3000 万日元作为被担保债权设立了 I 共同抵押权,随后,B 在甲不动产上设立了 1200 万日元的 II 抵押权,C 在乙不动产上设立了 800 万日元的 II 抵押权。I 抵押权人 A 同时拍卖甲、乙不动产,根据上述规定按比例分割,则 A 可就甲、乙不动产分别取得 1800 万日元及 1200 万日元的拍卖价款,后顺位抵押权人 B、C 可分别就剩余价款优先受偿。

(b) 适用范围

即使在没有后顺位抵押权人的情形下,也需要分割。当不动产的所有人不是同一人之时,会发生复杂的求偿关系(大审院昭和10年4月23日判决,载《民集》第14卷第601页),

既然没有规定限制适用,便应适用分割原则,便于简易处理(参见川井《概论》第405页;高木第239页)。

此外,【总括拍卖】(不动产与其他不动产由同一买受人一并买受)(《民事执行法》第61条)曾被认为是不适用分割的,但《民事执行法》规定,在有必要对各不动产的拍卖价格进行确定的情形下,适用分割(《民法执行法》第86条第2款)。

(2) 异时分配＝全部分配主义与代位权

(a) 全部分配主义与代位的调整

在仅对某个不动产的价款实施分配的情形下,抵押权人的全部债权可就该出卖价款获得清偿(《民法》第392条第2款前段)。这就是全部分配主义。但是,此种情形下,次顺位抵押权人可在共同抵押权人根据《民法》第392条第1款得就其他不动产获得受偿之数额的限度内,代位行使共同抵押权人的抵押权(代位权的发生)(《民法》第392条第2款后段)。

例如,在【标准例】中,A仅就甲不动产实现抵押权后,A享有的3000万日元的债权获得全额清偿,但次顺位抵押权人B无法再就甲不动产获得清偿。因此,B可依据《民法》第392条第1款的规定,在A可获得分割的1200万日元的限度内代位行使A的抵押权。简而言之,B在分割份额的限度内,在乙不动产上享有第1顺位的抵押权。

(b) 代位权

此处的【代位】,是指先顺位抵押权人A在乙不动产上享有的抵押权,在法律上当然地转移给了后顺位抵押权人B(抵押权的法定转移)(通说)。

i 代位的登记

代位行使抵押权的B可在抵押权登记中附记该【代位】(附记登记)(《民法》第393条)。关于附记登记的意义,如强调代位是抵押权的法定转移,则其意义在于,使代位即使未经登记亦可具有对抗力。但是,代位虽然是法定转移,可从不动产物权变动的角度来看,应当视其为对抗要件。

因此,如又出现新的与该不动产相关的利害关系人,则代位权未经登记不具有对抗力(参见我妻第450页)。

ⅱ 代位权人

条文中的【后顺位抵押权人】,是指广义的享有后顺位抵押权者,并非仅指次顺位人(大审院大正11年2月13日判决,载《新闻》第1969号第20页(支持第3顺位抵押权人的代位))。当存在数个后顺位抵押权人时,各自分割。

(c)【部分清偿】与代位权

共同抵押人实现抵押权后仅获得部分清偿的,后顺位抵押权人能否行使代位权? 在【标准例】中,A仅拍卖乙不动产且未能完全受偿,抵押权尚未消灭,于此情形,乙不动产的Ⅱ抵押权人C能否代位取得甲不动产上的Ⅰ抵押权?

【A】附生效条件取得说

判例认为,后顺位抵押权人C在先顺位抵押权消灭后方能取得代位地位,因此在先顺位抵押权未消灭的状态下,仅可通过代位附记的预约登记(《不动产登记法》第105条第2款)以保全权利(大审院联合部大正15年4月8日判决,载《民集》第5卷第575页)。大部分学者支持这一观点(参见柚木、高木第380页;星野第297页(以下;高木第241页;佐久间第346页))。

【B】现实性取得说

C居于劣后于A的顺位并现实取得甲不动产上的Ⅰ抵押权(非就代位进行预约登记,而是可实施本登记),因此其可独立实现抵押权。实现的结果就是,C将剩余的优先受偿权交予A,而自己也可获得清偿(参见我妻第452~453页;川井《概论》第408页)。

共同抵押的后顺位抵押权人的代位权与因清偿而取得的代位权(《民法》第502条第1款→发生抵押权准共有)不同。后顺位抵押权人的代位权因先顺位抵押权的消灭而发生,若先顺位抵押权未消灭,则后顺位抵押权人只可居于将来或可取得代位权的地位之上(佐久间第346页持相同观点)。【A】说是合理的。

(d) 共同抵押权的【放弃】与代位权

在图【②】中,共同抵押权人A【放弃】乙不动产上的抵押权(担保解除),仅拍卖甲不动产,甲不动产的后顺位抵押权人B的代位权又将如何？早期判例的立场是,权利的放弃是自由的,抵押权的放弃不会给后顺位抵押权人带来任何损害,但是,后顺位抵押权人享有代位的期待权,其利益事实上是受到侵害的。共同抵押不动产的所有人不同,相应的法理也会有所不同,必须分类进行分析。

ⅰ【甲、乙不动产同为债务人所有】

在【图②】中,共同抵押不动产均为债务人所有。

(A) 放弃自由说

早期的判例认为,【权利的放弃是权利人的自由,但如存在可阻碍权利人放弃权利者,便须取得其同意】,而后顺位抵押权人仅抱有【代位的希望】,故放弃权利无需取得其同意(大审院大正6年10月22日决定,载《民录》第23辑1410页;大审院昭和7年11月29日判决,载《民集》第11卷2297页)。由于放弃权利也不会对后顺位抵押权人造成损害,所以无需承担侵权行为的损害赔偿义务(前揭大审院昭和7年11月29日判决)。

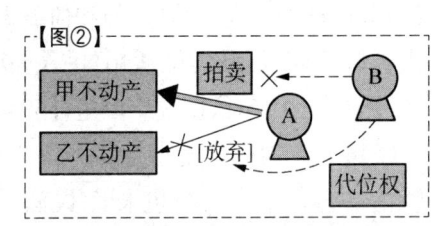

(B) 放弃限制说

但在之后,判例的立场发生了转变,出现了【在未放弃权利之时B依据《民法》第392条第2款的规定可就乙不动产行使代位权的限度内,B优先于A】,【这是类推*《民法》第392条及第504条的法意所得之结论】(仅为旁论)的观点(大审院昭和11年7月14日判决,载《民集》第15卷第1409页(此判例的案情有诸多不明之处,比如乙不动产为物上保证人所有且债务人存在继承情况。同时,还存在侵权行为损害赔偿请求,但裁判所对该请求并不予支持))。最高裁判所接受了上述观点,最终形成了现在的判例理论,具体而言,在共同抵押权人放弃后顺位抵押权人可行使代位权之标的物,即乙不动产上的抵押权的情形下,在甲不动产上,【在未放弃权利之时后顺位抵押权人可就乙不动产行使代位权的限度内】,后顺位抵押权人优先于共同抵押权人(最高裁判所昭和44年7月3日判决,载《民集》第23卷第8号第1297页(乙不动产为物上保证人所有。后文3(2));最高裁判所平成4年11月6日判决,载《民集》第46卷第8号第2625页(两不动产均为物上保证人所有,))。这与两不动产均为债务人所有相同,后文3(2)(c)

在共同抵押不动产均为债务人所有的情形下,对部分债权的放弃,显然侵害了后顺位抵押权人依据《民法》第392条第2款而享有的对代位的期待权,所以共同抵押权人的优先受偿权应当受到限制(佐久间第372页。川井《概论》第408页也持相同观点)。因为受到侵害的代位权在《民法》第392条第2款中已有直接规定,所以无须适用规定担保保存义务限制的《民法》第504条。我妻荣博士支持前述大审院昭和11年7月14日判决的结论,其理由是,【后顺位抵押权人的地位,与和债务人一同设立共同抵押权的物上保证人类似,所以可以类推适用《民法》第504条】(参见我妻第456页),这就是所谓的《民法》第504条依据说。但是,【504条的法意】仅在大审院昭和11年7月14日判决的傍论中与《民法》第392条一同被提及,之后的判例(前揭最高裁判所昭和44年7月3日判决;前揭最高裁判所平成4年11月6日判决)也未以《民法》第504条作为依据。

【对放弃的限制理论】

在前揭大审院昭和11年7月14日判决作出之后,学界对【放弃】的限制做了以下理论展开。

ⓐ 同意必要说。共同抵押权须经后顺位抵押权人的【同意】方可放弃,未经同意的放弃无效(参见香川保一:《改订担保》第585页以下)。或是,即便共同抵押权人放弃,后顺位抵押权人依旧可以行使代位权(参见柚木、高木第388页)。但是,这些理解不符合《民法》第392条的本意,是不现实的(参见佐久间第371页)。

ⓑ 分割说(类推适用《民法》第392条)。预先对各不动产进行分割,将各不动产视为各自以其价值为被担保债权提供担保的单独抵押物,如共同抵押权人放弃其中一个,在共同抵押权人实现抵押权时(其他的抵押权),在应当分配给后顺位抵押权人的部分(代位部分)上会劣后于后顺位抵押权人(参见加藤一郎:《抵当権の処分と共同抵当》,载《民法演習Ⅱ》第199页;铃木《抵押制度》第240页;高木(旧版)第227页)。窃以为,在共同抵押不动产均为债务人所有的情形下,这一学说是成立的,但当被抵押不动产属于不同所有人之时,就会与判例理论产生矛盾(参见佐久间第370页)。

ⓒ 担保保存义务违反说(类推适用《民法》第 504 条)。我妻荣博士明确表明支持前揭大审院昭和 11 年 7 月 14 日判决的结论。但是,从【后顺位抵押权人的地位,与和债务人一同设立共同抵押权的物上保证人类似】(参见我妻第 456 页)这一点来看,该学说只在法定代位的情况下成立。

ⓓ 侵权行为说。共同抵押权人的放弃可视为对代位权人的侵权行为,应当承担损害赔偿责任(参见角纪代惠:《判批》,载《判夕》第 823 号第 60 页以下;高木第 243 页;后藤卷则:《共同抵当における利害関係人の利益の調整と民法 392 条の適用》,载《民研》第 554 号第 3 页以下)。该学说的前提是,共同抵押权人可以自由选择拍卖的抵押物,放弃其中一部分也是其自由。因此,用牺牲先顺位抵押权人的优先权作为代价来保证后顺位抵押权人的代位权是不合理的,对设立人善意的放弃等应当承认。只有在其不当地剥夺了后顺位人对代位权的期待时,才可视为侵权行为,需承担损害赔偿义务(参见高木第 243 页;后藤卷则:前揭论文第 10 页)。但是,该学说的理论前提是存在问题的。诚然,已设立抵押权的各不动产分别为被担保债权的全部提供担保是基本原则,但共同抵押法理(分配原则)在【共同抵押】的框架下对其进行了限制(前文 1(1)(b))。因此,该学说的立论存在很大疑问。

ⅱ【甲不动产＝债务人所有/乙不动产(放弃)＝物上保证人所有】

在【图③】中,甲不动产为债务人 S 所有,乙不动产为物上保证人 L 所有,如共同抵押权人 A 放弃乙不动产的抵押权,其与甲不动产的后顺位抵押权人 B 之间的关系当如何处理? 由于原本享有的代位权受到了侵害,所以 B 可在《民法》第 392 条第 2 款规定的代位权的限度内对抗 A。但是,在物上保证人 L 代位清偿了 S

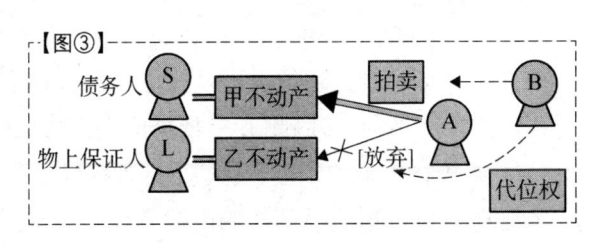

对 A 承担的债务并取得了 A 的共同抵押权(《民法》第499条),涂销(=放弃)乙不动产(自己所有)上的抵押权,仅就甲不动产实现抵押权的情形下,B 无法以代位权对抗 L。L 对法定代位抱有期待并提供了物上保证,B 则是在对上述情况(物上保证人的法定代位)知晓的前提下接受了后顺位抵押权的设立。这与共同抵押权人 A 放弃乙不动产并拍卖甲不动产的情况是相同的。因此,B 无法依据《民法》392 条第 2 款对抗 A(后文将要介绍的最高裁判所昭和 44 年 7 月 3 日判决,载《民集》第 23 卷第 8 号第 1297 页。后文 3(2)(a)ⅰ)。

【关于放弃的其他问题】

前文已就共同抵押不动产的【放弃】与后顺位抵押权人代位权的关系进行了分析,除此之外,围绕【放弃】还有若干问题需要注意。

(ⅰ)放弃存在后顺位抵押权人的甲不动产

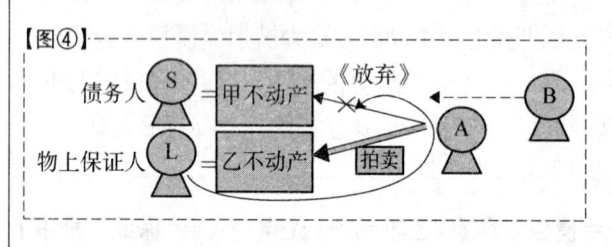

在【图④】中,共同抵押权人 A 放弃了债务人所有的存在后顺位抵押权人 B 的甲不动产上的抵押权,并拍卖了物上保证人 L 所有的乙不动产。先顺位抵押权消灭后,B 的顺位本可以升进,但是,物上保证人 L 却在拍卖后失去了不动产,因此 L 可依据清偿人代位的规定(《民法》第499条),代位取得 A 在甲不动产上享有的Ⅰ抵押权(《民法》第501条)。因为物上保证人是在对【代位】抱有期待的前提下设立包含甲不动产的共同抵押权的,因此 A 放弃抵押权的行为显然违反了《民法》第 504 条中规定的担保保存义务,物上保证人 L 在代位权的限度内当然免责。

(ⅱ) 与放弃债务人所有的甲不动产/取得乙不动产的第三取得人之间的关系

A 放弃债务人所有的甲不动产上的抵押权,乙不动产的所有人 L(物上保证人)按前文(ⅰ)所述当然免责。若乙不动产已被让与于第三人 M(第三取得人),M 是否可主张免责?

判例认为,【在债权人存在放弃设立在甲不动产上的抵押权等因故意或懈怠导致担保丧失或减少的行为的情形下,上述第三取得人(上述设例中的物上保证人 L)自不待言,乙不动产的之后的受让人(上述设例中的第三取得人 M)也可依据《民法》第 504 条,对债权人主张免责】(最高裁判所平成 3 年 9 月 3 日判决,载《民集》第 45 卷第 7 号第 1121 页。(参)见近江幸治:《判批》,载《判评》第 401 号(《判时》第 1418 号)第 178 页)。

代位权人 L 对 A 主张【免责】虽无问题,但由 M 无条件地承继却是不妥当的。因此,第三取得人 M 在取得乙不动产之时,在其【知道或应当知道担保的丧失或减少的事实的情形下(乙不动产的共同担保目录中的甲不动产相关部分已完成涂销登记后,当然可以知道担保丧失或减少的事实),上述受让人可视为是在上述担保丧失或减少的前提下参与交易者,依据《民法》第 504 条的规定,其不可主张免责】(前揭最高裁判所平成 3 年 9 月 3 日判决,坂上寿夫法官意见)。这一结论是合理的(参见近江幸治:《共同抵当の放棄と担保保存義務の免責および免除特約》,载高島平藏古稀記念論文集《民法学の新たな展開》第 404 页以下;【Ⅳ】第 331 页)。

(e) 与混同原则的关系

在共同抵押权人 A 取得共同抵押物之一的乙不动产的所有权的情形下,A 在乙不动产上的抵押权因混同原则(《民法》第 179 条)而消灭,后顺位抵押权人 B 不得主张代位权。如此一来,B 的利益就会受到极大损害。因此,学说上将此种情形与前文介绍的共同抵押的【放弃】的情形进行了同样的解读,并产生两种观点:【A】,后顺位抵押权人 B 在不发生混同的情形下可行使代位权的限度内,在甲不动产的分配中优先于 A (参见川井《概论》第 410 页);【B】,分割后视为单独抵押,其中之一因混同而消灭(参见铃木《抵押制度》第 241 页)。

3 关于分配的问题
——与物上保证人、第三取得人之间的关系

(1) 序说——与法定代位权的关系

在共同抵押的部分标的物（乙不动产）为物上保证人 L 或第三取得人 M 所有的情形下，如以该部分代位清偿($^{《民法》第}_{499条}$)债务，则物上保证人 L 或第三取得人 M 可代位取得共同抵押权人 A 的共同抵押权（法定代位权）($^{《民法》第}_{501条}$)。而在【异时分配】的情形下，法定代位权和后顺位抵押权人的代位权会发生冲突、竞合。

物上保证人为担保债务人的债务而设立共同抵押权，当设立在自己所有的乙不动产上的抵押权实现之时，物上代位人享有对债务人所有的甲不动产行使代位权($^{《民法》第}_{501条}$)的期待权（法定代位权）。因此，其当然优先于以上述状况为前提接受抵押权设立的后顺位抵押权人（这与第三取得人的情形相同）。

(2) 物上保证人与后顺位抵押权人

(a) 不动产分别为债务人、物上保证人所有

现假设甲不动产为债务人所有/乙不动产为物上保证人所有。

i 拍卖物上保证人所有之不动产

在【图⑤】中，物上保证人 L 代位取得 A 在甲不动产上的抵押权($^{《民}_{法》第}$ $^{499条、}_{501条}$)。如前文所述($^{本节2(2)}_{(d) ii}$)，物上保证人原本是在期待能够就甲不动产满足自己的求偿权的前提下设立共同抵押权的，其优先于<u>之后出现的</u>甲不动

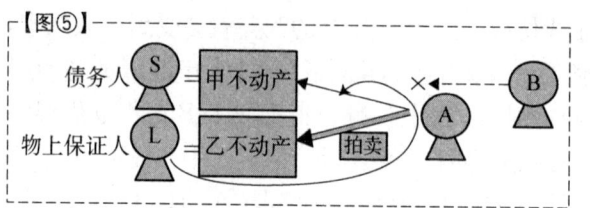

的后顺位抵押权人 B 是理所当然的。因此,物上保证人可就甲不动产获得全额分配(最高裁判所昭和 44 年 7 月 3 日判决,载《民集》第 23 卷第 8 号第 1297 页(物上保证人代位清偿债务,取得甲不动产上的抵押权,同时涂销(放弃)乙不动产上的抵押权))。

ii 拍卖债务人所有之不动产

在【图⑥】中,B 对乙不动产享有的代位权能否对抗物上保证人 L? 于此情形,物上保证

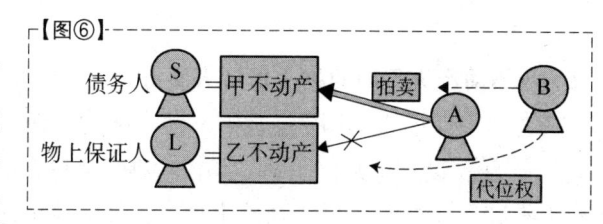

【图⑥】
债务人 S = 甲不动产 ← 拍卖 — A ← B
物上保证人 L = 乙不动产 ← × ←
代位权

人在代位清偿并取得 A 享有的共同抵押权后,是可以放弃乙不动产的抵押权的。而 B 是在上述前提之下接受了后顺位抵押权的设立,因此 B 的代位权不得对抗 L。

(b) 物上保证人所有之不动产上的后顺位抵押权人

与上述设例相反,在【图⑦】中,后顺位抵押权人 C 就物上保证人所有之乙不动产享有Ⅰ抵

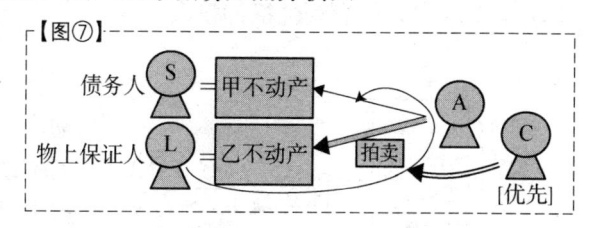

【图⑦】
债务人 S = 甲不动产 ← A
物上保证人 L = 乙不动产 ← 拍卖 — C
[优先]

押权,乙不动产被拍卖。C 接受了物上保证人为其设立的抵押权,自然优先于物上保证人。

对此,判例认为,物上保证人 L 代位取得甲不动产上的Ⅰ抵押权,而该抵押权为后顺位抵押权人 C 的被担保债权提供担保,因此,后顺位抵押权人 C 可对物上保证人 L 取得的抵押权,像行使物上代位权那般行使代位权,并获得优先受偿(大审院昭和 11 年 12 月 9 日判决,载《民集》第 15 卷第 2172 页(不同的物上保证人的不动产(后文(d)));最高裁判所昭和 53 年 7 月 4 日判决,载《民集》第 32 卷第 5 号第 785 页(物上保证人代位取得的抵押权让与后顺位抵押权人中的一人,其他的后顺位抵押权人对顺位提出争议);最高裁判所昭和 60 年 5 月 23 日判决,载《民集》第 39 卷第 4 号第 940 页(本判例的事案))。

(c) 两不动产为同一物上保证人所有

甲、乙不动产同为物上保证人 L 所有,A 接受共同抵押权的设立,B 在甲不动产上享有后顺位抵押权,之后,甲不动产被拍卖。此种情形下,物上保证人在自己所有的甲、乙不动产上设立共同抵押权,并且愿

意自行负担后顺位抵押权,所以乙不动产上没有进行法定代位的余地。因此,后顺位抵押权人可依据《民法》第 392 条第 2 款后段的规定行使代位权(最高裁判所平成 4 年 11 月 6 日判决,载《民集》第 46 卷第 8 号第 2625 页)。这与甲、乙不动产同为债务人所有的情况是相同的。

(d) 两不动产为不同的物上保证人所有

在物上保证人 L1 所有之甲不动产和物上保证人 L2 所有之乙不动产上为 A 设立了共同抵押权,甲不动产上存在后顺位抵押权人 B。当甲不动产被拍卖,因 L1 在乙不动产上处于优先地位,所以后顺位抵押权人 B 无法行使代位权,而失去甲不动产的物上保证人 L1 通过行使代位权,可在乙不动产上取得抵押权并优先受偿(前揭大审院昭和 11 年 12 月 9 日判决)。上述设例在结构上与前揭(a)ⅱ相同,法律处理则与(b)相同。

(3) 第三取得人与后顺位抵押权人

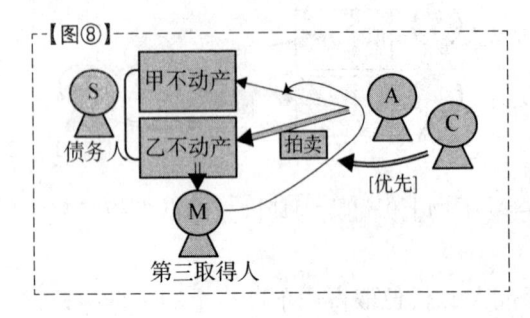

债务人所有之甲、乙不动产上设立有共同抵押权,乙不动产被第三人(第三取得人)M 取得,乙不动产被拍卖后,后顺位抵押权人 C 的代位权当如何处理?在【图⑧】中,依据清偿人代位的规则(《民法》第 499 条),其享有在债务人所有之甲不动产上代位行使 A 的Ⅰ抵押权的权利(《民法》第 501 条)。这与物上保证人的处理是相同的。下文将分情况具体说明。

ⅰ 不动产取得发生在后顺位抵押权人出现之【前】

第三取得人 M 在Ⅱ抵押权人 C 出现之前取得乙不动产的,属于在不存在后顺位抵押权(抱有对代位权的期待)情形下的取得。基于对抗理论,可对甲不动产代位行使 A 的Ⅰ抵押权。

ii 不动产取得发生在后顺位抵押权人出现之【后】

第三取得人 M 的不动产取得发生在后顺位抵押权人 C 出现之后的,从保护后顺位抵押权人 C 的角度考虑,当否定 M 的代位。

(4) 分配金额的计算方法

对共同抵押标的物的数个不动产的价款进行同时分配之时,其中一个不动产上存在与共同抵押权相同顺位的单独抵押权的,关于其分配金额的计算,曾出现过这样一个判例。债务人 S 在自己所有之甲不动产(价格 2000 万日元)和乙不动产(价格 1000 万日元)上为 A 的 2000 万日元债权设立共同抵押权。其中,在乙不动产上,B 的 2000 万日元被担保债权的抵押权与 A 的共同抵押权处于相同顺位。A、B 的分配金额当如何计算?

判例认为,【在一个不动产上存在与共同抵押权相同顺位的其他抵押权时,首先将该不动产的价格按比例切分,计算各抵押权可主张的优先受偿请求权对应的不动产的价格(各抵押权人获取的担保价值),然后依据《民法》第 392 条第 1 款,按照共同抵押权人可取得的按份金额及其剩余的不动产的价格,使共同抵押的被担保债权获得清偿】(最高裁判所平成 14 年 10 月 22 日判决,载《判时》第 1804 号第 34 页)。

如采判例的结论,则在上述设例中,首先将乙不动产的价格 1000 万日元按 A 的被担保债权数额和 B 的被担保债权数额的比例(1∶1)进行切分,即各可取得 500 万日元(A 和 B 可就乙不动产主张的优先受偿的数额)。然后,根据分割主义(《民法》第 392 条第 1 款),按照共同抵押权人 A 可取得的按份金额对各不动产的负担部分进行分割,即,甲不动产∶乙不动产=4∶1。因此,A 在甲不动产和乙不动产上可分得 1600 万日元和 400 万日元,B 在乙不动产上可分得 600 万日元。此种方法被称为【不动产价格按份说】(参见佐久间第 437 页以下)。

第 11 节　最高额抵押

1 序　说

(1) 最高额抵押制度的意义

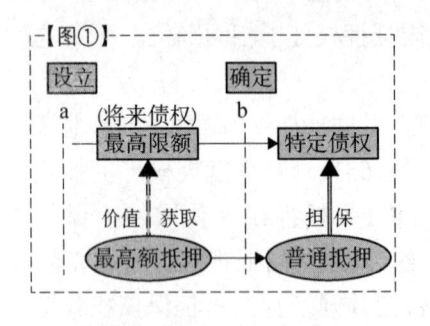

如【图①】所示,最高额抵押是指为【一定范围内的不特定的债权】在【最高限额】的限度内提供担保而设立的抵押权(《民法》第389条之2第1款)。在进行持续性交易的当事人之间(银行和商人、制造商和批发商、零售商等),债权与债务反复地发生、消灭,其交易金额通常也是不确定的。但是,债权如未特定,就无法设立一般的抵押权(本章第2节3(2))。如果要为此类不确定的债权提供担保,必须不断地、连续地设立和消灭抵押权。为了突破该困境,【最高额】抵押应运而生。

最高额抵押为将来反复发生、消灭的不特定债权提供担保,当然,被担保债权必须在【最高限额】范围内。因为单个的债权与最高额抵押权之间不存在直接的关连性,所以其不具有从属性。正因为此,最高额抵押不遵从普通抵押权的法理,其依据的是特别法理,这些特别法理规定在《民法》第398条之2以下。

但是,在现实中,为获得优先受偿,仍必须具体确定最高额抵押权的被担保债权。这被称作本金的确定或最高额抵押权的确定,通过特别约定或一定的事由可使上述确定发生。在完成确定后,最高额抵押权原本具有的对债权额度进行支配的这一基本特性会发生变化,转变为与普通抵押权相同的与被担保债权有直接关系(从属性)的抵押权。

【最高额抵押的立法过程】

最高额抵押权,是以日本自古便有的非典型担保——【根】担保中的【根抵押】为原型,并以多年积累的判例法理(在大审院明治34年10月25日判决,载《民录》第7辑第9卷第137页中,已承认最高额抵押的效力)为基础,最终于1971年(昭和46年)编入《民法》中的。

日本经济进入高速发展期后,银行的信贷额度提高,银行与客户企业之间关系日益"紧密"。在此背景下,最高额抵押权的被担保债权的范围不断扩张,不仅限于因【持续性交易合同】(基本合同)而发生的债权,也逐渐拓展至其他类型的债权,即【一切债权】。简而言之,可以设立【为一切债权提供担保】的【包括性最高额抵押权】。

但是,法务省在1955年(昭和30年)发布通知,明示【不存在可以特定被担保债权的账户贷款合同等基本合同,仅为现在及将来的一切债权提供担保的最高额抵押权(包括性最高额抵押权)是无效的,不得受理其登记申请】(昭和30年6月4日民事甲第1127号法务省民事局长回答以及向各法务局长和地方法务局长的通知)。

该通知与实务操作和学说理论严重背离,因此,不止实务界(金融界)提出了反对,连学界和下级裁判所判决也对其提出了批判,就此引发了激烈论战。围绕包括性最高额抵押权,有【扩大论】(全国银行协会为其利益代表)和【限定论】(日本律师联合会为其利益代表)两种完全对立的观点。【扩大论】认为,基于基本合同(一定的交易合同)而发生的债权自不待言,为【一切债权】提供担保的包括性最高额抵押权亦为有效。而【限定论】以1955年法务省通知为基础,主张包括性最高额抵押权独占了担保物(价值),这会制约设立人(债务人)的经济活动,因而是无效的。现行的【最高额抵押权】规则(《民法》第398条之2~第398条之22)为两种观点的折衷方案。

(2) 最高额抵押权的特性

由于最高额抵押权的被担保债权未被特定,与普通抵押权相比,其具有以下特异性。

(a) 成立的从属性

原则上,不存在债权就无法设立抵押权,但最高额抵押的从属性受到了削弱。

(b) 消灭的从属性

原则上,债权消灭则抵押权消灭,这一点在普通抵押权上是贯穿始终的。但在最高额抵押的规则下,即使不存在债权,在【确定】之前,抵押权也不会消灭。

(c) 伴随性

原则上,债权发生转移则抵押权随之转移(从属性的一种),但是在确定之前,最高额抵押权并非一定伴随于被担保债权。

(d) 独立性

否定从属性,意味着对抵押权独立性的肯定。具体而言,即将抵押权从被担保债权中剥离出来,将其作为独立的价值权。最高额抵押权的处分($\frac{本章第}{9节}$)方式在一定程度上具有独立性。

2 最高额抵押权的设立

(1) 最高额抵押权设立合同

(a) 设立最高额抵押权的当事人

通常,最高额抵押权的当事人与普通抵押权并无不同。但是,在形态上被区分为如下 3 类,即为一个债权在数个不动产上设立最高额抵押权的【共同最高额抵押】($\frac{后文}{5(1)}$)、以一个最高额抵押权为数个债务人提供担保的【共用最高额抵押】($\frac{后文}{5(3)}$)、以及一个最高额抵押权为数人共有(准共有)的【共有最高额抵押】(后文5(4))。无论是何种形式,都是既可在最初订立设立合同时确定当事人,也可在事后追加当事人。

(b) 应当约定的事项

在设立合同中,必须对①被担保债权的范围、②最高限额、③债务人进行约定(《民法》第398条之2)。

(2) 优先受偿的范围的合意

最高额抵押权为变动的不特定债权提供担保,若要获得优先受偿,则必须预先确定其优先受偿的范围和标准。

(a) 被担保债权的范围

由于包括性最高额抵押不被承认,所以被担保债权必须是【属于一定范围内的不特定的债权】(《民法》第398条之2第1款),且该范围受到以下4个方面的限制。此外,设立时已经发生的特定债权可以与【不特定债权】合并作为被担保债权。

i 因与债务人的交易关系而发生的不特定债权

具体分为以下两类(《民法》第398条之2第2款)。

① 因特定的持续性交易而发生的债权。例如,物品的供给合同、账户贷款合同等因个别的持续性交易关系而发生的债权。

② 因一定种类的交易而发生的债权。例如,限定了交易种类的物品买卖交易、银行交易、票据贷款交易、保证委托交易等。此外,也包括因交易而发生的损害赔偿请求权,和因当事人之间的结算而发生的票据、支票债权(与后文的 ii ②需进行区别)。但是,对于不具有抽象性或客观性的交易类型,其登记申请将不被受理。

【被担保债权的具体范围的划定标准】

该标准,需满足【作为被担保债权的具体范围的划定标准,在与第三人的关系中仍然明确】之要求。例如,保证委托交易这一表述,非指与法定的信用保证协会业务相关的所有交易,而应限定理解为与该债务人之间的特定交易。在信用保证协会 A 与最高额抵押债务人 B 之间订立担保【保证委托交易所涉及之所有债权】的最高额抵押设立合同的案件中,裁判所认为,在 B 以非最高额抵押债务人的身份成为信用保证协会 A 享有之债务的连带保证人的情形下,B 的保证债务,与该最高额抵押交易不存在关联,不包含在 A、B 之间的保证委托交易中(最高裁判所平成19年7月5日判决,载《判时》第1985号第58页)。

ii 交易关系之外发生的对债务人享有的债权

具体分为以下两类(《民法》第398条之2第3款)。

① 与债务人之间基于特定的原因持续性发生的债权。例如,某个工厂排放废水时可能发生的损害赔偿请求权等。

② 本票或支票上的请求权或电子记录债权。与当事人直接开具的本票、支票债权(前文②)不同,此处是指债务人为第三人开具、背书、保证的本票、支票(背书本票、支票)在多次流转后,被债权人取得之时的请求权。但是,无条件地承认上述请求权会导致其范围过大,容易出现债权人的恶意使用。为此,法律增加了如下的限定。具体而言,在出现(α)债务人停止支付、(β)债务人申请开始破产程序、再生程序、更生程序、债务整理、特别清算、(γ)申请拍卖已抵押不动产或实施滞纳处分进行查封的情形下,债权人仅可基于上述情形发生之前已取得的债权,行使最高额抵押权。但是,债权人在不了解情况的前提下取得的债权不受影响(《民法》第398条之3第2款)。

(b) 最高限额

最高额抵押权在抵押标的物的最高限额(被担保债权的最高限额)内具有优先受偿的效力(债权最高限额说)。该最高限额内包括确定的本金、利息、定期金及全部的迟延赔偿(《民法》第398条之3第1款),但需注意以下几点。

ⅰ 既然存在最高限额,那最高额抵押权的被担保债权就不受普通抵押权中规定的利息、定期金等不得超过【最后 2 年内可取得之部分】(《民法》第375条)的限制。

ⅱ 最高限额决定了最高额抵押权的优先受偿范围。那当不存在后顺位抵押权人和一般债权人之时,超出最高限额部分的债权能否获得受偿?

【A】否定说

判例认为,最高限额不仅仅对后顺位抵押权人等第三人的优先受偿权产生制约,也确定了最高额抵押权人对标的物进行变价的限度。因此,即使没有第三人且拍卖价款仍有剩余,超出最高限额的部分仍无法获得优先受偿(最高裁判所昭和48年10月4日判决,载《判時》第723号第42页。川井《概论》第423页持相同观点)。

【B】肯定说

第三取得人或物上保证人可在最高限额内消灭最高额抵押权(《民法》第398条之22),但是债务人必须全额清偿债务。因此,当最高额抵押的标的物的所有人为债务人之时,超出最高限额的部分亦可获得受偿,而当所有人为物上保证人或第三取得人之时,则只可限定在最高限额内(参见高木第262页)。

【A】说的论据并不明确,如果认为最高额抵押权在确定后转化为普通抵押权,便无必要与《民法》第375条的解释进行区分。因此,【B】说更为合理。

ⅲ 最高额抵押权人享有的优先受偿的数额,为通过【确定】而被明确化的实际债权数额。

(3) 设立登记(公示)

(a) 对抗要件与生效要件

与普通抵押权相同,完成设立登记是最高额抵押权的对抗要件(《民法》第177条)。但在被担保债权的范围变更(《民法》第398条之4第3款)、本金确定日期变更(《民法》第398条之6)、共同最高额抵押(《民法》第398条之16,17)等情形下,登记为生效要件(基于此,铃木禄弥在《根抵当法的问

题点）第 78 页以下中提出,）
完成设立登记为成立要件 ）。

(b) 登记事项

最高额抵押权的登记事项不仅有权利相关事项（《不动产登记法》第59条）和债务人的表示等（《不动产登记法》第83条第1款），还有①被担保债权的范围及最高限额、②《民法》第 370 条但书中的"其他约定"、③本金确定日期的约定、④《民法》398 条之 14 第 1 款但书中的"其他约定"（《不动产登记法》第88条第2款）。

3 变更——【确定】前最高额抵押关系的变动

(1) 被担保债权的范围变更

在本金确定前,经设立当事人合意,可以变更最高额抵押权担保的【债务范围】（《民法》第398条之4第1款前段）。例如,<u>交易种类的变更和追加</u>等。由于最高限额不会发生变化,所以此类变更无须经后顺位抵押权人或其他第三人同意（《民法》第398条之4第2款）。但是,若本金确定前未就该变更完成登记,则视为未变更（《民法》第398条之4第3款）。因此,变更登记是生效要件（参见我妻第496页；铃木《最高额抵押》第274页；高木第264页）。

(2) 债务人的变更

在本金确定前,可变更【债务人】（《民法》第398条之4第1款后段）。该变更无须经后顺位抵押权人或其他第三人同意。若在本金确定前未完成登记,则视为未变更,这与上述被担保债权的范围变更相同（《民法》第398条之4第2款、第3款）。

(3) 最高限额的变更

变更【最高限额】,必须先获得利害关系人的同意（《民法》第398条之5）。利害关系人,是指因<u>变更</u>而蒙受<u>不利益</u>者。如提高最高限额,则利害关系人为后顺位抵押权人、实施查封的债权人等。如降低最高限额,则利害关系人为转抵押权人等。变更最高限额需通过附记登记的方式实施。完成变更登记为生效要件。

> **【无法获得利害关系人的同意的情形】**
> 　　如依据修订前的最高额抵押权的相关规则,在无法获得利害关系人的同意之时,可允许其进行主登记[①]。但依据现行法律的规定,主登记是不被允许的。因此,在价格为2000万日元的建筑物上,A享有最高限额为1000万日元的Ⅰ最高额抵押权,且A希望提高300万日元的最高限额的情形下,如未经Ⅱ抵押权人B同意,则A仅可在该建筑物上设立最高限额为300万日元的Ⅲ最高额抵押权。但Ⅰ最高额抵押权与Ⅲ最高额抵押权可形成累积最高额抵押(即纵向累积的共同抵押)($\substack{《民法》第398条\\之18}$),这种处理相当方便($\substack{参见铃木《最高额\\抵押》第235页}$)。通过上述方式,可在事实上提高最高限额,但是300万日元的部分当然劣后于B的抵押权。

(4) 确定日期的变更

在约定了本金确定日期的情形下,变更确定日期无须经后顺位抵押权人等第三人同意($\substack{《民法》第398条之\\6第1款、第2款}$)。但如在原约定日期前未完成登记,则仍于原约定日期确定本金($\substack{《民法》第398条\\之6第4款}$)。

(5) 债权让与、债务承继

(a) 债权让与

在本金确定前,从最高额抵押权人处取得债权(已发生的债权)者,无法基于该债权行使最高额抵押权($\substack{《民法》第398条\\之7第1款前段}$)。同样地,为债务人,或者代替债务人清偿其债务者也无法行使权利($\substack{《民法》第398条\\之7第1款后段}$)。最高额抵押

[①] 译者注:主登记是相对于附记登记的概念,在登记栏上会被赋予番号(附记登记则无番号)。

权的被担保债权在本金确定前仅仅是最高限额内的一个未定数额,即便是具体发生的债权,与最高额抵押权也没有直接的关联性(本节)。

但是,在处理(让与)附着最高额抵押权的债权时,因最高额抵押权被剥离,受让人所取得的债权可能陷入无担保的境地。因此,法律规定了最高额抵押权人的本金确定请求权,这能够保证附着最高额抵押权的债权可以顺利让与。具体而言,除已经约定了本金确定日期的情形外,最高额抵押权人可随时请求确定本金,本金在请求之时确定(《民法》第398条之19第2款、第3款)。本金确定登记可由最高额抵押权人单独申请(《不动产登记法》第93条。关于确定申请,后文6(3)b)。

【对于不良债权的处理】

随着泡沫经济的崩盘,各金融机构的不良债权(附着最高额抵押权)的处理成为当务之急。但是,附着有最高额抵押权的债权无法让与(《民法》第398条之7),这给金融机构的救济工作(=不良债权的处理)带来阻碍。为了应对这一事态,1998年出台了为期3年的限时立法——《最高额抵押权临时措施法(顺利化法)》(之后又进行了2轮更新)。

该法律限制了《民法》第398条之7(否定伴随性)的适用。具体而言,在金融机构将附着最高额抵押权的债权全部出售给半政府性质的【特定债权回收机构】(之后的整理回收机构)后,金融机构向债务人发出该最高额抵押的本金不会发生增加(简而言之,就是不再进行新的融资)的书面通知。只要完成上述通知,原《民法》第398条之20第1款第1项中规定的【交易终了】(本金确定事由)即告完成。其最终结果是,已经【确定】的最高额抵押权可附随于被让与的债权。

现行《民法》第398条之19没有将最高额抵押权的本金确定请求主体限定为金融机构,这可以说是特别法理念一般化的体现(因此,《最高额抵押权临时措施法》也被废止了)。

(b) 债务承继

在本金确定前,与单个债务的承继相同,最高额抵押权人对承继人的债务无法行使最高额抵押权(《民法》第398条之7第2款)。

(c) 免责性债务承继

在本金确定前,如存在免责性债务承继,虽有《民法》第472条之4第1款中规定的【免责性债务承继情形下的担保权的转移】,其债权人亦不得将最高额抵押权转移至承继人负担的债务上(《民法》第398条之7第3款)。

> **【确定前的债权质押、冻结】**
>
> 确定之前,最高额抵押权的被担保债权被质押或冻结的,质权人和实施冻结的债权人能否行使最高额抵押权?《民法》第398条之7第1款、第2款对债权受让人和债务承继人的相关情形作出了规定。可在解读上,既出现了肯定说,也出现了否定说。否定说认为,最高额抵押权是在最高限额内的支配,若否定其在确定前的伴随性,则质权、冻结的效力不及于最高额抵押权。否定说是合理的(参见川井《概论》第425页;高木第271页)。

(6) 代位清偿、变更

(a) 代位清偿

在本金确定前,为债务人,或者代替债务人清偿债务者(代位清偿人)不得行使最高额抵押权(《民法》第398条之7第1款后段)。通常的抵押权人则可行使权利,此点在前文已有说明(《民法》第499~501条,本章第9节3(1))。

(b) 变更

在本金确定前债权人发生变更的,变更前的债权人不得依据《民法》第518条第1款中规定的【质权或抵押权变更后的债务上的转移】,将最高额抵押权转移至变更后的债务上(《民法》第398条之7第4款前段)。债务人发生变更情形下的债权人亦同(《民法》第398条之7第4款后段)。

(7) 继承

(a) 最高额抵押关系的存续

在本金确定前,最高额抵押权人或债务人如果死亡,最高额抵押关系是存续还是终止,由各继承人与最高额抵押权设立人合意决定。若最高额抵押权存续,则按以下方式处理。

ⅰ【最高额抵押权人】发生继承

最高额抵押权不仅要为【继承开始之时已存在的债权】提供担保,还要为【继承人与最高额抵押权设立人合意确定的,由继承人在继承开始后取得的债权】提供担保(《民法》第398条之8第1款)。

ⅱ【债务人】发生继承

除【继承开始之时已存在的债务】外,还要为【最高额抵押权人与最高额抵押权设立人合意确定的,由继承人在继承开始后承担的债务】提供担保(《民法》第398条之8第2款)。

(b)【合意】的处理

上述【合意】的内容为被担保债权范围的变更,因此,其可准用范围变更的相关规定,无须经后顺位抵押权人或其他第三人同意(《民法》第398条之4第2款~第398条之8第3款)。但是,【合意】若在继承开始后 6 个月内未完成登记,则视为最高额抵押权在继承开始时已经确定(《民法》第398条之8第4款)。

(8) 公司合并、公司分立

(a) 合并

在本金确定前,具有法人性质的最高额抵押权人或者债务人发生合并的,各公司享有的最高额抵押权当如何处理?此种情形下,最高额抵押关系原则上应被承继,但是不希望发生承继者也可请求确定。

i 最高额抵押关系的存续

最高额抵押权人与债务人在合并情形下的处理方式不同。

①【最高额抵押权人】发生合并。最高额抵押权不仅要为【合并之时已存在的债权】提供担保,还要为【合并后存续的法人以及因合并而被设立的法人在合并后取得的债权】提供担保(《民法》第398条之9第1款)。

②【债务人】发生合并。最高额抵押权不仅要为【合并之时已存在的债务】提供担保,还要为【合并后存续的法人以及因合并而被设立的法人在合并后承担的债务】提供担保(《民法》第398条之9第2款)。

ii 确定请求

在上述两种情形下,最高额抵押权设立人如不希望最高额抵押发生承继,而是希望完成确定,其可请求确定(《民法》第398条之9第3款本文)。但是,在债务人发生合并且该债务人为最高额抵押权设立人的情形下,因该合并是基于债务人的意思而进行的,所以债务人不得请求确定(《民法》第398条之9第3款但书)。

① 确定时期。合并之时视为已确定(《民法》第398条之9第4款)。

② 请求期间的限制。最高额抵押权设立人的确定请求期间为知道合并之日起的2周之内,合并之日起的1个月之内(《民法》第398条之9第5款)。

(b) 公司分立

最高额抵押权人或债务人发生公司分立的,各公司享有的最高额抵押权又当如何处理?基本上,公司分立与上述【合并】相同。

①【最高额抵押权人】发生分立。最高额抵押权不仅要为【分立之时已存在的债权】提供担保,也要为【实施分立的公司、因分立而被设立的公司以及承继业务经营的公司在分立后取得的债权】提供担保(《民法》第398条之10第1款)。

②【债务人】发生分立。最高额抵押权不仅要为【分立之时已存在的债务】提供担保,也要为【实施分立的公司、因分立而被设立的公司以及承继业务经营的公司在分立后取得的债务】提供担保(《民法》第398条之10第2款)。

③ 确定请求。最高额抵押权设立人如不希望最高额抵押权继续

存续,其可请求确定。对该确定请求的确定时期和请求期限的限制,与合并相同(《民法》第398条之10第3款。前文(a)ii)。

4 最高额抵押权的处分

【对最高额抵押权处分的限制】

如适用规定了普通抵押权处分方式的《民法》第376条来处理最高额抵押权,将会产生复杂的法律关系。因此,法律仅保留了普通抵押权中的转抵押和顺位的变更(《民法》第374条。第398条之11第1款除外)的规则,禁止了其他的处分方式(最高额抵押权的让与、放弃及顺位的让与、放弃)(《民法》第398条之11第1款)。同时,又特别规定了最高额抵押权的让与(全部让与、分割让与、部分让与)方式,简化了最高额抵押权的处分。

(1) 转抵押

(a) 最高额抵押权转抵押的含义

在本金确定前,可以最高额抵押权为其他债权提供担保(转抵押)(《民法》第398条之11第1款但书)。最高额抵押权转抵押的构造与普通抵押权的转抵押相同,因此可参照普通抵押权的转抵押的包含拘束关系在内的各类规则(本章第9节1),最高额抵押权转抵押只可以【最高限额】为限设立转抵押。

(b)《民法》第377条第2款的适用排除

需要注意的是,由于最高额抵押权独立于被担保债权而存在,因此,即使设立了转抵押,仍无法适用《民法》第377条第2款的规定(《民法》第398条之11第2款)。其结果是,债务人、保证人、物上保证人无须经转抵押权人的同意即可清偿原债权(但对原债权的清偿不会使最高额抵押权消灭)。因此,可能出现原债权得到清偿,但转抵押权人却无法获得优先受偿的情况,转抵押权人可谓是处于极度不安定的状态之中(在现实中,大多仅在同一体系内的处于上下级关系的金融机构之间使用,所以不会产生不合理的情况。参见我妻513页)。

(2) 最高额抵押权的让与

(a) 全部让与

在本金确定前,最高额抵押权人经最高额抵押权设立人同意,可以让与其享有的最高额抵押权(全部让与)(《民法》第398条之12第1款)。受让人基于最高额抵押权,享有以最高限额为限度的担保。最高额抵押权的让与,通常与被担保债权的让与一同进行,因此很少产生问题。但在理论上,<u>最高额抵押权与被担保债权之间不存在直接关系</u>,所以可变通理解为,让与的其实是担保额度(参见铃木《最高额抵押》第279页)。

【伴随营业转让的最高额抵押权、债权让与的特殊规则】

伴随营业转让而进行的最高额抵押权让与(最高额抵押权独立于被担保债权,因此并非必然伴随被担保债权)的问题点须单独分析。

《金融再生法》(1999年)规定,部分金融机构(被管理金融机构)基于营业转让欲将最高额抵押权和全部被担保债权让与于其他金融机构(承继金融机构)的,须将①该最高额抵押权将被让与、②让与后该最高额抵押权仍将为该债权提供担保等内容进行【公告】。如在一定期间内未收到异议,则视为就①,已经取得最高额抵押权设立人对【最高额抵押权全部让与】的【同意】(《民法》第398条之12第1款,【同意】的拟制),就②,最高额抵押权设立人与承继金融机构之间对【债权范围的变更】已存在合意(《民法》第398条之4【合意】的拟制)(《金融再生法》第73条)。

(b) 分割让与

最高额抵押权的分割让与,是指将最高额抵押权分割为 2 个最高额抵押权,经最高额抵押权人同意后,让与其中 1 个最高额抵押权的方式(《民法》第398条之12第2款前段)。最高额抵押权分割让与的作用、性质与全部让与相同。只是,分割让与的过程中产生了两个最高额抵押权,其中一个被让与,而另一个仍被保留,在处理过程中有以下要点需要注意。

ⅰ 在被让与的最高额抵押权上,以最高额抵押权为标的的权利(转抵押权)消灭(《民法》第398条之 12第2款后段)。

ⅱ 分割让与应经享有以最高额抵押权为标的的权利的权利人(转抵押权人)同意(《民法》第398条 之12第3款)。

(c) 部分让与

在本金确定前,最高额抵押权人经最高额抵押权设立人同意,可将该最高额抵押权的一部分进行让与,并与受让人共有(准共有)最高额抵押权(《民法》第398 条之13)。因形成了最高额抵押权的准共有,所以与分割让与不同,在部分让与完成后,会形成对最高限额的共同使用关系(本节5(4))。

(3) 接受顺位的让与、处分的最高额抵押权人的让与

最高额抵押权人不得自行让与、放弃(《民法》第376 条第1款)最高额抵押权的顺位(《民法》第398条 之11第1款),但是可以接受先顺位的普通抵押权人的顺位的让与、放弃。例如,A 在债务人 S 的不动产上享有Ⅰ普通抵押权,B 享有Ⅲ最高额抵押权,A 为 B 让与、放弃Ⅰ普通抵押权。于分配之际,B 可基于 A 的Ⅰ抵押权的顺位,接受其让与、放弃的优先受偿权(本章第9节3)。

问题在于,接受了顺位的让与、放弃的 B 如欲将自己享有的最高额抵押权让与(《民法》第398条之12)于 C,又当如何处理?《民法》第 376 条中规定的顺位的让与、放弃须是【为其他的债权人的利益而向同一债务人】实施的行为,在解释上,C 有可能无法承继。为此,《民法》对此类关系作出规定,受让人 C 享有接受 B 的顺位的让与、放弃的利益(《民法》第398 条之15)。

5 共同最高额抵押、共用最高额抵押、最高额抵押权的共有

(1) 共同最高额抵押

(a) 共同最高额抵押与累积最高额抵押

如承认最高额抵押权的【共同抵押】(为担保同一债权在数个不动产上设立抵押权),则被担保债权需以最高限额来表示,这样将产生各种复杂的法律关系。为避免这一情况的发生,《民法》规定,以数个不动产提供共同担保的最高额抵押,原则上不视作共同抵押(各不动产共同负担被担保债权数额),而应视作【累积最高额抵押权】(各不动产各自设定最高限额,各不动产个别地、累积地进行负担)(《民法》第398条之18)。

但在担保不动产是社会观念上被视作同一财产的建筑物和土地、相邻的数块土地等之时,有以共同担保为前提设立最高额抵押权的现实必要性,因为从经济交易的角度来看,为各不动产设定最高限额进行累积负担的做法是不合适的。因此,法律规定了上述原则的例外。具体而言,如将"设立共同最高额抵押权是为同一债权提供担保"等内容在设立共同抵押权的同时进行登记,则可将其视为【共同最高额抵押】(《民法》第398条之16)。有趣的是,在现实中,累积最高额抵押很少被采用,反倒是共同最高额抵押的运用较为多见。

(b) 共同最高额抵押的成立要件

【共同最高额抵押】必须满足以下2个要件方能成立(《民法》第398条之16)。

i 在数个不动产上设立最高额抵押权为【同一债权提供担保】

【同一债权】,是指被担保债权的范围、债务人以及最高限额均相同。

ii【在设立之时】对共同最高额抵押权进行【登记】

【设立之时】,是指最高额抵押权的设立登记之时。【登记】是指共同担保的登记(《不动产登记法》第83条 第1款第4项、第2款)。需注意,不可进行预约登记。该登记是共同最高额抵押权的生效要件。

(c) 变更

被担保债权的范围、债务人、最高限额发生变更,或最高额抵押权全部让与或部分让与的,必须先就所有的不动产进行登记,否则变更不发生效力(《民法》第398条之17第1款)。

(d) 关于确定的特别规定

设立了共同最高额抵押的不动产的其中之一发生确定事由的(《民法》第398条之20),最高额抵押权即告确定(《民法》第398条之17条第2款)。这与累积最高额抵押是不同的。

(2) 累积最高额抵押

(a) 累积最高额抵押的含义

如前文所述,如采用累积最高额抵押,则需要为各不动产分别设定最高限额,使其为最高额抵押权人的<u>被担保债权提供累积负担</u>,这是最高额抵押权的共同担保的<u>原则</u>。在因交易额提高而需要追加担保等的情形下,共同最高额抵押显然无法发挥作用,只能够采用累积最高额抵押。此外,如不满足前述共同最高额抵押的要件,也只能够采用累积最高额抵押。

(b) 累积最高额抵押的特征

累积最高额抵押中,数个最高额抵押权<u>均为独立的</u>最高额抵押权。因为累积最高额抵押不是共同最高额抵押,所以不会产生后顺位抵押权人的代位。

(c) 优先受偿的方式

依据全部分配主义,最高额抵押权人在分配之际,可对各不动产的价款在各最高限额内行使优先权(《民法》第398条之18)。

(3) 共用最高额抵押

(a) 共用最高额抵押的含义

【共用最高额抵押】,是指在一个最高额抵押权中存在数个债务人的最高额抵押权(共同使用该最高抵押权,属于交易惯例)。其设立人既可以是物上保证人,也可以是债务人。在债务人设立最高额抵押权的情形下,由于债务人本人与第三人皆成为债务人,故在与第三人的关系中,居于物上保证人的地位(参见我妻第478页)。

(b) 清偿抵充方式

当拍卖所得的分配价款不足以消灭全部被担保债权之时,判例认为,首先,①将分配价款按各债务人所负担的被担保债权数额进行相应的分割,其次,②由于该等债权居于同一顺位,故应依据《民法》第489条以及第491条(法定清偿抵充)的规定,对被担保债权进行清偿。于此情形,即便各债务人之间存在连带债务关系等(一个债务的清偿会导致其他债务消灭的关系),也应按债权数额进行计算(最高裁判所平成9年1月20日判决,载《民集》第51卷第1号第1页)。

(4) 最高额抵押权的共有

(a) 最高额抵押权的共有的含义

最高额抵押权的共有,是指数个最高额抵押权人共有(准共有)最高额抵押权。出现最高额抵押的共有,既可能是因为发生了部分让与(本节4(2)(c))和继承,也可能在最开始,最高额抵押权就是共有化的。最高额抵押权的准共有,当然适用一般的共有法理,但其存在如下特别规定。

(b) 优先受偿的比例

最高额抵押权的准共有人按各自的债权比例获得相应受偿(《民法》第398条之14第1款本文)。但是,在本金确定前,存在2种例外情形,即①约定了与债权数额不同的比例,及②约定某人可以先于其他人受偿(《民法》第398条之14第1款但书)。此种特殊约定以登记作为要件(可理解为生效要件)。

(c) 处分

最高额抵押权的准共有人经其他准共有人同意后,可以让与全部(《民法》第398条之12第1款)最高额抵押权(《民法》第398条之14第2款)。

(d) 确定

共有最高额抵押权需经共有人全员一致方能确定。共有人中的一人的确定事由成就,不会使得全员确定事由皆成就,而必须是全体共有人的确定事由皆成就后,最高额抵押权才能统一性地确定(参见高木第282页)。

6 确定——最高额抵押关系的终止

(1)【确定】的意义

(a) 最高额抵押权的【确定】

最高额抵押权实际担保的【债权】的明确化,便是最高额抵押的【确定】*(条文中写作【本金的确定】)。【确定】具有以下2个效果。

ⅰ 被担保债权的确定

以【最高限额】状态出现的被担保债权转变为确定的【债权】,优先受偿的数额就此确定。但是,被担保债权确定后发生的利息、损害金等,仍在最高限额的范围内由最高额抵押权提供担保。

ⅱ 最高额抵押关系的终止

最高额抵押权丧失了为不特定债权提供担保(最高限额范围内的支配)的这一基本特性,成为了为确定债权提供担保的抵押权。因其具有了从属性、伴随性等,所以可以适用普通抵押权的规定。

　　＊ 确定的利益

　　关于【确定】,第一,可为最高额抵押权设立人提供保护(负担的确定)。第二,也有利于后顺位抵押权人、第三取得人等利害关系人(参见铃木《最高额抵押》第115页)。经过2003年的《民法》修订,最高额抵押权人的确定请求被法律所承认,因此,第三,确定还能保护最高额抵押权人的利益。

【经确定而转化为普通抵押权】

　　最高额抵押权【确定】后,其基本特性发生变化,转变成为为确定债权提供担保的抵押权,这与普通抵押权已无差别。从这一角度来看,确定后的最高额抵押权可看作是普通抵押权的一种(参见铃木《最高额抵押》第 407 页以下。书中观点认为,其属于普通抵押权中的部分抵押权的一个亚种)。

但是,利息、损害金等因不适用《民法》第 375 条的规定,仍在最高限额的范围内得到担保(前文)。因此,有观点认为,确定后的最高额抵押权并不是普通抵押权,最高额抵押权的特性仍未丧失(参见我妻第 542 页;川井《概论》第 431 页。高木第 284 页中则将其称为确定最高额抵押)。

但是,窃以为,最高额抵押的基本特性既然是为不特定债权提供担保,而【确定】后的最高额抵押权又无法再适用任何最高额抵押法理,那就应当将其视为普通抵押权。

(b) 确定的登记

【确定】属于最高额抵押权内容的变更,因发生了物权变动,所以是必要的登记事项。在与第三人的关系中,因不会发生关于确定的争议,所以在实体法上并无意义(参见铃木《最高额抵押》第 172 页;柚木、高木第 502 页)。

(2) 确定日期

(a) 确定日期的决定

最高额抵押权人与设立人合意决定最高额抵押权的确定日期(《民法》第 398 条之 6 第 1 款)。在确定之前,随时可以决定确定日期,且无须经后顺位抵押权人或其他第三人同意(《民法》第 398 条之 4 第 2 款、第 398 条之 6 第 2 款)。确定日期应在上述决定之日起的 5 年之内(《民法》第 398 条之 6 第 3 款)。

(b) 确定日期的变更

经当事人合意,可对上述确定日期进行变更(《民法》第 398 条之 6 第 1 款)。确定日期的变更无须经后顺位抵押权人等同意,变更后的确定日期应在变更之日起的 5 年之内,若在变更前的日期(之前的确定日期)到来之前未完成变更登记,则视为未变更(《民法》第 398 条之 6 第 4 款)。

(3) 确定请求

(a) 设立人的确定请求

如未按上述规定决定确定日期,则最高额抵押权设立人自最高额抵押权设立之日起经过 3 年,即可请求确定最高额抵押权(《民法》第398条之19)。如设立人提出该请求(形成权),最高额抵押权自请求之时起经过 2 周即确定(《民法》第398条之19第1款后段)。规定这一期间是为保护因本金的确定而遭受不利益的最高额抵押权人免受突如其来的损失。

上述确定请求仅在就确定日期未作决定的情形下方能适用,但在发生债务人的经营恶化等重大变更的情形下,物上保证人等可提出解约告知(最高裁判所昭和 42 年 1 月 31 日判决,载《民集》第 21 卷第 1 号第 43 页。参见我妻第 536 页;川井《概论》第 432 页)。

(b) 最高额抵押权人的确定请求

最高额抵押权人可随时请求确定,最高额抵押权在其提出请求之时确定(《民法》第398条之19第2款)。盖因最高额抵押权人不存在遭受不利益的要素(参见谷口·筒井编第47页)。此外,该确定登记仅是将已确定的事实进行公示,所以最高额抵押权人可以单独进行申请(《不动产登记法》第93条)。如此一来,最高额抵押权人在不良债权让与和营业转让之时就不会遇到阻碍(前文3(5)(a)及【不良债权的处理】)。

(4) 确定事由

(a) 【确定事由】的意义

【确定事由】与上述确定日期及确定请求在内容上存有差异。《民法》第 398 条之 20 中规定之事由发生之时,最高额抵押权即客观性地完成确定。

(b) 确定事由

如下事由发生之时,最高额抵押权确定(《民法》第398条之20第1款)。

i 拍卖已抵押不动产、实施收益执行、申请物上代位

最高额抵押权人申请拍卖已抵押不动产、对已抵押不动产实施收

益执行、行使物上代位权并申请冻结之时,本金确定。但是,相关程序须已经开始,如为冻结,则应已经完成(《民法》第398条之20第1款第1项)。

ii 基于滞纳处分的查封

最高额抵押权人为国家或公共团体时,其在基于滞纳处分对已抵押不动产实施查封之时,本金确定(《民法》第398条之20第1款第2项)。

iii 知道拍卖开始或滞纳处分查封之时起的2周之后

在其他抵押权人或一般债权人开始对已抵押不动产实施拍卖,或者基于滞纳处分对已抵押不动产实施查封的情形下,本金在最高额抵押权人知道上述情况之时起的2周之后确定(《民法》第398条之20第1款第3项)。因此,2周之后,贷款债权成为无担保债权。当然,如拍卖程序或查封的效力消灭,则本金仍未确定。但若存在以本金确定为前提取得最高额抵押权者,或存在以其为标的的权利的权利人,则不受上述限制(《民法》第398条之20第2款)。

iv 债务人或者最高额抵押权设立人破产

债务人或者最高额抵押权设立人接受破产程序开始决定之时,本金确定(《民法》第398条之20第1款第4项)。民事再生程序、公司更生程序与破产不同,其目的是为了重整,所以本金不确定(也无须确定)(东京地方裁判所昭和57年7月13日判决,载《金法》第1017号第35页。参见铃木《最高额抵押》第162页;高木(旧版)第257页。川井《概论》第433页持反对意见)。此外,破产程序开始决定的效力如果消灭,本金视为不确定。如存在以本金确定为前提的第三人,则与前文iii相同,属于例外(《民法》第398条之20第2款)。

7 确定后的最高限额减额请求与最高额抵押权消灭请求

(1) 确定后的最高限额减额请求

本金确定后,最高额抵押权设立人可以请求将最高额抵押权的最高限额进行减额,减额后的数额不得低于已经确定的债权数额加上该债权在今后2年内应产生的利息、定期金、迟延损害赔偿的总额(《民法》第398条之21第1款)。

本请求权为形成权。

如为共同抵押(《民法》第398条之16),则针对一个不动产提出的减额请求会在其他的不动产上发生减额效力(《民法》第398条之21第2款)。

(2) 确定后的最高额抵押权消灭请求

(a) 消灭请求制度的意义

本金确定后,确定的债务数额超过最高限额的,物上保证人、第三取得人、地上权人、永佃权人及承租人在支付或提存与最高限额相同金额的款项后,可请求消灭最高额抵押权(《民法》第398条之22第1款前段)。第三人如要消灭抵押权(第三人清偿),原则上应全额清偿债务(《民法》第474条)。但是,在最高额抵押的规则下,不动产的负担数额通过【最高限额】来表示,如以此为前提考虑与物上保证人、第三取得人之间的关系,会发现要求其全额清偿债务并不适当。因此,法律创设了区别于【清偿】的,允许特定的请求权人通过支付与最高限额相同金额的款项的方式,使最高额抵押权本身消灭的制度(参见贞家,清水第294页)。该消灭请求权为形成权。

(b) 消灭请求权人

范围包括物上保证人、第三取得人、地上权人、永佃权人和能够对抗第三人的承租人。物上保证人、第三取得人是前文提到的以存在【最高限额】为前提进入交易关系者。而将地上权人、永佃权人、承租人作为消灭请求权人,是因为实现后顺位抵押权后,此类原本具有对抗力的用益权将会消灭,故而有必要避免其受到损害。例如,在登记上存在第1顺位抵押权、第2顺位承租权、第3顺位抵押权的情形下,如实现第3顺位抵押权,则第1顺位抵押权消灭,以第1顺位抵押权为基准的担保关系随之消灭,用益权也被迫消灭(参见贞家,清水第295页)。

无权请求消灭抵押权者(《民法》第380条、第381条)自然无法提出消灭请求(《民法》第398条之22第3款)。具体而言,主债务人、保证人及其承继人承担所有债务,无权请求消灭抵押权。此外,如消灭请求权附生效条件,在条件成就之前,该权利也处于无法行使的状态之下。
(c) 清偿的效果
　　本制度非清偿制度,所以即使物上保证人支付与最高限额相同金额的款项并使最高额抵押权消灭,其清偿人代位($_{条以下}^{《民法》第500}$)等也不被承认。但在实质上其与清偿相同,所以【支付或提存】是具有清偿效力的($_{22第1款后段}^{《民法》第398条之}$)。
(d) 共同最高额抵押
　　就共同最高额抵押($_{条之16}^{《民法》第398}$)中的一个不动产提出消灭请求的,最高额抵押权消灭($_{之22第2款}^{《民法》第398条}$)。

第12节　抵押权的消灭

　　物权的一般消灭原因($_{混同、抵押权的放弃等}^{标的物的灭失、与所有权}$)与担保物权的一般消灭原因($_{免责性债务承继等}^{被担保债权的清偿、}$)发生之时,抵押权当然消灭。代价清偿、抵押权消灭请求和拍卖等也能导致抵押权消灭。除此之外,抵押权的消灭还有以下特别规定($_{条以下}^{《民法》第396}$)。

(1) 抵押权因时效而消灭

(a) 与债务人、物上保证人的关系
　　<u>对债务人及抵押权设立人(物上保证人)而言,抵押权若非与被担保债权处于同时状态,就不会因时效而消灭</u>($_{396条}^{《民法》第}$)。关于此,存在如下两种理解。

【A】消灭时效肯定说
　　抵押权作为【债权或所有权之外的财产权】,其消灭时效期间为20年($_{条第2款}^{《民法》第167}$),而《民法》第396条基于诚实信用原则对其作出了限制($_{见}^{参}$

柚木,高木
第420页）。

【B】消灭时效否定说

抵押权的存在目的是为债权提供担保,因此不存在独立的消灭时效期间(本条仅为对理所当然的事理进行的提示)。但是,作为例外,对债务人和设立人之外者(后顺位抵押权人和第三取得人),《民法》第166条第2款承认消灭时效（参见我妻第422页;川井《概论》第415页;高木第286页）。

对于承认担保债权的权利存在独立的消灭时效期间这一观点,批判较为激烈。从立法论的角度来看,后者的观点更为合理。但是,本条的立法意图应当是,只要被担保债权未消灭,未清偿债务的债务人和基于自己的意思设立抵押权的物上保证人就不得主张抵押权的时效消灭。因此,只要被担保债权因时效消灭,抵押权便基于从属性而消灭。上述两种学说都只是将本条中理所应当的内容进行复述罢了。

(b) 与第三取得人的关系

如已抵押不动产被让与第三取得人,是否存在抵押权的时效消灭?

【A】《民法》第166条第2款适用说

判例、通说认为,在出现第三取得人的情况下,不适用《民法》第396条（也不适用《民法》第397条。后文(2)）,所以应当遵循原则,承认抵押权具有独立的20年的消灭时效期间（《民法》第166条第2款）（大审院昭和15年11月26日判决,载《民集》第19卷第2100页。参见我妻第422页;清水诚《抵当権の消滅と時効制度との関連について》,载加藤一郎编《民法学の歴史と課題》第81页）。

【B】《民法》第396条、第397条区分适用说

抵押权不会单独因时效而消灭,以此为前提,如已抵押不动产为债务人或设立人所占有,则适用《民法》第396条。如为其他人所占有,则适用《民法》第397条（参见来栖三郎:《判例民事法》,昭和15年度第76事件、第117事件;星野第293页）。按此观点,已抵押不动产为第三取得人占有之时,如其并未时效取得已抵押不动产,则抵押权不消灭（后文(2)）。但是,第三取得人可以援用被担保债权的时效消灭（最高裁判所昭和48

年12月14日判决,载《民集》第27卷第11号第1586页。→参见[I]第362页),所以在结论上并无差异。

(c) 被担保债权得到破产免责情形下的抵押权本身的消灭时效

在抵押权设立人破产,其被担保债权得到免责许可决定的情形下,该债权不因时效而消灭。但抵押权本身是否会因时效而消灭?这是《民法》第396条的相关问题。

对此,判例认为,【得到免责许可决定的债权,在债权人角度,通过诉讼请求履行,强制性地实现权利已不可行,故前述债权无法以《民法》第166条第1款中所定之"可行使权利之时"作为起算点,计算消灭时效(最高裁判所平成11年11月9日判决,载《民集》第53卷第8号第1403页)。……因而,在抵押权的被担保债权得到免责许可决定的情形下,不应适用《民法》第396条的规定。而从债务人与抵押权设立人之间的关系来看,该抵押权本身应适用原《民法》第167条第2款中所定之20年消灭时效】(最高裁判所平成30年2月23日判决,载《民集》第72卷第1号第1页。参见近江幸治:《判批》,载《判例秘书ジャーナル》L07310003)。

首先,关于《破产法》第253条第1款中所称之【免责】,应解释为【责任消灭】还是【债务消灭】,存在争议,但因破产人可任意清偿,故将其解释为债务消灭并不合理。另一方面,判例中提到的【无法计算消灭时效】,其原因可理解为,【破产】意味着债务人的财务状况陷入【无力支付或资不抵债】(《破产法》第1条)状态,换言之,破产以存在债务不履行为前提(超过履行期间)。【债务不履行】为申请破产的前提条件,故即便申请了同时免责,在观念上,债务依旧存在。如要进行时间顺序排列,将会是:发生债务不履行=履行请求权的发动→免责适用、申请→免责决定。在发生债务不履行的同一时点,【请求力】也被触发(=履行请求权的显在化),该时点在抽象意义上可理解为【可行使权利之时】。

如此一来,在所谓的免责债权中被否定的仅仅是其现实层面的执行(掴取力),而债权本身的消灭时效依然得以进行。当然,一般而言,在破产时仍未到期的债权,会随着期限丧失条款的生效而丧失期限利益,且《破产法》第103条第3款规定,破产程序开始后到期的债权,被视为在破产程序开始时到期(债权的显在化。参见伊藤真:《破产法·民事再生法》第283页),所以在现实当中不存在发生问题的可能性。

因此,首先,因为【免责】仅仅是责任消灭,债权本身应理解为并未消灭,所以从债务不履行发生时起,该债权的存续期间开始进行,其到期后免责债权因时效而消灭。其次,根据《民法》第396条,抵押权随其所担保的被担保债权的消灭期限届满而消灭,所以将抵押权与被担保债权进行切割,并适用《民法》第167条第2款的余地并不存在(参见近江幸治:前揭评注)。

(2) 标的物的时效取得的限制与【对抗】

(a) 人的限制

债务人或抵押权设立人之外者,为时效取得已抵押不动产而对其进行必要占有的,抵押权消灭(《民法》第397条)。

i 第三人

【第三人】时效取得已抵押不动产的,抵押权消灭。时效取得为原始取得,因此,前所有人的权利自然消灭,附着于该权利上的负担(限制物权)及瑕疵等也随之消灭(参见【Ⅱ】第39页)。

ii 债务人、物上保证人

已抵押不动产为物上保证人所有的,【债务人】可时效取得已抵押不动产。但是,于此情形,只要债务人仍承担债务,抵押权就不会消灭。【物上保证人】无法时效取得已抵押不动产,这部分内容将在下文 iii 具体分析。简而言之,只要仍承担着债务和责任,就无法通过时效取得解除担保。

iii 第三取得人

在理论上,已抵押不动产的【第三取得人】无法时效取得该不动产。但是,如其对不动产的占有属于《民法》第397条中所称之【具备时效取得必要要件的占有】,在第三取得人满足相关条件的情形下,抵押权是否消灭?

【A】否定说(设立人相当说)

判例认为,对第三取得人而言,无论其是否知道不动产为已抵押不动产,均不适用《民法》第 397 条(大审院昭和15年8月12日判决,载《民集》第19卷第1338页)。学界也普遍赞同这一结论,认为第三取得人抱有负担抵押权的觉悟,对其可准用物上保证人的相关规则(参见我妻第423页;川井《概论》第415页)。

【B】肯定说(设立人不相当说)

清水诚教授认为,《民法》第 397 条应作如下解读。第三取得人可以自己的所有权为前提实施持续占有,并以此为依据主张抵押权的消灭(参见清水诚:前揭论文第181页)。

第三取得人抱有负担抵押权(责任)的觉悟,因此,可将其视同抵押权设立人,【A】说是合理的。此外,如已抵押不动产未经登记不具有对抗力,则可以取得时效对其提出抗辨,如此一来,第三取得人也可时效取得已抵押不动产(最高裁判所昭和43年12月24日判决,载《民集》第22卷第13号第3366页)。

(b) 取得时效与抵押权的【对抗】

不动产的抵押权登记与时效取得之间存在【对抗】关系。以下将举例说明(一方面,这与【取得时效及登记】这一物权变动相关问题具有共通性,同时,这也是抵押权消灭的个别性论点,故在此统一进行分析)。

i 抵押权登记后取得时效再次完成

B 占有 A 所有的不动产,在取得时效完成后,<u>B 并未完成所有权转移登记</u>,而第三人 C 接受 A 以该不动产为其设立的抵押权,<u>且完成了登记</u>。作为时效取得人,<u>B 在之后继续占有该不动产,且完成了取得时效</u>。此种情形下,如不存在诸如 B 认可抵押权的存在等妨碍抵押权消灭的特殊情况,则占有人 B 可时效取得该不动产,抵押权消灭(最高裁判所平成24年3月16日判决,载《民集》第66卷第5号第2321页[古田法官的补充意见认为,抵押权设立与所有权让与并不相同])。此判决沿用了认定第三人完成登记后,取得时效依旧可以完成的最高裁判所昭和 36 年 7 月 20 日判决(载《民集》第15卷第7号第1903页)的结论。

ii 时效完成后设立的抵押权与二次取得时效

B时效取得A所有的土地后,<u>在转移登记完成前,第三人C设立抵押权并完成登记。B自该抵押权设立登记日起,继续占有10年,并以二次取得时效完成为由</u>,要求抵押权人C涂销抵押权登记。对此,裁判所认为,B<u>【追溯到……占有开始时即已原始取得本土地,并完成了记载有前述取得的登记。B通过援用上述时效,已确定性地取得了本土地的所有权,故在此种情形下,不得将起算点延后至二次取得时效开始的时点,再次主张取得时效完成】,不支持抵押权登记涂销请求</u>(最高裁判所平成15年10月31日判决,载《判时》第1846号第7页)。

从【对抗】理论来看,抵押权居于优先地位并无不妥。然而,因为B已经原始取得土地并完成登记,所以不得援用"自抵押权登记时起开始的取得时效"这一点,实为存疑。在理论上,无法证明【自己之物】为自己所有时,可以援用取得时效,这作为时效的一般法理已得到确立(最高裁判所昭和42年7月21日判决,载《民集》第21卷第6号第1643页;最高裁判所昭和44年12月18日判决,载《民集》第23卷第12号第2467页。此外,参见川岛武宜:《民法总则》第560页;我妻荣《新订民法总则》第478页;【1】第371页以下)。本判决的结论,存在违和感。

iii 不具备对抗要件的承租权与抵押权

对不动产享有承租权者在未具备对抗要件前,该不动产上被设立抵押权且完成登记。此种情形下,承租权人在抵押权登记后,即便在时效取得承租权的必要期间内仍然持续性地用益该不动产,也无法以承租权的时效取得对抗通过拍卖或变卖取得该不动产的买受人(最高裁判所平成23年1月21日判决,载《判时》第2105号第9页)。本判决在末尾,将【对抗】解释为【完成不动产取得登记者,与前述登记后在时效取得该不动产所需期间内持续性地占有该不动产者之间的,<u>互相矛盾的权利的取得与丧失</u>,这与判断不处于前述关系下的抵押权人与承租权人之间关系的本案,在事案上存在差异】。简而言之,承租权在物的支配这一角度,与物权在性质上存在差异(此外,关于本判决的论点及事案的特殊性,参见石田刚:《判例リマークス》第44号第18页以下)。

(3) 作为抵押权标的物的用益物权的放弃

抵押权的标的物为地上权或永佃权的,即使设立人放弃上述权利,也不得以此对抗抵押权人(《民法》第398条)。因此,抵押权人可将地上权或永佃权作为"存在之物"进行拍卖,买受人可取得地上权或永佃权。

进一步对该规定进行扩张解释。在承租的土地上的自己所有的建筑物上设立抵押权后,放弃借地权或是合意解除借地合同的,不能对抗抵押权人(及拍卖的买受人)(大审院大正11年11月24日判决,载《民集》第1卷第738页(放弃);大审院大正14年7月18日判决,载《新闻》第2463号第14页(合意解约)。本章第3节1(4)ⅱ)。

第13节 特别法中的抵押制度

【视点——特别法中的抵押制度的发展】

在制定《民法》的那个时代,日本的资本主义经济基础尚未奠定,对于抵押制度的意义尚不能充分理解(本编第1章5(2))。《民法》公布后不到7年,抵押制度就遭遇到了最初的大问题。当时,因为日清战争、日俄战争(的胜利),日本军需扩大,日本的产业生产过程因此实现了飞跃性的进步,随之而来的是大规模的信贷(资本投入)。为应对这一状况,日本政府创立了财团抵押制度,相关内容将在后文详述(本节2)。

在此之后,在社会经济交往中又不断出现诸多现象(例如,动产抵押、证券抵押、私力实现方式等),这些现象都成为了担保制度改革的诱因(第2编第1章【约定担保制度发展图】)。但是,担保制度的【改革】并没有通过修订《民法》的方式,而是通过制定【特别法】来实现的。这也是日本抵押制度发展的一大特征(参见近江幸治:《日本民法の展開(2)特別法の生成——担保法》,载广中俊雄、星野英一编《民法典の百年·第1卷》第181页以下)。

1 工厂抵押权(狭义的工厂抵押)

(1) 工厂抵押制度的意义

《工厂抵押法》不仅创设了在后文将要介绍的【工厂财团抵押】制度,还创设了即使未形成财团,也可使抵押权的效力及于广泛标的物的【工厂抵押】制度(《工厂抵押法》第2条~第7条)。关于抵押权的效力所及之标的物的范围(关于《民法》第370条的相关问题),尤其是抵押权的效力是否及于附加物和从物(特别是抵押权设立后产生的从物)的相关问题,一度在学界引起很大的争议(本章第3节1)。《工厂抵押法》解决了这一问题,其规定工厂抵押权的效力及于附加物和从物。在这一点上,工厂抵押权弥补了《民法》第370条的制度性缺陷。区别于【工厂财团抵押】,这种方式(《工厂抵押法》第2条~第7条)被称为【工厂抵押权】(狭义的工厂抵押)。

在工厂抵押权与工厂财团抵押的对比中,有如下要点需要注意。在工厂抵押权中,专利权和借地权等权利是无法作为标的物的,当然也就无需制作复杂的财团目录。此外,与工厂财团抵押相比,工厂抵押权的实际利用率更高。但是,工厂财团抵押是担保公司债券的通常手段,其运用仅限于可以发行公司债券的企业。因此,工厂抵押权和工厂财团抵押的运用场景是不同的。

(2) 工厂抵押权的设立

(a) 工厂抵押权的标的物

<u>工厂的所有人</u>在属于工厂的【土地】上设立工厂抵押权的,除建筑物外,其效力及于【附加于土地上并与之成为一体之物】(附加物)与【配置土地上的机械、器具及其他供工厂使用之物】(供用物)(《工厂抵押法》第2条第1款)。在属于工厂的【建筑物】上设立工厂抵押权的,抵押权的效力同样及于

该建筑物的附加物和供用物($\small{《工厂抵押法》\atop 第2条第2款}$)。工厂抵押权也及于抵押权设立之后出现的供用物($\small{大审院大正9年12月3日判决,\atop 载《民录》第26辑第1928页}$)。但土地或建筑物为租借物之时,不适用本法。

(b) 公示方式

在申请进行土地或建筑物抵押权设立登记之时,必须提供列明抵押权标的物的供用物【目录】(第3条中规定的目录)($\small{《工厂抵押法》\atop 第3条第1款}$)。该目录被视为登记簿的一部分,目录的内容被视为登记内容($\small{《工厂抵押法》\atop 第3条第2款}$)。目录的内容是对第三人的对抗要件,在未列入目录之物上无法对第三人主张抵押权($\small{最高裁判所平成6年7月14日判决,\atop 载《民集》第48卷第5号第1126页}$)。目录的内容必须详细具体,但微小的附随物可仅作概括性记录($\small{最高裁判所昭和32年12月27日判决,\atop 载《民集》第11卷第14号第2524页}$)。

(3) 工厂抵押权的效力

(a) 工厂抵押权的追及力

工厂抵押权为维护标的物的一体性,定有若干特殊规则

第一,附加物、供用物作为抵押权的标的物,即使因被出卖等而被交付给第三取得人,工厂抵押权仍可追及该物($\small{《工厂抵押法》\atop 第5条第1款}$)。但该物若被第三取得人善意取得,则无法追及($\small{《工厂抵押法》\atop 第5条第2款}$)。

(b) 附加物、供用物的分离

第二,经抵押权人同意,在附加物、供用物与土地或建筑物分离之时,抵押权消灭($\small{《工厂抵押\atop 法》第6条}$)。换言之,如作为抵押权标的物的动产在未经抵押权人同意的情况下从工厂被移出,除非是第三人善意取得,否则抵押权人可请求将被移出的标的物动产返还至原配置场所,即工厂($\small{最高裁\atop 判所昭}$和57年3月12日判决,载《民集》第36卷第3号第349页。本章第3节1(5)(b)ⅱ)。

(c) 执行之际的特殊规则

在执行工厂抵押权之际有如下2个特殊规则。

ⅰ 对土地或建筑物的查封、临时查封、临时处分及于其附加物、供用物($\small{《工厂抵押法》\atop 第7条第1款}$)。

ii 如附加物、供用物不在土地或建筑物之上,则不能对其进行查封、临时查封、临时处分(《工厂抵押法》第7条第2款)。

2 财团抵押制度

(1)【财团抵押】制度的意义

(a)【财团抵押】的立法背景

在明治时代,产业发展本就面临严重的资本不足,而日清、日俄战争的胜利进一步刺激了产业生产,对资金的需求更胜往日。而在彼时,除了引入外资并没有其他获取资金的手段。受此影响,大隈重信、伊藤博文等人提出的外资输入论占据了主流。但是,日本的民间企业的国际信用低下,在国外发债在现实上几乎是不可能的。恰好在这一时期,日本开始采用金本位制,随着《新币条约》修订成功,明治政府也开始大量发行外债。在此背景下,日本企业也纷纷积极地尝试从国外募集资本。与此同时,国外资本也开始将新兴国日本的企业作为投资标的。当时,国外资本期待日本能够改革抵押制度,并完善公司债券法制(债权人的保护)。作为回应,日本政府制定了《附担保公司债券信托法》和财团抵押3法(《工厂抵押法》、《铁道抵押法》、《矿业抵押法》)(1905年(明治38年)。其具体经过,参见近江幸治:前揭论文第181页以下。关于财团抵押改革的方向,参见近江幸治:《财团抵当制度拡張・改革のための立法課題》,载《ジュリ》第1238号第54页以下)。

(b) 财团抵押的构成类型

财团抵押制度是大规模资金的引入手段,将各类财产作为一个整体以提高担保价值,可为大规模贷款提供担保。具体而言,其允许将各财产记入财产目录作为一个【财团】(Inventar)。财团的构成有如下2种方式。

i 【不动产财团】构成

第一,此方式以不动产为中心进行构成,机械、器具等与<u>不动产形成一体化</u>。该类财团被称为【不动产财团】。该【不动产】(=财团)的组成采用任意选择主义,财团仅由当事人记入财产目录之物构成。采用此构成的财团抵押,主要有《工厂抵押法》中的【工厂财团抵押】,此外还有《矿业抵押法》、《渔业财团抵押法》(大正14年)、《港湾运送事业法》(昭和26年)、《道路交通事业抵押法》(昭和27年)、《观光设施财团抵押法》(昭和43年)。

ii 【物财团】构成

第二,将企业设施整体作为一个【物】(=财团),并将该【物】本身作为抵押权的标的物,这被称为【物财团】。由于企业整体被作为一个【物】,所以物财团的组成不可能任由当事人选择,而是采用了当然归属主义,即将企业整体总括性地组成一个财团。但问题在于,不动产财团可准用不动产的相关规定,而财团抵押语境下的【物】的抵押权在《民法》中不被承认。在此背景下,针对此类【物】的抵押权的相关规定应运而生(参见我妻第559页)。《铁道抵押法》中的【铁道财团抵押】为其典型,其详细规定被同样采用此构成的《关于轨道抵押的法律》(明治42年)、《运河法》(大正2年)所准用。但是,此类抵押往往只被公共性极高的企业所使用,不具有一般性,所以在此省略具体说明。

(2) 工厂财团抵押

(a) 工厂财团抵押权的设立

工厂财团抵押权按如下顺序设立。

i 工厂财团的设立

首先,工厂的所有人可以一个或数个工厂作为抵押权的标的物,设立工厂财团。有数个工厂时,所有人可以不为同一人。但是,属于工厂财团之物不得同时属于其他财团(《工厂抵押法》第8条第1款、第2款)。

工厂财团的设立方式,是在工厂财团登记簿中进行所有权保存登记(《工厂抵押法》第9条)。登记时必须提交列明工厂财团组成物的【工厂财团目录】(《工厂抵押法》第22条),工厂财团目录被视为登记簿,其内容则被视为登记内容(《工厂抵押法》第35条)。但制作该财团目录的手续繁琐,且须支付相关费用,十分麻烦。

ii 抵押权的设立

完成工厂财团的所有权保存登记之后的6个月内必须设立抵押权,并进行登记。若在此期间内未设立抵押权,则上述所有权保存登记失去效力(《工厂抵押法》第10条)。

(b) 工厂财团的组成物

《工厂抵押法》第11条中列举之物可作为工厂财团的组成物,即:①属于工厂的土地及工作物、②机械、器具、电线杆、电线、配置管线、轨道及其他附属物、③地上权、④经出租人承诺的物的承租权、⑤工业所有权、⑥水坝使用权。但是,属于他人的权利,以及查封、临时查封、临时处分的标的物不得作为财团的组成物(《工厂抵押法》第13条第1款)。

(c) 工厂财团抵押的效力

为维持财团的一体性,对工厂财团抵押的效力作了如下规定。

i 【一个不动产】

工厂财团被视为一个<u>不动产</u>(《工厂抵押法》第14条第1款)。在此不动产上成立一个所有权,在其上可设立抵押权。

ii 处分的限制

财团组成物受到如下限制。

① 工厂财团的组成物不得单独让与,不得成为所有权以外的权利的标的物(《工厂抵押法》第13条第2款)。工厂财团可进行整体让与(无须取得抵押权人的同意)。但经抵押权人同意后可出租组成物(《工厂抵押法》第13条第2款但书)。此外,组成物可被善意取得(最高裁判所昭和36年9月15日判决,载《民集》第15卷第8号2172页。参见我妻第536页;川井《概论》第438页)。

② 工厂财团的组成物不得作为查封、临时查封、临时处分的标的物。因此,如其他债权人实施查封,抵押权人、设立人可提出执行异议(《民事执行法》第11条)。

iii 组成物件的分离

经抵押权人同意,财团组成物可实现分离,分离之物上的抵押权消灭(《工厂抵押法》第15条)。

3 《企业担保法》

(1)《企业担保法》的意义

【企业担保】是指在企业的【总财产】上设立的担保物权。企业可将具有流动性的原料、材料、库存物品及债权等一切财产作为担保物,这克服了财团抵押制度必须制作复杂的财团目录的缺点。企业担保的标的物是【总财产】,因此在担保权实现之前,标的物具有浮动性,企业可对单个财产进行处分。

【《企业担保法》的制定过程】

第二次世界大战后,数家大企业(特殊公司)仍通过一般抵押(general mortgage,一般担保、一般先取特权,于昭和16年3月作为战时时局立法得到确立)进行融资。但是,到了昭和25年,受《日本制铁株式公司法》废止的影响,八幡、富士两家制铁公司无法再使用一般抵押,一时间,只能依赖财团抵押制度进行融资。但是,使用财团抵押制度意味着要制作财团目录,体量如此之大的企业自然无法接受该制度的程序与费用(根据八幡制铁的估算,制作目录将耗时1年半,涉及5万人,花费1.7亿日元)。

因两家制铁公司出现融资困难,政府意识到应该创立一种与一般抵押相当的简易的担保方式,于是政府以英国的浮动担保(floating charge)为范本,于昭和33年制定了《企业担保法》(参见执行秀幸:《企业担保权の行方》,载高岛平藏还历论文集《现代金融担保法の展開》第195页以下)。

但是,可以设立浮动担保的企业仅限于信用状况非常良好的企业,所以其使用度极低。

(2)《企业担保法》的内容

(a) 企业担保权的设立

将股份公司的总财产作为一个整体,以该整体为公司发行的公司债券提供担保(《企业担保法》第1条第1款)。企业担保权通过取得公证书的方式来设立(《企业担保法》第3条),在股份公司登记簿中完成登记后生效(《企业担保法》第4条)。

(b) 企业担保权的效力

只有信用状况极佳的企业方能设立企业担保权。盖因此类企业不会破产,无需考虑因债务不履行而出现债权人实现抵押权的情况,因此企业担保权的效力非常弱。

ⅰ 企业担保权,是就当下属于公司的总财产能够获得优先受偿的权利(《企业担保法》第2条第1款)。【当下属于公司】,是指财产未进行个别特定(浮动(floating)性特征)。企业担保权是设立在【总财产】上的担保权,因此具有一般担保以及先取特权的特征。

ⅱ 数个企业担保权的顺位按其登记的先后顺序确定(《企业担保法》第5条)。

ⅲ 公司财产上存在的权利,即使其是在企业担保权登记之后才具备对抗要件的,仍优先于企业担保权(《企业担保法》第6条)。

ⅳ 一般先取特权优先于企业担保权,特别先取特权、质权、抵押权在其标的财产上优先于企业担保权(《企业担保法》第7条)。

ⅴ 在对公司的财产实施强制执行,或实现担保权进行拍卖的情形下,企业担保权人不得主张优先受偿权(《企业担保法》第2条第2款)。

4 动产抵押制度

(1)《农业动产信用法》

《农业动产信用法》规定,农业从业人员(以及渔业从业人员、薪炭业者)可将其所有的一定的【农业用动产】作为担保物,从特定的金融机构处获得融资。这也是日本最早的动产抵押制度(昭和8年)。

为排除带来诸多弊端的高利贷,该法将贷款人限定为特定的金融机构(信用组合等)(《农业动产信用法》第3条)。可作为标的物的农业用动产包括发动机、电动机、原动机、货车、脱谷机、孵蛋机、耕地机、抽水机、碾米机、牛马等(《农业动产信用法》第2条)。农业用动产抵押权须在农业用动产抵押登记簿上进行登记。未进行登记者不得对抗第三人。但是,第三人可善意取得个别的动产(《农业动产信用法》第13条)。设立人在处分标的物时必须告知债权人(《农业动产信用法》第15条)。

【农业用动产抵押制度的创立过程】

继昭和2年的金融危机后,昭和5年又发生了农业危机,广大农村陷入极端困顿之中。在此背景下,政府制定了诸多农业救济相关法令。农业救济的基本方针,是落实以部落为单位,以产业组合为中心的【农山渔村自力更生计划】。《农业动产信用法》便是该计划的一部分,旨在帮助农民自行获取信用度,自立地开展生产活动。遗憾的是,疲顿不堪的农村和农业从业人员已经对【自力更生】失去信心,因而该法的使用度并不高(参见近江幸治:前揭《日本民法的展開(2)特別法的生成—担保法》第203页以下)。

(2) 汽车抵押、航空器抵押、建设机械抵押

(a) 汽车抵押

从这3部法律的立法开始,动产抵押进入正式发展阶段,而其中的"先驱"就是《汽车抵押法》。《汽车抵押法》(昭和26年)的出现,是为了应对汽车置换对于资金的需求。在第二次世界大战后的恢复时期,全国范围内都出现了汽车动员和汽车过度使用,时至昭和25年前后,汽车出现了大面积老化,这威胁着运行的安全。为提高运行安全度,加速老化

汽车的更新换代势在必行，汽车抵押就是应对这一时代需求的担保制度(同时解决了短期小额营运资金的筹措问题)。该法完善了汽车的注册制度(《道路运输车辆法》昭和26年)，并基于注册制度创设了【抵押】制度(参见近江幸治：前揭《日本民法の展開(2)特别法の生成—担保法》第208页以下)。

在注册原簿上完成注册(《汽车抵押法》第5条)是汽车所有权转移(《汽车抵押法》第5条)和抵押权设立(《汽车抵押法》第4条、第5条)的对抗要件。但是，无法设立质权(《汽车抵押法》第20条)。

在当时，汽车的价格与一幢房屋相当，将其作为担保标的物是十分合适的，但是随着汽车的批量生产，价格不断下降，在汽车上设立抵押权便逐渐失去了意义。时至今日，汽车抵押基本已被束之高阁，而购买汽车时使用的担保方式多为所有权保留(第3编第4章)。

(b) 航空器抵押

航空器的价格极为昂贵，航空公司没有与其价值相当的担保物(不动产)，为购买航空器，必然会考虑以购入的航空器本身作为担保物进行融资。《航空法》(昭和27年)完善了航空器的注册制度(在注册原簿上进行注册)。在此基础上，政府制定了《航空器抵押法》(昭和28年)。航空器的注册是所有权转移(《航空器抵押法》第3条之2)和抵押权设立(《航空器抵押法》第3条、第5条)的对抗要件。但是不能设立质权(《航空器抵押法》第23条)。

(c) 建设机械抵押

《建设机械抵押法》(昭和29年)的立法过程与上述2部法律相同。建设业者在建设机械的所有权保存登记完成之后，可在一定的建设机械(挖掘机械、拖拉机等大型法定机械)上，设立抵押权(《建设机械抵押法》第2条、第3条)。登记之时，机械会被打上记号(《建设机械抵押法》第4条)。登记之后，建设机械不再被作为一般的动产。登记是所有权转移和抵押权设立的对抗要件(《建设机械抵押法》第7条)。同样的，不能设立质权(《建设机械抵押法》第25条)。

5 抵押证券

(1)《抵押证券法》的意义

【抵押证券】是指将抵押权和被担保债权合为一体转化为证券,依据有价证券的原理使其在市场上流通的抵押制度。事实上,在制度创立伊始,【抵押证券】在现实中很少被使用,时至今日（特别是在昭和58～59年之后）,【抵押证券】作为小额的金融商品在金融市场中逐渐流通起来。为了取缔兜售空头抵押证券等的恶性抵押证券业者,政府于昭和62年制定了《抵押证券业规制法》。

> 【《抵押证券法》的立法过程】
>
> 在昭和2年金融危机发生之前,地方银行一直无视危险提供融资,这些不动产融资后来都无法回收,终变为不良债权,威胁着银行的持续经营。鉴于此,日本银行对此类地方银行提供了特别融通。为回收资金,日本劝业银行成为地方银行的整理机构,吸收地方银行持有的抵押权不良债权。其手段就是制定《抵押证券法》,意在使基于抵押证券理论的抵押权流动化成为可能（昭和6年）。
>
> 这里要提到德国的抵押证券制度。为了救济普鲁士贵族阶级,帮助其借新还旧解决背负的债务问题,德国的抵押证券制度承认了债权、抵押权的流动化（参见石田文次郎:《投资抵当権の研究》第175页以下;铃木《抵押制度》第16页以下）。《抵押证券法》就是借鉴了德国的抵押证券制度。
>
> 虽然《抵押证券法》在现实中作用有限(因为不被使用),但是《不动产融资及损失补偿法》（昭和7年）作为金融机构救济的依据,起到了非常重要的作用。

(2) 抵押证券的发行

(a) 当事人的合意

依据发行抵押证券的当事人的特别约定,抵押权人可向登记所申请抵押证券的交付(《抵押证券法》第2条第5项)。最高额抵押权不能发行抵押证券(《抵押证券法》第2条第1项)。

(b) 标的物

法定的标的物有土地、建筑物或地上权上的抵押权(《抵押证券法》第1条)。关于标的物的所在地,之前是限定为【市】制地域,后改为【日本全境】。

(c) 与登记簿的关系

须将登记簿中的内容转记到证券上。登记簿并不因此被弃用,抵押权的变动需在登记簿和证券上同时记录(《抵押证券法》第16条~第19条)。

(3) 抵押证券的效果

(a) 基于证券的处分

抵押证券是将债权与为之提供担保的抵押权合而为一转化而成的【证券】(抵押证券),因此,抵押权和债权的处分必须基于抵押证券来实施(《抵押证券法》第14条)。

(b) 背书让与

抵押证券通过背书进行让与(《抵押证券法》第15条第1款),并按有价证券的原理辗转流通。其适用《票据法》第15条、第16条等规定(《抵押证券法》第40条),流通过程中即使出现无权利人,也不会影响其公信力,且不得抗辩。

(c) 异议申请的催告及其效果

在受理抵押证券发行申请之后,登记官必须立即对抵押权设立人、第三取得人、债务人、抵押权或其顺位的让与人、放弃优先顺位者进行催告,告知其如对抵押证券的交付有异议(《抵押证券法》第7条中所列异议申请事由),应在一定期间内提出异议申请(《抵押证券法》第6条)。如未提出异议申请,则即便有异议,也不能对抗抵押证券的善意取得人(《抵押证券法》第10条第1款)。登记簿不具有公信力,转记其内容的证券也不具有公信力,异议申请就是对该空缺的一种弥补。

(d) 抵押权消灭请求的排除

已发行抵押证券的抵押权不适用抵押权消灭请求制度(《民法》第379条、第382条~386条)(《抵押证券法》第24条)。

6 立木抵押

(1) 立木抵押的意义

土地上生长的立木(树木)是土地的一部分(定着物),因此,在山林上设立的抵押权的效力及于树木。但在日本,自古以来一贯的做法是将树木与土地分离开来进行交易。因此,明治42年制定的《立木法》规定,立木(树木)完成登记后,即便其定着于土地之上,仍被视为独立于土地的不动产,可在其之上设立独立的抵押权。而依据《立木法》完成所有权保存登记的树木,被特别称为【立木】。

【《立木法》制定的过程】

日本对于木材的需求量较大,一般而言,树木拥有比山林更高的价值。因此,从明治15年前后开始,借地林业者,特别是奈良吉野地区的林业者、借地煤炭业者,发起了要求能以树木集合作为担保进行金融活动的立法运动(参见福岛正夫、清水诚:《日本資本主義と抵当制度の発展》,载《法時》第28卷第11号第7页。参见近江幸治:前揭《日本民法の展開(2)特別法の生成—担保法》第199页以下)。但是《立木法》的适用范围较窄,且适用较为复杂,所以很少被使用(根据法务省的统计结果,虽然每年都有数件所有权保存登记,但几乎都没有抵押权设立登记)。

判例的立场是,立木(树木)原则上是土地的一部分,如当事人之间达成合意,则树木的所有权可与土地的所有权分离(大审院大正5年2月22日判决,载《民录》第22辑第165页),并可通过明认的方法对抗第三人(大审院大正4年12月8日判决,载《民录》第21辑第2028页。参见[1]第153页)。但明认的方式其实并不适应抵押权的设立。

(2) 立木抵押权的内容

(a) 立木抵押权的标的物

经过登记的立木(树木的集合)被视为独立的不动产(《立木法》第1条、第2条第1款)。因此,登记后的立木可作为抵押权的标的物(《立木法》第2条第2款)。

(b) 所有人对树木的获取

即使在设立抵押权之后,立木的所有人仍可依约定的方式获取树木(《立木法》第3条)。

(c) 抵押权的追及力

除上述(b)的情形外,即使树木已经与土地分离,抵押权的效力仍可及于树木(《立木法》第4条第1款)。但树木如被第三人善意取得,则无法追及(《立木法》第4条第5款)。

(d) 法定地上权、法定借地权

立木与建筑物相同,在因抵押权的实现而导致所有权归于不同的所有人的情形下,法定地上权成立(《立木法》第6条)。立木属于地上权人的,法定借地权成立(《立木法》第7条)。

第3编

变则担保

第1章　变则担保论

(1) 变则担保(非典型担保)的意义

(a) 何为变则担保

【变则担保】(非典型担保)本非担保制度,而是其他的独立的制度,但其在实质上具有担保功能,故被作为担保制度。变则担保中,既有专门作为担保手段而被使用的制度,也有因新的交易习惯而产生,并经由判例确定的制度(序论(4))。适用于不动产的变则担保包括回赎、再买卖预约、让与担保、预约登记担保(代物清偿预约)等。适用于动产的变则担保包括让与担保、所有权保留等。

变则担保具有以下特征：第一,因是将其他法律制度作为担保手段进行使用,所以在制度上具有跛行性。第二,变则担保均是以<u>权利移转</u>(所有权的转移)作为其手段(所有权担保)的担保方式。债权人成为【所有人】,其可通过所有权的各项权能,确保债权人的优先性。如后文所述,这也是变则担保被广泛使用的重要原因之一。

(b) 使用变则担保的主要原因(出现契机)

不动产的变则担保和动产的变则担保的<u>使用原因</u>各不相同。

i 不动产的变则担保

变则担保的基本构造为【权利移转】(所有权的转移)。例如,B以不动产作为担保向A借款,其担保方法既可以是附回赎特别约定的买卖,也可以是附再买卖预约的买卖,无论采用何种方法,其效果与设立抵押权是相同的(让与担保也是如此)。如在一定期限届满之前B无法筹足回赎的资金,则回赎权或再买卖预约完结权消灭,B确定性地失去该不动产的所有权。预约登记担保(代物清偿预约)的理论也与此相同。例如,B向A借款,若B在一定期限届满之前未能清偿债务,则该不动产会作为清偿代替物被转让给债权人。这与抵押权和质权中的【流担保】(抵押直流、流质)具有相同的效果。

流担保的效果会使A(贷款人)获得暴利,这是权利移转性构成的必然效果。而流抵押效果的存在,就是不动产的变则担保的主要使用原因。也正因为此,关于不动产的变则担保的最重要的课题,就是如何排除暴利,即【清算法理】的确立。

ii 动产的变则担保

动产的变则担保中存在若干特殊要素。首先,动产的让与担保一直以来是被作为【动产抵押】制度得到运用的。《民法》并不承认动产抵押,但是随着动产价值的上涨,经济交往中必然地出现了对动产担保化(抵押化)的需求。其次,所有权保留的作用在于,在经济交易社会中,不论出卖人是否享有动产买卖先取特权,所有权保留都可以使权利人保留【所有权】这一强有力的权利。

(2) 回赎、再买卖预约

(a) 回赎

【回赎】是指广义上的出卖人<u>取回</u>出卖给买受人的物品的制度。通过事先的【特别约定】,出卖人可以保留<u>出卖人的取回权能</u>(回赎权)。为融资而一时性地将财产出卖,待筹足钱款后将财产买回,在这一过程中,回赎的经济性作用体现着担保功能,这一点在学说上没有异议。此外,日本的回赎制度($_{条以下}^{《民法》第597}$)继承了德川时代的【质入】制度,从这一点也可以看出回赎的担保功能($_{质权与回赎制度的历史性}^{第2编第2章第3节【不动产】}$)。(▶→《契约法》【回赎】($_{156 页以下}^{参见【V】第}$))

【回赎制度的非担保功能】

　　回赎还具有另外一个功能。例如，在住宅公团及地方公共团体分割出售住宅、土地时，可设定一定的条件（使用方式、禁止一定期间内的转卖等），若买受人违反条件，则可以实施回赎（J. Kohler, Lehrbuch des Burgerlichen Rechts, Bd.Ⅱ, Teil, 1919, S. 346f. 日本国内的判例有，新潟地方裁判所昭和42年12月26日判决，载《判時》第524号第64页）。此种附回赎的买卖不以融资为目的，这是因为上述不动产的出卖具有一定的政策目的，采用回赎是为了实现该政策目的（关于这一点，川井第213页认为，从确保履行的角度来看，具有担保功能）。

　　此种回赎制度过去在普鲁士对波兰的政策（内地殖民政策）中出现过（参见田山辉明：《内地殖民問題を通じてみたドイツ民法施行法の一側面》，载《早稲田法学会誌》第19卷第49页以下）。在日本，则在公共机关的政策中较为多见。

(b) 再买卖的预约

　　上述广义上的将一时性出卖之物取回的回赎制度，实际上在法律构成上可分为2种。一种是出卖人解除出卖人、买受人之间最初订立的买卖合同，日本《民法》采用此种构成（也被称为狭义的回赎）。另一种是在完成最初的买卖之后，出卖人再次从买受人处买回（再买卖），德国法采用此种构成。

　　日本《民法》中规定的【回赎】制度（《民法》第579条以下）源于【质入】，因此有着极为严格的限制，但是，将这些严格的限制视作桎梏，并试图挣脱其束缚的趋势，在《民法》制定后不断发展。以合同自由原则为根本，以【买卖一方的预约】的规定（《民法》第556条）为基础的广义的回赎（担保行为），即上述第2种构成下的再买卖预约的构成在判例中出现。

　　回赎与再买卖预约的法律构成本身十分明确，但是在现实层面，存在许多模糊的情况。一般而言，采用广义上的回赎构成，或是采用可规避严格限制的回赎合同的情况较为多见。当下主流观点认为，于此情形，可视为采用再买卖预约的构成，即原则上视为再买卖预约，只有在当事人对于采用回赎的意思非常明确之时，视为回赎（再买卖的预约概念包含回赎）

(参见川井健:《買戾と再売買の予約》,载《契约法大系Ⅱ》第72页;近江幸治、小贺野晶一:《民法コンメンタール第12卷》第2101页以下)。(▶→《契约法》【再买卖预约】(参见[V]第161页以下))

(3) 不动产的让与担保

(a) 作为变则担保核心的【让与担保】

变则担保(非典型担保)中最重要的制度是让与担保及回赎,一直以来,相关讨论多是围绕其展开的。在本部分,将在介绍让与担保发展历程的同时,对变则担保的本质进行分析。此外,还将分析与让与担保存在密切关联的代物清偿预约(预约登记担保)制度中所包含的变则担保的特性。

(b) 以【担保】为目的的【让与】

与回赎相同,让与担保也是以担保为目的的制度,<u>物的所有权先被转移给债权人</u>,而债务人可在清偿债务后<u>取回所有权</u>。【以担保为目的的所有权转移】的概念是让与担保的基础性核心。事实上,【以担保为目的的所有权转移】是较为后期才出现的作为学术分析结果而被提出的概念,【让与担保】这一表述也只是学术上的一个用语而已。那么,究竟是何种形态的行为,在【以担保为目的的所有权移转】这一概念下实现了理论化?答案是,<u>通过回赎或再买卖预约进行【抵押】</u>的形态。具体而言,就是 B 向 A 借款之时不设立抵押权,而是先出卖不动产(因<u>自己仍需使用</u>,所以还要向 A <u>租借该不动产</u>),待筹足资金后再取回不动产的约定形态。这一担保方式曾被称为【卖切抵押】、【卖渡抵押】等。

从【卖切】、【卖渡】这类用词可以看出,B 并非向 A 借款,所以 A、B 之间不存在被担保债权(^{即债权}_{关系})。但是,如 B 到期无力取回,则会产生流担保的效果,这引起了大量的纠纷。针对此,判例(^{大审院昭和8年4月26日判决,载}_{《民集》第12卷第767页。关于此判}^{例的意义,参见近江《研}_{究》第126页以下})、学说确立了清算法理,<u>以此排除流担保的效果(牟取暴利)</u>。具体而言,即使是买卖,只要是以担保为目的,那被担保债权就是存在的(=否定买卖),超出债权数额的部分应当返还(=清算法理)。上述内容在经过学术分析之后,被归纳成【以担保为目的的所有权转移】(并非通常的买卖),并被命名为【让与担保】(关于相关分析和理论的整理,参见我妻荣:《『売渡担保』と『譲渡担保』という名称について》,载《法協》第52卷第7号(昭和9年),《民法研究Ⅳ》第134页以下。此外,关于德国法中相关内容的理论化,参见近江《研究》第178页以下)。由此可见,【让与担保】其实是依据解释而形成的解释性构成物(以附回赎特别约定的买卖、附再买卖预约的买卖为基础的解释上的产物)。

(c) 与回赎的关系

回赎、再买卖预约在《民法》中的定位,是通过【买卖】实现担保的担保制度(权利移转型担保)。由于是【买卖】,所以买受人当然对标的物享有占有权限(因此【质押】形态的占有担保)。如果出卖人既希望【以担保为目的而出卖】,又希望继续占有、使用该标的物(采取【抵押】形态),则只能依靠【租赁】法理租借该标的物(出卖人向买受人租借已出卖之物)。这就是采用回赎、再买卖预约模式的【抵押】(非占有)形态的权利移转型担保,即【让与担保】(卖渡抵押、卖切抵押)。

【让与担保】与【回赎、再买卖预约】最初是同一制度,难以区分,所谓让与担保只不过是回赎、再买卖预约的【抵押】形态罢了(【让与担保】只是之后出现的学术性称谓)。如果硬要将两者进行区分,则两者的差异在于,【让与担保】是依据租赁法理而成立的【抵押】形态(非占有担保),而回赎、再买卖预约仍然是以最初的【质押】形态呈现的担保方法(占有担保)。基于上述区分,产生了以【占有】为标准的【占有区分论】(参见来栖三郎:《契約法》第221页以下;三藤邦彦:《不動産の譲渡担保・所有権留保》,载《私法》(日本私法学会)第34号第33页以下;槙第311页以下;近江《研究》第265页以下;河上第329页;石口第235页)。标的物的占有转移给买受人,是回赎、再买卖预约的原本形态,在此基础上,通过租赁使出卖人可继续占有的形态就是让与担保。与限制物权型担保(质权、抵押权)相对,让与担保是权利移转型担保。

【回赎与让与担保之间关系的若干问题点】

关于回赎与让与担保之间的关系,存在以下问题点。

i 标的物的占有权限

针对占有区分论,有批判意见指出,附回赎的买卖(出卖担保)也分为转移占有的质押形态和不转移占有的抵押形态(参见 椿 寿夫:《担保目的の所有権移転登記と一展望》,载《民研》第362号第14页以下[让与担保也分质押形态和抵押形态])。但在出卖之后,出卖人仍对标的物享有占有权限这一观点在民法理论上是不成立的。附回赎的买卖中需要另行采用【租赁】法理的原因也在于此。

ii 区分的意义

理论推演虽可得出上述结论,但这也仅仅是概念法学与历史实证法学在思考方式上的不同罢了。

概念及理论可以推演出许多【假象物】,但是所谓【制度】,是在经济活动的基础上由历史创造而出之物,而非观念上的推理的产物。由世上并不存在(或是不被社会所接受)之"物"构建而成的【制度】,是无法植根于社会的(《抵押证券法》、《预约登记担保法》、《中间法人法》等失败的立法便是例子)。因此,在以附回赎特别约定的方式购买公寓,后因违反合同而无法回赎的情形下,讨论被担保债权是否残存,或是讨论是否应当进行清算,是无意义的。【占有】转移给买受人的附回赎买卖等,本就与担保权的构成并不兼容。

(4) 预约登记担保

【预约登记担保】是指当事人约定(预约)在不能清偿债务时进行一定的【权利移转】,并通过【预约登记】保全该预约上的地位的担保行为(保全所有权转移请求权的预约登记)(《不动产登记法》第105条第2项)。例如,债务人到期未能偿还借款的,债务人所有之不动产的所有权会被转移给债权人,以此清偿债务(=代物)。现实中出现的法律形态有【代物清偿的预约】、【附生效条件的代物清偿合同】、【买卖的预约】等,此处不对这些形态的差异展开讨论(因为其实质均为【代物清偿】)。

关于预约登记担保,有如下要点需特别注意。

第一,从代物清偿的角度来看,预约登记担保的实质性功能是【抵押直流】。因此,预约登记一般会在设立抵押权时完成(并用)。

第二,预约登记的形式,为利用所有权转移过程的权利移转型担保(变则担保)。这一形式(代物清偿预约),在第二次世界大战后的判例中集中出现(昭和30~40年代)。有观点认为,经过昭和初期的理论化(清算法理的确立)发展,让与担保的暴利性消失,追求暴利者转而采用代物清偿预约是导致这一现象发生的原因(变则担保间的【水汽逃逸】现象。参见清水诚:《仮登记担保》,载《私法》(日本私法学会)第34号第24页)。一时间,确立代物清偿预约的【清算】法理成为当务之急,受到学界的影响,最高裁判所在昭和42年11月16日判决(载《民集》第21卷第9号第2430页)中对债权人课以清算义务。之后,在昭和53年,预约登记担保实现了立法化(关于立法的经过,参见近江幸治:《日本民法の展開(2)特別法の生成—担保法》,载广中俊雄、星野英一编《民法典の百年·第1卷》第219页以下)。

第三,预约登记担保权虽将【预约登记】作为公示方式,但原则上与【抵押权】并无区别(《预约登记担保法》第13条、第19条)。

第 2 章 预约登记担保

1 预约登记担保制度的意义

【预约登记担保制度的构造】

预约登记担保是对可能发生的债务不履行,<u>预先约定以担保标的物本身代为清偿(＝代物清偿),并通过【预约登记】</u>(保全所有权转移请求权的预约登记(《不动产登记法》第105条第2项))<u>保全债权人地位(权利)的制度</u>。代物清偿预约的相关判例是预约登记担保制度的核心,同时,也加入了部分新的技术性处理。《预约登记担保法》的构造大致如下【图】所示。

【Ⅰ】所有权的转移

债权人在债务人不履行债务的情况下,并非即刻取得标的不动产的所有权,而是应在合同约定的所有权转移日到来之后,首先对标的不动产进行估值,并将估值与被担保债权数额之间的清算金预估额【通知】债务人(【图】中 A)(《预约登记担保法》第2条第1款)。自该通知到达债务人之日起的 2 个月为【清算期间】,在此期间内,债权人无法取得标的不动产的所有权。若债务人满足于该预估额或不存在后顺位担保权人,则债权人在清算期间结束后支付清算金,完成标的不动产的本登记并接受交付(【图】中 C)。

【Ⅱ】债务人的清偿、取回

债务人如不满足于债权人的预估额(清算金),则可在【清算期间】

第 2 章 预约登记担保

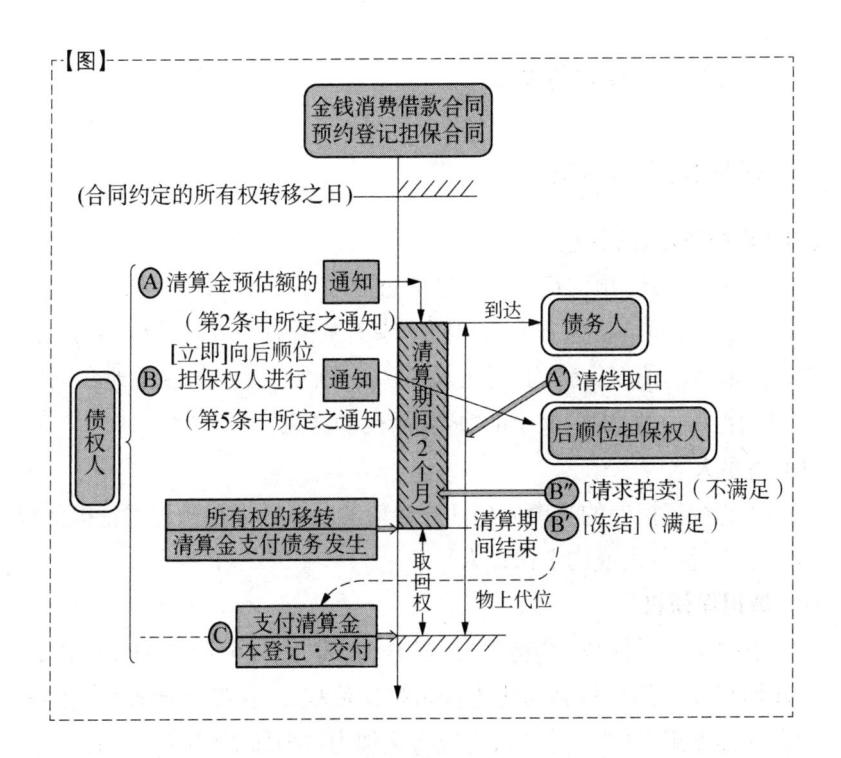

【图】

```
                    ┌─金钱消费借款合同─┐
                    │ 预约登记担保合同 │
                    └─────────┬──────┘
(合同约定的所有权转移之日)    │////////
                              │
        ┌Ⓐ 清算金预估额的 ┌通知┐──→ 到达 ┌────┐
        │   (第2条中所定之通知)  清      │债务人│
        │                       算 ┌─A′ └────┘
  债    │ [立即]向后顺位        期   清偿取回
        ┤Ⓑ 担保权人进行   ┌通知┐间 \    ┌──────────┐
  权    │   (第5条中所定之通知) (2)→   │后顺位担保权人│
        │                         个    └──────────┘
  人    │                         月     B″[请求拍卖](不满足)
        │   所有权的移转                 B′[冻结](满足)
        │   清算金支付债务发生 →清算期
        │                         间结束
        │                    取   ╲
        │                    回    物上代位
        └Ⓒ 支付清算金        权
             本登记・交付    ↓////////
```

内清偿债务。此外,即便清算期间已经结束,只要债权人尚未支付清算金,债务人仍可支付债务相应金额,取回不动产(【图】中 A′)。

【Ⅲ】后顺位担保权人的地位

另一方面,如存在后顺位担保权人,则债权人在完成 A【通知】后,必须立即将已【通知】债务人(《预约登记担保法》第2条第1款)之事【通知】后顺位担保权人(【图】中 B)(《预约登记担保法》第5条)。后顺位担保权人如满足于此,并希望在此程序中优先受偿,则必须对【清算金】实施冻结。后顺位担保权人如不满足于此,则可自行请求拍卖,但必须在清算期间内请求拍卖。

2 预约登记担保权的设立

(1) 预约登记担保合同

(a)【代物清偿】的合意

如前文所述,预约登记担保是指为担保金钱债务,订立约定在发生债务不履行之时,将债务人或第三人享有的所有权或其他权利转移给债权人的代物清偿的预约、附生效条件的代物清偿合同或其他合同(本编第1章(4))的担保方式,即广义上的"代物清偿的合意"。

(b) 当事人

预约登记担保的当事人包括金钱债务的债权人和预约登记担保权的设立人(债务人或物上保证人)。

(c) 被担保债权

仅限于金钱债权(《预约登记担保法》第1条)。但是,在发生债务不履行的情况下,金钱债权以外的债权会转化为损害赔偿债权,从保持与抵押权之间的均衡的角度来看(第2编第3章第2节3(1)(a)),也应将之视为被担保债权(参见道垣内第268页)。

(d) 合同类型

除代物清偿的预约、附生效条件的代物清偿合同外,也包括买卖预约(最高裁判所昭和45年3月26日判决,载《民集》第24卷第3号第209页)、赠与预约等可进行预约登记或预约注册的合同。此外,共同预约登记担保(后文共同预约登记担保的情形)和最高额预约登记担保(本章7(2))也是有效的,但是分别受到一定的限制。

(e) 标的物

标的物一般为土地或建筑物(下称土地),除此之外还包括其他权利(地上权、永佃权、地役权、承租权)和通过预约登记、预约注册获得保全之权利(建筑机械、航空器、专利权等《注册许可税法》附表1中所列之物)。

(2) 公示——预约登记(【对抗力】的赋予)

预约登记担保权通过预约登记($\substack{《不动产登记法》\\第105条第2项}$)或预约注册进行公示。预约登记原本只具有顺位保全效力,不具有对抗力($\substack{参见【Ⅱ】\\第139页}$),但本法赋予预约登记(担保预约登记)以对抗力。只是,由于在形式上仍为一般的预约登记,所以对被担保债权数额和利息等事项无法进行记录。

(3) 抵押权设立的拟制

预约登记担保权被视为抵押权,具体而言,就是担保预约登记的完成可视为抵押权设立登记的完成($\substack{《预约登记担保法》第13\\条第1款、第20条}$)。因此,在完成了担保预约登记的土地等之上,即使再设立抵押权,预约登记担保权仍优先于抵押权,并可进行本登记($\substack{《不动产登记\\法》第109条}$)。

③ 预约登记担保权的实现

(1) 所有权的取得

(a) 清算金预估额的【通知】(第2条中所定之通知)

债务人陷入债务不履行,是债权人通过私力实现取得担保标的物所有权的前提,而在预约登记担保合同中约定的所有权转移之日到来之后,债权人应就清算金的预估额【通知】设立人($\substack{如无清算金,同样需要\\就该情况进行通知}$)($\substack{《预约登记\\担保法》第2\\条第1款}$)。该【通知】中应当写明以下内容($\substack{《预约登记担保法》\\第2条第2款}$)。

ⅰ **土地等的预估额**

【清算期间】届满之时的土地等的预估额。

ⅱ **债权等的金额**

清算期间届满之时的债权数额,以及由债权人代债务人负担的债务人应负担的费用的金额($\substack{下称【债权\\等的金额】}$)。

> **【共同预约登记担保的情形】**
>
> 　　为一个金钱债务在数宗土地等上设立预约登记担保权的(共同预约登记担保),在【通知】债务人等之时,必须明示因各土地等的所有权的转移而消灭的债权,及其费用的金额(《预约登记担保法》第2条第2款括号部分)。此即为对分割负担的明示。在完成【第2条中所定之通知】后,共同担保关系解除,并成为被分割的个别担保。
>
> 　　此外,在完成第2条中所定之通知之前,如后顺位抵押权人申请拍卖且拍卖程序开始,则预约登记担保权人可以任意分割被担保债权并要求参与分配(参见道垣内第273页)。

(b) 所有权的转移与【清算期间】

　　前述【通知】到达债务人之日起的2个月,被称为【清算期间】,在该期间结束之前,债权人无法取得标的不动产的所有权(《预约登记担保法》第2条第1款)。因此,期间结束之时即为所有权转移之时。

> **【清算期间的意义】**
>
> 　　设定2个月的【清算期间】,主要是考虑到与后顺位担保权人之间的利益调整。但其实,设定清算期间最初是为了保护债务人的清偿(取回)犹豫期间。《公事方御定书》中便记载有如下裁判准则,即,如存在于约定年限内未能取回土地即成为流地的表述,则在年限届满后的2个月内仍可取回(《公事方御定书》第31条质地小作取扱之事),这一准则被明治时代的司法省太政官沿用,并成为担保关系的准则(参见近江《研究》第54页以下)。法务省的《预约登记担保法案最终案》中设定2个月的清算期间,就是考虑到了这一惯例(参见近江幸治:前揭《日本民法的展開》(2)特別法の生成―担保法》第226页)。
>
> 　　关于清算期间,一般而言,清偿期届满,所有权即告转移,如存在清算金,债权人立即支付清算金并取得所有权也是世间常

态。因此,2个月的犹豫期间对于债务人而言,起到了重要的保护作用(参见近江幸治:《判评》第346号,《判時》第1250期第188页)。当然,在《预约登记担保法》中,清算期间同样用于调整与后顺位担保权人的利益关系。

(c) 清算金的支付、本登记、交付

清算期间届满之后,债权人取得本登记请求权与标的物交付请求权,该等权利与清算金支付债权之间构成同时履行关系(《预约登记担保法》第3条)。

(2) 清算

(a)【清算金】支付义务

清算期间届满时,土地等的价值超过债权等的金额的,债权人应当将超出的金额(＝清算金)支付给债务人(《预约登记担保法》第3条第1款)。但有如下几个问题需要分析。

ⅰ【清算金】的金额

清算金的金额并非是向债务人【通知】(第2条中所定之通知)的清算金的预估额(《预约登记担保法》第2条第1款),而是清算期间届满时的客观价值,若债务人对预估额不存在异议,则清算金的金额按预估额确定。

ⅱ 通知的拘束力

债权人不得主张实际的清算金的金额低于【通知】的预估额(《预约登记担保法》第8条第1款)。另一方面,后顺位担保权人不得主张清算金的金额高于【通知】的预估额(《预约登记担保法》第8条第2款)。如此规定,是因为如对金额存有异议,可请求进行拍卖(《预约登记担保法》第12条)。

ⅲ 债权的部分消灭

土地等的价值低于债权等的金额的,若不存在相反内容的特别约定,则债权在<u>土地等的价值的限度内</u>消灭(《预约登记担保法》第9条),即债权部分消灭。

(b) 同时履行的关系

支付清算金的债务,与土地等的所有权转移登记及交付债务之间

构成同时履行关系(《预约登记担保法》第3条第2款)。

(c) 对债务人不利的特别约定的禁止

违反前述(a)【清算义务】及(b)【同时履行】的对债务人不利的特别约定(例如,非清算特别约定、否定同时履行的特别约定)无效(《预约登记担保法》第3条第3款本文)。但是,清算期间届满后达成的约定不在此限(《预约登记担保法》第3条第3款但书。与《民法》第349条的主旨相同)。

(d) 清算的方式

在过去,为确保标的物评估的客观性,有学者提出应采用处分清算(在交易市场中进行处分,标的物价格是客观确定的),但因同时履行的规定(《预约登记担保法》第3条第2款)可为清算金的支付提供保障,所以最终采用了归属清算(关于两者的意义和区别,本编第3章第1节[处分清算和归属清算的意义])。

【抵押权和预约登记担保并用的情形】

预约登记担保和抵押权如并行设立,则抵押权人既可以仅实现抵押权(拍卖、收益执行),也可以不实现抵押权,仅实现预约登记担保权,并取得担保不动产的所有权(最高裁判所昭和28年11月12日判决,载《民集》第7卷第11号第1200页,等)。

选择实现抵押权并开始拍卖后,便不得基于预约登记担保权行使预约完结权(最高裁判所昭和43年2月29日判决,载《民集》第22卷第2号第454页)。但是,预约登记担保既然在实质上具有抵押直流的功能,那在实体法上也应得到承认。

(e) 债权人的处分

一部分债权人会在清算期间届满前,或未支付清算金前,处分标的不动产。预约登记转本登记的相关资料(登记证、印章证明书、白纸委任状等)一般由债务人持有,但在现实中,在最初订立合同之时,债权人便开始保管此类资料的情况也很多见。由此引发了以下几个问题。

i 本登记

债权人未支付清算金就完成本登记的行为,违反了《预约登记担保法》第3条第3款的规定,是无效的。于此情形,债务人享有登记涂销请求权(参见高木第316页)。如此一来,其与清算金支付形成了交换给付。

因为清算期间届满后所有权转移给债权人,所以债务人仅享有清算金支付请求权,但可通过行使取回权回复所有权(登记)。

ii 向第三人的让与

债权人在支付清算金之前将不动产让与于第三人的情况也有发生。若该等让与发生在清算期间内,第三人便无取得不动产所有权的依据,让与行为无效。但是,第三人可通过类推适用《民法》第94条第2款的规定,取得所有权(参见道垣内第272页。此种情形下,可通过留置权进行对抗)。

清算期间届满后,不动产的所有权转移给债权人,第三人可有效地取得所有权。但是,债务人可将对债权人享有的清算金支付请求权作为被担保债权,行使留置权(最高裁判所昭和58年3月31日判决,载《民集》第37卷第2号第152页。第1编第1章第2节1(3)(a))。

4 与后顺位担保权人等的利益调整

(1) 后顺位担保权人的安排

(a) 2种方式

后顺位担保权人面临2种选择:第一,如满足于债权人提出的清算金预估额,则按物上代位的程序,就清算金(剩余)优先受偿。第二,如不满足于预估额,则可自行提出拍卖申请。

(b) 对后顺位担保权人的【通知】(第5条中所定之通知)

由于后顺位担保权人必须在上述2种方式中作出选择,所以债权人对后顺位担保权人的通知(《预约登记担保法》第5条第1款)就显得非常重要。

i 通知的相对方

【第2条中所定之通知】到达债务人之时存在的,在担保预约登记完成后又进行登记的先取特权人、质权人、抵押权人或者后顺位的担保预约登记权人,为通知的相对方(称为后顺位担保权人或物上代位权人)。

ii 通知事项

债权人应立即就如下事项,通知上述权利人:①已完成【第2条中所定之通知】之事实、②【第 2 条中所定之通知】到达债务人等的日期、③通过【第 2 条中所定之通知】向债务人等通知的事项。

【未收到第 5 条中所定之通知的后顺位担保权人的地位】

未收到【第 5 条中所定之通知】的后顺位担保权人又将如何？后顺位担保权人收到通知后必须选择接受预估额还是请求实施拍卖，如债权人未进行通知，则其无法取得同意并开始本登记程序。此外，未收到通知的后顺位担保权人在清算期间届满后，仍可请求实施拍卖（最高裁判所昭和 61 年 4 月 11 日判决，载《民集》第 40 卷第 3 号第 58 页(本登记请求案件)）。

【对登记上的利害关系人的通知】

在进行担保预约登记的本登记的过程中，若存在在登记上有利害关系的第三人，则债权人必须立即将已完成【第 2 条中所定之通知】之事实，以及向债务人通知的债权等的金额，通知该利害关系人（《预约登记担保法》第 5 条第 2 款）。如此规定，是因为利害关系人牵涉在登记程序之中。

(2) 后顺位担保权人满足于预估额→【物上代位】

(a) 物上代位程序

后顺位担保权人满足于债权人提出的清算金预估额，希望就清算金优先清偿的，必须按物上代位程序在清算金支付前实施冻结（《预约登记担保法》第 4 条第 1 款、第 2 款）。

i 物上代位的标的物

物上代位的标的物是债务人可收取的清算金，其以【第 2 条中所定之通知】中的清算金预估额为限（《预约登记担保法》第 4 条第 1 款）。如前文所述，后顺位担保权人不得主张该清算金的金额高于预估额(《预约登记担保法》第 8 条第 2 款。本章 3(2)(a)ⅱ。如不满足于此,仅可提出拍卖请求)。

ⅱ 冻结

在清算金支付前需实施冻结(《预约登记担保法》第 4 条第 1 款)。

ⅲ 优先顺位

存在数个实施冻结的债权人时,其顺位关系不按冻结的顺序,而是按登记或预约登记的顺序确定(《预约登记担保法》第 4 条第 1 款)。

(b) 对【清算金】的限制

【清算金】是物上代位权的标的物,为保障后顺位担保权人的物上代位权,法律规定了如下限制。

ⅰ 对债务人处分的禁止

在清算期间内,<u>债务人</u>不得对清算金支付债权进行让与或其他处分(质押、免除等)(《预约登记担保法》第 6 条第 1 款)。

ⅱ 对债权人清偿的限制

在清算期间内,债权人履行清算金支付债务的,不得对抗在该担保预约登记完成后出现的后顺位担保权人(先取特权人、质权人、抵押权人)(《预约登记担保法》第 6 条第 2 款前段)。未完成【第 5 条中所定之通知】便履行清算金支付债务者,也不得对抗上述后顺位担保权人(《预约登记担保法》第 6 条第 2 款后段)。如此规定,是为了确保后顺位担保权人对清算金行使物上代位权的机会。因此,如存在后顺位担保权人,债权人便不得以对债务人享有的被担保债权以外的债权,与清算金支付债务进行抵销(最高裁判所昭和 50 年 9 月 9 日判决,载《民集》第 29 卷第 8 号第 1249 页)。

ⅲ 清算金的提存

如清算金支付请求权已被冻结或临时冻结,则债权人在清算期间届满后,可提存清算金,并在提存的限度内免除债务(《预约登记担保法》第 7 条第 1 款)。在此种情形下,视为提存金返还请求权已被冻结或临时冻结(《预约登记担保法》第 7 条第 2 款)。但于此情形,债权人①必须将提存事宜通知债务人、物上保证人、实施冻结或临时冻结的债权人(《预约登记担保法》第 7 条第 4 款),并且,②除非出现《预约登记担保法》第 15 条第 1 款中规定之情形,否则其无法取回提存金(《预约登记担保法》第 7 条第 3 款)。

(c) 本登记程序

在后顺位担保权人实施冻结的情形下,预约登记担保权人在清算金提存之日起的 1 个月后申请将预约登记转为本登记的,可不按《不动产登记法》的规定(《不动产登记法》第 109 条第 1 款。存在登记上有利害关系的第三人(例如后顺位担保权人)时,需要取得其【同意】),而改用可证明后顺位抵押权人已实施冻结,以及已进行提存的书面材料,代替有利害关系的第三人的【同意书】(《预约登记担保法》第 18 条)。若在提存之日起的 1 个月内申请转为本登记,则仍需遵循《不动产登记法》的相关规定。

(3) 后顺位担保权人不满足于预估额→【拍卖请求】

(a) 拍卖请求程序

后顺位担保权人不满足于债权人提出的清算金预估额时,可自行请求拍卖(《预约登记担保法》第 12 条)。但法律规定了如下限制。

i 拍卖请求权人

拍卖请求权人为《预约登记担保法》第 4 条第 1 款中规定的先取特权人、质权人、抵押权人。后顺位的担保预约登记权利人不包含在内。

ii 请求期间

清算期间内。

iii 与清偿的关系

在各权利人享有的债权的清偿期届至前,也可请求拍卖。

(b) 担保预约登记权利人的优先受偿权

后顺位担保权人请求对标的不动产进行【强制拍卖等】(《预约登记担保法》第 13 条)的,预约登记担保权人可在后文介绍的【强制拍卖等担保预约登记的处理】程序中优先受偿。

5 取回权

(1) 取回权的意义

(a) 何为【取回权】

债务人在收取清算金之前,可通过向债权人支付债权等的金额(如债权未消灭,债务人应支付的债权等的金额),请求取回土地等的所有权(《预约登记担保法》第11条本文)。【取回】是指在回赎等所有权担保中,在所有权转移给债权人后,债务人取回所有权的请求,属于被强化的债务人的权利(第2编第2章第3节**【取回】(请求取回)的意义)。在性质上,取回权属于形成权(单独行为)。

> **【清偿与取回】**
>
> 【清偿】是指在债权、债务关系中,通过给付消灭债务的行为。但是,《预约登记担保法》是以清算期间内债务不消灭作为前提的,因此,即使约定的清偿期业已届满,债务人也可在清算期间内清偿。
>
> 与此相对,【取回】是指在附回赎的买卖和让与担保等权利移转型担保中,在所有权转移给债权人后(不再存在债权、债务),再支付金钱取回担保标的物的行为。从前文【图】示可知,在债权人支付清算金之前,清算期间内的是【清偿】,清算期间届满后的是【取回】。

(b) 取回期间

【取回】的前提是所有权已转移给债权人。因此,取回权仅在清算期间届满后至清算金支付前的这一期间内发生(《预约登记担保法》第11条)。

(2) 取回权的消灭

(a) 清算期间届满 5 年

清算期间届满 5 年后,取回权消灭($\substack{《预约登记担保法》\\第11条但书}$)。

(b) 第三人的所有权取得

第三人取得不动产所有权后,取回权消灭($\substack{《预约登记担保法》\\第11条但书}$)。例如,债权人 A 利用从债务人 B 处事先获取的登记证、印章证明书、白纸委任状等,将不动产出卖给第三人后,取回权消灭($\substack{本章 3(2)\\(e)}$)。第三人的【所有权的取得】,要求第三人完成登记。

当第三人为恶意时,应如何处理?有学者认为,应对《预约登记担保法》第 11 条但书进行限制性解释,即取回权不消灭($\substack{参见高木\\第327页}$)。但是,法条中规定的【第三人取得所有权】的前提是清算期间已届满,债权人已经取得所有权。因而,清算期间届满后的基本原理为,A→B 的所有权回复(B 行使取回权),和 A→C 的让与的双重让与关系。因此,无法因第三人为【恶意】就依据《预约登记担保法》第 11 条但书对其进行限制(仅可能认定其为背信的恶意人)。

6 法定借地权

(1) 法定借地权制度的意义

【法定借地权】($\substack{《预约登记担保\\法》第10条}$)和法定地上权($\substack{《民法》第\\388条}$)的立法宗旨相同,但在意义上存在差异,属于片面性的政策性规定。具体而言,第一,在仅对土地进行担保预约登记的情形下,建筑物的法定借地权能够成立。但在对建筑物进行担保预约登记的情形下,当事人之间往往会约定土地使用权(附条件),所以没必要通过法律强制性地承认地上权的发生。第二,法定借地权为承租权而非地上权。在以建筑物所有为目的的使用权中,承租权占绝对多数(立法理由)。

(2) 法定借地权的成立要件、效果

(a) 成立要件

法定借地权的成立要件与法定地上权相同,即①土地及建筑物属于同一所有人、②已就土地完成担保预约登记、③已经基于预约登记完成本登记(与基于抵押权的拍卖相同)(《预约登记担保法》第10条)。

(b) 效果

如已就土地完成本登记,则视为以建筑物所有为目的的土地租赁关系已成立(《预约登记担保法》第10条前段)。关于其存续期间、租金,经当事人请求,由裁判所决定(《预约登记担保法》第10条后段)。

7 各类程序中对担保预约登记的处理

(1) 强制拍卖等中的担保预约登记

(a) 基本原则

原则上,预约登记担保权与抵押权的处理相同。

i 抵押权的拟制

预约登记的担保标的物被【强制拍卖等】(强制拍卖是指实现担保权的拍卖,或企业担保权的实现程序)时,预约登记担保权与抵押权按同一方式处理。预约登记担保权被视为抵押权,担保预约登记被视为抵押权设立登记(《预约登记担保法》第13条第1款。本章2(2)、(3))。

【与强制管理等的关系】

在预约登记担保的标的物被【强制管理等】(强制管理、担保不动产收益执行)的情形下,①如是基于非优先于预约登记担保权人的权利人的申请而实施的强制管理等,则在预约登记担保权人开始预约登记担保权实现程序(本登记)后,收益执行程序终

> 止。反之,②如是基于优先于预约登记担保权人的权利人(先顺位担保权人)的申请而实施的强制管理等,则仅实施收益执行程序,预约登记担保权人无法切断该程序的进行(即使开始本登记程序,也仅得成为第三取得人)(参见道垣内第285页)。

ii 担保预约登记的备案

如出现上述情况,裁判所书记官应当催告预约登记的权利人将法定事项在分配要求期限届满之前进行备案。需备案的法定事项包括:该预约登记是否为担保预约登记,如为担保预约登记则备案事项还包括预约登记为担保预约登记之事实、是否存在债权、债权原因及金额等(《预约登记担保法》第17条第1款)。此外,享有因标的物的出卖而消灭的预约登记担保权人如未完成备案,则不得参与出卖所得价款的分配,或收取受偿金。

(b) 清算金支付之前的强制拍卖等

基于清算金支付之前(无清算金的,为清算期间届满前)的申请,而作出的强制拍卖等的开始决定。

i 参与拍卖程序

未能取得所有权的预约登记担保权人,仅可通过参与拍卖程序获得优先受偿(《预约登记担保法》第15条第1款)。

ii 优先受偿的范围

利息、其他的定期金以及损害金的最后2年内可取得之部分为优先受偿的对象(《预约登记担保法》第13条第2款、第3款。这与《民法》第375条的主旨相同)。

iii 因出卖而消灭

强制拍卖等的标的物被出卖后,预约登记担保权消灭(《预约登记担保法》第16条第1款)。此外,还应准用《民事执行法》第59条第2款、第3款、第5款的规定(《预约登记担保法》第16条第2款)。

(c) 清算金支付之后的强制拍卖等

基于清算金支付之后(无清算金的,为清算期间届满后)的申请,而作出的强制拍卖等的开始决定。

预约登记担保权人在清算期间届满后取得不动产的所有权,并可以此对抗实施查封的债权人($^{《预约登记担保法》}_{第15条第2款}$)。

(2) 破产程序中的担保预约登记

在债务人进入破产程序的情形下,债务人财产上存在的预约登记担保权与抵押权的处理方式相同。具体而言,①在破产程序中,预约登记担保权被作为别除权($^{《破产法》第65}_{条第2款}$)($^{《预约登记担保法》}_{第19条第1款}$)。②在民事再生程序中,其也被作为别除权($^{《民事再生法》第}_{53条第1款}$)($^{《预约登记担保法》}_{第19条第3款}$)。③在公司更生程序中,则被视为抵押权($^{《预约登记担保法》}_{第19条第4款}$),按更生担保权的相关规定处理($^{《公司更}_{生法》第}$ 2条第 10项)。

此外,【最高额预约登记担保权】($^{被担保债权未特定}_{的预约登记担保权}$)本身是有效的,但在强制拍卖等、破产程序、再生程序及更生程序中无效($^{《预约登记担保法》第14}_{条、第19条第5款}$)。盖因担保预约登记不存在登记被担保债权数额的方法,存在与包括性最高额抵押相同的弊端。

第 3 章 让与担保

第 1 节 不动产的让与担保

1 序 说

(1) 让与担保的法律构成

在前文已对让与担保的法律构成进行了一般性说明(本编第1章(3)），此处不再赘述。让与担保,是【以担保为目的】将标的物的所有权让与于债权人(买方)的担保方式,因此,从外在形态来看,债权人成为了所有人。但是,此种所有权转移的目的仅仅是为了设立担保,那其【形式】(＝所有权转移)和实质性【目的】(＝担保权设立)之间的不一致应如何理解?

【A】所有权的构成(信托性让与说)

所有权完全转移给让与担保权人,但让与担保权人对设立人负有不在担保目的之外行使所有权之义务(债权性拘束)。此学说是以德国的【信托性让与】(fiduziarische Übereignung)理论为基础而被提出的(担保物的信托性让与)(后文【从"隐藏行为"理论到"信托行为"理论】)。根据此学说进行推演的结果就是,让与担保权人如处分标的物,则第三人可有效地取得所有权,设立人无法追及。如此一来,对设立人(债务人)的保护就显得单薄,因此鲜有学者采用该学说。判例虽然基本维持这一立场,但是也展现出了柔软性,对于有争议的案件会进行个别处理。

【B】担保权的构成

重视担保的实质,认为让与担保(所有权的转移)就是抵押权的设立,因此所有权仍归属于设立人(债务人),在前述设例下,第三人无法取得所有权(通说)。围绕担保权的构成,出现了以下几种学说。

ⓐ 授权说。当事人之间不存在转移所有权的意思,让与担保的设立就是在担保标的物的范围内赋予担保权人管理、处分标的物的权限,所有权转移仅是其外观。该学说以【授权】(Ermächtigung)理论为基础,在日本,几乎没有学者支持该学说。

ⓑ 设立人保留权说/二阶段物权变动说。标的物的所有权暂时转移给让与担保权人,但是仅限于债权担保对应的部分,剩余部分由设立人继续保留。设立人保留的权利为【设立人保留权】,是一种与标的物相关的物权(参见铃木第258页;道垣内第305页)。该学说的典型学说为铃木说,其主张,在理论上,所有权暂时性地转移给让与担保权人后,设立人保留权又立即"回归",这是所谓的【二阶段物权变动说】。

ⓒ 物权性期待权说。担保权人居于可取得所有权的地位之上,设立人也可通过清偿债务来保留或恢复所有权,在此意义上,其享有物权性期待权(参见川井《概论》第461页)。但是不可否认,从日本《民法》的规定来看,期待权太过暧昧不明。

ⓓ 担保权说/抵押权说。让与担保的设立就是单纯的担保权(一种限制物权)的设立,甚至就是抵押权的设立,只是不通过登记进行公示,是一种允许私力实现的担保权、抵押权(担保权说,参见高木第333页。抵押权说,参见米仓《让与担保》第44页;吉田真澄:《譲渡担保》第72页,等)。窃以为,对让与担保的法律构成可作此等理解,但无须强行将其解释为【抵押权】。

围绕让与担保的问题涉及方方面面,上述法律构成并不会左右结论。在不动产让与担保中,不能无视形式(登记法理),在动产让与担保中,也存在《民法》第192条等独立的交易准则。因此,最重要的是,应针对各固有问题,以担保权的构成为前提进行个别分析。

(2)【虚伪表示】疑惑的克服

让与担保是以担保为目的的买卖,从这个角度来看,让与担保可被看作是通谋虚伪表示(《民法》第94条)。事实上,让与担保在最初就曾被认定属于虚伪表示(大审院明治30年12月8日判决,载《民录》第3辑第11卷第36页,等)。但是有理论认为,所谓虚伪行为(表示),是为了隐藏某一行为,但在为达到某个目的而实施其他法律行为的情形下,并无隐藏该法律行为的意图,当事人对该法律行为及其效果的发生是抱积极态度的。这就是信托行为(fiduziarisches Geschäft)理论的基础——德国学者科勒提出的【隐藏行为(隐匿行为)】(verdecktes Geschäft)理论。这一理论在《德国民法典》中得到了体现(§117(2) BGB),虚伪表示的问题也因此得以解决(参见近江《研究》第187页以下)。

上述理解在日本也得到了应用。具体而言,在卖渡抵押(信用性让与)中,当事人的意思确有指向真实的所有权转移,因此虚伪表示不成立(东京控诉院明治34年10月18日判决,载《新闻》第59号第6页;大审院明治45年7月8日判决,载《民录》第18辑第691页,等)。该理解(有效性的承认)得到了学界的普遍支持,让与担保作为【卖渡抵押】在判例上确立了稳固的地位(关于卖渡抵押具备怎样的效果,则是下一个时期解决的课题。参见近江《研究》第86页以下)。时至今日,已经没有从虚伪表示的角度否定让与担保的效力的学说了。

【从"隐藏行为"理论到"信托行为"理论】

在让与担保被视为质权的脱法行为而被认定为无效的时代,科勒主张,以担保为目的的附回赎的买卖,是为了实现某种经济目的而被使用的过限的法律形式,这与【虚伪行为】(simuliertes Geschäft)不同,其应被称为【隐藏行为(隐匿行为)】(verdecktes

Geschäft),是有效的行为。在此之后,雷格尔斯伯格对【隐藏行为】作了进一步分析,认为【隐藏行为】是以获得一定的经济、社会效果为目的而被使用的法律形式,当事人负有仅在实现约定目的的范围内使用该法律形式的义务。因此种关系源自罗马法中的 fiducia,雷格尔斯伯格便将其命名为 fiduziarisches Geschäft(信托行为)。这就是德国的信托行为理论的发端(Hromadka, Die Entwicklung des Faustpfandprinzips im 18. und 19. Jahrhundert, 1971, S. 155ff. 此外,关于与英美法的【信托】(trust)的关系,Coing, Die Treuhand kraft privaten Rechtsgeschäfts, 1973, S. 3ff. 参见近江《研究》第 187 页以下)。

2 不动产让与担保的设立

(1) 所有权的转移

(a) 【登记】的转移

【以担保为目的的所有权转移】是通过【买卖】的形式实现的,因此,应完成以买卖为原因的所有权转移登记。当然,采用回赎的附记登记,或是再买卖预约的预约登记(从担保权的构成来看,更倾向于此种方式)亦无不可,而仅进行所有权转移登记的情况也很多见。在登记实务中,将【让与担保】作为原因进行所有权转移登记也是可行的(参见现代财产法研究会:《讓渡担保の法理》第 104 页(岩城谦二所著部分))。

(b) 标的不动产的占有关系

关于这一点,在本编第 1 章 (3)(b) 已有说明,【让与担保】本身是【回赎】制度的抵押形态——即【回赎+租赁】的法律形式——的<u>解释性构成物</u>,因此,债务人(设立人)享有标的物的占有权限。故而,可将此种【债务人保留占有形式的回赎】推认为让与担保。近期的判例也认可前述法理,认为【<u>如为真正的附回赎特别约定的买卖合同,则通常出卖人会转移标的不动产的占有于买受人</u>】,《民法》也以此为前提,规定出卖人如解除买卖合同,当事人如无其他意思表示,则将视为不动产的孳息与价款的利息已经抵销(《民法》第579)。因此,即便采用了附回赎特别约定的买卖合同的形式,如合同中未约定应转移标的不动产的占有,无特殊情况下,可推定其为为债权担保之目的而订立的合同,当理解其性质为让与担保合同(最高裁判所平成18年2月7日判决,载《民集》第60卷第2号第480页)。

与此相对,转移【占有】于债权人的【质】的形态,本质上即为【回赎】,故将其作为【回赎】即可(无论是【让与担保】还是【回赎】,皆难以兼有抵押形态与质押形态)。

(2) 被担保债权

(a) 被担保债权的种类

在种类上,让与担保的被担保债权不存在特别的限制。因金钱债权以外的债权亦可转化为损害赔偿债权,所以也可成为被担保债权(关于将预约登记担保的被担保债权限定为金钱债权的相关内容,本编第2章2(1)(c))。

此外,不仅是特定债权,不特定的将来债权也可成为被担保债权,即所谓的【最高额让与担保】。需要注意的是,包括性最高额抵押权虽无公示方式,但其约定的债权范围,与最高额抵押一样受到一定的限制(参见近江幸治:《根譲渡担保》,载《金商》第737号第33页以下)。

(b) 被担保债权的范围

通过让与担保进行担保的债权的范围是否可类推适用《民法》第375条(利息等的2年内可取得之部分的限制)之规定?

【A】第375条适用否定说

在不动产的让与担保中不存在后顺位担保权人,同时也不存在利息等的公示方式,所以不应类推适用《民法》第375条(最高裁判所昭和61年7月15日判决,载《判时》第1209号第23页(让与担保权人不得将通过代位清偿先顺位抵押权而取得的求偿债权并入自己享有的被担保债权,在一般论上否定了第375条的适用)。参见铃木禄弥:《譲渡担保》第196页;川井《概论》第465页;高木第343页)。

【B】第375条类推适用说

如有第三人介入,则应当类推适用《民法》第375条或《预约登记担保法》第13条第2款(参见槙第341页。前揭最高裁判所昭和61年7月15日判决的原审也判定,因存在非占有担保性,所以应与抵押权作相同处理)。

【C】第346条类推适用说

既然无须考虑后顺位权人,则应类推适用《民法》第346条这一质权的相关规定(参见伊藤进:《法时》第56卷第5号第146页)。

【C】说所依据的是所有权的构成,而在执行中可能会出现第三人,所以并不合理(参见石田喜久夫:《判评》第337号《判时》第1218号》第30页)。【B】说虽有其可取之处,但在现有的登记制度下并不现实。即便是抵押权,若无后顺位人,也不受《民法》第375条的限制(第2编第3章第3节3(3)(b)),同时,也不适用预约登记担保的规定,所以【A】说是合理的(参见近江幸治:《昭61年度重判解》第71页以下)。

(3) 标的物的范围

(a) 附合物、从物

对于标的不动产上的附加物(附合物、从物),可类推适用《民法》第370条的规定,承认让与担保的效力及于附加物。对让与担保权设立后出现的从物的处理,则与抵押权相同,其效力及于该部分从物。盖因让与担保权人的所有权登记与设立人的占有形成了让与担保的表象,第三人只要就此进行现场调查就能够查明实情(道垣内第304页持反对意见)。

此外,对于承租土地上的建筑物被作为让与担保标的物的情形,判例认为,让与担保的效力可及于土地承租权(作为【从权利】)(最高裁判所昭和51年9月21日判决,载《判时》第833号第69页)。

(b) 孳息

在形态上,让与担保的设立人可对标的物进行占有、使用,孳息的收取权限当然也为设立人所有。因此,让与担保权的效力不及于孳息(如按所有权转移给让与担保权人的构成,则无法得到本结论)。但让与担保权的效力及于债务不履行发生之后产生的孳息(类推适用《民法》第371条)。

3 对内效力

(1) 让与担保权的实现——所有权的取得

(a) 所有权的转移与实现通知、清算期间

让与担保权人享有的债权未能获得清偿的,标的不动产确定性地归担保权人所有。但有如下要点需要注意。

i 【实现的通知】

让与担保权人在清偿期届满后不能立即取得所有权,让与担保权人首先应完成让与担保权的【实现的通知】(通说)。如采用归属清算,则应通知清算金的预估额(类推适用《预约登记担保法》第2条)。如采用处分清算,则需就实现(处分)事宜进行通知。若让与担保权人始终未完成通知,则应以债务人的【清算请求】替代实现的通知。若非如此,不能清偿债务的债务人承担的因被担保债权而发生的迟延损害金会发生非正常增加,最终影响清算金的返还。

ii 【清算期间】的必要性

《预约登记担保法》可视为是私力实现的准则,因此可类推适用《预约登记担保法》第 2 条的规定,将实现通知到达之日起的 2 个月作为【清算期间】,该期间届满后,让与担保权人取得所有权(参见铃木禄弥:《仮登记担保法雑考(4)》,载《金法》第874号第5页以下;吉田真澄:《讓渡担保と仮登记担保(二)》,载《法時》第51卷第11号第128页以下;槙349页)。清算期间的意义体现在①赋予 2 个月的清偿犹豫期(所有权转移时期的延长),及②确定清算金金额的必要性上(关于此问题,本节(2)(c))。

(b) 标的物交付请求权

如前文所述,让与担保权人可取得标的不动产的所有权,因此无论是采用处分清算还是归属清算,让与担保权人均可基于所有权,请求交付标的物。但是,若无特殊情况,该交付请求只得与下文中介绍的【清

算金】支付进行交换给付(最高裁判所昭和46年3月25日判决,载《民集》第25卷第2号第208页)。

(2) 清算

(a) 清算义务

标的物的价格高于债务数额的,让与担保权人必须返还超出部分,这就是【清算】义务。让与担保的【清算】法理在较早时期就已确立(最高裁判所昭和43年3月7日判决,载《民集》第22卷第3号第509页;最高裁判所昭和46年3月25日判决,载《民集》第25卷第2号第208页。该清算法理对预约登记担保也产生了影响)。因此,豁免清算的特别约定是无效的。

(b) 清算的方式

关于清算的方式,《预约登记担保法》中规定仅可采用归属清算,而让与担保中还可采用处分清算(前揭最高裁判所昭和46年3月25日判决认可了两者的并存),当事人可择一而用(最高裁判所昭和62年2月12日判决,载《民集》第41卷第1号第67页)。

i 处分清算

债权人将标的不动产处分给第三人,就出卖所得价款优先受偿。这一方式的优点在于处分(=交易)本身是在交易市场中进行的,其价格自然由市场价格客观决定。让与担保权人在清偿期(窃以为应为清算期间)届满后取得所有权,因此可对标的物进行处分。

ii 归属清算

债权人取得标的不动产的所有权,自行评估不动产的价格后,将超出部分返还于债务人。

【处分清算与归属清算的意义】

　　如前文所述,如果单纯地比较清算的方式,则处分清算更具合理性。那为何《预约登记担保法》还是采用了归属清算?在预约登记担保中,即使债务人陷入债务不履行,其也可自行持有本登记所需的书面材料。因此,只要债权人未进行合理的评估、清算,债务人便无需协助其完成本登记(清算金的支付义务与本登记协助义务为同时履行关系(《预约登记担保法》第3条第2款。本编第2章3(2)(b))。清算的合理性由此得到保障。

与此相对,在让与担保中,所有权及其登记已经转移给债权人,归属清算的构成因此受到影响。从债权人的角度来看,可对抗同时履行的手段恐怕只剩下交付了。这就是让与担保倾向采用处分清算的原因(关于此问题,参见近江幸治:《讓渡担保的清算金·额的確定时期》,载《判評》第346号《判時》第1250号第186页以下)。但近期,因为受到《预约登记担保法》的影响,也有学者主张应以归属清算作为原则(参见铃木第239页;川井《概论》第469页)。

(c) 清算金金额的确定时期

在让与担保中,清算金金额的确定是比较重要的问题。不同于抵押权,利息、迟延损害金等限制(《民法》第375条)在让与担保中并不存在(本节2(2)(b)),所以如一直未实现让与担保权,则被担保债权的数额可能发生非正常增加(此外,地价猛涨等,反之亦然)。

【A】清偿期日说

应将债务不履行发生之时作为确定时期(参见伊藤进、菅野孝久:前揭《讓渡担保の法理》第85页)。

【B】实现通知时说

应将进行让与担保实现通知(意思表示)之时作为基准(前揭最高裁判所昭和62年2月12日判决的原审)。

【C】清算金支付时说

确定时期应为清算金支付或提供之时(如无清算金,则为通知之时)(最高裁判所昭和57年1月22日判决,载《民集》第36卷第1号第92页;前揭最高裁判所昭和62年2月12日判决。参见高木多喜男:《判評》第191号《判時》第759号第120页;米仓明:《法協》第93卷第6号第951页;清水诚:《判評》第285号第194页,等),如未经清算即处分给第三人,则确定时期为处分之时(前揭最高裁判所昭和62年2月12日判决)。如此一来,确定时期与取回权的消灭时期就一致了。

【D】清算期间届满时说

类推适用《预约登记担保法》的规定,将前文所述的 2 个月的清算期间届满之时作为确定时期(参见近江幸治: 前揭《讓渡担保の清算金·額の確定時期》第 187 頁)。

首先,【A】说、【B】说显然不合理。其次,【C】说从表面上看,对债务人提供了更多的保护,但其中包含 2 个问题点。第一,希望取得土地的金融业者通常会在清偿期届满之时立即支付清算金并取得所有权(本编第 2 章 3(1)(b)【清算期间的意义】)。从这一点看,清算期间的意义重大。第二,清偿期届满后债权人如一直不进行清算,则利息、迟延损害金等会不断增加,这会严重影响债务人对清算金的收取(本节(1)(a)。又如下文(d) i 所述,债务人的清算金支付请求权被否定)。甚至会出现因多年前的让与担保合同而失去不动产者,在 10 年甚至 20 年后,以未完成清算为由,主张仍享有取回权的情况(前揭最高裁判所昭和 57 年 1 月 22 日判决中经过了 20 年,前揭最高裁判所昭和 62 年 2 月 12 日判决中经过了 10 年),而在此期间内,不动产的价格可能暴涨了 2、30 倍。考虑到此等现实情况,通过设定【清算期间】确定清算金金额就有其必要性。

(d) 清算金支付请求权

清算金支付请求权,是指【让与担保权人实现让与担保权,取得标的物的归属,或实施变价处分后,请求其支付扣除了被担保债权数额后的剩余价款的权利】。关于此点,有如下问题需要具体分析。

i 设立人的【清算】请求权?

让与担保权人未进行清算的,设立人能否放弃取回权,请求支付清算金? 对此,判例认为,清算金支付请求权与取回权是发生原因不同的两类权利,因此,即使放弃取回权,也无法取得清算金支付请求权。若不作如此解释,则设立人对取回权的放弃,会限制原本让与担保权人享有的自行决定让与担保实现时期的自由,这并不合理(最高裁判所平成 8 年 11 月 22 日判决,载《民集》第 50 卷第 10 号第 2702 页)。

但是不可否认,这一概念性理论,与抵押权相比,显然极大地损害了设立人的利益。因此,如以让与担保权人在【经过相当的期间后无合理理由仍未清算】为前提进行分析,第一,【自行决定让与担保权实现时期的自由】就属于权利的滥用或是担保关系上的诚实信用原则的违反。第二,应于前文中所述【清算期间】的起算之时行使清算金支付请求权,2个月过后清算金金额确定(本章(1)(a)、(2)(c))。第三,请求支付清算金的债务人应已经【提供履行】,故可以<u>类推适用《民法》第 413 条(受领迟延)的法意</u>,认定之后不再发生利息、迟延损害金等。

【清算金支付请求权的性质】

　　清算金支付请求权虽说是一种权利,但其需要通过担保权人实现权利方能发生,其实现可以说是取决于担保权人的意思。但是,取回权原本就仅仅是失去所有权的债务人向债权人请求取回所有权的权利(第2编第2章第3节**【取回】(请求取回)的意义),从这个角度来看,【权利】并非是绝对性的,是需由社会承认的。只不过承认清算金支付请求权是债务人的权利,并不存在障碍。前揭最高裁判所平成 8 年 11 月 22 日判决的原审判决也有一定合理性。

---

ii 第三人援用消灭时效

　　清算金支付请求权的消灭时效期间为 10 年(《民法》第166条第1款)。那从让与担保权人 A 处受让取得标的物的第三人 C,能否援用设立人 B 的主张的清算金支付请求权的时效消灭?对此,判例持支持态度(最高裁判所平成11年2月26日判决,载《判时》第1671号第67页)。可援用时效者可广义地理解为【享有可主张时效利益者】([Ⅰ]第338页),在这一问题上,判例的结论是正确的。

　　此外,应当赋予因时效而受不利益者以不断阻止援用权人完成时效的手段。例如,B 可主张 A 的时效中断,但是其效力不及于第三人 C(时效中断的相对性效力(《民法》第148条)),无法使 C 的时效发生中断。但是,B 可以留置权对抗 C 的交付请求,甚至在一些情况下,可基于留置权拍卖标的物。因此,承认让与担保标的物受让人 C 的援用权,不会使 B 遭受不利益(参见近江幸治:《讓渡担保権者からの目的物の譲受人による清算金支払請求の消滅時効の援用》,载《金法》第 1556 号第 34 页以下;[Ⅰ]第 338 页)。

(f) 同时履行

如采用归属清算,则清算金的支付与标的不动产的交付为同时履行关系。如采用处分清算,则同时履行关系不成立。

(3) 取回权

(a) 取回权的发生时期

【取回权】是指债务人在向债权人支付相应债务金额后,取回已经归属于债权人的所有权的权利。取回权于所有权归属于债权人之时发生,①如采所有权的构成,则为让与担保合同订立之时,②如采担保权的构成,则为清偿期届满之时(窃以为应为清算期间届满之时)。总而言之,取回权在可恢复所有权之时发生,因此无需区分采用的是归属清算还是处分清算。

(b) 取回权的存续期间

关于取回期间,即债务人可取回标的不动产的期间,①如采归属清算,则至清算金支付之时为止,②如采处分清算,则至向第三人处分之时为止(最高裁判所昭和43年3月7日判决,载《民集》第22卷第3号第509页;前揭最高裁判所昭和57年1月22日判决;前揭最高裁判所昭和62年2月12日判决)。这一期间无需与清算金确定时期保持一致。

(c) 取回权的时效消灭又当如何?

预约登记担保的取回权的消灭时效期间为5年(《预约登记担保法》第11条但书)。有观点认为,如类推此规定的主旨,则让与担保的取回权的消灭时效期间也应为5年(参见米仓明:《ジュリ》第731号第92页;吉田真澄:《判夕》第439号第51页;林锡璋:《法时》第54卷第11号第161页;近江版第289页以下)。但是,如让与担保权人始终不实施清算(让与担保权的实现),则仅针对取回取设定5年的消灭时效期间可能导致设立人无法获得清算金。设立人无法请求实施清算(本章3(2)(d))。在预约登记担保中,设立人可通过不协助完成本登记程序(相关书面材料在设立人自己手中)来进行对抗,但在让与担保中,此对抗手段并不成立。因此,取回权应当保持存续至清算终了(改变旧版中采用的观点)。

(4) 物上代位

在让与担保的标的不动产出卖、租赁、灭失或毁损的情形下,让与担保权的效力是否及于设立人应可取得之代偿物(物上代位的问题)? 如按所有权的构成说及设立人保留权说,则答案是否定的(参见道垣内第307页(不应当承认当事人选择的法律形式(所有权)之外的权利))。但是,让与担保的实体既然是担保权,则应承认其效力及于代偿物(参见水津太郎:《所有権移転型担保に関する物上代位論の基礎—ドイツ法におけるdingliche Surrogationの制度目的の解明—》,载《庆应大法学政治学研究》第60号第393页以下。该论文通过研究德国物上代位制度,对权利移转型担保的物上代位问题进行了探讨)。具体如下。

ⅰ 在【出卖】的情形下,一般是肯定物上代位的(但是存在与抵押权相同的问题。第2编第3章第3节2(2))。在动产让与担保的相关判例中,裁判所认可了物上代位(最高裁判所平成11年5月17日判决,载《民集》第53卷第5号第863页,本章第2节3(3))。

ⅱ 在【租赁】的情形下,原则上,让与担保的效力不及于代偿物,但如设立人陷入债务不履行,则效力可及于代偿物(类推适用《民法》第371条)。

ⅲ 在【灭失或毁损】的情形下,也可承认效力及于代偿物。但在此情形下,对引发灭失或毁损的侵害让与担保权者,能否主张损害赔偿? 关于此问题,与抵押权相同,应仅可承认其享有物上代位权(第2编第3章第5节4(2))。

在此关系上还存在一个问题,即谁可作为被保险人订立保险合同? 从实体法的角度考虑,如采所有权的构成说,则应为让与担保权人(旧判例);如采担保权的构成说,则应为设立人。但判例认为,让与担保权人与设立人共同享有可保利益,故双方皆可订立保险合同(最高裁判所平成5年5月26日判决,载《民集》第47卷第2号第1653页)。关于此问题,应从《保险法》中的【可保利益】的视角出发,结合让与担保的实际情况进行分析,因此,判例的观点是合理的。

(5) 标的物的处分、担保价值减少行为的责任

(a) 担保赔偿责任

让与担保权人与设立人之间,存在以诚实信用原则为基础的担保关系。因此,在清偿期届满前处分担保标的物的,或是出现担保价值减

少行为的,行为人应向相对方承担损害赔偿责任,具体分析如下。

(b) 让与担保权人

让与担保权人以【担保】为目的接受所有权的让与,因此负有不在【担保】目的之外行使权利之义务。如让与担保权人违反该义务在清偿期届满前处分、毁损标的物,则其应对设立人承担损害赔偿责任。因该责任基于担保关系,也即诚实信用原则而发生,故应将其认定为债务不履行责任。

(c) 设立人

因有担保关系,故设定人亦应对让与担保权人承担同样的责任。设立人负有担保价值维持义务,若其违反该义务,则期限利益丧失($\binom{民法}{}第137条第2项$)。但是,如前文所述,设立人并非立即丧失期限利益,而是应首先要求其提供【增担保】,若其不提供增担保,则其丧失期限利益($\binom{序论(3)}{(a)}$、第2编第3章第5节2(2)(c))。

4 对外效力

(1) 让与担保权人一方的第三人与设立人

(a) 让与担保权人的处分

在【图】中,让与担保权人 A 将标的不动产作为自己之物出卖给第三人 C,处分可分为清偿期届满前的处分和清偿期届满后的处分。

i 清偿期届满【前】的处分

让与担保权人 A 在清偿期届满前将标的不动产处分给第三人 C,第三人完成登记后,原则上已有效地取得了所有权,但对于其理论构成,却有着不同的理解。

【A】所有权的构成

因为让与担保权人 A 享有所有权,所以第三人可有效地取得权利

(A→C 的让与)。相应地,设立人 B 可通过清偿债务或取回,从 A 处收回所有权(A→B 所有权回复)。如此一来,B 与 C 之间就形成了【对抗】(《民法》第177条)关系。如第三人 C 是背信的恶意第三人,则可依据《民法》第 177 条——【背信的恶意人排除论】,否定其所有权的取得(东京高等裁判所 昭和46年7月29日判决,载《下民集》第22卷第7=8号第825页。参见铃木第264页;高木(旧版)第335页)。

【图】

一般债权人 D —查封→ 让与担保权人 A ←让与担保— 占有 B 设立人
                                  登记
                        ↓让与
                        第三人 C

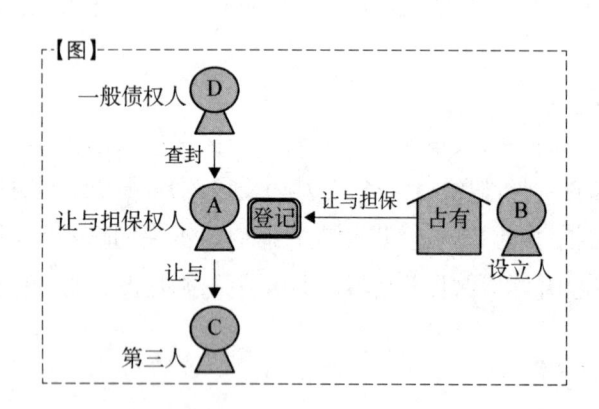

【B】担保权的构成

让与担保权人 A 仅享有担保权而不享有所有权,因此第三人 C 无法从无权利人手中取得权利。但 C 若为善意无过失的第三人,则可类推适用《民法》第 94 条第 2 款的规定,承认其对权利的取得。若第三人 C 为背信的恶意人,则其对所有权的取得不应被承认(参见川井《概论》第467页)。从让与担保的实质来看,该学说是合理的(设立人占有的情形下,很难认定为无过失)。

ⅱ 清偿期届满【后】的处分

清偿期(窃以为应为清算期间)届满后,让与担保权人取得所有权,因此清偿期(清算期间)届满后的让与担保权人 A 的处分是有效的。问题在于,标的物受让人 C 为背信的恶意人时,当如何处理?

对此,判例认为,清偿期届满之后清算金支付之前,让与担保权人 A 将标的不动产让与于第三人 C 的,【受让人 C 确定性地取得标的物的所有权,如存在清算金,则债务人B仅可向债权人A请求支付清算金,而无法通过清偿剩余债务取回标的物。上述理论,在第三受让人C为背信的恶意人的情形下同样适用】(最高裁判所平成6年2月22日判决,载《民集》第48卷第2号第414页)。

清偿期(清算期间)届满后,让与担保权人确实能够确定性地取得所有权,但与此同时,也不能忽视,在清偿期届满后,即进入债务人得以行使取回权的期间(事由)。如在学理上探究此关系,则在清偿期届满后,①让与担保权人A→第三人C的让与变为可能,②债务人B行使取回权,使A→B的物权回复变为可能,这与《民法》第177条中规定的二重让与的关系相似。

一般而言,第三人C确定性地取得所有权之时,B的取回权当然消灭(这与二重让与中的第三人C率先具备对抗要件则确定性地取得所有权相同)。但是,二重让与中的第三人C即便先行完成登记,如其被认定为是背信的恶意人,则无法取得所有权。

在本判例中,情况也是相同的。即便第三人C从权利人A手中取得不动产,如其为背信的恶意人,则其对权利的取得将被否定。如类推适用背信的恶意人排除理论,则本案中的第三人C不应当取得所有权,而作为其反射性效果,债务人B对于取回权的行使应当被认可(判决中所举之理由并无根据,反倒是原审的判决可谓合理。此外,本判例有将取回权的排除作为【向第三人处分】情形下的特有问题的倾向,但【处分】或是【归属】仅仅是清算的方式,并不意味着【处分】能够否定取回权)(参见道垣内弘人:《判批》,载《法协》第112卷第7号第145页以下)。

(b) 让与担保权人的一般债权人的查封

i 清偿期届满【前】的查封

因为不动产的登记名义人为让与担保权人,所以在清偿期届满之前,让与担保权人的一般债权人D可实施查封。于此情形,设立人B能否提起第三人异议之诉(《民事执行法》第38条)阻止拍卖?如采所有权的构成,则所有权归属于让与担保权人,设立人不得提起第三人异议之诉。

如采担保权的构成,则在原则上,设立人可以提起第三人异议之诉

(后文将要介绍的最高裁判所平成18年10月20日判决（傍论）)。但是，信赖不符合真实情况的外观（善意无过失）而实施查封的一般债权人，可通过类推适用《民法》第94条第2款获得保护，因而设立人无法提起第三人异议之诉(参见米仓《让与担保》第81页以下；川井《概论》第468页；高木第361页)。

ii 清偿期届满【后】的查封

那么，在清偿期届满之【后】，让与担保权人的一般债权人实施查封并完成查封登记的，设立人能否行使取回权，向让与担保权人支付债务相应金额并提起第三人异议之诉？对此，判例认为，清偿期届满之后，让与担保权人取得标的物的处分权能，设立人处于忍受标的不动产被变价处分的立场之上，故无法回复所有权(最高裁判所平成18年10月20日判决，载《民集》第60卷第8号第3098页)。这一结论从查封登记的对抗力的角度来看是理所当然的，所以设立人无法行使取回权对抗查封。

(c) 让与担保权人的破产

因为让与担保权的本质为担保，所以当让与担保权人A进入破产程序后，实质上的所有权人即设立人B可清偿债务并取回标的不动产(在2004年的修订中，删除了原《破产法》第88条)。民事再生程序、公司更生程序亦准用上述规则(《民事再生法》第52条，《公司更生法》第64条)。

(2) 设立人一方的第三人与让与担保权人

(a) 设立人的破产

在设立人B进入破产程序或民事再生程序、公司更生程序后，让与担保权人A是享有回取权，还是别除权或更生担保权？有学者认为，由于不动产的登记名义人为让与担保权人，故其无法构成破产财团，也无法被纳入再生程序、更生程序之中，所以让与担保权人享有的是回取权(参见川井《概论》第468页)。但是，从其实为担保性实体的角度来看，让与担保权人可行使的应当是别除权或更生担保权(通说)。

此外，判例认为，在公司更生程序中，动产的让与担保应被作为更生担保权，而非回取权(最高裁判所昭和41年4月28日判决，载《民集》第20卷第4号第900页。本章第2节4(2)(d))。

(b) 设立人滞纳国税

在设立人滞纳国税,且即使对设立人的财产执行滞纳处分,也不足以收取应缴税款的情形下,可就让与担保的标的物征收国税(《国税征收法》第24条)。

(c) 设立人的处分

因为登记名义人为让与担保权人 A,所以不存在设立人的处分。即使设立人实施了处分,让与担保权人也可以对抗要件对抗之(参见川井《概论》第468页)。

5 【法定借地权】的问题

让与担保中是否也成立法定地上权或法定借地权?因为《预约登记担保法》被视作变则担保的准则,所以类推适用《预约登记担保法》第10条可知,只有在仅在土地上设立让与担保的情形下,法定借地权才得以发生(关于其意义和解释,本编第2章6)。

第2节 动产的让与担保

1 动产让与担保的意义

作为【动产抵押】的功能

动产让与担保,其实是从【动产抵押】制度中发展而来的。在德国,大约从 19 世纪中叶开始,城市的发展带动了动产抵押制度的形成。虽与动产担保的基本原则,即【占有担保(Faustpfand)原则】相悖 *,但让与担保还是作为动产抵押的法律手段,逐渐被承认(参见近江《研究》第78页以下)。

在日本,动产让与担保一直以来同样被视为动产抵押的一种方式。

* 【脱法行为】疑惑的问题

在动产的让与担保中,设立人占有动产,这与质权中的占有改定(constitutum possesorium)的禁止(《民法》第345条)是相抵触的。但该规定仅适用于质权这一限制物权,不适用于让与担保这类权利移转型担保(以担保为目的的信托性让与)。按此理解,则问题迎刃而解,从这个角度来看,【信托行为】(fiduziarisches Geschäft)理论发挥了巨大作用(参见近江《研究》第179页以下)。当然,真正推动动产让与担保发展的,还是动产抵押在经济上的必要性。

动产的让与担保的构造和一般理论,与不动产的让与担保并无不同,因此不再赘述,在后文,仅对【动产】让与担保中特有的问题点进行说明。

2 动产让与担保的设立

(1) 让与担保权的设立

(a) 让与担保设立合同

设立动产让与担保应订立设立合同。不动产因为有登记的支撑,所以不动产的让与担保可直接采用买卖的形式。而动产的让与担保多采用订立【让与担保设立合同】的形式,并主要在生产过程、流通过程中使用。

(b) 他人之物上的让与担保的设立

对于在他人之物上设立让与担保的情形,需作如下具体分析。

ⅰ 知其为让与担保的标的物

让与担保权人可以标的物为自己的债权人进一步设立让与担保权(最高裁判所昭和56年12月17日判决,载《民集》第35卷第9号第1328页)。因此,如让与担保权人已知晓该事实,则其设立的是【转让与担保权】。

ⅱ 让与担保权人不知其为他人之物

于此情形,可视作【让与担保的善意取得】,或【类推适用《民法》第94条第2款的让与担保的取得】(参见河上第345页)。但是,关于善意取得,动产让与担保既然采【占有改定】的形式,就应承认【基于占有改定的善意取得】理论(通说、判例(最高裁判所昭和35年2月11日判决,载《民集》第14卷第2号第168页))对此持否定态度)。

(2) 对抗要件

(a)【交付】与【占有改定】

动产让与担保可理解为属于动产物权,其对抗要件为动产物权的对抗要件,即【交付】(《民法》第178条)。但是,动产让与担保采用的是使债务人占有标的物的【动产抵押】形态,在外在形式上,其【交付】形态为【占有改定】。那此种形态是否具备【对抗】要件的功能?

通说对此持肯定意见,认为【让与担保因占有改定而具备对抗力】。但是,占有改定只得依当事人之间的合意而成立,其并不具有公示的功能。未经公示却可【对抗】第三人,这在理论上存在矛盾(经公示才产生对抗力)。但其实,并无必要按此逻辑进行分析,盖因让与担保属于【动产抵押】这一无须公示的担保权,是无需公示即具有对抗力的物权(米仓明教授认为,无需执着于公示的具备,而应从交易对动产抵押权的需求的角度进行考虑,承认无须公示的对抗力(参见奥田昌道等编:《民法学3》第189页))。

(b)【登记】——《动产、债权让与特例法》

【法人】让与动产或设立让与担保的,可以【让与的登记】作为对抗要件,相关内容规定在《动产、债权让与特例法》(2004年)中。中小企业等对动产类的金融担保手段的需求与日俱增,该法应对的就是这一现实需求。该法主要包含以下内容。

i 登记的对象

【法人】实施的【动产的让与】为登记的对象(《动产、债权让与特例法》第1条、第3条)。法人实施的让与,是指让与人为法人的让与,受让人可以不为法人。【动产】可以是单个动产,也可以是集合动产。此外,【让与】既可以是【真正让与】,也可以是【让与担保】。

ii 【登记】=对抗要件

【动产让与登记文件】中记录的【让与的登记】被视为《民法》第178

条中所定之【交付】(《动产、债权让与特例法》第3条第1款)。关于此登记的【对抗要件】,有如下问题需要说明。

① 与既存的占有改定的关系。与已经存在的【隐藏的让与担保】(因为占有改定不具有公示功能,所以用此表述)的关系要如何处理？例如,债务人 B 在已经为 A 设立让与担保的动产上又为 C 设立让与担保,并完成了【登记】。由于该【登记】被视为《民法》第 178 条中所定之【交付】,故已经存在的【占有改定】(《民法》第 178 条中所定之交付的一种形态)居于优先地位。

② 与第三人的善意取得的关系。已经完成让与登记的动产,之后也可能被第三人取得,但因为已经存在让与【登记】,所以可推定第三人为【恶意或存在过失】,故而善意取得是不可能成立的。

iii 登记的存续期间

登记的存续期间原则上不超过 10 年(《动产、债权让与特例法》第7条第3款)。但是下述【转让与】的情形属于例外。

① 受让人 A 将已完成让与登记(原登记)的动产让与于第三人 C,并完成了登记(新登记),如新登记的存续期间晚于原登记的存续期间届满,则原登记的存续期间视为延长至新登记的存续期间届满之日(《动产、债权让与特例法》第7条第4款)。这和与转质相关的《民法》第 348 条的主旨是相同的,即转让与应存在于原让与的存续期间内。

② 受让人 A 将已完成让与登记的动产让与于第三人 C,并完成《民法》第 178 条中所定之交付。于此情形,该动产让与登记的存续期间视为无限期(《动产、债权让与特例法》第7条第5款)。其主旨与前述①是相同的,只是因《民法》第 178 条中的【交付】不存在存续期间,所以不受期间限制。

iv 登记事项

【动产让与登记文件】中的登记事项包括：①让与人的商号等、②受让人的名称等、③登记原因及登记日期、④为特定动产所必须的省令所定之事项、⑤动产让与登记的存续期间、⑥登记番号、⑦登记年月日(《动产、债权让与特例法》第7条第2款)。

记录上述所有内容的文件被称为【登记事项证明书】(《动产、债权让与特例法》第11条第2款),除④之外的文件被称为【登记事项概要证明书】(《动产、债权让与特例法》第11条第1款)。

v 登记所与登记信息的开示

各法务局作为登记所,按如下规定管理动产让与的登记工作。登记信息的开示也由同部门负责。

①【指定法务局等】负责的工作。【动产让与登记文件】的登记(《动产、债权让与特例法》第7条)、延长登记(《动产、债权让与特例法》第9条)、涂销登记(《动产、债权让与特例法》第10条)、【登记事项概要证明书】及【登记事项证明书】的交付(《动产、债权让与特例法》第11条)由【指定法务局等】(法务大臣指定的法务局、地方法务局及其支局、派出所等)负责(《动产、债权让与特例法》第5条)。此外,让与登记、涂销登记的登记官必须将让与登记、涂销登记完成之事通知【本店等所在地法务局等】(《动产、债权让与特例法》第12条第2款)。

②【本店等所在地法务局等】负责的工作。【动产让与登记事项概要文件】的编制、准备(《动产、债权让与特例法》第12条第1款)、可证明该概要文件中记录事项的【概要记录事项证明书】的交付(《动产、债权让与特例法》第13条第1款)由【本店等所在地法务局等】负责(《动产、债权让与特例法》第5条第2款)。此外,在收到【指定法务局等】发出的前述①中的通知后,登记官应立即将收到的登记事项概要,记录到让与人的【登记事项概要文件】中(《动产、债权让与特例法》第12条第3款)。

③ 开示的对象。任何人皆可请求交付记录有登记事项概要的【登记事项概要证明书】及【概要记录事项证明书】(《动产、债权让与特例法》第11条第1款、第13条第1款),但是只有动产的让与人和受让人、对动产实施扣押的债权人及其他利害关系人、或受雇于让与人者可请求交付记录有所有登记事项的【登记事项证明书】(《动产、债权让与特例法》第11条第2款)。

vi 被占有代理人占有的动产的让与的特别规则

仓库管理业者等第三人 C 占有的动产完成让与登记后,受让人 A 要求 C 交付该动产。此种情形下,C 应立即向本人(让与人 B)进行催告,告知 B 如对上述请求存在异议,应当在一定期限内提出异议,如 B 在该期限内未提出异议,则 C 将该动产交付给 A。即便因此导致 B 遭受损害,C 也不承担赔偿责任(《动产、债权让与特例法》第3条第2款)。

(c)【明认方式】

在交易活动中,对于机械等动产,往往会通过【明认方式】(铭牌、刻字等),对让与担保权的存在进行公示。对此,有意见认为,应当将明认方式作为对抗要件(参见吉田真澄:《譲渡担保》第94页以下;半田吉信:《法时》第56卷第1号第115页,等)。明认方式作为一种公示手段是有效的,其可阻断第三人善意取得的成立(不承认无过失)。但是,问题在于,动产的种类繁多,有的动产并不适应明认方式。因此,对于明认方式的运用已经习惯化的动产(或领域),明认方式可作为其对抗要件。

(3) 标的物的善意取得

毫无疑问,第三人可善意取得让与担保的标的物。例如,B 在将动产作为让与担保的标的物提供给 A 之后,又将其出卖给 C,如 C 是善意无过失的,则 C 可取得未附着让与担保权的所有权。但是,存在如下例外情况。

ⅰ 对于已经完成【登记】的让与担保的标的物,因第三人被推定为恶意,故善意取得不成立。此外,如采用【明认方式】,因不承认无过失,故善意取得同样不成立。

ⅱ 不承认第三人 C 基于占有改定的善意取得(最高裁判所昭和32年12月27日判决,载《民集》第11卷第14号第2485页;最高裁判所昭和35年2月11日判决,载《民集》第14卷第2号第168页。参见近江幸治:《占有改定と即时取得》,载《民法的基本判例(第2版)》第68页以下;[Ⅱ]第155页)。

3 对内效力

(1) 动产让与担保权的实现

(a) 所有权的取得——实现通知

让与担保权人实现让与担保权后可确定性地取得标的物的所有权,但在债务不履行发生后,不能立即取得所有权,而是与不动产的让与担保相同,需完成【实现的通知】($^{本章第1节}_{3(1)(a)\text{i}}$)。但因动产标的物的特性不同于不动产,所以无需设定【清算期间】。

(b) 清算义务

标的物的价格高于被担保债权数额的,让与担保权人应当返还超出部分(清算义务)。这与不动产的让与担保相同。

(c) 清算的方式

清算的方式可采用归属清算或处分清算,即两者皆可,这也与不动产的让与担保相同。但是若无特别约定,原则上采用归属清算。

(d) 同时履行

债权人正确支付相应金额的清算金,与债务人交付标的物为同时履行关系。但设立人下落不明等特殊情况,则又另当别论($^{本节(4)}_{(a)}$)。

(2) 取回权

债权人正确支付相应金额的清算金之前(无清算金时为提交计算书之前),设立人享有的取回权存续($^{参见铃木}_{第239页}$)。

(3) 物上代位权

在标的动产出卖、租赁、灭失或毁损的情形下,让与担保权人能否就债务人应可取得之代偿物,行使物上代位权($^{关于物上代位的一般理论,参考前文相}_{关部分。前提内容,本章第1节3(4)}$)?这取决于让与担保的法律构成。

【A】所有权的构成

物上代位权存在于作为限制物权的担保权制度中(一种价值权的追及权),故而,在让与担保权采【所有权】的构成的情形下,物上代位权不成立。

【B】设立人保留权说

所有权转移给债权人,但从所有权中剔除担保部分之外的权利(设立人保留权)仍由设立人保留。有学者认为,【让与担保权人以自己之意思,选择受让所有权的这一法律形式,且对外也进行了相应公示,故即使其在实质上属于担保,至少也不应承认其享有所有人【＝当事人选择之法律形式】以上的权利】,在一般理论角度否定了物上代位(并在此基础上,主张将【租金】作为孳息收取权的问题,将【灭失或毁损】作为设立人保留权侵害的问题(侵权行为)处理即可)(参见道垣内第314页以下;道垣内(旧版)第254页、第261页)。

【C】担保权的构成

如采担保权的构成,则物上代位权作为价值权的追及权当然得以成立。判例也持相同观点。在判例中,设立人B先在进口商品上为银行A设立让与担保,在B破产后,A向B的第三人C,就商品出卖价款行使物上代位权。对此,裁判所认为,【A在基于对进口商品的让与担保权行使物上代位权时,可冻结进口商品买卖价款债权,前述冻结亦可在债务人C收到破产宣告后实施】,肯定了物上代位权的行使(最高裁判所平成11年5月17日判决,载《民集》第53卷第5号第863页。参见近江幸治:《平11年度重判解》第77页)。此外,集合债权让与担保亦可行使物上代位权(最高裁判所平成22年12月2日判决,载《民集》第64卷第8号第1990页。本章第3节(4)(b))。

(4) 让与担保权人的标的物移出行为

让与担保权人将设立人占有、使用中的标的物移出,是否构成侵权行为? 这要分2种情况进行分析(参见近江幸治:《譲渡担保権者による目的物の搬出と不法行為責任》,载《手形研究》第404号第80页)。

(a) 清偿期届满前的移出行为

若无特殊情况,在债务清偿期届满之前,让与担保权人不得移出标的物。判例的立场是,在债务人破产并且下落不明的情况下,债权人将标的物移出并保管至清偿期届满之日,待清偿期届满后再实施处分的,不属于侵权行为(最高裁判所昭和53年6月23日判决,载《金商》第553号第3页)。破产属于异常情况,担保关系因破产而消灭,此时的移出行为应当认定为属于自力救济。

(b) 清偿期届满后的移出行为

B为A在自己所有之机械上设立最高额让与担保,后又在该机械上为C设立抵押权(工厂抵押)。之后B破产,A将该机械移出,由于

A的让与担保为处分清算型,所以在处分的前提下是允许其移出标的物的(最高裁判所昭和43年3月8日判决,载《判时》第516号第41页)。此时的移出行为应当视为让与担保权的实现行为(标的物交付请求权)($^{本章第1节}_{3(1)(b)}$)。

4 对外效力

(1) 让与担保权人一方的第三人与设立人

(a) 让与担保权人的处分

在动产的让与担保中,标的物为设立人所占有,所以在现实当中是不可能出现让与担保权人处分标的物的情况的。即使在理论上存在可能性,第三人的善意取得也基本不可能成立。

(b) 让与担保权人的一般债权人的扣押

让与担保权人A的一般债权人C是否能够对让与担保的标的动产实施扣押?由于设立人B占有标的动产,故C不可能对标的物实施扣押。此外,让与担保仅仅是动产抵押形态的担保权,执行他人B的占有物在执行法理上也是不成立的。再者,在让与担保权人A具备让与担保权的实现要件之时,C可对A对B享有的标的物交付请求权实施冻结($^{《民事执行法》}_{第163条}$),当然,这不属于本问题的讨论范围。

(c) 让与担保权人的破产

让与担保权人进入破产程序、民事再生程序、公司更生程序的,与不动产的让与担保的处理相同,设立人可行使取回权($^{本章第1节}_{4(1)(c)}$)。盖因动产在外在形式上非常明确,设立人占有标的物,担保关系已经得到了公示。(通说)。

(2) 设立人一方的第三人与让与担保权人

(a) 设立人的处分

设立人违反约定将让与担保的标的动产处分给第三人时,又将如何?由于设立人占有标的物,故处分能够成立。

【A】所有权的构成

如采所有权的构成,则设立人让与的是他人之物。于此情形,让与担保权人一方面可基于所有权请求返还,另一方面,第三人也可善意取得该物。因此,如果第三人善意且无过失,则可有效取得所有权,其反射性效果就是让与担保权消灭。

【B】担保权的构成

如采担保权的构成,由于设立人为实质上的所有人,故第三人也可有效地取得所有权。但是,在以让与担保权的存在作为前提受让动产的情形下,第三人会成为负担让与担保权的所有人(第三取得人)。

(b) 二重让与担保的设立

设立人 B 以动产为让与担保权人 A 设立了让与担保,后又以同一动产为 C 设立了让与担保,此种二重让与担保的情况当如何处理?

【A】所有权的构成

若采用所有权的构成,则二重让与担保的设立在理论上是不成立的。若以承认占有改定的对抗力为前提,则后顺位人 C 必然能够取得所有权。但是,后顺位人常胜的结论并不合理。

【B】担保权的构成

如把让与担保仅视为担保权的设立,则二重担保权的设立是可能的。因此,有学者主张,关于 A 和 C 之间的关系,如果 C 在不知道第 1 让与担保权存在的情况下(善意无过失)取得让与担保,则 C 似可优先于 A 善意取得先顺位的让与担保权。但由于此种情形属于共同设立担保权,所以根据设立顺序,A 享有第 1 让与担保权,C 享有第 2 让与担保权(参见【Ⅱ】第 158 页。高木第 354 页认为应当按占有改定的顺序来确定,但这与设立的顺序其实是相同的)。

(c) 设立人的一般债权人的扣押

在设立人的一般债权人扣押标的动产的情形下,让与担保权人无法行使分配要求权(可提出动产分配要求的只有质权人和先取特权人。《民事执行法》第133条为限定列举),只可提起第三人异议之诉(《民事执行法》第38条)(最高裁判所昭和56年12月17日判决,载《民集》第35卷第9号第1328页。参见铃木第242页;星野第323页)。

与上述理论相对,原《拍卖法》中规定了【优先受偿之诉】,据此衍生出如下三种观点。ⓐ让与担保权人提起第三人异议之诉时,应当作出承认部分优先清偿的判决(参见三ヶ月章:《民事执行法》第151页以下)。ⓑ承认让与担保权人的分配要求(类推适用《民事执行法》第133条),若仍无法得到满足,则应当承认第三人异议之诉(参见竹下守夫:《讓渡担保と民事執行》,载《ジュリ》第809号第89页)。ⓒ《民事执行法》第133条中应当包含让与担保权人(参见槙第369页以下)。

(d) 设立人的破产

设立人破产的相关规则与不动产的让与担保相同(本章第1节4(2)(a))。设立人进入破产程序、民事再生程序、公司更生程序的,因为让与担保权人仅享有担保权,所以回取权不被承认(《破产法》第62条,《民事再生法》第52条,《公司更生法》第64条),但别除权(《破产法》第65条,《民事再生法》第53条)与更生担保权(《公司更生法》第2条第10项)是被承认的。

判例的立场是,在公司更生程序中,让与担保权人不得对担保动产行使回取权,仅可按更生担保权人的相关规定进行申报,按更生程序行使权利(最高裁判所昭和41年4月28日判决,载《民集》第20卷第4号第900页。参见近江幸治:《百选Ⅰ(第4版)》第202页)。

第3节 集合动产的让与担保

(1) 集合动产的让与担保的意义

如【图】所示,债务人B将存放于自己特定仓库内的动产(机械、器具、存货商品等)一并作为让与担保的标的物,从债权人A处获得融资。这种方式被称为集合动产(或是流动动产)的让与担保。在集合动产的让与担保中,通常会约定,设立人可自由处分仓库内的动产,但如又取得了同种的动

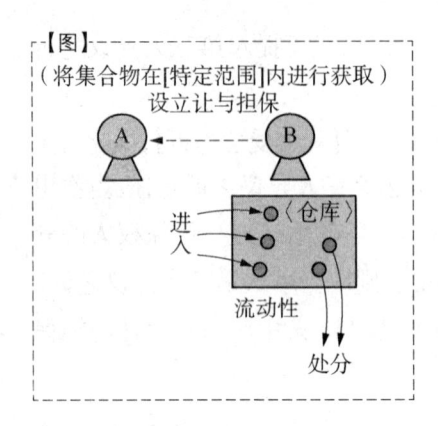

【图】
(将集合物在[特定范围]内进行获取)
设立让与担保
A ← B
进入 〈仓库〉
流动性
处分

产,则必须将其存放入仓库内。由此可见,让与担保的标的动产具有流动性,债权人在【特定场所】(仓库)这一【特定范围】内对动产进行支配(捕捉)。因此,设立集合动产(流动动产)的让与担保的前提是,担保标的物必须是可替换的对象(动产)。这对于缺乏实物资产的企业来说,是有效的金融手段。

(2) 集合动产让与担保的设立

(a)【集合物】概念的引入

在【集合物】上设立让与担保,从民法理论来看,并非没有问题。具体而言,虽然说是动产的集合体,但是该集合体是由单个的动产组成的,而每个动产就是一个物权(让与担保)的对象(一物一权主义)。因此,每个动产都可以独立成为让与担保的标的物。但如此一来,具有流动性的集合动产在每次移入、移出仓库之时,都不得不重新设立让与担保。在引入将动产集合体作为一个【集合物】的【集合物】概念及理论后,【集合动产】上便能够成立一个让与担保权,即集合动产的让与担保。对于上述理论,判例、学说均不存在异议。

【集合物论与拆分论】

【集合物论】是指承认在集合物(集合动产)上能够成立一个物权的理论。与此相对,忠实地遵循一物一权主义,认为物权只在各个动产上单独成立的理论,就被称为【拆分论】。在德国,围绕拆分论和集合物论的论战,在 20 世纪上半叶轰轰烈烈地展开。而日本由于直接引入了德国关于拆分论和集合物论的讨论成果,故未发生类似的论战(对该研究作出巨大贡献的研究成果有,米仓明:《流動動産讓渡担保論一斑》,载《北大法学論集》第18卷第3·4号、第19卷第2·3号【昭和43~44年】(载《讓渡担保の研究》)。此外,较早之前的研究成果还有,我妻荣:《集合産の讓渡担保に関するエルトマンの提案》,载《法協》第48卷第4号【昭和5年】(载《民法研究Ⅳ》))。

(b) 集合动产的【特定】

成为让与担保对象的【集合物】(集合动产)虽然具有流动性,但仍必须对其进行【特定】。判例按①【种类】、②【所在场所】、③【数量范围】这3个标准对标的物进行特定(最高裁判所昭和54年2月15日判决,载《民集》第33卷第1号第51页(但否定集合动产让与担保权的成立);最高裁判所昭和62年11月10日判决,载《民集》第41卷第8号第1550页)。通过上述3个标准对标的物进行特定后,集合动产可以成为一个让与担保的标的物(参见松井宏兴:《集合物の譲渡担保》,载《金融担保法講座Ⅲ》第75页以下;角纪代惠:《商品や原材料の担保化》,载《金融担保法講座Ⅲ》第45页以下)。

(3) 对抗要件

(a)【占有改定】

集合动产的让与担保的对抗要件为完成【占有改定】形态的【交付】(《民法》第178条),即【集合物本身的占有改定】。【集合物】本身的占有改定,是指在订立让与担保合同之时对集合物以占有改定方式进行交付后,后续新增而成为该集合物构成部分的动产全部因占有改定而具备对抗要件。此外,拆分论主张所谓的【预先的占有改定】("预先"约定各个动产以占有改定方式交付),但在结论上,其与集合物本身的占有改定并无二致。

但是,例如,在A将建筑材料出卖给B但仍未收到货款的情形下,或在A保留所有权进行交易的情形下,A可主张先取特权或所有权保留。但若B已经以【甲仓库内之物】为C设立了让与担保,则建筑材料在搬入甲仓库之时,就立即归入了C的让与担保权的支配范围内(让与担保权因集合物的占有改定而具备对抗要件)(前揭最高裁判所昭和62年11月10日判决(与先取特权发生竞合的事案)。关于其处理,第1编第2章第3节3(2)(b))。因此,对第三人而言,集合动产让与担保在某种意义上比特定动产让与担保风险更大。对此,有学者认为,集合动产让与担保仅仅是当事人之间的债权合同(参见石田喜久夫:《现代の契约法》第198页以下),也有学者建议应采用设置明认方式等方法予以调整。

(b)【登记】

《动产、债权让与特例法》中规定的动产让与【登记】制度($^{2004}_{年}$),在实务中,尤其是在集合动产的让与担保中发挥着巨大作用。关于该法的基本结构与概要,在前文已有详细介绍($^{本章第2节}_{2(2)(b)}$),下文仅对集合动产让与担保的特殊规定进行说明。

i 集合动产的【让与的登记】

【法人】实施集合动产的让与(让与担保)的,在【动产让与登记文件】上完成【让与的登记】之时,视为该动产已经完成了《民法》第178条中所定之【交付】($^{《动产、债权让与特例}_{法》第3条第1款}$)。因此,【登记】是动产让与担保的对抗要件。

ii 集合物的【特定】

【集合物】一般可通过【种类】、【所在场所】、【数量范围】的标准进行特定,而用于特定的【登记事项】,可按如下2种方式进行区分。(a)如通过动产的【特质】进行特定,则必要事项为①动产的种类、②动产的记号、番号或其他能够与同类其他物品进行区分的必要特质。(b)如通过动产的【所在地】进行特定,则必要事项为①动产的种类、②动产的保管场所的所在地。上述皆为【用于特定的必要事项】($^{《动产、债权让与特例法》第7}_{条第2款第5项→第8条}$)。

iii 效果

完成【登记】的集合动产让与担保,可视为已具备【交付】这一对抗要件。由于登记被视为《民法》第178条中所定之交付,故在与已经存在的让与担保(具备占有改定的【隐藏的让与担保】)的关系中,占有改定居于优先地位。关于第三人的善意取得、转让与、占有代理人等其他相关问题,请参考前文相关部分($^{本章第2节}_{2(2)(b)}$)。

(4) 集合动产让与担保的效力

(a) 标的物的【处分】——【通常的经营范围】的意义

集合动产(流动动产)的让与担保的标的物,是由一定范围内被特定的多个动产构成的【集合物】。在债务人的经营活动中,进入特定范围内的动产构成【集合物】,另一方面,动产通过销售等方式脱离特定范围的同时,也就脱离了【集合物】(本章第3节(1))。如此这般,在经营上有需要时,设立人有权【处分】【集合物】中的任一动产。对此,判例的立场是,是否享有【处分】权限,应视处分行为是否在【通常的经营范围】内(下文【2】)(最高裁判所平成18年7月20日判决,平17(受)948号,载《民集》第60卷第6号第2499页)。

【最高裁判所平成18年7月20日判决(鰤鱼事件)】

鱼类养殖业者Y在养殖于特定【养鱼笼】内的养殖鱼苗(第1类物品)与养殖鰤鱼幼鱼(第2类物品)上,为A、B以及C顺次设立了集合动产让与担保。之后,Y在第1类物品上为X设立了集合动产让与担保,并就第2类物品订立了销售合同。Y破产后,X就第1类物品实现让与担保权,要求交付标的物,并基于通过销售合同取得的所有权,请求交付第2类物品。原审判决支持X的诉求,Y提出上诉。

【1】裁判所认为,关于第1类物品,X【在案涉合同订立之前,已经为A、B及C设立了案涉各让与担保,并通过占有改定的方式完成交付,具备了对抗要件。劣后的让与担保,是为了X而重复设立的。即便允许如此重复设立让与担保,如承认劣后的让与担保权包含可独自进行私力实现【=取得所有权】的权限,则与完整规定分配程序的《民事执行法》中的执行程序不同,先顺位的让与担保权人并无机会行使优先权,其让与担保权将名存实亡。故不应承认会引发此等状况的后顺位让与担保权人的私力实现。此外,X仅主张已就第1类物品通过占有改定取得交付,但仅通过占有改定取得交付,并不意味着应当承认其已善意取得标的物,故无法认定X已通过善意取得,取得完整的让与担保标的物】,不支持后顺位让与担保权人的担保权实现。

上述结论,也与判例、通说主张的【占有改定状态下无法成立善意取得】的观点保持一致。

【2】另一方面,关于第 2 类物品,裁判所首先从一般论的角度出发,认为【在以构成部分存在变动的集合动产作为标的物的让与担保中,因集合物的内容随让与担保设立人的经营活动的需求而发生变动,所以让与担保设立人在其通常的经营范围内,被赋予处分构成让与担保标的物的动产的权限,因该处分权限内的处分而取得该动产的相对方,可不受让与担保的拘束而确定性地取得所有权】。在此基础上,裁判所进一步阐明,【设立人超出通常的经营范围,将已具备对抗要件的集合动产让与担保的标的物动产进行出卖处分的,因该处分非基于上述权限,如不存在可承认其属于通过将动产从让与担保合同中约定之保管场所中移出等方式,使之脱离让与担保的标的物,即集合物的情形,则该处分的相对方不得继受取得标的物的所有权】,并以原审未审理此点为由,撤销原判发回重审。

(b) 物上代位

关于在动产让与担保中能否行使物上代位权的问题,在前文已有分析(本章第2节3(3))。那在债务人继续经营的前提下,集合动产让与担保与物上代位权的关系又当如何理解?判例(最高裁判所平成22年12月2日判决,载《民集》第64卷第8号第1990页)认为,如不存在合意等特殊情况,因设立人仍处于继续经营状态中,所以不得行使物上代位权,但若经营已经终止且不存在继续经营的可能性,则可以行使物上代位仅(与先前的判例(前揭最高裁判所平成11年5月17日判决,载《民集》第53卷第5号第863页)的结论相同)。

【基于集合动产让与担保权的物上代位与[经营的终止]】

在前揭最高裁判所平成 22 年 12 月 2 日判决中,鱼类养殖业者B从金融机构A处获得融资,并在案涉养殖设施内养殖的鱼类上设立了集合动产让与担保权。设立之际,双方对【B可以通常的经营模式销售养殖设施内的养殖鱼,在此情形下,B需要补充与之同等或以上价值的养殖鱼】等事项做出了约定。然而,养殖设施内的养殖鱼共计2510尾因赤潮而死亡,B基于与C共济合伙团体订立的渔业共济合同,取得了可向C主张的,申领用于填补养殖鱼灭失的共济费的渔业共济费请求权(案涉共济费请求权)。B在赤潮发生后,无法从A处获得新的融资,只得终止养殖。

A为实现案涉让与担保权,出卖了养殖设施以及养殖设施内残存的养殖鱼,所得价款用于抵充其对B享有的借款债权。除此之外,A向熊本地方裁判所申请,以上述抵充后的剩余借款债权作为被担保债权,基于让与担保权行使物上代位权,冻结共济费请求权。原审支持其请求,B继而提起上诉。

最高裁判所首先从一般论的角度出发,认为【以构成部分存在变动的集合动产作为标的物的集合动产让与担保权的权利人,将构成让与担保标的物,即集合动产的动产(标的动产)的价值视作担保,故其效力,在标的动产灭失的情形下,及于让与担保设立人可取得的用于填补损害的损害保险金请求权】,并在此基础上进一步阐明,【原本,以构成部分存在变动的集合动产作为标的物的集合物让与担保合同,是以让与担保设立人销售标的动产继续经营活动为前提的,在让与担保权设立人维持正常经营的情况下,即便因标的动产的灭失导致上述请求权发生,只要不存在就可行使物上代位权达成合意等特殊情况,让与担保权人便不得就该请求权行使物上代位权】,结合本案,【在A申请冻结共济费请求权的时点,B已经停止使用标的动产,即养殖设施及养殖设施内的养殖鱼,并终止经营活动,在就标的动产实现让与担保权时,应当说B已无可能使用让与担保权的标的动产,并继续经营活动,故A显然可就共济费请求权行使物上代位权】。

第4章 所有权保留

(1) 所有权保留的意义

(a) 何为所有权保留

所有权保留(Eigentumsvorbehalt)是指出卖标的物的一方在收到全部价款之前,保留标的物所有权的制度。标的物的占有、使用权能转移给买受人,但所有权仍归属于出卖人。毫无疑问,其目的是为了【担保】价款债权。

本制度起源于德国。《德国民法典》中未规定先取特权制度,因此不存在日本《民法》中规定的保护动产出卖人的制度(动产买卖先取特权)。所有权保留制度就是在此背景下发展起来,并被写入《德国民法典》($_{BGB}^{§449}$)的。日本虽然有动产买卖先取特权制度,但鉴于所有权对债权人(所有人)的保护功能更强,因此也继受了德国的所有权保留制度。

(b) 所有权保留的形态

所有权保留不仅指①出卖人、买受人之间的单纯的所有权保留(用于一般的消费过程中。《分期付款销售法》第7条（指定商品分期付款销售中的所有权保留的推定）)＊,还包括②以标的物转卖为前提的所有权保留(汽车的销售等。本章(2)(b)),以及③以标的物被加工(商品化)为前提的所有权保留(生产、流通过程中,原材料供应商多会使用。本章(5))。

根据使用形态,所有权保留可分为几种类型,在此将其大致分为【单纯的所有权保留】(以①为中心,也包含②的【转卖授权】)与【延长的所有权保留】(②和③的组合形态)。后文将先主要说明前者的要件、效果,再对后者进行说明。

【所有权保留的形态】

对应上述使用形态,对所有权保留可作如下分类。这属于法律构成的问题(参见米仓《所有权保留》第37页以下)。

i 单纯的所有权保留及其延长形态

①【单纯的所有权保留】(einfacher od. echter EV),即一般的消费过程中出现的单纯的分期付款买卖。

②【继续的所有权保留】(weitergeleiteter EV),即在发生转卖、加工的情形下,买受人继续保留所有权保留中的出卖人保留的所有权(买受人有义务通知第2买受人,标的物仍为其所有)。

③【接续的所有权保留】(nachgeschalteter EV),即获得转卖许可的买受人在进行转卖时,自行保留所有权的形态。

ii 所有权保留的扩大形态

①【延长的所有权保留】(verlängerter EV),即在发生转卖、加工的情形下,在条款中增加(α)【加工条款】(规定加工生产物的所有权归属于所有权保留中的出卖人)及(β)【转卖价款债权(将来债权)的让与条款】(规定将转卖供给物而取得的价款债权预先让与于出卖人)的所有权保留形态。

②【康采恩式所有权保留】(Konzernvorbehlt),在买受人代替所有权保留中的出卖人向其债权人履行其承担的债务之前,所有权不发生转移的所有权保留。但法律明文规定此种所有权保留无效($_{BGB}^{§\,499(3)}$)。

【与让与担保的抗争】

19世纪末期至20世纪上半叶,在德国,围绕所有权保留的效力,原材料供给人(所有权保留人)与金融机构(让与担保权人)之间曾发生激烈的抗争。其背景是,许多获得原材料供给的加工业者在原材料上设立让与担保,以此从金融机构获得了融资。这种对立上升成为政治问题,引发了大规模的争论(Klaus Melsheimer, Sicherungsübereignung oder Registerpfandrecht-Eine politologische Studie über den Kampf von Interessengruppen und die Reform des Kreditsicherungsrechts ("STAAT UND POLITIK" Band 11),1967,近江《研究》第215页以下)。

* **不动产的分期付款销售**

不动产销售中也可成立所有权保留。但是,在土地建筑物交易业者自行作为出卖人,将土地或建筑物进行分期付款销售,且已收到的价款超过总价款30％以上的情形下,其便不得保留所有权(《土地建筑物交易业法》第43条)。

(c) 所有权保留的法律构成

所有权保留的作用是担保买卖合同中的价款债权。那么,出卖人所保留的【所有权】究竟是真正的所有权,还是类似于让与担保,在实质上仅为担保权?

【A】所有权的构成

至少在形式上,【所有权】是被保留的,而该形式是无法被改变的。

【B】担保权的构成

所有权保留制度,其目的原本就是为了担保价款而对所有权进行保留,正因为此,出卖人的【所有权】实为一种担保权。这一观点被判例所采纳,是现在的通说

此外,率先对此问题展开研究的米仓明教授主张【动产抵押权说】,认为【标的物的所有权转移给买受人,直接占有也发生了转移,在此之后(时间上为转移发生的瞬间过后),出卖人对该所有权取得抵押权(设立性取得)】,虽然既无交付也无特别的公示,但仍可对抗第三人(参见米仓《所有权保留》第378页)。

此外,主张让与担保为设立人保留权的道垣内教授也持同样观点。

但是,道垣内教授将债务人(买受人)期待可通过全额支付价款的方式取得标的物所有权的权利,特别解读为【物权性期待权】(参见道垣内第367页以下)。

无论采何种观点,正如后文所述,虽然存在解除、出卖人的价款请求权及返还请求权等问题,但还是应当摆脱形式用语上的束缚,从【担保】的实质来考虑其法律构成。

(2) 所有权保留的设立

(a) 担保权的设立

如前文所述,出卖人为了担保买卖价款而保留所有权,因此,进行附所有权保留的买卖即可视作设立担保权。采用担保权的构成的意义在于,第1,承认了清算义务,第2,在与第三人的关系中,与其他权利移转型担保相同,可依其担保的实质而适用相应的规则。

(b) 转卖授权

汽车的销售路径等为:经销商(大型销售公司)D→二级经销商(中小型销售合作公司)S→客户U。通常,D与S之间的分期付款买卖,以存在S可向U进行转卖的承诺为前提。这就是【转卖授权】。其结果是,D→S之间,以及S→U之间分别存在附所有权保留的买卖。

(c) 公示

所有权保留并无特别的公示方式。有学者认为,可以拟制发生(出卖人→买受人)占有改定(参见高木第381页)。但与让与担保相同,占有改定其实并不能发挥作用,所以可以将所有权保留作为不存在公示方式但具有对抗力的担保权(参见米仓《所有权保留》第378页)。

此外,在实务中,会采用添加铭牌等明认方式。对于惯常使用添加铭牌等明认方式的动产,可将明认方式作为公示方式(参见米仓明:《所有権留保の実証的研究》第1页以下;米仓《所有权保留》第384页)

(3) 对内效力

(a) 所有权保留的实现——标的物的取回

买受人不支付价款时,出卖人可【解除】买卖合同,取回标的物。该标的物的取回(返还请求)在形式上仍然需要【解除】合同(关于德国法的相关讨论,参见石口修:《ドイツ法における所有権留保の体内関係(一)》,载《エコノミスト》第6卷第3号第58页以下)。但【解除】可理解为是担保权的实现(私力实现(参见铃木第275页)),故并非必须遵循【解除】理论(例如,是否需要催告等)。因此,解除的意思表示,可理解为是所有权保留的实现通知。

买受人如不返还标的物,则出卖人可基于保留的所有权,以出卖物返还请求权作为被保全权利,实施临时处分,取回标的物。

(b) 清算义务

在标的物的价格高于债权的剩余部分(未支付价款)的情形下,应当进行清算,并返还超出的部分。此外,在出卖人向买受人支付【正确数额的清算金】之前,买受人可通过清偿剩余债务,使所有权保留消灭。这与让与担保的取回权相同(参见铃木第253页)。

(c) 处分禁止的特别约定与善意取得

在分期付款销售中,若非获得转卖授权,一般会订立禁止买受人处分标的物的特别约定。但是,毫无疑问,第三人可以善意取得标的物(《民法》第192条)。此时,若采用添加铭牌等公示方式,则可阻断善意取得的成立(参见米仓明:前揭《所有権留保の実証的研究》第6页以下)。

【汽车的情形】

汽车在陆上运输局的注册被作为公示、对抗要件(《道路运输车辆法》第4条、第5条),因此,善意取得的规定是无法适用的(最高裁判所昭和62年4月24日判决,载《判時》第1243号第24页)。但是,买受人乃是车检证上的【所有人】,在其将汽车交付给第三人的情形下,第三人能否取得所有权?

从所有权保留的外观来看,因为所有权保留中的买受人(出卖人)为无权利人,因此其不享有转卖给第三人的权源。于此情形,所有权保留中的出卖人无需对抗要件(注册),即可向第三人主张保留的所有权,请求返还汽车(但是,根据《民法》第94条第2款的规定,不知情的第三人可受到保护)。

但是,所有权保留的实质是担保权的设立,所有权保留中的买受人在实质上享有所有权,因此其享有转卖的权限。而第三人在完成注册变更(名义变更)后,可有效地取得所有权。但是,第三人若已知晓该汽车是附所有权保留的买卖的标的物,则类推背信的恶意人的排除法理,其不得以所有权取得对抗所有权保留中的出卖人(参见【Ⅱ】第152页)。

(4) 对外效力

(a) 出卖人一方的第三人与买受人

由于标的动产为买受人所占有,故现实中不可能发生出卖人的处分。

ⅰ 出卖人的一般债权人实施扣押

因为买受人占有标的动产,所以此种情况在现实中同样是不可能发生的(《民事执行法》第124条)。

ⅱ 出卖人破产

出卖人进入破产程序后,债权及所有权保留的权利归属于破产财团。这与民事再生程序、公司更生程序是相同的。

(b) 买受人一方的第三人与出卖人

对于此情形,需做具体分析。

ⅰ 买受人的处分

在单纯的附所有权保留的买卖中,一般会订立禁止买受人处分标の物(违反约定可作为合同解除的原因)的特别约定。但是,第三人的善意取得是可以成立的。

ii 买受人的一般债权人实施扣押

买受人的一般债权人扣押标的动产的,出卖人可提起第三人异议之诉(《民事执行法》第38条)(最高裁判所昭和49年7月18日判决,载《民集》第28卷第5号第743页)。这与动产让与担保中设立人的一般债权人实施扣押时的规则相同(本编第3章第2节4(2)(c))。

iii 买受人破产

与动产让与担保中设立人破产情形下的规则相同(本编第3章第2节4(2)(d)),因为出卖人享有的仅为担保权,所以不得行使回取权,只可行使别除权、更生担保权,(参见伊藤真:《破产法(全订第3版補正版)》第300页,等。通说)。此外,前述让与担保设立人保留权说虽承认回取权,但也主张在民事再生程序、公司更生程序中,应以中止命令(《民事再生法》第31条,《公司更生法》第24条第1项)控制取回(=所有权保留的实现)(参见道垣内第373页。此外,参见道垣内弘人:《買主の倒産における動産売主の保護》第284页以下)。

关于汽车,因注册为其对抗要件,故在 B 委托信贷公司 C 代付汽车的购买价款的情形下,【即便是为了担保 C 的代付债权而订立将出卖人 A 保留的所有权转移给 C 的三方合同,】<u>只要在 B 的再生程序开始之时未完成以 C 为所有人的注册</u>,则即使已完成以 A 为所有人的注册,<u>C 也不得依据为担保代付款等债权而订立的三方合同行使别除权,也即行使保留的所有权</u>】(最高裁判所平成22年6月4日判决,载《民集》第64卷第4号第1107页)。

iv 转卖授权与买受人破产

如以转卖为前提买卖汽车(本章(2)(b)),则其商流为经销商 D→二级经销商 S→客户 U。那在客户已经向二级经销商全额支付价款,但二级经销商在未向经销商支付价款的状态下破产的情形下,经销商能否请求客户返还汽车?

对此,判例认为,客户全额支付价款后即取得所有权,经销商对客户的返付请求属于权利的滥用(最高裁判所昭和50年2月28日判决,载《民集》第29卷第2号第193页;最高裁判所昭和57年12月17日判决,载《判时》第1070号第26页,等。参见米仓《所有权保留》第301页以下;安永正昭:《判評》第280号《判時》第1037号第14页以下)。

这一结论本身是正确的,问题在于其理论构成并不合理。权利滥用理论是限制权利人行使权利的理论,其前提是权利属于经销商。但是,如存在【转卖授权】,即可视为允许【买受人在其通常的经营范围内进行转卖】,如此一来,正确的理解应当是,客户全额支付价款后便当然取得所有权,所有权保留因此而消灭(参见米仓《所有权保留》第335页)。

(c) 与让与担保权的冲突(对抗)

在被保留所有权的动产上为第三人设立让与担保的情形下,所有权保留与让与担保权形成对抗关系。

在最高裁判所平成30年12月7日判决(载《民集》第72卷第6号第1044页)中,A(出卖人)与B(买受人)订立了持续性销售金属废料的合同,约定每月就交付的标的物支付价款,价款支付完毕后,该部分标的物的所有权自A移转于B。另一方面,B又在案涉金属废料上为金融机构C设立了集合动产让与担保。在此之后,B终止经营活动,而A基于保留的所有权申请临时处分,取回了未取得对价支付部分的金属废料。

裁判所认为,【依据上述约定,<u>买卖合同中约定的持续性动产买卖的买卖价款为定期结算,自标的物交付起至价款全额支付为止,为确保价款支付,作为手段,出卖人可在约定的限度内保留标的物的所有权</u>】,进而判定【X不得就案涉动产向Y主张让与担保权】(Y胜诉)。

上述判决是合理的。有观点认为,所有权保留与动产让与担保权之间的【对抗】并不成立(Y【通过占有改定的方式具备了让与担保的对抗要件】)。然而【占有改定】无法实现公示作用,故不能称之为对抗要件。因此,两者皆应属于无公示的物的动产担保权。依据物权法原则,所有权保留当然居于优先地位。

(d) 对第三人的【责任】

应当说,以所有权保留方式购买的物品,其实质性的所有权仍为买受人所有。因此,因该物导致第三人遭受损害或承担责任的,其责任原则上也应由买受人承担。但因买受人丧失期限利益等原因,导致出卖人实质性地取得所有权的,又另当别论。

在最高裁判所平成 21 年 3 月 10 日判决(载《民集》第63卷第3号第385页)中,B 在与 A 贷款公司订立了价款代付合同后购买汽车,在合同上,分期付款未完成前,A 得以保留汽车的所有权。B 将汽车停放于 C 所有的停车场内,却无力支付停车费,另一方面,B 也无力偿还 A 的贷款,其与 A 之间存在的期限利益已丧失。因此,C 向形式上的【所有人】A 要求撤去车辆,返还其占用的土地。

对此,裁判所认为,【在代付债务清偿完毕前,以保留动产所有权的方式取得担保的情形下】,A(所有权保留人)享有之权源,在期限利益丧失导致剩余债务清偿期届至的前后,存在差异,【[①]所有权保留人在剩余债务清偿期届至前,即便因该动产放置于第三人的土地上而导致妨害了第三人对土地所有权的行使,只要无特殊情况,便无需承担撤去义务及侵权责任,[②]但在剩余债务清偿期届至后,即使所有权保留具有担保权的性质,也不得免除上述撤去义务及侵权责任】,并以前述理解为由,认定【[①]所有权保留人享有之权利,在剩余债务清偿期届至前,原则上仅限于对该动产的交换价值的获取,[②]而在剩余债务清偿期届至后,即拥有占有、处分该动产的权能】,【原本,即便剩余债务清偿期届至,只要所有权保留人不知道该不动产妨害了第三人对土地使用权的行使,原则上便无需承担侵权责任,但自其被告知上述妨害之时起,便应承担侵权责任】。裁判所最终以原审并未审理上述问题点为由,撤销原判发回重审。

该判决着眼于所有权保留的构造,在理论上也甚为合理。

(5) 延长的所有权保留

(a)【延长的所有权保留】的意义

【延长的所有权保留】(verlängerter EV),是指在原材料供给等以加工、转卖为前提的附所有权保留的买卖中,在其条款(普通合同条款)中当然增加①【加工条款】与②【转卖价款债权的让与条款】之形态的所有权保留(参见米仓《所有权保留》第70页以下)。如前文所述,在德国,围绕这一形态的所有权保留与让与担保权之间的关系,曾发生过激烈的讨论。

在日本,关于②,由于在债权让与中无法特定第三债务人,故其有效性一度受到过怀疑。但到近期,在《动产、债权让与特例法》完成修订(^{2004年})后,其有效性最终获得了承认。

(b) 加工条款

该条款的内容为:买卖的标的物,即原材料以【加工】为前提被提供给买受人(附所有权保留的买卖),加工所得之生产物的所有权仍归属于出卖人。该条款已经成为部分行业合同中的普通合同条款,具有公知性,故不构成【隐藏的担保权】。

(c) 转卖价款债权的让与条款

该条款的内容为:供给的原材料经加工成为商品并被转卖的,其【转卖价款债权】(即将来债权)预先让与于所有权保留中的出卖人。虽然将来债权的让与一直以来饱受质疑,第三债务人不特定状态下的债权让与也一度被否定,但《动产、债权让与特例法》肯定了将来债权的让与以及第三债务人不特定状态下的债权让与的效力(《动产、债权让与特例法》第8条第2款第4项),所以制度上的难题已经被解决。如以此为前提,则对应在流通过程中缺乏实物资产的制造型企业等的融资需求的强有力的担保方式,在今后还会继续发展(参见石口修:《私法学会报告》《ドイツ法における所有権留保論》,载《私法》(日本私法学会)第66号第149页以下)。

第4编

债权担保

序　说

在概念上,此处所称【债权担保】并非是指【为债权提供担保】,而是指债务人将其对第三人(第三债务人)享有之【债权】作为担保标的物提供担保的方式。【债权担保】与【不动产担保】、【动产担保】属于并列的概念。

【债权】(乃至【权利】)与不动产、动产相同,皆属于价值物,因此可作为担保标的物。《民法》规定,债权(权利)可作为【质权】的标的物。如此规定是因为,在过去,担保权只有质权(动产担保)和抵押权(不动产担保)两种类型,债权显然不属于不动产,这才被强行归入质权的适用范围内(单纯的历史原因)。但是,债权担保的方式与质权的理论并不相融,与债权让与的理论反而更为相近。

在本编中,将对以【债权】作为担保标的物的方式、制度进行综合性说明。首先,将介绍日本《民法》中债权担保的基本原则——【债权质权】(第1章)。其次,将分析债权担保的一般方式——【以担保为目的的债权让与(债权让与担保)】(第2章)。最后,将介绍债权担保在特定领域中的运用——在实质上发挥担保功能的【代理受领】和【指定汇款】(第3章)。

第1章 债权质权（一般权利质权）

第1节 债权质权的设立

(1) 债权质权的意义

(a)【债权质权】

【财产权】与动产、不动产一样，可作为质权的标的物（《民法》第362条第1款）。将财产权作为标的物的质权被称为【权利质权】，债权、股权、无形财产权、不动产物权等皆可为其标的物。正因为此，以【债权】为标的物的质权被称为【债权质权】。因为债权的核心内容是债权人特定的【指名债权】，所以在下文将以指名债权为中心展开说明，除此之外的债权将在之后的部分另行说明。

(b) 成为标的物的债权

因债权具有让与性（《民法》第466条第1款本文），所以原则上可以成为质权的标的物。但是，性质上不具有让与性的债权（《民法》第466条第1款但书），以及法律上禁止处分或设立担保的债权（例如抚养请求权（《民法》第881条）、领取恩给的权利（《恩给法》第11条第1款））等，不得作为质权的标的物（《民法》第343条）。

第1章 债权质权(一般权利质权)

> **【禁止质押特别约定的效力】**
>
> 在银行办理定期存款等时,一般会被要求接受禁止为第三人设立质权的特别约定条款。对此,2017年修订后的《民法》规定,当事人与金融机构就存款债权约定【让与限制】的,即使有《民法》第466条第2款关于【让与限制】的规定,【仍可对抗明知已存在限制让与的意思表示,或因重大过失而不知已存在限制让与的意思表示的受让人及其他第三人】(《民法》第466条之5第1款)。该规定也当然准用于质权设立。

(2) 债权质权的对抗要件

(a) 通知第三人、取得第三人的同意

在【图】中,B将其对C享有的指名债权质押给A,若要【对抗】第三债务人C、其他第三人D(质权人)和E(实施冻结的债权人),设立人B就应当依据与债权让与相关的《民法》第467条之规定,向第三债务人C进行【通知】,或是取得C的【同意】(《民法》第364条。目的在于使第三债务人成为质权设立的信息中心),对第三债务人C之外的D和E,则必须通过【有确定日期的证书】来进行通知,或取得其同意(《民法》第364条→第467条第2款)。如此规定是因为,在质权的二重设立与实施冻结的债权人的关系之中,会产生【对抗】问题(与债权让与的情形相同,具体内容在《债权总论》中有说明)。(▶→《债权总论》【债权的二重让与】(参见[IV]第278页以下))

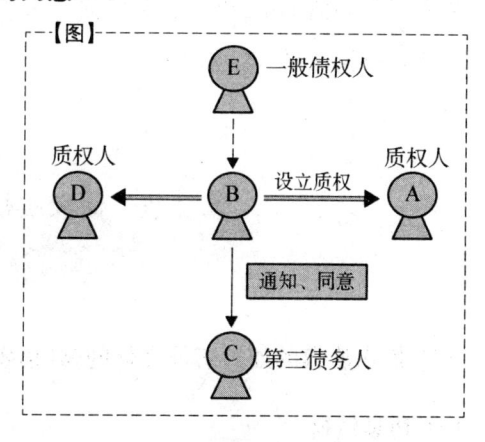

(b) 登记——《动产、债权让与特例法》

《动产、债权让与特例法》规定,债权质权可准用债权让与的【登记】制度(《动产、债权让与特例法》第14条。关于该法的具体内容,本编第2章第2节2(2)(b))。<u>法人</u>设立债权质权,并在【质权设立文件】中对该质权设立进行登记后,发生如下效果。

i 第三人对抗要件＝【登记】

视为已向被作为质权标的物的债权的债务人(第三债务人)以外的【第三人】做出《民法》第364条第1款→第467条中规定之【有确定日期的证书】的【通知】,并以登记日期作为确定日期(《动产、债权让与特例法》第4条第1款←第14条)。

ii 第三债务人对抗要件＝通过【登记事项证明书】进行通知或取得同意

质权人或质权设立人在将【登记事项证明书】(《动产、债权让与特例法》第11条第2款)交付给质权标的物的债权的债务人(第三债务人)并进行通知,或取得第三债务人同意的情形下,可对抗第三债务人(《动产、债权让与特例法》第4条第2款←第14条)(▶→《动产、债权让与特例法》(本编第2章第2节2(2)(b)))。

第2节 债权质权的效力

(1) 债权质权的效力所及之标的物(指名债权)的范围

(a) 利息债权

被质押的债权如附有利息,则质权的效力及于该利息债权(《民法》第87条第2款)。质权人可直接收取利息,并就之优先受偿(《民法》第366条、第350条→第297条)。

(b) 不可分性

在被担保债权获得完全清偿之前,其效力及于全部被质押债权(《民法》第350条→第296条)。

(c) 物上代位

与其他的质权相同,债权质权的效力及于损害赔偿请求权与因灭失而发生的保险金等。(《民法》第350条→第304条)。

(d) 附随有担保权的情形

如债权附有【保证债务】或【担保物权】,则债权质权的效力当然及于保证债务或担保物权(伴随性)。但需要注意的是,在债权质权的效力及于质权、抵押权等的情形下,标的物的交付或登记分别为其生效要件或对抗要件(参见我妻第190页)。

(2) 优先受偿性效力

(a) 优先受偿的方式

如前文所述,质权以留置性效力作为其本体,但因债权无法留置,所以债权质权以【优先受偿性效力】为其核心。

债权质权的优先受偿有2种方式,一种方式是直接催收债权(《民法》第366条),另一种方式是实现作为担保权的债权质权。

(b) 直接催收债权

质权人可以自己的名义直接催收标的物债权,并请求给付(《民法》第366条第1款)。利息债权亦同。质权人可通过催收债权抵充清偿自己的债权。但有如下例外。

ⅰ 债权的标的物为金钱之时,质权人仅可取得<u>与自己的债权数额</u>相当之部分(《民法》第366条第2款)。

ⅱ 被质押的债权的清偿期先于被担保债权的清偿期届至的,质权人可要求第三债务人进行提存,质权则存在于该提存款之上。(《民法》第366条第3款)

ⅲ 债权的标的物如非金钱,则质权人在取得的清偿之物上享有质权(《民法》第366条第4款)。

(c) 债权质权的实现

质权人可实现作为担保权的债权质权。具体而言,就是实现【债权】(以支付金钱或交付船舶、动产为目的)及【其他的财产权】(不动产、船舶、动产及债权以外的财产权。《民事执行法》第167条)上的担保权。债权质权的实现从提交【证明担保权存在的文书】时开始($\frac{《民事执行法》第}{193条第1款}$),其实现程序准用($\frac{《民事执行法》}{193条第2款}$)债权及其他的财产权的强制执行程序($\frac{《民事执行法》}{第143条以下}$)。债权执行中,催收诉讼($\frac{《民事执行法》}{第157条}$)、转付命令($\frac{《民事执行法》}{第159条}$)等内容较为重要。

(d) 流质合同的禁止

债权质权同样适用($\frac{《民法》第362}{条第2款}$)流质合同禁止的规定($\frac{《民法》第}{349条}$)。有学者认为,既然已经承认了直接催收,那适用该法理是毫无意义的($\frac{参见川井《概}{论》第304页}$)。

(3) 设立债权质权所产生的拘束关系

(a) 对设立人的拘束

设立人(债权人)一旦质押了自己享有的债权,就负有不使该债权归于消灭的义务(基于担保关系的担保价值维持义务)。被质押债权的催收、抵销、免除等使债权消灭、变更的行为,皆不得对抗质权人。但有如下例外。

ⅰ 在被质押的债权会因时效而消灭的情形下,为中断时效,可对第三债务人进行催告($\frac{《民法》第}{150条}$),也可提起债权存在确认之诉($\frac{大审院昭和5年6月27日判}{决,载《民集》第9卷第619页}$)。

ⅱ 被质押的债权可让与于他人。于此情形下,受让人取得附着质权的债权。

(b) 对第三债务人的拘束

原则上,第三债务人也负有不使上述债权消灭、变更的义务($\frac{《民法》第}{481条}$)。因此,其在债权质权设立后取得的对质权设立人享有的债权,不得与被质押债权进行抵销。

(4) 设立人的担保价值维持义务——与破产程序的关系

在对第三人享有的债权上设立质权的债务人(设定人),对质权的债权人承担担保价值维持义务,因此不得实施放弃、免除债权等损害担保价值的行为(最高裁判所平成18年12月21日判决,载《民集》第60卷第10号第3964页(仅为原则论))。

但是,在前揭最高裁判所平成18年12月21日判决中,在论及与破产程序中破产管理人的义务的关系时,围绕【为破产债权人而履行的,防止破产财团财产减少的职务上的义务】与【对作为破产人,也即质权设立人的义务承继人对质权人所承担的义务】之间的冲突,展开了理论上的讨论,其内容颇值得玩味。

首先简述案情。A向B租借了建筑物,支付了6000万日元的押金。为了向包括C在内的多个银行借款,A将对B享有的押金返还请求权作为担保,设立了质权。后A破产,Y担任其破产管理人。另一方面,C将对A享有的债权以及附随于该债权的担保权,一并转让给X。破产管理人Y在宣告破产后的2～9个月间继续承租建筑物,但未支付这段期间的租金。在此之后,在获得裁判所的许可后,Y与B就解除案涉租赁关系,以及将大部分押金用于抵充欠付的租金之事宜达成了合意(B的债权中,有4500万日元为破产宣告后发生的租金债权,而在当时,A可用于支付租金等的资产至少也有5亿～6亿日元)。

X依据原《破产法》第164条第2款之规定,以破产管理人违反善管注意义务就抵充达成合意,免去破产财团在破产宣告后发生的租金,导致X享有的质权失去价值为由,主张损害赔偿及不当得利的返还。对此,裁判所做如下判决。

[①]【在平成11年10月案涉租赁关系全部合意解除前,破产财团的银行存款足以支付租金等,不存在任何支付上的困难。即便如此,Y为了不向B实际支付租金,仍就押金的抵充与B达成合意。该行为,妨害了押金返还请求权的发生,如无特殊情况,该行为不属于基于正当理由所为之行为】,Y违反【担保价值维持义务】。

[②]【[Y]的相关行为之所以违反其对质权人承担的义务,是因为实施该行为不存在防止破产财团财产减少的正当理由,至于是否存在正当理由,需视为破产债权人而履行的防止破产财团财产减少的职

务上的义务,与质权设立人对质权人所承担的义务之间的关系而定。但关于此问题,学说与判例鲜有涉及,且考虑到Y的行为已得到破产裁判所的许可,故即便Y认为其将为之行为未违反对质权人承担的义务,也无法以此就认定破产管理人需要承担违反善管注意义务的责任】。

[③]【在本案中,案涉质权的被担保债权的数额[75亿日元]显然大幅高于押金的数额[6000万日元],而押金返还请求权的全部价值已通过别除权,也即案涉质权被掌握。因此,即便从破产财团财产中减去宣告破产后发生的租金等所对应的押金返还请求权的数额,也无法认定破产财团财产发生了实质性的减少。但破产财团根据抵充合意不再支付宣告破产后的租金等的结果是,同等数额的押金返还请求权消灭,这导致质权人无法优先受偿。因此,破产财团在质权人的损失上,取得了宣告破产后租金等相应数额的得利】。裁判所最终命令其返还不当得利。

对于上述判决,泷泽孝臣法官认为,关于[①],【在押金返还请求权上设立质权的承租人明明能够支付租金,却计划性地以押金抵充租金,长期不支付租金,致使押金返还请求权消灭。在与质权人的关系中,因其故意消灭质权的标的物,即押金返还请求权,故应当追究其责任】。此外,关于[③],在A破产后,Y基于自身判断继续承租,其作为承继A之承租人地位者,并无消灭破产人设立在押金返还请求权上的质权的理由,破产管理人当然应承担不当得利责任。

问题在于[②]。对此,泷泽孝臣法官主张,【是否真如本判决中所述,结论应当视情况而定,甚为存疑。笔者认为,破产管理人不仅属于恶意的受益人,也应承担侵权责任。在本案中,破产管理人不支付本可以支付的租金,转而以押金抵充该租金的行为,……在质权已经设立的情况下,全无认可破产管理人此等行为的余地】。【也有观点认为,破产管理人为履行职务上的义务,使破产人设立的质权归于消灭并无不可。但是,破产程序显然并非属于"只要大体上有益于破产债权人,便可不考虑别除权人的利益,或无视别除权人的利益而随意进行"的程序,故而,此等观点无法成立】。可见,洼泽法官对判决持严厉批判态度(洼泽 孝臣意见,载《平成19年度主要民事判例解説》第234页以下)。

关于此问题,正如洼泽法官指出的那样,宣告破产后继续承租且不支付租金者即便已取得裁判所的许可,但因其拥有充足的资金支付租金,却仍以押金抵充租金的行为违反了质权设立人(其承继人)的担保价值维持义务,故其主张不应被支持。本判决在理论上存在违和感。

(5) 债权质权的转质

债权质权可以【转质】(《民法》第348条)。质权人C可将其对A享有的债权质权转质于其他的第三人F(C的债权人)。其一般理论可参考【转质】的相关内容(▶→第2编第2章第1节4【转质】)。

(6) 债权质权的消灭

债权质权随被担保债权的消灭(清偿等)而消灭。但需要注意的是,对于在债权让与中有债权证书交付要求的债权(=证券性债权),质权的设立以该证书的交付作为生效要件(《民法》第520条之17)。在此种情形下,债权证书被返还之时,才是债权质权消灭之时。

第3节 债权质权之外的权利质权

(1) 证券性债权的质权

证券性债权,是指转化为证券形态的债权。证券原本就是以不断流通为目的而存在的,转化为证券形态的债权也就需要遵循证券法理。因此,在债权的行使、让与中,证券成为必备要素。与此同时,《民法》中关于债权的规定就未必完全可以得到适用了。关于其质权的设立,存在如下特殊性。

(a) 记名公司债券

【记名公司债券】,系指于【公司债券存根簿】中载明公司债券债权人姓名、住所的公司债券,【公司债券】可分为已发行的公司债券与未发行的公司债券。记名公司债券的质押,以【完成公司债券存根簿中的记载】,作为对抗发行公司及其他第三人的【对抗要件】(《公司法》第693条第1款)。【已发行的公司债券】在完成【交付】前不发生【效力】(《公司法》第692条),且公司债券的【持续性占有】为其对抗要件(《公司法》第693条第2款)。

(b) 指示证券

【指示证券】,系指被指定的证券上的权利人(或其指定人)可用于行使权利的本票、支票、仓库证券、货物换取证、船货证券等证券。因为债权已转化为证券形态,所以质权的设立在证券【背书转让】前不发生效力(《民法》第520条之7→第520条之2)。

(c) 记名式权证持有人支付型证券

【记名式权证持有人支付型证券】,系指证券上虽载明债权人名称,但在其上另有以"应向其持有人进行支付"为内容的附记的证券(《民法》第520条之13)。例如,记名式的权证持有人支付型支票等上存在【请向○○[证券上所载人名]或此证券的持有人支付】等表述。在记名式权证持有人支付型证券上设立质权的,在【证券交付】前,不发生效力(《民法》第520条之17→第520条之13)。

(d) 无记名证券

【无记名证券】,系指证券上未载明债权人,但在其上存在以"需将权证持有人作为债权人并向其支付"为内容的附记的证券。权证持有人支付型支票、商品券、乘车券等皆属此类证券。在无记名证券上设立质权的,准用记名式权证持有人支付型证券的相关规定,在【证券交付】前,不发生效力(《民法》第520条之17→第520条之13)。

(e) 国债

【国债】之中,【无记名国债】适用无记名证券的相关规定,【记名国债】则因其为包含遗族国库债券等在内的特殊证券,故其不适用《民法》的规定(《关于以记名国债为标的物的质权设立的法律》(明治37年)),以其为标的物的让与以及担保权的设立原则上也被禁止。

另一方面,在【注册国债】上设立质权的情形下,在完成【注册】前,无法对抗政府及其他第三人(《关于国债的法律》(明治39年)第3条第1款)。

(2) 股权上的质权

股权质押并不适用《民法》第364条的规定(通知、同意方式的对抗要件)(《公司法》第147条第3款),而是以【股权证书的交付】作为生效要件(《公司法》第146条第2款)。质权人在将姓名、住所【登记于股东名册】,并【持续性地占有股权证书】的情形下,方得对抗公司及其他第三人(《公司法》第147条第1款、第2款)。

(3) 无形财产上的质权

发明专利权、实用新型专利权、外观设计专利权、商标权、著作权等无形财产权的质押,适用相关特别法的规定。

(4) 不动产物权上的质权

地上权、永佃权、地役权等以不动产的使用为目的的物权也可进行质押。上述质权的设立以权利的客体,即土地的交付作为生效要件(《民法》第344条),以登记作为对抗要件,准用不动产质权的相关规定。

此外,不动产承租权也可成为质权的标的物,因承租权的让与或承租物的转租必须取得出租人的同意(《民法》第612条),故质权的设立也准用该规定,以取得出租人的同意为必要条件。

第 2 章　债权的让与担保

第 1 节　债权让与担保的一般理论

(1) 债权的让与担保的意义

(a) 何为债权的让与担保

债权的让与担保与不动产、动产的让与担保相同,<u>是通过转移【债权】本身的归属来提供担保的方式</u>。

在德国,债权的让与担保的运用较为广泛。其原因在于,债权质权与债权让与在法律构成上存在差异。具体而言,在德国,以债权作为标的物的担保方式也是【债权质权】,但是设立债权质权需要完成通知($_{1280BGB}^{\S\,\S\,1279,}$)。与此相对,【债权让与】同样可以实现担保的目的,并且与日本法不同,其不需要进行通知,故其拥有可使债务人不知晓担保设立等诸多便利。这就是债权的让与担保(Sicherungsabtretung)的功能。

需要注意的是,日本法与德国法不同,如前文所述,债权质权及债权让与的对抗要件都是进行通知、取得同意。

(b) 债权让与的方式和担保权的构成

债权的让与担保不同于债权质权,其未采用设立担保权的方式,而是采用为了【担保】转移债权本身的方式(因此,在实体性上,其与【以担保为目的的债权让与】、【信托性债权让与】是相同的)。因此,在法律形式上,其必须通过《民法》债权编中规定的【债权让与】的方式来实现。与此同时,【债权质权】的担保方式准用的也是债权让与的相关规定,因此,其与让与担保在担保方式上是雷同的。如此一来,就有必要对债权的让与担保、债权质权、债权让与三者之间的关系进行分析。

(2) 与其他的债权担保制度的区别

(a) 与债权质权的关系

根据与债权让与相关的《民法》第467条的规定,【进行通知、取得同意】是【债权质权】的对抗要件($^{《民法》第}_{364条}$)。因此,在债权担保的方式上,债权质权与让与担保并无不同。既然如此,在债权质权之外再承认债权的让与担保的理由究竟为何?有学者认为,既然债权质权与让与担保具有相同的形态,并且也无弃用债权质权强行选用让与担保的合理依据,则债权的让与担保应准用债权质权的相关规则($^{特别是指}_{名债权}$)($^{参见我妻第671}_{页;铃木《让与担保》第255页}$)。但是,指名债权群(尤其是将来债权)和生成中的权利等无法适用债权质权的规则,只能够采用让与担保的方式,故无否定债权的让与担保的必要性。

此外,从法律效果来看,【债权质权】采用的是限制物权性构成(担保权的设立),以【催收权】(优先受偿权)作为其解释的核心。与此相对,【让与担保】采用的是变更债权本身归属的权利移转性构成,因此其核心不只有优先受偿权,还包括内部性拘束关系(尤其是清算)。

(b) 与债权让与的关系

因为债权的让与担保是债权的"让与",所以其必须遵循【债权让与】的相关规则。具体而言,根据与债权让与相关的《民法》第467条的规定,【进行通知、取得同意】是债权的让与担保的对抗要件。那么,债权的让与担保与债权让与之间又存在怎样的关系?不得不说,两者之间的关系是不明确的。学界一般认为,债权让与存在【以担保为目的的债权让与】和【以催收为目的的债权让与】的两种**特殊形态**,后者又可进一步区分为【信托性让与】和【催收权的单独授予】。【以担保为目的的债权让与】不属于债权法中的内容,故在债权法中仅承认【以催收为目的的债权让与】(信托性让与、催收权的单独授予)(参见我妻荣:《新訂債権総論》第550页以下)。

【催收权的单独授予】的债权让与仅可使债权的受让人获得以自己名义行使他人(让与人)权利的权限。而【信托性让与】的债权让与能够使受让人以信托方式受让取得债权,在对外形态上,债权也是归属于受让人的,但其受到"催收"这一目的的拘束(我妻荣:《新訂債権総論》第553页以下,将后者作为原则形态;林良平、安永正昭、石田喜久夫、高木多喜男:《債権総論》第527页以下,(高木多喜男)则将前者作为原则)。

窃以为,无论是以【担保】为目的,还是以【催收】为目的,都是以当事人的经济性使用目的为标准作出的分类。而【信托性让与】中的【让与】并非是真正的让与,其实质为通过法律语言表述的一种被某种【目的】所拘束的关系下的让与的法律构成。原本,【信托】是指起源于罗马法的 fiducia, 即【受到目的拘束的让与】,德国普通法学将其发展成为 fiduziarisches Geschäft(信托性行为)(第3编第3章第1节[从"隐藏行为"理论到"信托行为"理论])。

因此,【以担保为目的的债权让与】只可能是信托性让与(参见椿寿夫:《民法の制度・理論と権利担保》,载《現代における担保法の諸問題》第56页,持相同观点),而信托性让与,即以担保为目的的债权让与,才是债权的让与担保。因为债权的让与担保借用了债权让与的法律形式,所以无法在理论上将债权的让与担保和以担保为目的的债权让与进行区分。

(3) 债权让与担保的效力

(a) 催收权、清偿抵充权

债权的让与担保的效力,包括催收权向让与担保权人的转移,以及作为优先受偿权的清偿抵充(债权人的债权回收)权的授予(《民法》第466条第1款,类推适用《民法》第366条第1款)。

但是,如后文所述,在集合债权的让与担保中,在被担保债权的清偿期届至前,催收权一般为设立人所保留。因此,作为必要的法律手段,设立人须实施催收委托等行为。

【何为让与债权的取回?】

在让与担保中,作为标的物的权利本身会发生转移,如被担保债权得到清偿,则会发生标的物的返还,这就是让与担保的基本构造。因此,债务人享有取回权。有学者认为,应当从让与债权的取回的角度分析债权的让与担保的特性(参见鸟谷部茂:《権利の讓渡担保》,载《法時》第52卷第7号第124页)。

但是与不动产和动产不同,债权不仅存在期间较短,而且缺乏个性,无论谁实施催收,其结果都是相同的。既然已经授予让与担保权人催收权和清偿抵充(优先受偿)权,那再赋予其取回权就没有意义了。因此,基于在后文将要介绍的【清算法理】,承认债务人的清算请求权即可(参见椿寿夫:《新しい集合债権担保論の基礎》,载《ジュリ》第807号第79页)。

(b) 清算法理的确立

既然是【担保】,无论其采用何种形式,都必须确立【清算法理】。债权的让与担保虽然具有债权让与的外在形式,但其实质仍为【担保】,这与动产、不动产的让与担保是相同的(担保权的构成)。

(c) 对抗要件

债权的让与担保适用两种对抗要件,一种是民法上的一般原则,即【进行通知、取得同意】,另一种是《动产、债权让与特例法》中规定的【登记】(本部分主要介绍债权让与担保的一般理论,所以涉及到的债权都是特定的、已发生的指名债权)。

i 通知第三人,取得第三人的同意

让与担保设立人(债权让与人)就让与担保设立(或债权让与)之事向第三债务人进行【通知】,或是取得其【同意】(《民法》第467条第1款)。通过【有确定日期的证书】进行通知、取得同意后,可以对抗第三债务人之外的第三人(《民法》第467条第2款。本编第1章第1节(2)(a)【债权质权】)。

ii 【登记】(《动产、债权让与特例法》)

法人让与债权(指名债权)的,在完成【债权让与登记文件】中的让与登记(债权让与登记)后,发生如下效果(本章第2节2(2)(b))。

① 第三人对抗要件＝【登记】。视为已向该债权的债务人(第三债务人)之外的第三人做出《民法》第 467 条中所定之【有确定日期的证书】的【通知】,并以登记日期作为确定日期(《动产、债权让与特例法》第4条第1款)。

② 第三债务人对抗要件＝通过【登记事项证明书】进行通知或取得同意。在让与人或受让人向该债权的债务人(第三债务人)交付【登记事项证明书】(《动产、债权让与特例法》第11条第2款)并进行通知,或取得第三债务人的同意的情形下,可对抗第三债务人(《动产、债权让与特例法》第4条第2款)。(▶→《动产、债权让与特例法》)(本编第2章第2节2(2)(b))

第 2 节　集合债权的让与担保

[1] 集合债权让与担保的意义

(1)【集合债权】的担保

【集合债权】,是指包含已经发生的债权(既发债权)以及将来发生的债权(将来债权)的【债权群】(集合物概念)。将债权群总括作为担保标的物的做法,就是集合债权让与担保(参见近江幸治:《集合债权の譲渡担保》,载《手形研究》第415号第4页以下。但是,在道垣内第361页中,从个别性问题分析的角度,否定了前述观点,并认为应视之为多个单个的金钱债权的让与担保)。因此,标的债权的内容、数额并不必然确定(虽然存在可能无法回收的风险,但将来债权是基于一定的交易而发生的,其作为担保标的物的可控制性还是较高的)。

20 世纪 80 年代以来,缺乏实物资产的租赁、信用贷款公司为从银行获取融资,会将其对客户享有的小额债权进行总括让与,普通企业也会将应收账款债权作为标的物提供总括担保。时至今日,上述传统的担保方式开始向将来收益债权的担保化、企业金融债权流动化、证券化的方向发展,集合债权让与担保作为金融担保方式的重要性日益凸显。

(2) 集合债权让与担保的问题点

集合债权让与担保存在如下2个问题点。

第一,【集合债权】让与担保的目的功能与其设立方式之间存在矛盾。集合债权让与担保的功能与设立不动产抵押权完全相同,自债务人陷入债务不履行之时起,集合债权成为优先受偿的对象(→可开始债权催收)。但是,在此之前,集合债权属于债务人的经营资产,债务人需要依其进行催收,反倒是债权人对此并不会多加在意(因此,【最高额】集合债权让与担保的运用较为多见。参见堀龙儿:《集合债权譲渡担保契约书》作成上の留意点》,载《NBL》第201号第16页、第204号第38页)。但是,设立让与担保(具备对抗要件)需将集合债权的催收权转移给让与担保权人,如此一来就会对债务人的经营活动产生影响。因此,需要采用法律技术使债务人能够在通常状态下保留【催收权】。

第二,如果涉及将来债权,则第三债务人可能为不特定之人。例如,在建造可容纳多名租客的出租公寓时,可将未来收益(租金)债权总括用于让与担保,获取建造资金。但在该时点,第三债务人(租户)尚未出现,处于【第三债务人不特定】状态之下。在此种情形下,也有必要承认其有效性。

2 集合债权让与担保的设立及对抗要件

(1) 集合债权的范围的限定(债权的特定)

(a) 债权的特定的必要性

因为集合债权让与担保会把将来发生的债权也总括作为标的物用于担保,考虑到其与【设立人】(让与人)以及【第三人】(其他的债权人、后顺位受让人)的关系,所以有必要将债权限定在一定范围内。债权的特定能够保护设立人(与【设立人】的关系),也能够在对抗力的问题上发挥作用(与【第三人】的关系)。

对于上述关系,判例的立场是,对将来债权不做任何限定的总括式让与,或债权发生期间异常长期等,【依社会一般观念,合同内容对让与人的经营活动施加的限制明显超过适当范围的债权让与,或是使其他债权人遭受不当的不利益的债权让与】,违反公序良俗(《民法》第90条)(最高裁判所平成11年1月29日判决,载《民集》第53卷1号第151页(傍论);东京高等裁判所昭和57年7月15日判决,载《金商》第674号第23页;东京地方裁判所昭和60年10月22日判决,载《判时》第1207号第78页,等。前述判例皆否定了对将来债权不做任何限定的让与担保的效力。同样的观点还出现在,高木多喜男:《集合债权让渡担保の有效性と对抗要件》,载《NBL》第234号第11页)。

(b) 限定标准

集合债权的范围可按如下标准进行限定(特定)(参见高木多喜男:《集合债权让渡担保の有效性と对抗要件》,载《NBL》第234号第12页以下。此外,综合性的问题,参见千叶惠美子:《集合债权让渡担保と目的债权の特定性》,载《民研》第528号第18页以下;三林宏:《集合债权让渡担保》,载《NBL》第766号第86页以下。关于适用《动产、债权让与特例法》的集合债权的特定,本章第2节2(2)(b))。

i 债权的【种类】

对债权的【发生原因】,即使债权发生的交易的种类进行特定。

ii 债权的【始期】和【终期】

对债权的【发生期间】进行特定。在最高裁判所昭和53年12月15日判决(载《判时》第916号第25页)中,1年份额的诊疗报酬债权的有效性成为争论的焦点(裁判所承认了其有效性)。自此之后,债权的冻结以【1年】为限的做法就固定了下来。但这其实并无依据,所以没有必要受这【1年】的限制(在前揭最高裁判所平成11年1月29日判例中,期间长达8年零3个月)。但如果因期间过长致使设立人及其他的债权人遭受不利益,则另当别论(本章第2节2(1)(a))。

iii【数额】

iv【第三债务人】

但是,因某些种类、样态的将来债权的第三债务人在现时点可能并不存在,故在与【第三人】的关系中,明确第三债务人并非必须。即使第三债务人未经明确,也可具备对抗力。此外,《动产、债权让与特例法》中的【登记】,在第三债务人不特定的情况下依然可以实施,所以此问题在立法层面已经得到解决(但是,关于此点,在道垣内第361页有如下观点阐述:【通知债务人、取得债务人同意】这一民法上的对抗要件的构造既未被适用,则无法认可其具备对抗要件的效力,在此种情形下发生的效力是基于《动产、债权让与特例法》的规定而发生的独有的效力)。

(2) 对抗要件

(a)【通知或同意】

集合债权的让与担保的【对抗要件】与一般的指名债权的让与相同,对【债务人及其他第三人】的对抗要件为【通知或同意】,对【债务人以外的第三人】的对抗要件为【通过确定日期的证书的通知或同意】(《民法》第467条。最高裁判所平成13年11月22日判决,载《民集》第55卷第6号第1056页;最高裁判所平成19年2月15日判决,载《民集》第61卷第1号第243页)。但是,仍存在如下问题需要进一步说明。

i 【总括性通知】的对抗力

在设立让与担保时实施一次总括性通知后,将来发生的债权上是否具有对抗力?换言之,对于在此之后具体发生的债权,为对抗第三人,是否需要再行个别通知?

即便债权尚未发生,只要第三债务人及其他第三人知道将来发生的债权已被让与即可,故总括性通知对第三人应具有对抗力(长井秀典在《判夕》第960号第42页刊载论文中提出,如将附生效条件的债权让与的总括性通知与预约登记担保中的预约登记进行对比,则只要存在总括性通知,担保权的取得人便得以对抗破产管理人,其不得行使否认权)。

ii 通知的生效(对抗要件具备)时期

【通知】是在到达时生效,还是在债权现实发生时生效?在向第三债务人发出通知后,只要第三债务人能够认识到将来债权已被让与即可(其他第三人以第三债务人作为消息来源),因此即便承认通知在到达时生效亦无妨(参见高木多喜男:《集合债权讓渡担保的有效性と对抗要件》,载《NBL》第235号第25页。小川幸士在其论文《将来の亮挂代金债权の讓渡担保》,载《法時》第52卷第9号第120页)中提出,时期应为债权发生之时)。

iii 对抗要件的具备与催收权的发生

由于债权让与导致债权的归属发生变更,故只要具备对抗要件,债权的受让人便可有效行使催收权(《民法》第467条、第364条、第366条)。但是,如此推论,无法解决前述【第1】中提到的问题点(本章第2节1(2))。

因此,时至今日,债权人A与债务人B为设立让与担保,在向第三债务人C进行让与担保【通知】(完成通知后,让与担保权具备对抗第三人的对抗要件)的同时,A一般会告知C,其与B之间已特别约定,在做出实现通知前,将债权的催收权限授予债务人(让与人)B（前揭最高裁判所平成13年11月22日判决）。这被称为【催收权授予型】（参见饭岛敬子:《集合债权让渡担保契约の否认》,载《判夕》第1108号第20页）。

【对抗要件否认与危机否认的问题】

【对抗要件否认】,系指在停止支付或申请破产后,虽就权利的设立、转移或变更(＝原因行为)完成【对抗要件具备行为】,但因该行为是在原因行为完成后的15日之后基于【恶意】而实施的,所以应当否认对抗要件已经具备（《破产法》第164条第1款）。盖因在进入宣告破产前的危机时期后方才使对抗要件具备的行为,被认为属于违背一般债权人信赖的秘密交易。

另一方面,【危机否认】系指破产债权人可对在停止支付、申请破产程序开始起,至宣告破产为止的这一法律上的【危机时期】内实施的提供担保、消灭债务等危害债权人的行为(＝原因行为)进行否认（《破产法》第162条第1款第1项）。

在过去,在关于保留催收权的形态是否可为预约型等的讨论中,上述问题曾一度引起关注,但随着前揭最高裁判所平成13年11月22日判决的出现,该问题可以说已得到了解决。

---

iv 将来债权的转移时期

对抗要件在让与担保合同订立时已经具备,那【将来债权】具体是在让与合同订立时转移,还是在债权发生时转移? 在前揭最高裁判所平成19年2月15日判决中,裁判所认为,【如不存在关于保留债权让与的效果的特别约定,……则债权基于让与担保合同确定性地由让与担保设立人让与于让与担保权人】,将来债权于让与担保合同订立时转移。在上述关于将来债权的让与的理论下,判例的结论是合理的（相关问题及其整理,参见森田宏树:《ジュリ》第1354号第74页）。

【将来债权的转移时期的问题】

关于将来债权的让与担保与国税债权(优先债权)的顺位关系,前揭最高裁判所平成19年2月15日判决作出了认定。A公司于平成9年3月31日与X约定,A公司将因其与C公司之间的持续性交易合同而发生的集合债权(包括将来发生的债权)以让与担保的方式,为B公司向X承担的一切债务提供担保,并于同年6月5日将上述内容通知C公司。此外,在上述合同中又约定,【担保权实现事由发生后,<u>在X就实现担保权通知C之前,A公司可根据其计算结果向C公司主张权利并就案涉标的债权优先受偿</u>】。在此之后,A因滞纳国税,Y(国家)于平成10年4月3日以及6日冻结了A对C享有的案涉债权,并就债权发生前已经超过法定缴纳期限的【案涉国税】,依据《国税征收法》第24条第1款之规定,通知X将要征收让与担保财产,也即案涉债权。

对此,X在证明案涉债权在【国税的法定缴纳期限等届满之前已经成为让与担保财产的事实】(原《国税征收法》第24条第6款)的基础上,请求解除冻结。对此,原审裁判所坚持前述【债权发生时说】,认为【<u>债权在国税的法定缴纳期限等届满后始发生</u>,故其无法在国税的法定缴纳期限等届满前成为让与担保财产】。X不服判决,提起上诉。

对此,最高裁判所在引用前揭最高裁判所平成13年11月22日判决中关于将来债权让与担保的对抗要件的有效性的结论的基础上,认定【在国税的法定缴纳期限等届满前,以将来应发生的债权作为标的物订立让与担保合同,且合同中不存在关于保留债权让与的效果的特别约定的情形下,如该债权让与已具备对第三人的对抗要件,则即使被作为让与担保标的物的债权在国税的法<u>定缴纳期限等届满后才发生</u>,也应认定该债权在"国税的法定缴纳期限等届满前已成为让与担保财产"】,支持了X的请求。

(b)【登记】——《动产、债权让与特例法》

【法人】让与债权(以支付金钱为目的指名债权)或实施让与担保的,以【让与的登记】作为对抗要件(改变了之前的《债权让与对抗要件特例法》中的相关规则。第3编第3章第2节2(2)(b))。

i 登记的对象、债权的特定

(α) 登记的对象

【法人】实施的【债权的让与】为登记的对象(《动产、债权让与特例法》第1条、第4条)。法人实施的让与,是指让与人为法人的让与,受让人可以不为法人。【债权】既可以是已经发生的债权,也可以是将来债权。此外,【让与】既可以是【真正让与】,也可以是【让与担保】。

(β) 债权的特定

《动产、债权让与特例法》中规定,【债权的特定】中必要的登记事项包括①债权的数量、②债务人已完成特定的,应登记债务人及债权发生时的债权人的姓名、住所、③债务人尚未特定的,应登记债权的发生原因及债权发生时的债权人的姓名、住所、④借款债权、应收账款债权及其他债权的种类、⑤债权的发生年月日、⑥债权发生时及让与时的债权数额(限于仅转让已发行债券的情形)(《动产、债权让与特例法》第8条第2款第4项→《动产、债权让与登记规则》第9条第1款)。

ii 第三人对抗要件=【登记】

在完成【债权让与登记文件】中的【让与的登记】后,视为已向债务人(第三债务人)之外的【第三人】做出《民法》第467条中所定之【有确定日期的证书的通知】(《动产、债权让与特例法》第4条第1款前段),并以登记日期作为确定日期(《动产、债权让与特例法》第4条第1款后段)。

iii 第三债务人对抗要件=通过登记事项证明书进行通知或取得同意

在让与人或受让人将【登记事项证明书】(《动产、债权让与特例法》第11条第2款)交付给该债权的债务人(第三债务人)并进行【通知】,或是取得第三债务人的【同意】的情形下,可对抗第三债务人(《动产、债权让与特例法》第4条第2款)。完成通知后,便可适用《民法》第468条第2款之规定,债务人可以收到通知前对让与人得主张之事由，对抗受让人（《动产、债权让与特例法》第4条第3款）。

此外，《动产、债权让与特例法》中未规定【预约登记】制度，因此通知保留型、生效条件型、预约完结权型无法得到适用。现实中采用的方式是，对集合债权让与进行【登记】后，当事人之间特别约定，在一定事由发生之前，债务人作为债权人的代理人行使催收权。在此期间内先不向第三债务人发出让与通知，而是在停止支付等情况发生之后，再进行让与通知，债权人自此开始自行行使催收权。

iv 登记的存续期间

原则上，登记的存续期间(α)在债务人已经全部特定的情形下不超过50年，(β)在其他情形下不超过10年。但是，如存在应当约定超出上述期间的存续期间的特别事由，则不在此限（《动产、债权让与特例法》第8条第3款）。

需要注意的是，在【转让与】的情形下存在例外。

① 受让人A将已经完成让与登记（原登记）的债权让与于第三人D，并完成了登记（新登记），如新登记的存续期间晚于原登记的存续期间届满，则原登记的存续期间视为延长至新登记的存续期间届满之日（《动产、债权让与特例法》第8条第4款，第3编第3章第2节2）。

② 受让人A将已经完成让与登记的债权让与于第三人D，并依据《民法》第467条之规定完成了通知或取得了同意。于此情形，该债权让与登记的存续期间视为无限期（《动产、债权让与特例法》第7条第5款）。其原因与前述①是相同的。

v 登记事项

【债权让与登记文件】中的登记事项包括：①让与人的商号等、②受让人的名称等、③登记番号、④债权让与登记的登记原因及登记日期、⑤被让与债权（适用于仅让与已经发生的债权的情形）的总额、⑥为特定被让与债权所必须的法务省令所定之事项、⑦债权让与登记的存续期间（《动产、债权让与特例法》第8条第2款）。

记录上述所有内容的文件被称为【登记事项证明书】（《动产、债权让与特例法》第11条第2款），除④之外的文件被称为【登记事项概要证明书】(《动产、债权让与特例法》第11条第1款)。

vi 登记所与登记信息的开示

各法务局作为登记所,按如下规定管理债权让与的登记工作。

①【指定法务局等】负责的工作。【债权让与登记文件】的登记(《动产、债权让与特例法》第8条)、延长登记(《动产、债权让与特例法》第9条)、涂销登记(《动产、债权让与特例法》第10条)、【登记事项概要证明书】及【登记事项证明书】的交付(《动产、债权让与特例法》第11条)由【指定法务局等】(法务大臣指定的法务局、地方法务局及其支局、派出所等)负责(《动产、债权让与特例法》第5条)。此外,让与登记、涂销登记的登记官必须将让与登记、涂销登记完成之事通知【本店等所在地法务局等】(《动产、债权让与特例法》第12条第2款)。

②【本店等所在地法务局等】负责的工作。【债权让与登记事项概要文件】的编制、准备(《动产、债权让与特例法》第12条第1款)、可证明该概要文件中记录事项的【概要记录事项证明书】的交付(《动产、债权让与特例法》第13条第1款)由【本店等所在地法务局等】负责(《动产、债权让与特例法》第5条第2款)。此外,在收到【指定法务局等】发出的前述①中的通知后,登记官应立即将收到的登记事项概要,记录到让与人的【登记事项概要文件】中(《动产、债权让与特例法》第12条第3款)。

③ 开示的对象。任何人皆可请求交付记录有登记事项概要的【登记事项概要证明书】及【概要记录事项证明书】(《动产、债权让与特例法》第11条第1款、第13条第1款),但是只有债权的让与人和受让人、对债权实施冻结的债权人及其他利害关系人、或受雇于让与人者可请求交付记录有所有登记事项的【登记事项证明书】(《动产、债权让与特例法》第11条第2款)。

第3章　代理受领、指定汇款

第1节　代理受领

(1) 代理受领的意义

(a) 何为代理受领

如【图】所示,代理受领,是指银行(债权人)A向融资人B提供融资,B将自己对债务人(第三债务人)C享有的债权的清偿受领委托给A,以此抵充融资款的担保方式。债权人A通过取得B享有的债权的受领权,使其融资款可获得确实的担保。在构造上,这与将B对C享有的债权让与于A,或质押给A并无区别。这就是代理受领被视为债权担保的原因。

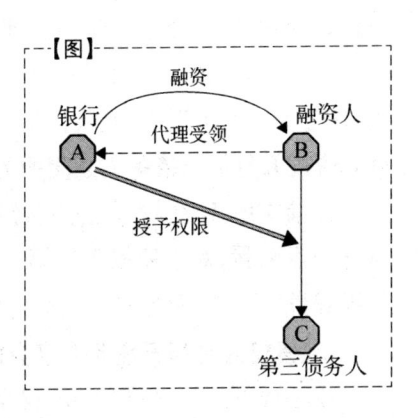

具体而言,B将其对C享有的特定债权的请求及清偿受领委托给A,在此之后,A和B进行联署并要求C对此做出同意表示,在取得C的同意后,A便能够代理受领。

(b) 为何要采用代理受领

若 B 对 C 享有的债权为禁止让与、质押之物（^{工程发包人C为政府、}_{公共团体等的情形}），则 B 无法将债权作为担保物进行融资。此种情形下，代理受领就得以发挥作用。此外，如采用债权担保，则须向 C 进行通知或取得 C 的同意，这反而会使 B 的信用遭受怀疑（^{接受政府订单}_{的从业者等}）。并且，在债权数额与清偿期不确定的情形下，代理受领也是有效的。正因为存在上述理由，代理受领制度得以发展起来（参见奥田昌道等编：《民法学3》第45页以下（中马义直所著部分）；甲斐道太郎：《代理受领·振込指定的担保的效果論》，载《現代における担保法の諸問題》第85页。关于判例的整理，参见辻伸行：《代理受领的法律關係》，载《獨協法学》第16号第23页以下、第17号第23页以下；鸟谷部茂：《代理受領·振込指定的担保的機能》，载《近大法学》第32卷2=3=4号第1页以下、第35号1=2号第121页以下）。

(2) 法律效力

(a) 债权人与债务人之间的关系

在法律上，债权人 A 与债务人 B 之间成立债权清偿受领的委托关系。通常，双方还会订立以 B 不得单方面撤回委托、B 不得受领 C 的清偿、B 不得重复委托其他人代理受领等为内容的特别约定。违反特别约定的行为，属于《民法》第 137 条第 2 项中所定之担保价值减少行为，B 会因此丧失期限利益（^{通说}）。

(b) 债权人与第三债务人之间的关系

如前文所述，代理受领关系在得到第三债务人 C 的同意后成立。从这一点来看，对于债权人与第三债务人之间的关系，应结合代理受领的担保性实质进行分析（^{此外，围绕下述问题展开的学说、判例上的争论等，参见辻伸行：《代理受领}_{的法律関係》，载《獨協法学》第16号第23页以下、第17号第23页以下}）。

i 债权人对第三债务人享有的直接催收权

在法律形式上，债权人 A 仅享有清偿受领权限，不享有直接催收权。但是，从代理受领的担保性实质的角度来看，应当承认其对 C 享有直接催收权（^{参见池田雅则：《判批》，载《北大法学論集》第41卷第2号第826页，持相同观}_{点。然而判例（后揭最高裁判所昭和61年11月20日判决）不支持这一观点}）。

ii 第三债务人对债务人的清偿

如承认第三债务人 C 对债务人 B 的清偿，则代理受领作为担保的价值会大打折扣。判例（^{最高裁判所昭和44年3月4日判决，载《民集》第23卷第3号第561页；}_{最高裁判所昭和61年11月20日判决，载《判時》第1219号第63页}）认为，

C对代理受领的同意中,包含有其无正当理由不得侵害A的利益之意思。因此,其对B的清偿属于义务违反,构成侵权行为(参见伊藤进:《判批》,载《判評》第343号(《判時》第1239号)第16页以下,持相同观点)。但是,因C是对担保关系的存在(设立)做出了同意表示,故其对B的清偿应视为对担保关系的义务违反,即构成债务不履行(参见高木第330页。此外,还存在认为应当再次进行清偿的观点(奥田昌道等编:《民法学3》第53页以下(中马义直所著部分)),和认为无须设定具体方式的观点(辻伸行:《代理受領と賠償責任》,载《手形研究》第404号第92页))。

(c) 对第三人的效力

对债权的受让人、质权人、实施冻结的债权人、第三债务人破产情形下的破产债权人、二重代理受领人等【第三人】而言,代理受领具有怎样的效力?

由于代理受领不存在对第三人的对抗要件,因此学界普遍认为,代理受领的权利人对上述【第三人】不得主张自己居于优先地位。但是,由于代理受领在实质上具有债权担保的功能,因此C的同意有被视作"作为对抗要件的同意"的可能性。

第2节 指定汇款

(1) 指定汇款的意义

如【图】所示,【指定汇款】,是指银行A将融资人B(工程承包人或商品提供人等)对第三债务人C(工程发包人或者买方等)享有的债权(承包款债权或买卖价款债权等)的清偿方式,指定为向B在A银行开立的账户进行汇款,并将汇入的款项与A对B享有的债权进行抵销的担保方式。与代理受领相同,在债权让与等方

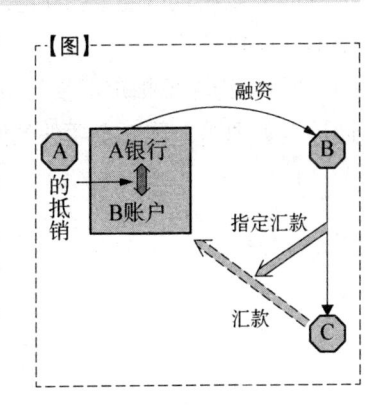

式无法使用的情形下,为实现对 A 享有之债权的担保,指定汇款应运而生。指定汇款不像代理受领那样具有一般性,因此只作简要介绍(参见鸟谷部茂:《代理受领・振込指定的担保的機能》,载《近大法学》第32卷2=3=4号第29页以下)。

(2) 指定汇款的方式与效力

在现实中,指定汇款由银行 A、融资人(债务人)B、第三债务人 C 达成合意,方能实施。但是,指定汇款的目的是为了实现债权的担保,如 A 希望可就此追究汇款人 C 在合同上的责任,则需向 C 明确说明以下 3 个要件,并取得其同意(福冈高等裁判所昭和57年5月31日判决,载《金商》第648号第19页)。

ⅰ A、B 之间存在债权关系,采用指定汇款的方式是为了担保该债权。

ⅱ C 不按指定的汇款方式,而是直接向 B 付款是不被允许的。

ⅲ B 无法单独变更指定汇款的方式,需要得到 A 的同意后方得变更。

但是,上述判决在上诉之后被发回重审,在该重审判决,即福冈高等裁判所昭和 59 年 6 月 11 日判决(载《金商》第699号第30页)中,本章第 1 节中介绍的关于代理受领的最高裁判所昭和 44 年 3 月 4 日判决的结论被直接引用。据此,福冈高等裁判所认为,C 的同意中不仅包含同意 A 可通过作为债权担保方式的指定汇款获得利益的意思,还包含其无正当理由不得损害该利益的意思,因此,如 C 向 B 付款,则应视之为义务违反,须承担侵权责任。

但是,为保证指定汇款具有充分的担保性效力,比较妥当的做法是通过签署列明上述 3 个要件的同意书,取得 C 的同意(参见松本恒雄:《振込指定と賠償責任》,载《手形研究》第404号第90页)。

图书在版编目(CIP)数据

民法讲义. Ⅲ,担保物权:第3版/(日)近江幸治著;徐肖天译. — 上海:上海社会科学院出版社,2023
　ISBN 978-7-5520-2580-4

　Ⅰ.①民…　Ⅱ.①近…②徐…　Ⅲ.①民法—日本—教材②担保物权—日本—教材　Ⅳ.①D931.33

中国版本图书馆CIP数据核字(2018)第290822号

上海市版权局著作权合同登记号:09-2018-326

MINPOU KOUGI Ⅲ　TANPO BUKKEN
Copyright © 2007 K. Ohmi
Chinese translation rights in simplified characters arranged with
SEIBUNDO PUBLISHING, CO., LTD. through Japan UNI Agency, Inc., Tokyo

民法讲义Ⅲ　担保物权(第3版)

著　　者:[日]近江幸治
译　　者:徐肖天
责任编辑:董汉玲
封面设计:周清华
出版发行:上海社会科学院出版社
　　　　　上海顺昌路622号　邮编200025
　　　　　电话总机021-63315947　销售热线021-53063735
　　　　　http://www.sassp.cn　E-mail:sassp@sassp.cn
照　排:南京前锦排版服务有限公司
印　刷:上海新文印刷厂有限公司
开　本:890毫米×1240毫米　1/32
印　张:13.375
插　页:2
字　数:374千
版　次:2023年2月第1版　2023年2月第1次印刷

ISBN 978-7-5520-2580-4/D·521　　定价:78.00元

版权所有　翻印必究